第三版巴塞尔协议改革最终方案

巴塞尔银行监管委员会（BCBS） 发布
中国银行保险监督管理委员会 翻译

中国金融出版社

责任编辑：任　娟
责任校对：李俊英
责任印制：陈晓川

图书在版编目（CIP）数据

第三版巴塞尔协议改革最终方案／巴塞尔银行监管委员会发布；中国银行保险监督管理委员会翻译．—北京：中国金融出版社，2020.6
ISBN 978－7－5220－0415－0

Ⅰ.①第…　Ⅱ.①巴…②中…　Ⅲ.①国际清算银行—协议　Ⅳ.①F831.2

中国版本图书馆 CIP 数据核字（2020）第 001853 号

第三版巴塞尔协议改革最终方案
DI-SAN-BAN BASAIER XIEYI GAIGE ZUIZHONG FANG'AN
出版
发行　中国金融出版社
社址　北京市丰台区益泽路 2 号
市场开发部　（010）66024766，63805472，63439533（传真）
网 上 书 店　www. cfph. cn
（010）66024766，63372837（传真）
读者服务部　（010）66070833，62568380
邮编　100071
经销　新华书店
印刷　保利达印务有限公司
尺寸　185 毫米×260 毫米
印张　22.25
字数　400 千
版次　2020 年 6 月第 1 版
印次　2021 年 12 月第 4 次印刷
定价　80.00 元
ISBN 978－7－5220－0415－0
如出现印装错误本社负责调换　联系电话（010）63263947

序

金融危机可以有效地检验并捕捉监管制度的短板，危机后经验教训的总结和反思将修正旧有秩序并引导新秩序的重建。2008 年国际金融危机表明，金融体系中某一局部的脆弱和不足，不仅可能引发国内金融体系的动荡，还可能造成区域性和全球性的影响。为此，巴塞尔银行监管委员会（以下简称巴塞尔委员会）在反思危机教训、总结各国经验的基础上，启动了巴塞尔协议Ⅲ资本监管框架改革，旨在提高银行体系抵御冲击的能力，增强各国金融体系的韧性，从而提升全球金融体系的稳定性。2010 年巴塞尔协议Ⅲ初步框架正式公布，确定了以资本充足率、杠杆率、流动性为核心的国际监管标准。2014 年以来，巴塞尔委员会深入推进后危机时期监管改革，进一步调整修订原有框架，在平衡简单性、可比性和风险敏感性的原则下，重新构建风险加权资产的计量规则。在国际社会的共同努力下，2017 年 12 月 7 日巴塞尔委员会发布了《巴塞尔协议Ⅲ：后危机改革最终方案》（以下简称《最终方案》），标志着历时十年的国际资本监管改革基本完成，确立了国际银行业监管的新标杆。

从制度变迁上来看，迄今为止，巴塞尔委员会先后发布了巴塞尔协议Ⅰ（1988）、巴塞尔协议Ⅱ（2004）、巴塞尔协议Ⅲ初步框架（2010）、巴塞尔协议Ⅲ最终方案（2017），并确定于 2022 年在各成员国实施《最终方案》。制度的变迁反映了监管理念的改革和发展。巴塞尔协议Ⅰ和巴塞尔协议Ⅱ主要强调微观风险的分析，是监管制度顺应业务风险管理技术进步的结果，而巴塞尔协议Ⅲ是金融危机驱动的监管革命，体现了国际金融监管改革的整体格局和内在逻辑。巴塞尔协议Ⅲ发布以来，资本监管从强调不同资产的风险差异扩展到关注杠杆率和流动性期限匹配等多个维度，从单家银行的风险抵御能力扩展到整体金融体系的稳健性，从金融体系的稳健性扩展到金融体系与实体经济的相互联系。资本监管通过微观审慎和宏观审慎监管相结合，最大限度地降低危机的冲击和破坏，从系统性风险视角赋予银行监管框架更加丰富的宏观意义。

《最终方案》延续了巴塞尔协议“以风险为本”的监管理念，以重构风险加权资产计量框架为切入点，对传统监管框架进行了全方位重塑。改革对于优化银行体系信贷资源配置能力、提升不同银行之间风险计量的准确性和可比性、增强银行体系的整体稳健性具有重大意义。

一是优化资源配置。深化资本导向，释放金融活力，提高银行体系的信贷供给能力和资源配置能力，更有效地提升金融服务实体经济质效。

如果资本监管仅仅简单地以不断提高最低资本要求为目标，商业银行可能会被迫收缩信贷，从而抑制经济增长。2016 年 1 月，中央银行行长和监管当局负责人会议提出，风险加权资产计量方法改革“不应大幅度提高总体资本要求”。《最终方案》基于实际损失数据，特别是危机期间的损失数据，重新确定各类监管给定的风险权重和参数，在不大幅提高总体资本要求的大框架下，增强了资本要求与经济实际的拟合与细化。例如，细化了企业风险暴露分类，以资本成本引导资金投向具有健康、可持续、高质量发展潜力的实体部门。对于符合条件的优质企业予以优惠的风险权重，根据贷款价值比细化住房抵押风险暴露的划分及其相应的风险权重等。增加了同业风险暴露对于监管指标的敏感性，强化了对交易对手的信用质量要求。《最终方案》通过细化资本成本，引导资金缩减不必要的传导链条，减少在金融体系内的空转，更有效地投向实体经济，助推国民经济健康发展。

二是增强风险计量可比性。提高标准法的风险敏感性，增强标准法与高级法的逻辑一致性，提升不同银行之间风险加权资产计量的准确性和可比性。

国际金融危机期间，许多国际化大银行所谓的“先进风险管理工具”并未起到有效计量风险的作用，过度复杂的风险转移和计量手段、不透明的模型技术，使部分银行逃避了监管、虚增了杠杆、放大了负面影响。为此，巴塞尔委员会修订信用风险标准法和内部评级法，增强标准法的计量精细度，限制内部评级法的使用，减少对模型的依赖；完善市场风险计量规则，提高标准法的风险敏感性，采用新模型方法捕捉极端情况下的损失，准确划分交易账簿和银行账簿以避免资本套利；简化操作风险计量方法，废除基于模型的高级计量法，废除敏感性较低的基本指标法，只保留标准法，并对原方法进行大范围修订；增设资本底线，要求以模型方法计量的风险加权资产不得低于标准法计量结果的72.5%，目的是压缩资本计量的套利空间，防止银行通过模型方法过度降低资本要求；调整杠杆率计量规则，明确了全球系统重要性银行（G－SIBs）的附加杠杆率要求，进一步增强了金融体系的抗风险能力。

三是强化市场约束。国际监管改革在强化银行抵御风险能力的同时，致力于通过明确信息披露要求，减少银行与市场参与者之间的信息不对称，通过强化市场约束、改善市场纪律，最终增强公众对银行体系的信心。

基于国际金融危机的教训，金融稳定理事会和巴塞尔委员会提出强化信息披露监管标准、提高商业银行风险信息披露精细化程度的要求。为此，巴塞尔委员会成立了信息披露工作组，修订巴塞尔协议Ⅲ第三支柱监管规则。信息披露工作组整合并完善了资本充足率、流动性、杠杆率、大额风险暴露、总损失吸收能力等各项监管改革政策配套的信息披露要求，全面规划了商业银行信息披露监管框架，统一构建了一套独立于财务报告的、全球统一的监管信息披露模板。新修订的信息披露监管框架在信息披露报告格式、披露内容、披露频率、填报方式和质量控制等方面大幅提高了监管要求，显著增强了风险信息透明度，有助于增强银行经营的合规性，改进银行与市场参与者的沟通，持续提升银行整体稳健经营水平。

党的十九大报告指出，我国经济已由高速增长阶段转向高质量发展阶段，正处在转变发展方式、优化经济结构、转换增长动力的攻关期。习近平总书记在全国金融工作会议上强调“要加强金融监管协调、补齐监管短板”。我们认为，在此转型发展的历史节点，深化金融监管框架改革，加强审慎管理制度建设，健全符合我国国情和国际标准的监管规则，是深入推进经济体制改革、处理好政府与市场关系的重要环节，是打好防范化解金融风险攻坚战的有力保障。吸取国际金融危机的教训，借鉴国际金融监管改革最新成果，开创性地探索与研究我国银行业所面临的深层次矛盾和问题，对于不断完善我国银行业审慎监管制度、不断强化金融监管、引导银行业金融机构转变发展方式、维护我国银行体系稳健运行、支持国民经济可持续发展意义重大。

在党中央、国务院的坚强领导下，我国资本监管改革始终坚持主动对接国际监管规则新标准，并紧密结合中国银行业实际情况，始终把握支持实体经济健康、可持续发展与维护金融安全有机统一的原则，持续提升银行体系稳健性。从我国资本监管的发展历程来看，2004年，银监会发布《商业银行资本充足率管理办法》。2012年，银监会参照巴塞尔协议Ⅱ和巴塞尔协议Ⅲ，发布了《商业银行资本管理办法（试行）》，确立了资本监管的“三大支柱”，建立了较为完善的资本监管架构体系。当前，《最终方案》的发布，为我们提供了国际银行监管最新的理论框架和改革标准。把国际金融危机的深刻教训与国内深化改革的迫切需要结合起来，准确把握当前国际经济金融形势的复杂变化与国内经济增长的趋势和结构性特征，对标国际标准并建立符合中国国情的监管框架，是摆在监管者面前的重大责任与光荣使命。

为了让更多人了解国际监管改革的最新进展和要求，为我国银行业监管研究提供借鉴，我们组织翻译了《最终方案》，供大家参考。希望各级监管部门和银行从业人员将其作为重要参考，吸收有益经验，不忘初心、牢记使命，不断提高监管能力和风险管理水平，推动我国银行业高质量发展，维护我国银行体系长期稳健运行。

郭树清

中国银行保险监督管理委员会主席

缩写词

ABS	Asset-backed securities　资产支持证券
APL	Actual P&L　实际损益
BI	Business indicator　业务指标
BIC	Business indicator component　业务指标部分
CCBS	Cross-currency basis spread　交叉货币基差利差
CCF	Credit conversion factor　信用转换系数
CCR	Counterparty credit risk　交易对手信用风险
CDS	Credit default swap　信用违约互换
CRM	Credit risk mitigation　信用风险缓释
CSR	Credit spread risk　信用利差风险
CTP	Correlation trading portfolio　相关性交易组合
CVA	Credit valuation adjustment　信用估值调整
DRC	Default risk capital　违约风险资本
DvP	Delivery-versus-payment　货款对付模式
EAD	Exposure at default　违约风险暴露
ECRA	External credit risk assessment approach　外部信用风险评估法
EL	Expected loss　预期损失
ES	Expected shortfall　预期尾部损失
GIRR	General interest rate risk　一般利率风险
GSEs	Government sponsored-entities　政府支持企业
G-SIBs	Global systemically-important banks　全球系统重要性银行
HBR	Hedge benefit ratio　对冲效益比例
HPL	Hypothetical P&L　假设损益
HVCRE	High-volatility commercial real estate　高波动性商用房地产
HY	High yield　高收益
IG	Investment grade　投资级
ILM	Internal loss multiplier　内部损失乘数
IMA	Internal models approach　内部模型法
IOSCO	International Organization of Securities Commissions　国际证监会组织

IRB	Internal ratings-based approach	内部评级法
JTD	Jump-to-default	突发违约
LC	Loss component	损失部分
LGD	Loss given default	违约损失率
LTA	Look-through approach	穿透法
LTV	Loan to value	贷款价值比
MLV	Mortgage-lending-value	按揭贷款价值
MNA	Master netting agreement	净额结算主协议
NIF	Note issuance facility	票据发行便利
NMRF	Non-modellable risk factors	不可建模风险因子
NR	Non-rated	无评级
PD	Probability of default	违约概率
PFE	Potential future exposure	潜在风险暴露
PLA	Profit and loss attribution	损益归因
PvP	Payment-versus-payment	款项对付模式
QIS	Quantitative Impact Study	定量测算
QRRE	Qualifying revolving retail exposure	合格循环零售风险暴露
RFET	Risk factor eligibility test	风险因子合格性检验
RRAO	Residual risk add-on	剩余风险附加
RTPL	Risk-theoretical P&L	风险理论损益
RUF	Revolving underwriting facility	循环认购便利
SA	Standardised approach	标准法
SCRA	Standardised credit risk assessment approach	标准信用风险评估法
SES	Stressed expected shortfall	压力预期尾部损失
SME	Small or medium-sized enterprise	中小企业
SPE	Special purpose entity	特殊目的实体
TRS	Total return swap	总收益互换
VaR	Value at risk	在险值

目 录

巴塞尔协议Ⅲ：后危机改革最终方案

简介

1 本文件内容为巴塞尔银行监管委员会（以下简称巴塞尔委员会）对《第三版巴塞尔协议》（以下简称巴塞尔协议Ⅲ）框架的最终修订情况，是对巴塞尔委员会前期发布的巴塞尔协议Ⅲ改革内容的补充。巴塞尔协议Ⅲ框架是巴塞尔委员会应对国际金融危机的核心举措，旨在纠正危机前监管框架中存在的一系列缺陷，为银行体系稳健运行，更好地服务实体经济提供监管基础。

2 此次巴塞尔协议Ⅲ修订的重要目标之一是降低风险加权资产计算的过度差异性。在国际金融危机高峰时期，学者、研究分析人员和市场参与者等多方人士均表示无法信赖银行报告的风险加权资本比率。巴塞尔委员会开展的实证分析也表明，银行在风险加权资产计算中存在过度差异性。

3 风险加权资产计算的审慎性和可信性是风险加权资本框架不可或缺的要素，银行报告的风险加权资产比率应充分透明可比，才能保证对银行风险状况的正确分析。巴塞尔委员会在重新审视后，发现当前监管框架中存在一系列断层线，特别是在平衡简单性、可比性和风险敏感性方面。

4 为切实提升风险加权资产计算的可信度，本文件对监管框架的修订主要涵盖以下三方面：一是提高信用风险和操作风险标准法的稳健性和风险敏感性，提升银行资本比率的可比性；二是限制内部模型法的使用；三是完成杠杆率修订、完善资本底线要求，作为对风险加权资本比率的补充。巴塞尔委员会公布的另一份文件总结了上述修订内容的主要特征[1]。

5 在监管改革修订过程中，巴塞尔委员会遵循三个主要原则。一是以促进金融稳定为目标，坚定履行其强化全球银行监督管理和提升银行实践的职责。稳健的银行体系能够支持实体经济，促进经济可持续性增长。

---

1 关于巴塞尔协议Ⅲ监管改革主要特点的总结详见 www. bis. org/bcbs/publ/d424 _hlsummary. pdf。

6 二是在标准制定过程中积极听取各方观点，广泛开展意见征询。巴塞尔委员会对所有相关方在意见征询中作出的积极贡献表示感谢。

7 三是全面细致地评估监管框架修订对银行体系和宏观经济的影响。根据评估结果，巴塞尔委员会将不显著增加银行总体资本要求作为修订的重要关注点[1]，这体现在标准设计、校准和过渡期安排等各个方面。未来，巴塞尔委员会将持续监测和评估监管改革在降低风险加权资产过度差异性方面的效果。

8 修订后的监管框架仍允许银行在获得监管批准后对部分风险类别适用内部模型方法，但同时也允许各成员国选择仅使用标准法，部分或全部弃用内部模型方法。总体上，巴塞尔监管框架仅为最低标准，各成员国仍可自主选择执行更为严格的要求和（或）加速过渡期安排。

实施日期和过渡期安排

9 为确保新标准在各成员国和各家银行有序、按时实施，巴塞尔委员会制定了以下过渡期安排，详见下表。

标准修订	实施日期
信用风险标准法修订	2022 年 1 月 1 日
内部评级法修订	2022 年 1 月 1 日[2]
信用估值调整框架修订	2022 年 1 月 1 日
操作风险修订	2022 年 1 月 1 日
杠杆率	现行风险暴露定义：2018 年 1 月 1 日[3] 修订后风险暴露定义：2022 年 1 月 1 日[4] 全球系统重要性银行附加要求：2022 年 1 月 1 日

1 定量测算相关内容详见 www. bis. org/bcbs/publ/d426. htm。

2 一旦实施了修订后的风险加权资产框架和修订后的资本底线，则在内部评级法（IRB）下用于信用风险加权资产计算结果的 1.06 倍调整因子，将不再适用。也就是说，巴塞尔协议Ⅱ（2006 年 6 月）中第 14 段和第 44 段以及修订后的资产证券化框架（2016 年 7 月）中第 49 段、第 88 段、第 90 段和第 91 段中关于调整因子的表述，将不再适用。

3 基于 2014 年 1 月杠杆率风险暴露计量的定义。监管机构有权自行选择在 2022 年 1 月 1 日之前采用修订后的杠杆率风险暴露计量的定义。

4 基于本文件中所提出的修订后的杠杆率风险暴露计量规则。

续表

标准修订	实施日期
资本底线	2022 年 1 月 1 日：50% 2023 年 1 月 1 日：55% 2024 年 1 月 1 日：60% 2025 年 1 月 1 日：65% 2026 年 1 月 1 日：70% 2027 年 1 月 1 日：72.5%

目　录

信用风险——标准法

简介

1 巴塞尔委员会允许银行在计算信用风险资本要求时，在两种方法中进行选择。第一种方法是标准法，采用规定的标准化风险权重，具体在第4～97段中规定。在确定风险权重时，在允许将外部评级用于监管目的的国家（或地区），银行可根据第98～116段的规定，将本国监管机构认定的合格外部信用评估机构的评级结果作为确定风险权重的基础。标准法下，风险暴露应扣减专项准备（包括部分核销）后再进行风险加权。

2 第二种方法是内部评级法，允许银行在获得监管机构明确批准的前提下，采用其自身开发的信用风险内部评级体系。

3 资产证券化风险暴露[1]应按照证券化相关规则计算。场外衍生工具、交易所交易的衍生工具以及导致银行面临交易对手信用风险[2]的多头清算交易（long - settlement transaction），应按照交易对手信用风险相关规则[3]计算信用风险暴露。基金股权投资和中央交易对手风险暴露，分别按照各自专门规则[4]进行计算。

---

1 资产证券化相关规则详见 www. bis. org/bcbs/publ/d374. pdf。

2 交易对手信用风险定义为交易对手在交易现金流量最终结算完成前可能发生违约的风险。如果与交易对手之间的交易或交易组合在交易对手违约时存在正的经济价值，则会导致经济损失。银行贷款面临的信用风险暴露是单方面的，即只有贷款银行会面临损失风险。与此不同，交易对手信用风险将造成双方损失风险：交易的市场价值对交易双方均可能为正或为负。因为市场价值是不确定的，随着相关市场因素的变化而变化。

3 交易对手信用风险相关规则在巴塞尔协议Ⅱ（2006年6月）的附件4中提出，其后续修订体现在：（ⅰ）《巴塞尔协议Ⅲ：更具稳健性的银行和银行体系的全球监管框架》（2011年6月），详见 www. bis. org/publ/bcbs189. pdf；（ⅱ）《交易对手信用风险暴露标准法》（2014年4月），详见 www. bis. org/publ/bcbs279. pdf；（ⅲ）《中央交易对手风险暴露的资本要求》（2014年4月），详见 www. bis. org/publ/bcbs282. pdf。

4 基金股权投资的资本要求规则详见 www. bis. org/publ/bcbs266. pdf；中央交易对手信用风险暴露的资本要求详见交易对手信用风险规则的第十一节。

A. 各类风险暴露的处理

尽职调查要求

4 根据巴塞尔委员会信用风险评估指引[5]和巴塞尔协议Ⅱ（2006年6月）第733～735段的规定，银行必须开展尽职调查，确保在交易初始时、交易发生后定期（至少每年）对交易对手风险状况和特征进行充分评估。如果使用外部评级，则应开展尽职调查以评估风险暴露的风险水平，以及所使用的风险权重是否适当和审慎[6]。尽职调查的详尽程度应与银行经营活动的规模和复杂程度相匹配。银行必须视交易对手的情况采取充分合理的措施，通过内部信用分析和（或）外包第三方分析的方式，逐一评估交易对手经营情况和财务业绩的水平和趋势。银行应能定期获取交易对手信息，以完成尽职调查。

5 对于同一并表集团内不同实体的风险暴露，尽职调查应尽可能在有信用风险暴露的独立实体层面进行。在评估独立实体的还款能力时，银行应考虑集团的支持，以及其可能受到的来自集团的不利影响。

6 银行应制定有效的内部政策、流程、制度和控制措施，确保交易对手风险权重的适当性。银行必须能够向监管机构证明其尽职调查分析是恰当的。监管机构应将银行已开展的尽职调查分析工作作为监督检查的内容，并在发现银行未开展适当尽职调查时采取监管措施。

1. 主权风险暴露

（与巴塞尔协议Ⅱ（2006年6月）一致，未做修订）

7 主权及其中央银行风险暴露的风险权重如下：

表1 主权和中央银行风险权重

外部评级	AAA～AA－	A＋～A－	BBB＋～BBB－	BB＋～B－	B－以下	未评级
风险权重	0%	20%	50%	100%	150%	100%

8 各国监管机构有自由裁量权，对银行持有的对本国主权（或中央银行）以

5 巴塞尔委员会，《信用风险及预期信用损失核算指引》（2015年12月），详见 www. bis. org/bcbs/publ/d350. pdf。

6 尽职调查要求不适用于第7～12段所述的风险暴露。

本币计价且以本币为资金来源的债权[7]，给予较低的风险权重[8]。当一国采用此自由裁量权时，其他国家监管机构也可允许其银行对持有的该国主权（或中央银行）以本币为资金来源的本币风险暴露，给予同样的风险权重。

9 在确定主权风险暴露的风险权重时，监管机构也可采用出口信贷机构（Export Credit Agencies，ECA）公布的国别风险评级结果。为满足资本监管要求，ECA 必须公开其对主权国家的评级结果，并遵循经合组织（OECD）规定的评级方法。银行可采用本国监管机构认定的 ECA 所公布的国别风险评级，也可采用参加“官方出口信贷指引安排”（Arrangement on Guidelines for Officially Supported Export Credits）的 ECA 所公布的综合国别风险评级[9]。OECD 规定的评级方法设定了与出口保险最低费率相挂钩的八个风险档次。ECA 风险评级对应风险权重如下：

表 2　主权和中央银行风险权重

出口信贷机构（ECA）风险评级	0 ~ 1	2	3	4 ~ 6	7
风险权重	0%	20%	50%	100%	150%

10 对国际清算银行、国际货币基金组织、欧洲中央银行、欧盟、欧洲稳定机制（ESM）和欧洲金融稳定机制（EFSF）的风险暴露，可采用 0% 的风险权重。

2. 非中央政府公共部门实体（PSEs）风险暴露

［与巴塞尔协议Ⅱ（2006 年 6 月）一致，仅有细微编辑性修改，删除部分引用］

11 国内公共部门实体风险暴露的风险权重由各国监管机构在以下两个方案中选择。

公共部门实体风险权重

表 3　方案 1：根据主权外部评级

主权外部评级	AAA ~ AA −	A + ~ A −	BBB + ~ BBB −	BB + ~ B −	B − 以下	未评级
风险权重	20%	50%	100%	100%	150%	100%

7　也就是说，银行还相应地持有以本币计价的负债。

8　较低的风险权重可扩展到信用风险缓释 CRM 框架下的抵押和担保的风险权重。

9　综合国别风险评级可从 OECD 的网址（http：//www. oecd. org）上查到，具体在贸易理事会（Trade Directorate）窗口下的出口信贷安排网页。

公共部门实体风险权重（续）

表4　方案2：根据公共部门实体外部评级

公共部门实体外部评级	AAA ~ AA −	A + ~ A −	BBB + ~ BBB −	BB + ~ B −	B − 以下	未评级
风险权重	20%	50%	50%	100%	150%	50%

12　各国监管机构有自由裁量权，将特定国内公共部门实体[10]的风险暴露视为其所在国的主权风险暴露。当一国行使此自由裁量权时，其他国家监管机构也可允许其银行对这些公共部门实体的风险暴露，采用同样方式确定风险权重。

3. 多边开发银行风险暴露

13　多边开发银行（MDB）是指由多个国家共同建立的，为经济和社会发展项目提供融资与专业咨询的机构。多边开发银行拥有大量的主权国家作为成员，可同时包括发达国家和（或）发展中国家。每一个多边开发银行应具有独立的法律和营运地位，且需要拥有相当数量及相似使命的参与者。

14　对巴塞尔委员会认可的满足合格标准的多边开发银行风险暴露，可采用0%的风险权重[11]。巴塞尔委员会基于个案处理原则将对多边开发银行进行持续评估，确保其持续满足使用0%风险权重的要求，具体规定如下：

10　以下的例子说明了如何从某一项具体特征（收入能力）出发对公共部门实体进行分类。当然，还有其他的分类方法，例如按照中央政府提供保证的范围和程度，对不同类型的公共部门实体分别给予不同处理。

• 地方政府和地方当局有明确的收入来源，并且有特定的制度安排减少违约风险，可参照对其主权或中央政府的风险暴露，做相同的处理。

• 中央政府、地方政府或地方当局负责的行政机构以及政府或地方当局拥有的其他非商业实体，如果没有相应的收入来源或上述的其他制度安排，对它们的债权就不能等同于主权债权处理。如果对这些机构实行严格的贷款规则，并且由于其特殊的公共地位，不可能宣布破产，就可按照公共部门实体（方案1或方案2）来处理。

• 对中央政府、地方政府或地方当局拥有的商业机构，应当看作一般性的商业企业。如果这些机构在竞争性市场上作为一个公司来运作，而国家、地方政府或地方当局是它们的主要股东，监管机构应当考虑对这些机构按照公司来给予相应的风险权重。

11　目前适用0%风险权重的多边开发银行为由国际复兴开发银行（IBRD）、国际金融公司（IFC）、多边投资担保机构（MIGA）和国际开发协会（IDA）组成的世界银行集团、亚洲开发银行（ADB）、非洲开发银行（AfDB）、欧洲复兴开发银行（EBRD）、美洲开发银行（IADB）、欧洲投资银行（EIB）、欧洲投资基金（EIF）、北欧投资银行（NIB）、加勒比开发银行（CDB）、伊斯兰开发银行（IDB）、欧洲理事会开发银行（CEDB）、国际免疫融资机制（IFFIm）和亚洲基础设施投资银行（AIIB）。

（ⅰ）具有高质量的长期发行人评级，即其大部分外部评级必须为AAA[12]；

（ⅱ）股权结构良好，大多数股东国家具有AA－或以上的长期发行人评级，或者主要资金来源是实收资本或实收股本，没有杠杆或杠杆水平很低；

（ⅲ）股东国家提供足够的实收资本，反映其对该多边开发银行的强大支持；在必要情况下，多边开发银行有权要求其股东增资，以偿还其债务；股东国家能够持续补充资本和新认购资本；

（ⅳ）资本和流动性水平充足（需按照个案处理原则对多边开发银行进行逐一分析）；

（ⅴ）具有符合法律规定且严格的信贷管理要求及审慎的财务政策，包括但不限于：合理的审批程序、良好的内部信用状况和适中的风险集中度限额（国别、行业、单一客户和信用类别）、大额风险暴露授信需由董事会或董事会下设委员会批准、有固定的还款计划、对资金使用可做到有效监控、定期开展贷后重检、有严格的风险评估程序及贷款损失准备计提政策等。

15 对其他多边开发银行的风险暴露的确定方法如下：注册在允许将外部评级用于监管目的的国家（或地区），可根据表5结合其外部评级结果确定“基础”风险权重；注册在不允许将外部评级用于监管目的的国家（或地区），可采用50%的风险权重。

表5 多边开发银行风险暴露权重

交易对手外部评级	AAA～AA－	A＋～A－	BBB＋～BBB－	BB＋～B－	B－以下	未评级
基础风险权重	20%	30%	50%	100%	150%	50%

4. 银行风险暴露

16 银行风险暴露是指对具有吸收公众存款牌照并接受适当的审慎监管和监督检查的金融机构的债权[13]（包括贷款和高级债务工具，但不包括第53段认定的次级债务工具）。次级债和股权的处理方式见第49～53段。

---

12 申请适用0%风险权重的多边开发银行必须在申请时符合AAA评级标准。一旦纳入合格的多边开发银行名录，则评级可以降级，但不能低于AA－；否则，该多边开发银行风险暴露将适用第15段的处理方法。

13 对于国际活跃银行，适当的审慎监管（如资本和流动性要求）和监督检查水平应与巴塞尔框架一致。对国内银行，适当的审慎监管由各国监管机构决定，但至少应包括最低的监管资本要求。

风险权重的确定

17 银行风险暴露根据以下方法进行风险加权：[14]

（a）外部信用风险评估法（ECRA）：该方法适用于在允许将外部评级用于监管目的的国家（或地区）注册的银行，且该类银行风险暴露拥有外部评级结果。其中，合格的外部评级结果需根据第98～116段的规定来确定。

（b）标准信用风险评估法（SCRA）：在允许将外部评级用于监管目的的国家（或地区）的未评级银行风险暴露以及在不允许将外部评级用于监管目的的国家（或地区）注册的银行风险暴露，均可使用该方法来确定风险权重。

（a）外部信用风险评估法（ECRA）

18 在允许将外部评级用于监管目的的国家（或地区），该注册地银行可按照表6规定，基于外部评级确定其已评级的银行类风险暴露[15]的“基础”风险权重。此类评级不得包含任何隐性的政府支持假设，除非评级对象是政府拥有的公共银行。[16] 在允许将外部评级用于监管目的的国家（或地区），银行对其未评级的银行风险暴露，应根据第21段的规定采用SCRA方法确定风险权重。

银行风险暴露权重表

表6 外部信用风险评估法

交易对手外部评级	AAA～AA－	A＋～A－	BBB＋～BBB－	BB＋～B－	B－以下
“基础”风险权重	20%	30%	50%	100%	150%
短期风险暴露的风险权重	20%	20%	20%	50%	150%

19 原始期限为3个月或以下的银行风险暴露，以及因跨境商品流通而产生

14 除核心一级资本工具、其他一级资本工具和二级资本工具外，各国监管机构可允许辖内，属于同一机构保护计划的银行（如互助银行、合作社或储蓄机构）对其集团内或机构内的风险暴露赋予比ECRA和SCRA结果所对应的风险权重更低的风险权重。但是，风险暴露的交易双方均必须在该保护计划内，且该保护计划有合同或法定的有效安排，以保护参加计划的机构，确保其流动性和偿付能力以避免破产。

15 如果风险暴露由监管认可且银行提名［银行按照一贯的方式告知监管机构其将该ECAI评级用于监管目的（第103段）的“合格信用评估机构”（ECAI）］进行评级，则为已评级风险暴露。也就是说，如果存在外部评级，但信用评级机构不是各国监管机构认可的ECAI，或评级由未经过银行提名的ECAI发布，则银行应将该风险暴露视为未评级。

16 隐性政府支持指在发生银行违约事件或银行危机时，政府将采取行动避免银行债权人承担损失。各国监管机构可在本办法实施之日起最多五年内，允许银行在根据表6规定确定“基本”风险权重时，采用包含政府隐性支持的外部评级。

的原始期限为6个月或以下的银行风险暴露[17]，可采用表6中短期风险暴露的风险权重。

20 银行必须开展尽职调查，以确保外部评级适当、审慎地反映了交易对手信用状况。如果尽职调查发现实际风险高于外部评级（AAA～AA－；A＋～A－等）所代表的风险，银行必须采用比外部评级对应的“基础”风险权重至少高一个档次的风险权重。尽职调查不得导致采用比外部评级对应的“基础”风险权重更低的风险权重。

（b）标准信用风险评估法（SCRA）

21 在不允许将外部评级用于监管目的的国家（或地区），该注册地银行应采用SCRA方法确定银行风险暴露的风险权重。SCRA也适用于允许将外部评级用于监管目的的国家（或地区）的未评级银行风险暴露。SCRA要求银行将其银行风险暴露分为三个风险级别（A级、B级和C级），并依据表7确定相应的风险权重。仅针对SCRA而言，第22～29段中的“已发布的最低监管要求”不包括流动性标准。

银行风险暴露权重表

表7　标准信用风险评估法

交易对手信用风险评估	A级	B级	C级
“基础”风险权重	40%[18]	75%	150%
短期风险暴露权重	20%	50%	150%

A级

22 A级是指在资产或风险暴露的可预计生命期内，不论经济周期和商业条件如何变化，交易对手银行都具有足够的能力及时兑现其财务承诺（包括本金及利息）的银行。

23 划分为A级的交易对手银行必须满足或超过其所在国家（或地区）监管机构的最低监管要求和缓冲要求，但监管要求实施的（例如第二支柱）、未公开且针对单家银行特定的最低监管要求或缓冲要求除外。如果上述最低监管要求和缓

17　这可能包括资产负债表内的风险暴露，例如贷款，以及表外风险暴露，例如自我清偿（self-liquidating）的、与贸易相关的或有项目。

18　根据SCRA，如果交易对手银行的CET1比率达到或超过14%，且一级杠杆率达到或超过5%，同时交易对手银行必须满足A级所有要求，则没有外部信用评级的银行风险暴露的风险权重可为30%。

冲要求（针对单家银行的特定最低监管要求或缓冲要求除外）未公开披露，或未能从交易对手银行获取的，则必须将该交易对手银行划分为 B 级或更低级别。

24 如果尽职调查中，银行评估认为交易对手银行不符合第 22 段和第 23 段的相关要求，则必须将该交易对手银行的风险暴露划分为 B 级或 C 级。

B 级

25 B 级是指交易对手银行存在较高信用风险的风险暴露，例如偿还能力依赖于稳定或有利的经济（商业）条件。

26 划分为 B 级的交易对手银行必须满足或超过其所在国家（或地区）监管机构的最低监管要求（不包括缓冲要求），但监管要求实施的（例如第二支柱）、未公开且针对单家银行的特定最低监管要求除外。如果上述最低监管要求（针对单家银行的特定最低监管要求除外）未公开披露，或未能从交易对手银行获取的，则必须将该交易对手银行划分为 C 级。

27 银行应将所有不符合第 22 段和第 23 段要求的该类风险暴露划分为 B 级，除非该风险暴露根据第 28 段和第 29 段的规定应划分为 C 级。

C 级

28 C 级是指交易对手银行具有重大违约风险、安全边界有限的风险暴露。对于这类交易对手，不利的商业、财务或经济条件很可能导致或已经导致其无法履行财务承诺。

29 当触发以下任一条件时，必须将该银行风险暴露划分为 C 级：

- 交易对手银行不满足第 25 段、第 26 段规定的最低监管要求，即不符合划分为 B 级标准的。
- 在拥有经外部审计的财务报表的情况下，外部审计师在过去 12 个月内的财务报表或审计报告中发布了负面审计意见，或者对交易对手银行持续经营能力表示怀疑。

若上述条件未触发，银行仍可评估认定交易对手银行符合第 28 段规定的，也需将该交易对手银行的风险暴露划分为 C 级。

30 原始期限为 3 个月或以下的银行风险暴露，以及因跨境商品流通而产生的原始期限为 6 个月或以下的银行风险暴露[19]，均可采用表 7 中短期风险暴露的风险权重。

---

19 这可能包括资产负债表内风险暴露，例如贷款；以及表外风险暴露，例如自我清偿（self - liquidating）的、与贸易相关的或有项目。

31 在 SCRA 方法下，为体现风险的转移（transfer）和汇兑风险（convertibility risk），该银行风险暴露的风险权重应不低于交易对手银行所在国家的主权风险暴露所对应的风险权重。如果计价货币不是债务人银行所在国家（或地区）的当地货币，或者债务人银行海外分行的非当地货币借款，均适用上述主权风险权重底线要求。但商品流通所产生的短期（期限在一年以下）自我清偿的、与贸易相关的或有项目[20]不适用上述主权风险权重底线。

5. 担保债券风险暴露

32 担保债券是指由银行或住房抵押机构发行的，按照法律规定接受公众监督的，以保护债券持有人利益为首要考虑而发行的债券。此类债券发行募集的资金必须根据法律规定投资于可在债券存续期内覆盖与该债券相关的债权的资产，若出现发行人未履约的情况，该资金可优先用于偿还债券本金和应计利息。

合格资产

33 当本协议第 32 段定义的担保债券的基础资产（担保资产池）包含在下述范围内，且投资担保证券的银行同时满足第 34 段的披露要求时，方可采用第 35 段所列示的方法确定该类风险暴露的风险权重：

- 对主权、中央银行、公共部门实体或多边开发银行的债权或由其担保的债权。
- 由符合第 60 段所述标准的居住用房地产抵押且贷款价值比（LTV）不超过 80%（含）的债权。
- 由符合第 60 段所述标准的商业房地产抵押且贷款价值比（LTV）不超过 60%（含）的债权。
- 对具有 30% 或更低风险权重的银行的债权或由其保证的债权，且此类资产不得超过该担保债券发行额的 15%。

发行人指定的担保债券资产池的名义价值应大于其名义未偿还价值至少 10% 以上。上述要求并非必须包含在法律条款中，但倘若法律条款未包含上述要求，发行银行则需定期公开披露其担保债券资产池持续满足上述 10% 要求的信息。除本段所列的主要资产外，其他抵质押品可包括替代资产（为管理目的而代替主要资产以补充担保债券资产池的现金或具有高流动性的短期安全资产）以及用于对冲担保债券风险的衍生工具。

---

20 巴塞尔委员会 2011 年 10 月发布的《在巴塞尔资本框架下处理贸易融资问题》，详见 http：//www. bis. org/publ/bcbs205. pdf。

本段所列条件必须在担保债券的有效期内及剩余期限内均满足。

披露要求

34 投资担保债券的银行向监管机构提供的信息满足以下要求时，此类债券风险暴露可按照本协议第35段的规定处理：

（a）该类信息包括但不限于：（ⅰ）担保债券资产池价值和未偿还担保债券的价值；（ⅱ）担保资产的地域分布和资产类型、贷款规模、利率及货币风险；（ⅲ）担保资产及担保债券的期限结构；（ⅳ）逾期90天以上的贷款占比；等等。

（b）发行人至少每半年向银行提供（a）中的信息。

35 若担保债券符合第33段及第34段要求，则可根据满足第98～116段要求的发行评级或发行银行风险权重确定该风险暴露的风险权重。其中，对于具有发行评级的担保债券[21]，则应根据表8确定风险权重；对于未评级的担保债券，应依据发行银行通过ECRA或SCRA确定的风险权重比照表9得到该类风险暴露的权重。

表8　已评级担保债券风险暴露权重

担保债券的发行评级	AAA～AA－	A＋～A－	BBB＋～BBB－	BB＋～B－	B－以下
“基础”风险权重	10%	20%	20%	50%	100%

表9　未评级担保债券风险暴露权重

发行银行风险权重	20%	30%	40%	50%	75%	100%	150%
“基础”风险权重	10%	15%	20%	25%	35%	50%	100%

36 银行必须开展尽职调查，以确保外部评级适当、审慎地反映了资产担保债券及其发行银行的信用状况。如果尽职调查发现实际风险高于外部评级（如AAA～AA－、A＋～A－等）所代表的风险，银行必须采用比外部评级对应的“基础”风险权重至少高一个档次的风险权重。尽职调查分析不得导致采用比外部评级对应的风险权重更低的风险权重。

6. 证券公司和其他金融机构风险暴露

37 该条款适用于受到与银行同等审慎监管标准和监督检查要求（包括资本

21　只有由银行提名的公认“合格信用评估机构”（ECAI）进行评级，才被认为是有评级的［银行提名指银行已经按常规方式告知监管机构其拟将该ECAI评级用于监管目的（见第103段规定）］。换句话说，即便风险暴露存在外部评级，但信用评级机构不是各国监管机构认可的ECAI，或未经过银行提名，则该风险暴露被视为未评级。

和流动性要求）的证券公司及其他金融机构，其风险暴露可按银行风险暴露处理。各国监管机构应确定对其辖内证券公司及其他金融机构所采用的监管标准和监督检查要求是否与辖内银行相一致。若一致，则其他国家监管机构也可允许其银行将此类证券公司及其他金融机构的风险暴露视同银行风险暴露处理。不满足上述条件的证券公司及其他金融机构的风险暴露，则应按照公司风险暴露处理。

7. 公司风险暴露

38 公司风险暴露包括对法人公司、协会、合伙企业、独资企业、信托公司、基金及其他具有类似特征的实体的风险暴露（包括贷款、债券、应收账款等），但满足其他风险暴露类别要求的除外。公司类交易对手的次级债和股权按第 49 ~ 53 段规定处理。公司风险暴露包括不符合第 16 段银行风险暴露定义或者不符合第 37 段证券公司和其他金融机构风险暴露定义的保险公司及其他金融企业的风险暴露。公司风险暴露类别不包括对个人的风险暴露。公司风险暴露类别分为以下子类：

（ⅰ）一般公司风险暴露；

（ⅱ）专业贷款风险暴露（如第 44 段所定义的）。

7.1　一般公司风险暴露

风险权重的确定

39 在允许将外部评级用于监管目的的国家（或地区），该注册地银行应根据表 10 确定“基础”风险权重[22]。银行必须开展尽职调查，以确保外部评级适当、审慎地反映了交易对手信用状况。如果银行按照第 18 段规定对已评级银行风险暴露确定风险权重，则必须采用表 10 的规定确定其公司类风险暴露的权重。如果尽职调查发现实际风险高于外部评级（如 AAA ~ AA −、A + ~ A − 等）所代表的风险，银行必须采用比外部评级对应的“基础”风险权重至少高一个档次的风险权重。尽职调查不得导致采用比外部评级对应的风险权重更低的风险权重。

40 在允许将外部评级用于监管目的的国家（或地区），该注册地银行未评级公司风险暴露应采用 100% 的风险权重，但未评级中小企业（SMEs）风险暴露除外。未评级中小企业风险暴露按照第 43 段的规定处理。

---

[22] 只有由银行提名的公认“合格信用评估机构”（ECAI）进行评级，才被认为是有评级的［银行提名指银行已经按常规方式告知监管机构其拟将该 ECAI 评级用于监管目的（见第 103 段规定）］。换句话说，即便风险暴露存在外部评级，但信用评级机构不是各国监管机构认可的 ECAI，或未经过银行提名，则该风险暴露被视为未评级。

公司风险暴露权重表

表 10　允许将外部评级用于监管目的的国家（或地区）

交易对手外部评级	AAA ~ AA -	A + ~ A -	BBB + ~ BBB -	BB + ~ BB -	BB - 以下	未评级
"基础" 风险权重	20%	50%	75%	100%	150%	100%

41　在不允许将外部评级用于监管目的的国家（或地区），该注册地银行的公司类风险暴露应采用 100% 的风险权重，但以下情况除外：

- 第 42 段规定的"投资级"公司风险暴露。
- 第 43 段规定的中小企业风险暴露。

如果银行按照第 21 段规定对其已评级银行的风险暴露确定风险权重，则也必须按照本段规定对公司风险暴露确定风险权重。

42　在不允许将外部评级用于监管目的的国家（或地区），银行可对"投资级"公司的风险暴露采用 65% 的风险权重。"投资级"公司是指即便在不利的经济周期和商业环境下，借款人也有充足的能力及时兑现其财务承诺。银行应考虑借款人的业务模式复杂性、在同行业中的业绩表现以及公司营运环境风险等因素，对照"投资级"定义进行评估。此外，公司实体（或其母公司）必须在认可的证券交易所登记有仍在存续期内的证券。

43　对未评级中小企业风险暴露（交易对手公司所属的集团在最近一个财政年度的年销售额低于或等于 5000 万欧元），适用 85% 的风险权重。此外，符合第 55 段标准的中小企业风险暴露可视同零售中小企业风险暴露，适用 75% 的风险权重。

7.2　专业贷款风险暴露

44　专业贷款风险暴露应在法律形式或经济实质上具有下列部分或全部特征：

- 该类风险暴露与房地产无关，且符合第 45 段规定的物品融资、项目融资或商品融资的定义。与房地产相关的风险暴露应按照第 59 ~ 75 段的规定处理。
- 该类风险暴露的对象是专门为实物资产融资和（或）经营实物资产而创立的实体［通常是特殊目的载体（SPV）］。
- 借款实体几乎没有或完全没有其他重大资产或经营活动，除了从被融资资产中获得的收入外，几乎没有或完全没有独立的偿债能力。偿债主要来源是资产产生的收入，而不是借款实体的独立运营能力。
- 合同条款赋予贷款人对资产及其产生的收入有实质的控制权。

45　第 44 段所述专业贷款风险暴露可划分为三个子类：

（ⅰ）项目融资，是指贷款人主要将单个项目产生的收入作为还款来源和贷款安全保障的融资方式。此类融资通常针对大型、复杂且昂贵的设备，比如电厂、化工厂、矿山、交通基础设施、环境、媒体和电信等。项目融资可以是为新建项目融资，也可以是为已有建设项目进行再融资（无论有无改造）。

（ⅱ）物品融资，是指为采购设备（如轮船、飞机、卫星、火车和船舶等）进行的融资。该融资方式下，贷款的偿还依赖于被融资和抵押（或已交付贷款人）的特定资产所产生的现金流。

（ⅲ）商品融资，是指为交易所交易商品（如原油、金属或谷物）的储备、库存或应收款提供融资的短期贷款，其贷款偿还来源于商品销售的收益，借款人并没有独立的还款能力。

46 在允许将外部评级用于监管目的的国家（或地区），该注册地银行可根据表10规定，可基于用于发行的外部债项评级（后称债项评级）结果（如有）为专业贷款风险暴露确定风险权重。需注意，在确定该类风险暴露的权重时不得将发行人评级当作债项评级使用（第107段规定不适用专业贷款风险暴露）。

47 对于没有外部发行债项评级的专业贷款风险暴露，以及在不允许将外部评级用于监管目的的国家（或地区），该注册地银行的专业贷款风险暴露应根据以下要求确定：

• 物品融资和商品融资风险暴露采用100%的风险权重。

• 项目融资风险暴露在运营前阶段采用130%的风险权重，在运营阶段采用100%的风险权重。在运营阶段的优质项目融资风险暴露（如第48段所述）可采用80%的风险权重。在运营阶段，为项目融资专门设立的实体具有以下特征：（ⅰ）正的净现金流，足以支付剩余合同债务；（ⅱ）长期债务不断减少。

48 优质项目融资风险暴露是指风险暴露对应的项目融资实体能够及时履行其财务承诺，并且经评估其偿债能力，该项目能够承受经济周期和商业条件的不利变化。此外，还必须满足下列条件：

• 对项目融资实体设有限制，不得损害债权人的利益（例如，未经现有债权人同意，不得发行额外债务）。

• 项目融资实体具有足够的储备资金或其他财务安排，以支付项目应急资金和营运资本。

• 该项目的收入满足可获取性原则[23]，或受回报率监管的约束，或受照付不议合同的约束。

---

23 可获取性原则是指一旦施工完成，项目融资实体就有权从其合同交易对手（例如政府）获得款项，但是必须满足合同条件。可获取性支付的规模应包括项目融资实体在运营项目时的运营成本和维护成本、还本付息成本和股本回报。可获取性支付不受需求波动的影响，比如流量水平，而且通常仅因为缺乏绩效或者缺乏资产可用性而进行公共调整。

• 项目融资实体的收入取决于单一主要交易对手，该交易对手应是中央政府、公共部门实体或风险权重为80%以下（含）的企业实体。

• 项目融资实体风险暴露所适用的合同条款在项目融资实体违约时能为债权人提供高度保护。

• 主要交易对手或符合主要交易对手资格标准的其他交易对手应保护债权人免于承受项目终止所造成的损失。

• 在法律允许范围内，运营项目所需的所有资产和合同都应抵押给债权人。

• 在违约的情况下，债权人可控制项目融资实体。

8. 次级债、股权和其他资本工具

49 公司或银行发行的次级债、股权和其他监管资本工具应适用第50～53段的方法确定风险权重，但从监管资本中扣除的或根据巴塞尔协议Ⅲ（2011年6月）第87～90段规定适用250%风险权重的部分除外。股权风险暴露根据该投资的经济实质确定，应包括商业企业或金融机构资产和收入的未并表、未扣除的直接和间接所有者权益[24]，无论其是否具有表决权。如果某类资本投资符合下列所有要求，则可确认为股权风险暴露：

• 不可赎回，只有通过出售投资（或投资权）或通过发行人清算才能收回投资资金。

• 在发行人一方不体现为债务。

• 对发行人的资产或收入只保留剩余追索权。

此外，下列工具必须归类为股权风险暴露：

• 具有与银行一级资本相同结构的工具。

• 在发行人一方体现为债务，但满足下列条件之一的工具：

1）发行人可无限期地推迟履行债务义务。

2）债务要求（或允许由发行人决定）通过发行固定数量的发行人股份进行结算。

3）债务要求（或允许由发行人决定）通过发行可变数量的发行人股份进行结算，并且（其他条件相同）该债务价值的任何变化均归因于、相当于固定数量

[24] 间接股权包括持有与股权挂钩的衍生工具，持有公司、合伙企业、有限责任公司或其他类型的企业所发行的权益，并主要从事权益工具投资业务的企业的股份。

的发行人股份价值变化，且变化方向相同。[25]

4）持有人可选择要求以股份结算债务，除非（ⅰ）对于交易工具，监管机构认可银行已证明该工具的交易更类似于发行人的债务而非股权；（ⅱ）对于非交易工具，监管机构认可银行已证明该工具应被视同债务处理。评估（ⅰ）和（ⅱ）时，在监管机构同意的情况下，银行可出于管理目的对风险暴露进行分解。

旨在传递股权经济实质的债务工具、其他证券、合伙制关系、衍生工具或其他工具应被视为股权[26]，包括其收益与股权收益相关联的负债[27]。相反，旨在传递债权的股权投资或证券化风险暴露不应被视为股权[28]。

50 银行应对第51段所述的投机性非上市股权风险暴露采用400%的风险权重，对所有其他股权风险暴露采用250%的风险权重，但符合第52段规定的股权风险暴露除外。[29]

51 投机性非上市股权风险暴露是指对非上市公司出于短期转售目的，或被视为风险投资或类似投资的股权投资。此类投资受到价格波动的影响，持有目的是预期未来获得重大的资本收益。[30]

52 各国监管机构可允许银行对获得国家法定计划重大补贴，并受到政府监督和“限制”的股权投资采用100%的风险权重。采用这一处理方法的股权投资不得超过银行一级和二级资本合计数量的10%。前述“限制”包括对银行投资的规模和业务类型、股东分红数量、地理位置及对本银行投资潜在风险因素的限制。

---

25 对于要求或允许通过发行可变数量的发行人股权进行结算的某些债务而言，债务货币价值的任何变动等于固定数量股份的公允价值变动乘以特定因子。如果因素和参考股数固定，则此类债务符合第3项的条件。例如，发行人可能被要求通过发行价值等于1000股股票公允价值增值三倍的股份对债务进行结算。该债务将被视为等同于要求发行价值等于3000股股票公允价值增值的股份进行结算的债务。

26 该类股权虽然被记录为贷款，但是作为债务有序实现或债务重组一部分的债务—股权互换所产生的股权，包含在股权持有的定义中。然而，此类工具所产生的资本占用可能不会低于该股权仍属于债务组合时的资本占用。

27 在其通过股权持有直接对冲的情况下，净头寸不存在重大风险，监管机构可决定不包括此类债务在内。

28 各国监管机构可酌情就监管目的将债务持有重新定性为股权，并确保根据第二支柱对债务持股进行适当的处理。

29 第50段所述的风险权重处理，不包括第52段所述的股权持有，将自本标准实施之日起遵循为期五年的过渡期安排。对于投机性非上市股权风险暴露，适用的风险权重将从100%开始，并在每年年底前增加60个百分点，直至第5年年底。对于所有其他股权持有，适用的风险权重将自100%开始，并在每年年底前增加30个百分点，直至第5年年底。

30 例如，对于银行已经或打算建立长期业务关系以及用于企业重组目的的债务—股权互换的非上市公司客户将被排除在外。

53 银行应对持有的次级债和除股权以外的其他资本工具，采用150%的风险权重。符合巴塞尔协议Ⅲ修订版（2016年10月巴塞尔委员会TLAC工具标准）第66b段及66c段“其他TLAC债务工具”的定义，且未从监管资本中扣除的债务工具，均视同本段所述的次级债务工具。

9. 零售风险暴露

54 零售风险暴露是指对个人或多人，或对符合“监管零售”定义的中小企业的风险暴露。[31] 以房地产抵押的零售风险暴露按照第59～75段的规定处理。其他零售风险暴露适用第55～58段的规定。

55 符合下列所有条件的零售风险暴露被认定为“监管零售”风险暴露，适用75%的风险权重。在评估分散性标准时，应剔除已违约零售风险暴露。

- 产品标准：风险暴露形式为循环信贷和授信（包括信用卡、签账卡和透支）、个人定期贷款和租赁（如分期贷款、汽车贷款和租赁、学生和教育贷款、个人融资）以及小企业授信便利和承诺等。按揭贷款、衍生工具和其他证券（如债券和股票），无论上市与否，都不纳入零售风险暴露。
- 小额标准：对同一交易对手的风险暴露总额最高不得超过100万欧元。
- 分散性标准：对同一交易对手的风险暴露总额[32]不得超过监管定义的零售风险暴露总额的0.2%[33]，除非监管机构采用其他方法确保监管零售资产符合分散性要求。

56 符合第55段标准的“监管零售”风险暴露，如果其债务人是合格的“交易者”（transactors），则风险权重为45%。合格“交易者”指信用卡、签账卡等在过去12个月内各还款时点均全额按时还本付息的债务人。对于透支便利的债务人，如果在过去12个月内没有任何提款，也视为合格“交易者”。

57 “其他零售”：对不符合第55段标准的个人或多人的风险暴露，应采用100%的风险权重。

58 对不符合第55段标准的中小企业风险暴露应按照第43段规定的公司类

---

31 根据第43段的定义，监管零售中小企业符合第55段规定。在某些国家（或地区）（如新兴经济体），各国监管机构可能会以更保守的方式界定中小企业（如更低的销售水平）。

32 风险暴露总额是指各种零售风险暴露的总金额（不考虑任何信用风险缓释），不包括居住用房地产风险暴露。对于表外项目，总额将在应用信用转换系数后进行计算。另外，“对同一交易对手”是指可被视为单一受益人的一个或多个实体（例如，如果是附属于另一小型企业的小企业，则该限制将适用于两家企业的银行合计风险暴露）。

33 为避免循环计算，分散性标准将仅被验证一次。必须对满足产品标准、定位标准和小额标准的风险暴露组合进行计算。

中小企业风险暴露处理，但以房地产抵押的除外。

10. 房地产风险暴露

59 在部分国家（或地区），由于结构性因素房地产风险暴露的信用损失很低，则可按照表 11、表 12、表 13 和表 14 以及第 65 段、第 71 段规定计算风险权重。监管机构应根据违约历史和市场价格稳定性等因素，评估相关风险权重表中的风险权重是否过低。监管机构可视情况提高风险权重。

60 为适用表 11、表 12、表 13 和表 14 中的风险权重以及第 65 段、第 71 段处理方法，该类贷款必须满足以下要求：

• 房地产已完工：为风险暴露提供担保的房地产必须全部完工。该要求不适用于森林和农业用地。监管机构可自主决定将第 64 段和第 65 段规定的风险权重计算方法用于以在建房地产为抵押或以拟建房地产所在土地为抵押的个人贷款，但必须满足：（ⅰ）该房地产为 1～4 人居住的家庭住宅单元，是借款人的主要住所，且贷款不能间接为第 74 段所述的土地收购和开发建设提供融资；（ⅱ）国家政府或公共部门实体有法定权力和能力确保房地产最终完工。

• 法律上可执行：房地产债权必须在所有相关国家（或地区）是法律上可执行的。抵押协议和支持该协议的法律程序必须能使银行在合理时间内实现房地产价值。

• 对房地产的债权：贷款银行拥有对房地产的第一顺位留置权，或者单家银行持有该房地产的第一顺位留置权以及后续的低顺位留置权（没有来自另一银行的中间留置权）。但是，在次级留置权也为持有人提供可依法强制执行的保障、构成有效信用风险缓释的国家（或地区），其他银行持有的次级留置权也可得到认可。[34] 为满足上述要求，该国家（或地区）留置权法律框架应确保：（ⅰ）持有房地产留置权的每家银行，都可独立发起出售该房地产，而不受其他拥有该房地产留置权的实体约束；（ⅱ）如果出售房地产未采用公开拍卖的方式，则持有高级留置权的银行应在执行其出售权时采取合理措施，以取得公允市场价值或最优价格

34 同样，如果另一家银行存在中间留置权（银行持有的高级和次级留置权并非按顺序连续排列），则适用于持有高级留置权的同一家银行所持有的次级留置权。

（持有高级留置权的银行不能以损害次级留置权的折扣价格出售房地产）。[35]

• 借款人的偿还能力：借款人必须符合第 61 段的要求。

• 审慎的房地产估值：房地产必须按照第 62 段确定贷款价值比（LTV）的规定进行估值。此外，房地产价值不得主要取决于借款人的表现。

• 所需文件：贷款发放及监测所需的所有信息必须完整记录，包括借款人的偿还能力和房地产估值信息。

61 各国监管机构应确保银行已制定住房抵押贷款的贷款审批政策，包括评估借款人的偿还能力。贷款审批政策必须定义一个或多个指标［如贷款偿付比（debt service coverage ratio）］，并确定相应评估标准。[36] 当抵押贷款的偿还很大程度上取决于房地产所产生的现金流时，贷款审批政策应包括相关指标（如房地产的入住率）。各国监管机构可对本国（或地区）此类指标的定义和标准提供指导。

62 贷款价值比（LTV）等于贷款余额除以房地产价值。除非监管机构要求银行下调房地产价值，否则房地产价值将采用贷款发放时的初始价值。[37] 如果发生非常特殊的个体事件导致房地产价值永久性下降，则必须对价值进行调整。对房地产的修缮如果真实明确（unequivocally）地增加了房地产价值，也可在 LTV 中予以考虑。计算 LTV 时，贷款余额将随着贷款的分期偿还而减少。

LTV 必须按照以下要求审慎计算：

• 贷款额：包括未偿还的贷款额和未提取的承诺金额。[38] 贷款额为准备金扣减前和其他风险缓释前的总额，但可扣除满足所有表内净额结算要求且无条件不

---

[35] 在某些国家（或地区）内，大部分个人房贷并非法定抵押贷款，而通常是由评级较高的单一担保人（如果借款人违约，则需要向银行全额偿还贷款）提供担保，并且在担保人违约时，银行有权就该财产进行抵押。如果符合下列额外条件，则此类贷款可被视为居住用房地产风险暴露（而非担保贷款）：

（ⅰ）借款人在合同中承诺未经授予贷款的银行同意，不授予任何抵押留置权；

（ⅱ）担保人应为受银行或保险企业所适用的类似资本要求约束的银行或金融机构；

（ⅲ）担保人应为建立全额互助担保基金或者类似保护，以吸收信用损失，其校准应由监管机构定期检查，并定期进行压力测试；

（ⅳ）如果担保人违约，则银行应允许在合同上和法律上对房地产进行抵押。

[36] 用于衡量偿还能力的指标和水平应反映《优质住宅抵押贷款审批活动原则》（2012 年 4 月），金融稳定理事会（FSB）。

[37] 如果抵押房地产的价值已经被下调，则银行可对其进行后续的上调，但不能高于该抵押房地产的原值。

[38] 如果一家银行发放通过同一房地产担保的不同贷款，并且按排列顺序连续（没有来自另一家银行的中间留置权），就风险权重而言，不同的贷款应被视为单一的风险暴露，应贷款金额合计以计算贷款价值比。

可撤销的、仅用于偿还抵押贷款而在贷款银行设立的质押存款账户。[39]

- 房地产价值：必须采用审慎保守的估值标准独立进行估值[40]。为确保审慎保守，估值应不考虑对价格上涨的预期，且应对当前市场价格中可能远高于贷款生命周期内可持续价值的部分进行相应调整。如果国家法律没有对审慎估值标准提供指导，则监管机构应提供相关指导。如果可获得市场价值，则估值不应高于市场价值。[41]

满足信用风险缓释框架下合格抵质押品要求的保证或金融质押品可被认定为信用风险缓释。这可以包括满足信用风险缓释框架操作要求下对抵押贷款保险[42]的保证。银行在计算风险暴露数量时可考虑信用风险缓释，但在计算 LTV 和风险权重时不应考虑信用风险缓释。

10.1　以居住用房地产为抵押的风险暴露

63　住房抵押风险暴露是指以具有居住性质并符合所有允许房地产作为住宅使用（居住用房地产）的法律法规要求的不动产为抵押的风险暴露。[43]

64　如果符合第 60 段的要求，但不适用第 67 段、第 74 段和第 75 段的规定，则风险暴露所适用的风险权重应按照表 11 的规定，基于贷款价值比 LTV 确定。

表 11　居住用房地产抵押风险暴露权重

（还款不实质性依赖于房地产所产生的现金流）

权重	LTV≤50%	50% < LTV≤60%	60% < LTV≤80%	80% < LTV≤90%	90% < LTV≤100%	LTV > 100%
风险权重	20%	25%	30%	40%	50%	70%

65　作为第 64 段的替代方案，对满足第 60 段要求，但不适用第 67 段、第 74

39　在认可由持有高级留置权的银行以外的其他银行持有的次级留置权的国家（或地区）内（按照第 60 段），为确定次级留置权的 LTV 范围和风险权重，次级留置权的贷款金额需包括同样以留置权为担保的其他贷款，且此项其他贷款的留置权优先级等于或高于该次级留置权贷款自身拥有的留置权等级。如果没有足够的信息用于确定其他留置权的优先级别，则银行应假设此类留置权与其持有的次级留置权具有同等的优先顺序。该处理不适用于根据第 65 段及第 71 段进行风险加权的风险暴露，而在计算该房地产价值时须考虑次级留置权。银行将首先根据表 11、表 12、表 13 或表 14 确定基本风险权重，并按照 1.25 倍的乘数调整基本风险权重，以适用于次级留置权的贷款金额。如果基本风险权重对应最低的 LTV 范围，则乘数不适用。基本风险权重乘以 1.25 所得的风险权重不得超过适用于不符合第 60 段规定时的风险暴露的风险权重。

40　评估必须独立于银行的抵押贷款收购、贷款处理和贷款决策过程。

41　如果采用按揭贷款为房地产购买提供融资，就贷款价值比而言，房地产的价值将不会高于有效购买价格。

42　银行使用抵押贷款保险应反映《优质住宅抵押贷款承保原则》（2012 年 4 月），FSB。

43　对于第 60 段所述的在建居住用房地产，意味着房地产可能将符合所有允许房地产作为住宅使用的适用法律和法规。

段及第 75 段规定的风险暴露，各国（或地区）可对最多不超过房地产价值 55% 的风险暴露采用 20% 的风险权重，对其余风险暴露采用按脚注 45 计算的交易对手风险权重。[44] 如果银行存在不持有的房地产留置权，则处理如下：

● 情况 1：银行持有次级留置权，但存在未被银行持有的高级留置权。如果所有留置权的价值超过房地产价值的 55%，则银行持有的留置权中可采用 20% 风险权重的金额应等于以下两者中的较大值：（ⅰ）房地产价值的 55% 减去高级留置权金额；（ⅱ）零。例如，对于以价值 10 万欧元的房地产抵押的 7 万欧元个人贷款，如果有 1 万欧元的高级留置权被其他机构持有，则银行可对风险暴露中的 4. 5 万欧元 [= max（55000 欧元 - 10000 欧元，0）] 采用 20% 的风险权重，而其余 2. 5 万欧元风险暴露则根据脚注 45 规定采用 75% 的交易对手风险权重。当全部留置权价值不超过房地产价值的 55% 时，银行风险暴露适用 20% 的风险权重。

● 情况 2：存在未被银行持有的、与银行留置权顺位相同的其他留置权，但不存在其他高级或次级留置权。当全部留置权的价值超过房地产价值的 55% 时，可采用 20% 风险权重的银行风险暴露应等于下述两者之乘积：（ⅰ）房地产价值的 55%；（ⅱ）银行风险暴露除以所有留置权。例如，对于以价值 10 万欧元房地产抵押的 7 万欧元个人贷款，其他机构持有 1 万欧元的同级别留置权，则银行可对 48125 欧元（ = 55000 欧元 × 70000/80000）采用 20% 的风险权重，而其余 21875 欧元的风险暴露则按脚注 45 规定采用 75% 的交易对手风险权重。当所有留置权价值不超过房地产价值的 55% 时，银行风险暴露适用 20% 的风险权重。

66 对于不符合第 60 段的要求，且不适用第 67 段、第 74 段及第 75 段规定的风险暴露，应以交易对手的风险权重作为该类风险暴露的风险权重。[45]

67 当贷款的偿付在很大程度上取决于[46]抵押房地产所产生的现金流，而非借款人其他来源的偿债能力，且不适用第 74 段和第 75 段的规定时，风险暴露将按如下方式确定风险权重：

● 如果符合第 60 段的要求，则根据表 12 基于 LTV 确定风险权重。

● 如果不符合第 60 段的要求，则采用 150% 的风险权重。

---

44 例如，通过价值 100000 欧元的房地产进行担保 70000 欧元的个人贷款，银行将向 55000 欧元的风险暴露指定 20% 的风险权重，而根据脚注 45，15000 欧元的残值风险暴露将指定 75% 的风险权重。从而，风险暴露加权资产为 22250 欧元 [= （0. 20 × 55000 欧元） + （0. 75 × 15000 欧元）]。

45 对于个人风险暴露，风险权重为 75%。对于中小企业风险暴露，风险权重为 85%。对于其他交易对手风险暴露，所指定的风险权重为交易对手无担保风险暴露的权重。

46 预计该等重大依赖条件主要适用于向企业、中小企业或特定目的载体提供的贷款，但不仅限于此类借款人。例如，当银行在评估贷款偿还能力时，如果所涉及的借款人收入中有 50% 以上来自居住用房地产产生的现金流，则该等重大依赖条件将适用于该贷款。国家监管机构可提供进一步的指导，说明如何针对特定的风险暴露类型评估重大依赖条件。

此类现金流的主要来源通常为居住用房地产的租赁、出租或出售收入。与其他住房抵押风险暴露相比，此类风险暴露的显著特征是贷款偿还和违约清收都实质性依赖于抵押房地产所产生的现金流。

表 12　居住用房地产风险暴露权重

（还款实质性依赖于房地产所产生的现金流）

	LTV≤50%	50% <LTV ≤60%	60% <LTV ≤80%	80% <LTV ≤90%	90% <LTV ≤100%	LTV >100%
风险权重	30%	35%	45%	60%	75%	105%

68　以下类型的风险暴露不按第 67 段的规定处理，而应按第 64 ~ 66 段的规定处理：

- 由借款人主要住所提供抵押的风险暴露。
- 抵押品是产生收入的住房，但是借款人的按揭贷款住房数量低于一定标准，该标准具体由监管机构规定。
- 风险暴露对象是受国家法律监管的协会或个人合作组织，其存在的唯一目的是允许其成员将贷款抵押房产作为主要居住场所使用。
- 住房抵押风险暴露的借款人，根据法定要求，是服务社会和为租户提供长期住房的公共住房公司和非营利性组织。

10.2　以商用房地产为抵押的风险暴露

69　商用房地产抵押风险暴露是指由不属于第 63 段所定义的居住用房地产抵押的风险暴露。

70　如果符合第 60 段的要求，且不适用第 73 段、第 74 段及第 75 段的规定，则商用房地产风险权重将根据表 13 基于风险暴露的 LTV 进行确定。就第 70 ~ 72 段而言，“交易对手风险权重”是指个人风险暴露采用 75% 的风险权重、中小企业风险暴露采用 85% 的风险权重，其他风险暴露采用对该交易对手的无担保风险暴露的风险权重。

表 13　商用房地产风险暴露权重

（还款不实质性依赖于房地产所产生的现金流）

	LTV≤60%	LTV >60%
风险权重	min（60%，交易对手风险权重）	交易对手风险权重

71　作为第 70 段的替代方案，对于符合第 60 段要求，但不适用第 73 段、第 74 段和第 75 段规定的风险暴露，各国（或地区）可对不超过房地产价值 55% 的

风险暴露采用60%和交易对手风险权重中的较低值[47]，而其余风险暴露则采用交易对手风险权重。

72 对于不符合第60段的要求，且不适用第73段、第74段和第75段规定的风险暴露，则采用交易对手风险权重。

73 当贷款的偿付在很大程度上依赖于[48]抵押房地产所产生的现金流，而非借款人其他来源的偿债能力[49]，且不适用第74段和第75段的规定，则风险暴露应按下述方法确定风险权重[50]：

- 如果符合第60段的要求，则根据表14基于LTV确定风险权重。
- 如果不符合第60段的要求，则采用150%的风险权重。

此类现金流的主要来源通常为商用房地产的租赁、出租或出售收入。与其他商用房抵押风险暴露相比，此类风险暴露的显著特征是贷款偿还和违约清收都实质性依赖于抵押房地产所产生的现金流。

表14 商用房地产抵押风险暴露权重

（还款实质性依赖于房地产所产生的现金流）

	LTV≤60%	60%＜LTV≤80%	LTV＞80%
风险权重	70%	90%	110%

10.3 土地收购、开发和建设风险暴露

74 土地收购、开发和建设（ADC）风险暴露[51]是指向公司或特定目的载体（SPVs）提供的用于居住用房地产或商用房地产的土地收购、开发和建设的贷款。

---

47 如果存在未被银行持有的房地产留置权，房地产价值55%的风险暴露应减去未被银行持有的高级留置权，并按照等同于银行留置权但未被银行持有的留置权的比例扣除。有关该方法如何适用于住宅零售风险暴露的问题，参见第65段。

48 预计重大依赖条件将主要适用于向企业、SMEs或SPVs提供的贷款，但不限于此类借款人。例如，如果银行在评估贷款偿还能力所用到的借款人收入中有50%以上来自商用房地产产生的现金流，则贷款可能会被视为重大依赖。各国监管机构可提供进一步的指导，规定如何针对特定的风险暴露类型评估具体的重大依赖类型。

49 对于此类风险暴露，各国监管机构可允许银行采用第70～71段所述的处理方式，但应满足以下条件：（ⅰ）商用房地产LTV高达60%的贷款损失不得超过任何一年中未偿还贷款的0.3%；和（ⅱ）商用房地产贷款造成的整体损失不得超过任何一年未偿还贷款的0.5%。如果在任何一年未满足检测，则豁免资格将会停止，偿还贷款在很大程度上取决于为贷款提供担保的房地产所产生的现金流而非借款人从其他来源偿还债务的能力的风险暴露，将根据第73段进行风险加权，直至将来再次满足这两项检测。采用这种处理方式的国家（或地区）必须公开披露这些条件是否得到满足。

50 各国监管机构可要求将第73段所述的风险加权处理方法应用于贷款偿还，实质上取决于借款人所拥有房地产组合所产生现金流的风险暴露。

51 如果未获得规划许可或打算申请规划许可，则ADC风险暴露不包括收购森林或农地。

土地收购、开发和建设风险暴露应采用150%的风险权重，但符合第75段规定的除外。

75 如果符合以下标准，则居住用房地产的土地收购、开发和建设风险暴露可采用100%的风险权重：

- 符合第60段要求的审慎贷款审批标准。
- 预售或预租合同占总合同金额或在险股权价值（equity at risk）金额的比例显著。[52] 预售或预租合同必须是具有法律约束力的书面合同，买方/承租人必须提供足够的、在合同终止情况下可被没收的现金存款。在险股权价值应为借款人提供的、占房地产完工价值一定比例的股权。

11. 货币错配风险暴露的风险权重乘数

76 对于未对冲的个人零售和个人住房风险暴露，如果贷款货币与借款人收入货币不同，银行应对第54～58段、第63～68段规定的风险权重乘以1.5倍乘数，但风险权重最高不超过150%。

77 就第76段而言，未对冲风险暴露是指对收入货币与贷款货币之间不匹配导致的外汇风险没有自然或金融对冲。自然对冲是指借款人在正常经营过程中（例如汇款、租金收入、薪金）获得与贷款货币相同的外币收入；金融对冲一般是指与金融机构签订的法定合同（如远期合同）。在决定是否使用乘数时，无论对冲数量多少，只有自然对冲或金融对冲覆盖至少90%分期付款金额时才被视为充足。

12. 表外项目

78 表外项目将通过信用转换系数（CCF）转换为等值表内信用风险暴露。针对表外承诺，应对已承诺但未提取部分乘以信用转换系数。这里的承诺是指由银行提供并被客户接受的发放贷款、购买资产或发行信用替代品的合同安排。[53] 包括银行可无须事先通知债务人、可随时无条件撤销的合同，也包括当债务人未能满足合同文本中规定的条件（包括债务人初始或随后每次提款前必须达到的条件）时银行可撤销的合同。场外衍生工具的交易对手风险权重不受上限限制。

---

52 各国监管机构将对其国家（或地区）适用的售前或租前合同和（或）在险股权价值的适当水平提供进一步的指导。

53 各国有自由裁量权，在满足下列条件的情况下，则可考虑免除承诺定义中的特定安排：（ⅰ）银行未就建立或维持安排而收取任何费用或佣金；（ⅱ）客户首次及其后各次提款时均要向银行提出申请；（ⅲ）无论客户是否履行信贷文件中规定的条件，银行都完全拥有权力决定是否放款；和（ⅳ）银行每次提款的执行决定仅在评估客户信誉后方可作出。符合上述标准的豁免安排仅限于对公司和SMEs的某些特定安排，且此类公司和SMEs对其交易对手的状况进行持续的监测。

79 以下项目应采用100%的信用转换系数：

• 直接的信用替代工具，例如债务的一般保证（包括用于为贷款和证券提供财务保证的备用信用证）和承兑汇票（包括具有承兑汇票特征的背书票据）。

• 出售和回购协议，以及信用风险仍在银行的有追索权[54]的资产出售。

• 银行用于借贷或抵押的证券，包括回购交易中的证券借贷（如回购/逆回购、证券借出/借入交易）。当借出的证券或当作抵押品提供的证券的信用风险仍在银行时，除证券或自身的信用风险外，还应计算交易对手信用风险。本段内容不适用于按照交易对手信用风险标准处理的衍生工具交易中的抵押品。

• 代表特定提款承诺的远期资产购买、双远期存款、部分支付的股票和证券[55]。

• 属于信用替代品而未明确包含在任何其他类别中的表外项目。

80 对于票据发行便利（NIFs）和循环认购便利（RUFs），无论期限长短，均适用50%的信用转换系数。

81 对于与交易相关的或有项目（例如与特定交易有关的履约保证金、投标保证金、担保和备用信用证），适用50%的信用转换系数。

82 对于承诺，无论期限长短，均适用40%的信用转换系数，除非其满足更低的信用转换系数要求。

83 对于与商品流通相关的短期[56]自偿性信用证（如以货运单为抵押的跟单信用证）的开证行和保兑行，均适用20%的信用转换系数。

84 对于银行在任何时候无须事先通知即可无条件撤销，或在借款人信用状况恶化时可有效自动撤销的承诺，适用10%的信用转换系数。监管机构应评估本国（或地区）可能会限制银行实际撤销承诺能力的各种因素，并考虑对这类承诺采用更高的信用转换系数。

85 对表外项目提供承诺时，银行可在两个适用的信用转换系数中选择较小的一个。[57]

86 承担交易对手信用风险的证券融资交易，应按照第155～178段的综合

---

54 此类项目按照资产类别进行加权，而不是按照与其进行交易的交易对手类型所对应的权重进行加权。

55 此类项目按照资产类别进行加权，而不是按照与其进行交易的交易对手类型所对应的权重进行加权。

56 也就是说，在一年以内到期。详情请参见巴塞尔委员会，《巴塞尔资本框架下的贸易融资处理》，2011年10月，www. bis. org/publ/bcbs205. pdf。

57 例如，如果一家银行因货物贸易开立短期自偿性贸易信用证的承诺，则应采用20%的信用转换系数（而非40%）；如果银行使用第84段所述的无条件可撤销承诺发行直接信用替代品，则应采用10%的信用转换系数（而非100%）。

法，计算等值信用风险暴露。承担交易对手信用风险的场外衍生工具交易，应按照第189段的交易对手信用风险规则，计算等值信用风险暴露。经监管机构批准，银行也可采用交易对手信用风险内部模型法（IMM），计算证券融资交易和场外衍生工具交易的等值信用风险暴露。

87 对于证券、商品和外汇交易失败的，银行应从交易失败第一天起密切监控。该类失败交易的资本要求应按照巴塞尔协议Ⅱ（2006年6月）附件3的规定计算。

88 从交易日起，银行就面临与未结算的证券、商品和外汇交易相关的风险。无论交易的记账或会计处理如何，计算监管资本要求时必须考虑未结算交易。如果未结算交易不出现在资产负债表上（交割日会计），其风险暴露应采用100%的信用转换系数。鼓励银行开发、实施、完善其跟踪和监控未结算交易信用风险暴露的系统，从而能为及时采取行动提供管理信息。此外，如果此类交易未采用货款对付模式或款项对付模式，则银行应按照巴塞尔协议Ⅱ（2006年6月）附件3的规定计算资本要求。

89 通过第一项参照资产违约（first-to-default）或第二项参照资产违约（second-to-default）信用衍生工具提供信用保护的银行，应对此类工具计提资本要求。对于第一违约信用衍生工具，全部基础资产的风险权重应加总（合计不超过1250%）后，再乘以该信用衍生工具所提供保护的名义金额，得到风险加权资产数值。对于第二违约信用衍生工具，处理方式相似，只是在计算合计风险权重时，可排除具有最低风险加权金额的资产。这种处理方法也适用于第n次违约信用衍生工具，在计算合计风险权重时，可排除具有最低风险加权金额的n－1项资产。

13. 已违约风险暴露

90 采用标准法计算风险加权资产时，已违约风险暴露是指逾期超过90天的风险暴露或对已违约债务人的风险暴露。已违约债务人是指发生以下事件之一的债务人：

- 任何实质性信用债务逾期超过90天。如果债务人违反了建议的透支限额，或者建议透支限额小于当前余额，则各项透支被视为逾期。
- 任何实质性信用债务处于非应计状态（例如贷款银行不再将应计利息确认为收入，或即便确认，但为之计提等额拨备）。
- 由于债务人财务状况恶化，银行已核销贷款或已计提一定比例的专项贷款损失准备。
- 债务出售造成了实质性的与信用相关的经济损失。
- 银行同意将其信用债务进行重组［重组可能导致因本金、利息或（相关）

费用的重大豁免或推迟，进而引起债务规模下降]。

- 债务人对银行集团的任何信用债务被列为破产或类似状态。
- 债务人申请或已经处于破产（或类似保护状态），由此将不履行或推迟履行其对银行集团的债务偿付。
- 其他银行认定除非采取变现抵质押品等追索措施外，债务人无法全额偿还债务的情况。

91 对于零售风险暴露，违约定义可应用于特定信用债项层面，而不是债务人层面。因此，债务人对某一项债务违约，并不要求银行集团将其涉及的其他债项视为违约。

92 除根据第93段处理的住房抵押风险暴露外，已违约风险暴露的无担保或无保证部分减去专项准备和部分核销后，应采用下列风险权重：

- 当专项准备低于贷款未偿还金额的20%时，风险权重为150%。
- 当专项准备等于或高于贷款未偿还金额的20%时，风险权重为100%。[58]

93 已违约的住房抵押风险暴露，如果其还款不是实质性取决于为贷款提供抵押的房地产所产生的现金流，则应在扣除专项准备和部分核销后，采用100%的风险权重。符合信用风险缓释框架条件的合格保证或金融质押品，可根据第62段在计算风险暴露时予以考虑。

94 为确定已违约风险暴露的担保或保证比例，合格抵质押品和保证的条件与信用风险缓释部分相同（参见D部分）。

14. 其他资产

95 除第96段及第97段所述的风险暴露外，所有其他资产的风险权重为100%。

96 以下资产适用0%的风险权重：（ⅰ）归银行所有的现金，且存放在本行或在途；和（ⅱ）库存黄金或其他银行持有的应分配给本行的黄金，包括以黄金负债为支持的黄金资产。

97 正处在清收过程中的现金款项，适用20%的风险权重。

B. 各国监管机构对外部评级的认定

1. 认定程序

98 在允许将外部评级用于监管目的的国家（或地区），只有被认定为合格信

58 当专项准备不低于贷款未偿还余额的50%时，各国监管部门可自行将风险权重降低至50%。

用评估机构（ECAI）发布的信用评级才允许使用。各国监管机构负责持续决定ECAI是否符合第99段要求，并确保只有所有标准和条件都满足时，才认可相关债权的外部评级。在确定ECAI合格性时，监管机构还应考虑国际证监会组织（IOSCO）发布的《信用评级机构基本行为守则》[59]。监管机构对ECAI的认定程序应对外公开，以避免不必要的准入障碍。

2. 资格标准

99 ECAI必须同时满足以下八项标准：

● 客观性：外部评级的方法必须是严格的、系统的，并且根据历史数据进行一定形式的验证。此外，评级必须接受定期审查，并根据财务状况变化予以调整。在监管机构认定前，必须已建立对每个市场组成部分的评级方法，包括严格的返回检验。评级方法应至少已使用一年，最好使用三年以上。

● 独立性：ECAI应该具有独立性，不应允许政治或经济压力影响评级。尤其是ECAI不应因考虑其潜在的影响（经济、政治等）而推迟或限制评级行动。当评级机构的董事会构成或股东结构中存在利益冲突时，评级过程应尽可能不受任何相关因素限制。ECAI应该在运营上、法律上，如果可行，甚至在物理位置上，将其评级业务与其他业务进行隔离。

● 国际可获性及透明度：评级结果、关键评估要素、发行人（债项）是否参与评级过程都应对国内外机构完全公开（并非具有选择性的部分公开），但上述要求不包含非公开评级；对非公开评级来说，存在利益关联的国内外机构可以通过合法、平等的方式获取非公开评级的信息。此外，ECAI的评级流程、评级方法和所使用的假设都应对公众公开。

● 披露：ECAI应当披露以下信息：其自身行为准则，ECAI与评级对象之间

---

59 详见 www. iosco. org/library/pubdocs/pdf/IOSCOPD482. pdf。

的补偿协定，任何利益冲突[60]、ECAI 的补偿协定[61]、评级方法论（包括违约定义、时间区间及各评级级别的含义），各信用等级的实际违约率，评级迁徙情况（例如 AA 变成 A 的概率）。评级确定后，应尽快披露。披露评级时应使用简洁语言，阐明评级特征和局限性，以及不恰当地根据评级进行投资决策的潜在风险。

• 资源：ECAI 应有足够资源，以确保提供高质量的评级结果。这些资源应能支持 ECAI 与被评级机构高级管理层及经营层人员保持实质性的持续联系，以辅助信用评级。特别地，ECAI 应根据被评级机构和债项来配备具有充足知识和经验的分析师开展信用评级工作。评级工作应在定性和定量分析相结合的评级方法论的基础上开展。

• 可信度：可信度某种程度上取决于前述标准的规定。同时，独立主体（投资者、保险人、贸易伙伴）对 ECAI 外部评级的依赖程度也是外部评级可信度的证明。ECAI 的可信度还在于其设有防止不当使用机密信息的内部程序。监管当局在审核 ECAI 的申请时，不要求该机构必须对多个国家的不同公司均开展过评级工作。

• 不滥用主动评级：ECAI 不能利用主动评级对被评级机构进行施压，倒逼其提出评级申请。如果确实发生此类行为，监管当局应考虑是否继续认定该 ECAI 为合格机构。

• 监管合作：ECAI 应将评级方法论的重要改变及时告知监管机构，并向监管机构提供外部评级及相关数据信息，以支持监管机构进行初始和持续的合格认定。

60　至少，以下情形及其对外部评级机构评级方法论或评级行动的影响应当披露：

• 外部评级机构发布评级，被评级实体或债务人、发起人、承销人或牵头人是对其付费的。

• 具有财务关联、会受评级结果影响的认购人（subscriber），对外部评级机构付费。

• 被评级实体或债务人、发起人、承销人、牵头人对外部评级机构支付除发布评级、获准评级之外的费用。

• 在被聘请认定最终评级结果之前，外部评级机构已经对该实体或债务人、发起人、承销人或牵头人提供了预先或相似的信用质量暗示。

• 外部评级机构在被评实体或债务人中，具有直接或间接股权利益，或者被评级实体或债务人在外部评级机构中，具有直接或间接股权利益。

61　外部评级机构应当披露其与评级对象之间补偿协定的一般特性。当外部评级机构收到来自被评级实体、债务人、发起人、主承销人的补偿金额，并且与其评级服务不相关时，外部评级机构应当披露这种不相关的补偿占其全部年度补偿金额（来自被评级实体、债务人、发起人、主承销人或牵头人）的比例。外部评级机构应当在相关的评级报告中披露，其 10% 或更多报酬是否来自单一客户（被评级实体、债务人、发起人、主承销人等及其附属机构）。

C. 允许使用外部评级的国家（或地区）的实施考虑

1. 映射过程

100 在标准法风险权重框架下，监管机构负责根据合格 ECAI 的评级结果确定相应的风险权重，即将外部评级与风险权重挂钩。这种映射过程应是客观的，所确定的风险权重应与上述表格中反映的信用风险水平相一致，并涵盖全部风险权重。

101 在建立映射关系的过程中，监管机构应评估每个 ECAI 覆盖的发行人的规模和范围、所发布评级的范围和含义，以及 ECAI 使用的违约定义等因素。

102 为保证在外部评级与风险权重之间建立起更加一致的映射，帮助监管机构确定映射关系，巴塞尔协议Ⅱ附件 2（2006 年 6 月）就如何确定映射关系提供了指引。

103 为确定风险权重和风险管理的目的，银行对所有债权使用的监管机构批准的 ECAI 外部评级结果应保持一致性。银行不得随意从不同 ECAI 的评级结果中“挑选”有利的评级结果，或随意更换 ECAI。

2. 多个外部评级的处理

104 如果银行选择的 ECAI 对某特定债权仅有一个评级结果，则这一评级结果将用来确定该债权的风险权重。

105 如果银行选择的 ECAI 有两个评级结果，分别对应不同的风险权重，则银行应选用较高的风险权重。

106 如果有三个或更多的对应不同风险权重的评级结果，应选择与最低风险权重相对应的两个评级结果。如果这两个评级结果对应同样的风险权重，则应使用这一风险权重；如果这两个评级结果对应不同的风险权重，则选择较高的风险权重。

3. 确定风险暴露是否有评级：债项评级和发行人评级

107 如果银行投资于具有债项评级的证券，该债权的风险权重将根据其债项评级来确定。如果银行债权不具有债项评级，则应遵循以下一般性原则：

- 当借款人发行有其他存在债项评级的债务工具，但需计量的风险暴露并非此有债项评级的债务工具所对应的风险暴露时，该债务工具的高信用评级（对应的风险权重低于未评级债权的风险权重）在满足以下条件时，方可适用于银行的未评级债权：该未评级债权在各方面都等同或优于已评级债权。若上述条件不满足，则银行不可采用该信用评级作为未评级债项的替代评级，而只能采用未评级债权对应的风险权重。

• 当借款人拥有发行人评级时，该评级一般适用于发行人的高级无担保债权。因此，只有该发行人的高级债权才能采用该高信用等级。对其他未评级债权，即使发行人评级高，也只能按照未评级债权处理。如果发行人评级或某特定债项评级较低时（该债权对应的风险权重与未评级债权的风险权重相同或较之更高），则对同一交易对手的未评级风险暴露（其信用等级相当于或低于该高级无担保发行人评级或较低评级的风险暴露），将适用较低信用评级风险暴露所对应的风险权重。

• 当发行人对某类特定负债（如储蓄存款或交易对手信用风险评估）拥有高信用评级（对应较低的风险权重）时，该评级仅对此类负债所涵盖的风险暴露适用。

108 无论银行希望采用发行人评级还是债项评级，该评级均应考虑银行债权对应的全部信用风险暴露[62]。

109 为避免对信用增级因素的重复计算，如果债项评级中已反映信用增级因素（参见第 121 段），则不应再考虑监管机构对信用风险缓释技术的认定。

4. 本币评级和外币评级

110 当风险暴露的风险权重是基于该借款人其他等同风险暴露的评级来确定时，一般性原则是，外币评级适用于外币债权。如果有单独的本币评级，则只能用于确定本币债权的风险权重。[63]

5. 短期评级和长期评级

111 从风险权重的角度出发，短期评级只针对特定发行的证券，且只用于推导已评级债权的风险权重。除非符合第 113 段规定的条件，银行不可把特定短期

---

62 例如，如果银行存在未收回的本金和利息，评级时必须充分考虑并反映与本息偿还有关的信用风险暴露。

63 尽管如此，如果风险暴露产生于银行参与多边开发银行发放的一笔贷款，或由多边开发银行对货币的可兑换性和风险转移进行担保，各国监管机构就可认为货币的可兑换性和风险转移被监管机构有效缓解了。为满足上述条件，多边开发银行必须拥有市场上公认的优先债权人地位，处于在脚注 11（第 14 段）列举的范围之内。在这种情况下，从风险权重的角度，可以使用借款人的本币评级确定贷款被担保部分的风险权重，而不必依靠外币评级。贷款未担保部分将要根据其外币评级来确定风险权重。

债权的风险权重一般化，用于推导其他短期债权的风险权重。任何情况下都不允许使用短期评级来推导未评级长期债权的风险权重。表 15 给出了银行对特定短期风险暴露（如发行商业票据）的分析框架：

表 15　特定短期评级的风险权重

外部评级	A－1/P－1[64]	A－2/P－2	A－3/P－3	其他[65]
风险权重	20%	50%	100%	150%

112　如果短期评级对应的风险权重为 50%，则未评级短期债权的风险权重就不能低于 100%。如果短期评级对应的风险权重为 150%，则所有未评级债权，不论长期还是短期，均应采用 150% 的风险权重，除非有合格的信用风险缓释。

113　如果短期评级可适用，第 19 段描述的对银行短期风险暴露的风险权重“一般优惠待遇”（general preferential treatment）适用以下交易：

- 当没有特定短期评级时，短期风险暴露的风险权重一般优惠待遇适用于原始期限 3 个月以下的风险暴露。
- 当短期评级存在，并且其所对应的风险权重与一般优惠待遇风险权重相当或更低时，短期评级应只用于特定风险暴露。其他短期风险暴露应给予一般优惠风险权重。
- 当银行短期风险暴露有特定短期评级，并且对应更高的风险权重时，该风险暴露不得采用一般优惠待遇风险权重。所有未评级短期风险暴露应被给予与该特定短期评级相同的风险权重。

114　当采用短期评级时，评级机构应满足 ECAI 的资格标准（详见第 99 段）。

6. 评级应用的范围

115　对集团内某一实体的外部评级，不能用于确定同一集团内部其他实体的风险权重。

7. 主动评级的使用

116　一般而言，银行应使用 ECAI 的被动评级。如果监管机构认为主动评级的信用评估质量不低于被动评级，则可允许银行以同样的方式使用主动评级。

64　此处采用的是标准普尔和穆迪投资服务公司的评级方法中的符号。标准普尔的 A－1 评级包括 A－1＋和 A－1－两个级别。

65　该信用等级包括所有非优先级、B 级或 C 级。

D. 标准法下的信用风险缓释

1. 主要问题

(i) 简介

117 银行利用许多技术缓释信用风险。风险暴露可通过作为第一优先资产(first priority claims) 的全部或部分现金和证券作抵押，或第三方担保，或购买信用衍生工具等方式缓释信用风险。此外，银行可使用交易对手的存款对该交易对手的贷款进行风险暴露扣减。[66]

118 本节适用于标准法下银行账簿风险暴露。

(ii) 总体要求

119 对同一交易（业务）而言，使用信用风险缓释技术后的资本占用需求一定比未使用缓释技术所需的资本占用更低。

120 任何风险缓释必须满足第三支柱所规定的要求，才能获得资本减让。

121 信用风险缓释作用不应重复计算。因此，如果债项评级已反映了信用风险缓释，则计算监管资本时不应再考虑风险缓释影响。与第 108 段一致，在风险缓释框架中也不允许“仅考虑本金的评级”(principal – only ratings)。

122 虽然银行使用风险缓释技术可降低或转移信用风险，但也可能增加其他风险（残值风险)。残值风险包括法律风险、操作风险、流动性风险和市场风险。因此，银行必须采取稳健的程序和步骤进行控制，包括战略安排、信用审查、评估管理、政策流程、系统建设、后续风险（roll – off risks）控制，以及针对由于采用风险缓释技术而引起的集中度风险及其与银行总体信用风险相互影响的管理。如果这些风险不能有效控制，监管机构应规定额外资本要求或采取第二支柱下的其他监管措施。

123 为确保风险缓释作用，交易对手的信用风险与风险缓释技术、残值风险(如第 122 段所定义的）之间不应存在较高的正相关性。例如，交易对手或与其有关联的集团发行的证券作为抵押品提供的风险缓释作用很小，因此不符合要求。

---

66 这部分中的“交易对手”指银行对其有表内或表外信用风险暴露的那一方。这种风险暴露可能是现金、证券形式的贷款（在这种情况下，交易对手传统上被称为借款人)，作为抵押品的证券、承诺，或是场外衍生工具的风险暴露。

124 如果一项风险暴露存在多个信用风险缓释（例如部分抵押、部分保证），则银行应将风险暴露划分到每个信用风险缓释所对应的部分（如抵押品部分、保证部分），并分别计算风险加权资产。如果保证由同一个保证人提供，但期限不同，也应划分成不同的信用缓释部分。

（iii）法律要求

125 为通过信用风险缓释获得资本减让，抵押品、表内净额结算、保证和信用衍生工具所使用的法律文件必须在所有相关的国家（或地区）对所有交易方具有约束力，并且是法律上可执行的。银行必须经过有效的法律审查确认上述要求，且具备充分的法律依据支撑上述结论，并进一步进行必要的审查以确保其可持续执行。

（iv）期限错配的一般处理

126 在计算风险加权资产时，若信用缓释（例如抵押）的剩余期限短于风险暴露的期限，即产生期限错配。

127 对于金融质押品，简单法下不允许期限错配（见第147段）。

128 其他方法下，如果存在期限错配，只有当原始期限大于或等于1年、剩余期限大于或等于3个月时，信用缓释方可被认定。在此情况下，信用风险缓释可被部分认定，具体见第129段。

129 当合格信用风险缓释存在期限错配时，按以下公式调整：

$$P_a = P \cdot \frac{t-0.25}{T-0.25}$$

其中：

P_a 为期限错配因素调整后的信用风险缓释价值；

P 为经各种折扣系数调整后的信用风险缓释价值（例如押品价值、保证价值）；

t 为信用风险缓释剩余期限与 T 之间的较小值，以年表示；

T 为风险暴露剩余期限与5之间的较小值，以年表示。

130 风险暴露期限与信用风险缓释期限都应保守估计。风险暴露有效期限应尽可能按借款人约定履行债务的最长时间计量。信用风险缓释期限应考虑所有可能降低期限的因素，采用有效的最短期限。例如，对信用衍生工具，期权由信用保护卖出方自行选择，则期限应从第一个买入期权开始计算。同样，如信用保护买入方拥有期权选择，并且有强烈的动机在第一个买入期权的日期行权，比如因为这个日期开始成本上升，则到第一个买入期权之间的时间将作为有效期限。

（v）币种错配

131 所有方法都允许币种错配。由于简单法中给定风险权重 20% 的底线，因此对币种错配不进行特别处理。综合法分别在第 165 段和第 204 段规定对保证和信用衍生工具币种错配的调整。

2. 信用风险缓释技术综述[67]

（i）抵押交易

132 抵押交易是指：

• 银行存在信用风险暴露或潜在信用风险暴露。

• 信用风险暴露或潜在信用风险暴露全部（或部分）被交易对手（或代表该交易对手的第三方）的抵押品抵补。

如果抵押品为合格的金融质押品，则银行可通过信用风险缓释技术减少监管资本要求[68]。

133 银行可采用下述两种方法计算抵押品风险缓释：

（ⅰ）简单法，即采用抵押品的风险权重代替其所覆盖的风险暴露的风险权重（风险权重底线通常是 20%）。

（ⅱ）综合法，即采用波动调整后的抵押品价值抵减风险暴露，以更准确地考虑抵押品对风险暴露的风险缓释。

两种方法的具体操作要求见第 146～178 段。对银行账簿风险暴露，银行可在两种方法中选择一种，但不可同时选用两种方法。

134 对于抵押的场外衍生工具、交易所交易的衍生工具、多头清算交易（long settlement transactions），银行可按照第 189 段的规定，采用标准法或内部模型法计算交易对手信用风险。

（ii）表内净额结算

135 如果银行有法律上可执行的且满足第 190 段条件的存贷款净额结算安排，则可按照第 190 段的规定计算信用风险暴露净额的资本要求。

---

67 参见巴塞尔协议Ⅱ附录 10，在标准法和内部评级法下，对金融质押品资本减让处理方法的综述。

68 在考虑抵押品时，经监管认可的银行可以选择使用内部模型方法来确定风险暴露。

（iii）保证和信用衍生工具

136 如果保证或者信用衍生工具满足第 191 ~ 193 段规定的最低操作要求，银行计算资本要求时可考虑其信用风险缓释作用。

137 合格的保证人或信用保护提供者，在计算资本要求时可使用替代法。只有保证人和信用保护提供者的风险权重低于交易对手风险权重时，才可允许降低资本要求。如果信用缓释覆盖部分的风险权重与保证人或信用保护提供者相同，信用缓释未覆盖部分仍采用交易对手风险权重。

138 保证和信用衍生工具的操作要求见第 191 ~ 205 段。

3. 抵押交易

（i）总体要求

139 无论银行采用简单法还是综合法，抵押品获取资本减让都必须满足第 140 段到第 145 段规定的条件。银行借出证券或提供抵押时，应计量下述风险的资本要求：（ⅰ）证券的信用风险和市场风险（如果证券仍在银行资产负债表内）；和（ⅱ）交易对手信用风险（来源于证券借入方的违约风险）。

140 抵押交易的法律机制必须确保在借款人违约、无力偿还或破产时（或借款合同中所定义的一种或多种信用事件），银行能够有权及时地对交易对手（如可行，持有抵押品的托管人）的抵押品进行清算或收为己有。银行应采取所有必要的措施以满足法律要求，确保其抵押品权益安全和可执行，例如通过在注册机关登记、对抵押品实施扣减，以及其他处置等。

141 银行应建立明确和严格的程序，以确保在任何法律规定允许的条件下，均能够及时清算抵押品。

142 银行应投入足够资源，以确保其与场外衍生工具和证券融资交易对手之间的保证金协议有序运作（可通过衡量保证金给付的及时性、准确性，以及增加保证金的响应时间）。银行必须制定抵押品风险管理政策，控制、监测和报告以下内容：

- 与保证金协议相关的风险（如抵押证券的波动性和流动性）。
- 特定类型抵押品的集中度风险。
- 抵押品（现金和非现金）再使用风险，包括抵押品再使用导致的潜在流动性缺口。
- 对交易对手抵押品权利的放弃。

143 如果抵押品由托管方持有，银行必须采取合理措施，确保托管方将抵押品与其自有资产分离。

144 抵押交易的资本要求适用于交易双方。例如，回购方和逆回购方均有资本要求。同样，证券借出方和借入方也都有明确的资本要求，与衍生工具风险暴露或任何其他借出交易相关联的证券交易也一样。

145 如果银行作为代理商在客户和第三方之间安排回购类交易（例如回购和逆回购、证券借贷），并对客户提供第三方担保，则银行承担的风险与其自身作为交易主体时承担的风险一样。银行必须以自身为交易主体计算资本要求。

(ii) 简单法

简单法的总体要求

146 简单法下，交易对手风险暴露由抵押品覆盖部分（全额或部分覆盖）的风险权重，将由抵押品的风险权重进行替代。

147 根据简单法要求，抵押品必须至少覆盖风险暴露的完整期限，且必须盯市和至少每6个月进行重估。已被合格抵押品的市场价值覆盖的风险暴露部分，采用抵押品的风险权重。除符合第150~154段规定的条件外，该部分风险权重的底线为20%。风险暴露未覆盖部分应采用交易对手风险权重。简单法下不允许期限错配（具体见第126段和第127段）。

简单法下的合格金融质押品

148 简单法下认定的合格抵押品包括：

（a）在承担交易对手风险的银行的现金存款（也包括存款证明或贷款银行发行的其他类似工具）。[69][70]

（b）黄金。

（c）在允许将外部评级用于监管目的的国家（或地区）：

（ⅰ）经合格外部信用评估机构（ECAI）评级的如下债券：

- 主权或公共部门实体（本国监管机构视为主权）发行的BB-及以上级别的债券；
- 其他机构（银行或其他被审慎监管的金融机构）发行的BBB-

69 如果银行发行针对银行账簿风险暴露的信用关联票据（credit-linked notes），该风险暴露可视作以现金做抵押。

70 如贷款银行的储蓄存款，存款证明或由贷款银行发行的其他类似工具，由第三方银行持有作为抵押品，并且这些工具被公开抵押给贷款银行，抵押是无条件和不可撤销的，（在对货币风险进行必备的处理后）抵押品所覆盖的风险暴露将采用第三方银行的风险权重。

及以上级别的债券；

- 评级在 A－3/P－3 及以上的短期债务工具。

（ⅱ）未经合格外部信用评估机构（ECAI）评级，但满足以下条件的债券：

- 银行发行；
- 在认可的交易所挂牌；
- 被列为优先级债务的；
- 发行银行发行的同级别债券经合格外部信用评估机构（ECAI）评级均为 BBB－或 A－3/P－3 及以上；
- 将此债券作为抵押品的银行没有信息显示该债券级别低于 BBB－或 A－3/P－3（如果适用的话）；
- 监管机构对债券的市场流动性有充足信心。

（d）在不允许将外部评级用于监管目的的国家（或地区），如果监管机构对其市场流动性有充足信心，则以下证券也可作为合格抵押品：

（ⅰ）主权或公共部门实体（本国监管机构视为主权）发行的债券；

（ⅱ）在标准信用风险评估法（SCRA）下的 A 级银行发行的债券；

（ⅲ）“投资级”实体（见第 197 段定义）发行的债券；

（ⅳ）风险权重低于 100% 的资产证券化风险暴露。

（e）已纳入主要市场指数的股票（包括可转换债券）。

（f）持有的符合以下条件的集合投资可转让证券（UCITS）和共同基金：

- 必须每天公开报价；
- 集合投资可转让证券或共同基金必须在本段所列工具范围内投资[71]。

149 资产证券化框架下所定义的再证券化产品不是合格金融质押品。

简单法下风险权重底线的豁免

150 简单法下，同时满足以下条件的回购类交易，可豁免风险权重底线：

（a）标准法下，风险暴露和抵押品均为符合 0% 风险权重条件的现金或主权、公共部门实体发行的证券；

（b）风险暴露和抵押品计价货币相同；

（c）隔夜交易，或风险暴露和抵押品均为每天盯市、每天调整保证金；

71 然而，使用或潜在地使用集体投资可转让证券和共同基金的衍生工具，以单一地对冲本段和第 159 段规定的投资工具，并不妨碍集体投资可转让证券和共同基金的份额作为合格的抵押品。

（d）如果交易对手未能调整保证金，则交易对手未能调整保证金的最后一次盯市日与抵押品清算的期限，不可超过 4 个交易日；

（e）交易通过适用于该类型的结算体系交割；

（f）合同文件是关于证券回购交易的标准的市场文件；

（g）交易由文件具体说明，如交易对手不能按规定给付现金、证券、保证金或违约，则交易立即终止；

（h）如果出现任何违约事件，不受交易对手是否无清偿力或破产的影响，银行拥有绝对的、法律上可执行的处置和清算抵押品的权力。

151 各国监管机构有自由裁量权，核心市场参与者可包括以下实体：

（a）主权、中央银行和公共部门实体；

（b）银行和证券公司；

（c）标准法下风险权重为 20% 的其他金融公司（包括保险公司）；

（d）满足资本或杠杆率要求的受监管的共同基金；

（e）受监管的养老基金；

（f）合格中央交易对手（QCCPs）。

152 作为第 147 段所描述风险权重底线要求的豁免，满足第 150 段要求的回购交易风险权重可为 10%。如果交易对手是核心市场参与者，则银行对该交易的风险权重可为 0%。

153 场外衍生工具交易如满足逐日盯市、现金抵押和无币种错配，则风险权重可为 0%。以主权或公共部门实体发行的证券作抵押的交易，且该证券符合标准法下 0% 风险权重的条件，则该项交易的风险权重可为 10%。

154 如果风险暴露和抵押品以同种货币计价，且符合以下条件之一，则抵押交易 20% 的风险权重底线将不适用，0% 的风险权重可适用：

• 抵押品是符合第 148 段（a）规定的存款。

• 抵押品是主权或公共部门实体发行的符合 0% 风险权重的证券，且其市场价值已按照 20% 进行折扣。

(iii) 综合法

(a) 综合法的总体要求

155 综合法下，银行在考虑抵押品的风险缓释效应时，必须计算交易对手风险缓释后的风险暴露。银行应使用监管折扣系数，对交易对手的风险暴露和交易对手提供的抵押品价值进行调整，以考虑市场发生波动时价值可能的变化[72]。除非风险暴露和抵押品有一方是现金或者其折扣系数为零，否则调整后的风险暴露数值将更大，抵押品的价值将更小。

156 每项具体的折扣系数取决于工具类型、交易类型、剩余期限以及盯市和调整保证金的频率，详见第163段和第164段。折扣系数应基于盯市频率或保证金调整频率的时间平方根公式（详见第172段）予以再调整。

157 此外，如风险暴露和抵押品的货币不同，考虑到未来汇率的变动，银行应对抵押品价值使用额外的折扣系数，与第165段和第204段保持一致。

158 回购交易的净额结算主协议（master netting agreements）对资本要求计算的影响，可按第175～178段中规定的条件和要求来处理。

(b) 综合法下的合格金融质押品

159 综合法下认定的合格抵押品包括：

（a）第148段所列的所有工具；

（b）虽未纳入主要市场指数，但在认可的交易所挂牌的股票和可转换债券；

（c）包含（b）中工具的集体投资可转让证券（UCITS）和共同基金。

(c) 资本要求的计算

160 对抵押交易，风险缓释后的风险暴露按下式计算：

$$E^* = \max\{0, Ex(1 + H_e) - C(1 - H_c - H_{fx})\}$$

其中：

E^* 为风险缓释后的风险暴露；

E 为风险暴露的当前价值；

H_e 为风险暴露的折扣系数；

C 为所接受抵押品的当前价值；

H_c 为抵押品的折扣系数；

H_{fx} 为处理抵押品和风险暴露币种错配的折扣系数。

161 如存在期限错配，抵押品价值必须按第126～130段调整。

162 风险缓释后的风险暴露（E^*）乘以交易对手风险权重，为抵押后的风险加权资产。

163 在允许将外部评级用于监管目的的国家（或地区），以下以百分比表示的监管折扣系数（假定逐日盯市、逐日调整保证金和10个交易日的持有期）必须

72 风险暴露数量可能变化，如证券借出。

被用于确定抵押品的折扣系数（H_c）和风险暴露的折扣系数（H_e）：

综合法下的监管折扣系数

表 16　允许将外部评级用于监管目的的国家（或地区）

<table>
<tr><th>债券的发行等级</th><th>剩余期限</th><th>主权[73]</th><th>其他发行者[74]</th><th>资产证券化风险暴露[75]</th></tr>
<tr><td rowspan="5">AAA ~ AA －/A －1</td><td>≤1 年</td><td>0.5</td><td>1</td><td>2</td></tr>
<tr><td>>1 年，≤3 年</td><td rowspan="2">2</td><td>3</td><td rowspan="2">8</td></tr>
<tr><td>>3 年，≤5 年</td><td>4</td></tr>
<tr><td>>5 年，≤10 年</td><td rowspan="2">4</td><td>6</td><td rowspan="2">16</td></tr>
<tr><td>>10 年</td><td>12</td></tr>
<tr><td rowspan="5">A＋ ~ BBB －/A －2/A －3/P－3和第 148 段（c）（Ⅱ）中规定的未评级银行债券</td><td>≤1 年</td><td>1</td><td>2</td><td>4</td></tr>
<tr><td>>1 年，≤3 年</td><td rowspan="2">3</td><td>4</td><td rowspan="2">12</td></tr>
<tr><td>>3 年，≤5 年</td><td>6</td></tr>
<tr><td>>5 年，≤10 年</td><td rowspan="2">6</td><td>12</td><td rowspan="2">24</td></tr>
<tr><td>>10 年</td><td>20</td></tr>
<tr><td>BB＋ ~ BB－</td><td>所有</td><td>15</td><td>不合格</td><td>不合格</td></tr>
<tr><td>主要市场指数的股票（包括可转换债券）和黄金</td><td colspan="4">20</td></tr>
<tr><td>在认可交易所挂牌的股票和可转换债券</td><td colspan="4">30</td></tr>
<tr><td>集体投资可转让证券和共同基金</td><td colspan="4">基金所投资证券中最高的折扣系数。除非银行能够对基金股权投资使用穿透法（look－through approach），则可使用基金所投资工具的加权平均折扣系数。</td></tr>
<tr><td>币种相同的现金[76]</td><td colspan="4">0</td></tr>
</table>

164　在不允许将外部评级用于监管目的的国家（或地区），以下以百分比表示的监管折扣系数（假定逐日盯市，逐日调整保证金和 10 个交易日的持有期）必须被用于确定抵押品的折扣系数（H_c）和风险暴露的折扣系数（H_e）：

73　包括监管机构视作为主权的公共部门，以及零风险权重的多边开发银行。

74　包括监管机构不认为是主权的公共部门。

75　满足资产证券化框架下定义的风险暴露。

76　第 148 段（a）中规定的合格现金抵押品。

综合法下的监管折扣系数

表 17　适用于因监管目的不允许使用外部评级的国家

<table>
<tr><td rowspan="2" colspan="2">剩余期限</td><td colspan="3">发行人的风险权重（仅限于主权发行的证券）[77]</td><td colspan="2">其他投资级别证券，与第 148 段（d）（Ⅲ）[78]一致</td></tr>
<tr><td>0%</td><td>20%或 50%</td><td>100%</td><td>非资产证券化风险暴露</td><td>高级资产证券化风险暴露（风险权重小于 100%）</td></tr>
<tr><td rowspan="5">债券</td><td>≤1 年</td><td>0.5</td><td>1</td><td>15</td><td>2</td><td>4</td></tr>
<tr><td>>1 年，≤3 年</td><td rowspan="2">2</td><td rowspan="2">3</td><td rowspan="2">15</td><td>4</td><td rowspan="2">12</td></tr>
<tr><td>>3 年，≤5 年</td><td>6</td></tr>
<tr><td>>5 年，≤10 年</td><td rowspan="2">4</td><td rowspan="2">6</td><td rowspan="2">15</td><td>12</td><td rowspan="2">24</td></tr>
<tr><td>>10 年</td><td>20</td></tr>
<tr><td>主要市场指数的股票（包括可转换债券）和黄金</td><td colspan="6">20</td></tr>
<tr><td>在认可交易所挂牌的股票和可转换债券</td><td colspan="6">30</td></tr>
<tr><td>集体投资可转让证券和共同基金</td><td colspan="6">基金所投资证券中最高的折扣系数。除非银行能够对基金股权投资使用穿透法，则可使用基金所投资工具的加权平均折扣系数。</td></tr>
<tr><td>币种相同的现金[79]</td><td colspan="6">0</td></tr>
<tr><td>其他风险暴露类型</td><td colspan="6">30</td></tr>
</table>

165　对抵押品和风险暴露间币种错配的折扣系数（H_{fx}）为 8%（也基于 10 个交易日的持有期和逐日盯市）。

166　对证券融资交易（SFTs）和担保借出交易，折扣系数的调整应与第 169～172 段保持一致。

167　对银行借出（或提供担保）的不合格工具，风险暴露的折扣系数必须为 30%。对银行借入的不合格工具，信用风险缓释不适用。

168　如抵押品为一篮子资产，该篮子资产的折扣系数为 $H = \sum_i a_i H_i$，其中，a_i为资产 i 在篮子中的份额（以货币单位计算），H_i为适用于资产 i 的折扣系数。

77　包括监管机构视作为主权的公共部门，以及零风险权重的多边开发银行。

78　包括监管机构不认为是主权的公共部门。

79　第 148 段（a）中规定的合格现金抵押品。

(d) 对不同持有期和非逐日盯市、非逐日调整保证金时折扣系数的调整

169 基于再评估和保证金调整的特性、频率以及不同的持有期，一些交易应使用不同的折扣系数。对于回购类交易（如回购/逆回购、证券借出/借入）、"其他资本市场驱动的交易"（如场外衍生工具交易和保证金借出）和担保借出交易，计算抵押品折扣系数的框架有所不同。对于资本市场驱动的交易和回购类交易，合同上有调整保证金的条款；对于担保借出交易，通常无此条款。

170 对各种产品的最低持有期，如下表所示：

监管折扣系数的调整

表 18 适用于不同持有期及非逐日盯市，非逐日调整保证金

交易类型	最低持有期	条件
回购类交易	5 个交易日	逐日调整保证金
其他资本市场交易	10 个交易日	逐日调整保证金
担保借出交易	20 个交易日	逐日重新估值

171 如果银行的交易或净额结算组合符合交易对手信用风险标准中第 41 段（ⅰ）或（ⅱ）的规定，则最低持有期必须为这些段落中相应风险的保证金期限。

172 如果保证金调整或重新估值的频率达不到最低要求，则最低折扣系数应根据保证金调整或重新估值间的实际天数进行调整。第 163 ~ 164 段规定的 10 个交易日作为默认折扣系数，实际折扣系数根据以下公式进行调整：

$$H = H_{10}\sqrt{\frac{N_R + (T_M - 1)}{10}}$$

其中：

H 为折扣系数；

H_{10}为该类工具 10 个交易日对应的折扣系数；

N_R为资本市场交易保证金调整或担保交易重新估值的实际交易天数；

T_M为该类交易的最低持有期。

(e) 综合法下涉及核心市场参与者的合格回购类交易的豁免

173 监管机构可对涉及核心市场参与者（定义见第 151 段）和满足第 150 段条件的回购类交易，采用零折扣系数。

174 在综合法下，如果监管机构对国内政府机构发行证券的回购交易采用特例处理，则其他监管机构可允许在本国注册的银行对同样交易采用同样的方法。

(f) 综合法下对具有净额结算主协议的证券融资交易的处理

175 如果发生违约后，无论交易对手是否无力清偿或破产，协议在每一个相关国家（或地区）都是法律上可执行的，则抵补回购交易的双边净额结算协议的作用可在单个交易对手的基础上逐一认定。此外，净额结算协议必须：

(a) 在交易对手出现包括无力清偿、破产等事件时，未违约方有及时终止、停止合同的权利；

(b) 规定净额结算交易在终止或停止合同后的收益和损失（包括抵押品的价值），以便在此条件下明确一方欠另一方的净额；

(c) 在出现违约事件时，允许迅速清算或处置抵押品；

(d) 在出现违约事件时，无论交易对手是否无力清偿或破产，包括以上(a) ~ (c) 条款的权利在每一个相关国家（或地区）均是法律上可执行的。

176 银行账簿和交易账簿之间的净额结算只有在满足以下条件时，方可认定：

- 所有交易均为逐日盯市[80]；
- 交易中使用的抵押工具均为银行账簿中的合格金融质押品。

177 第 178 段的公式将被用于计算具有净额结算协议的交易对手信用风险资本要求。此公式包括当前风险暴露、基于证券风险暴露净额的系统性风险暴露、基于证券风险暴露总额的个体性风险暴露，以及币种错配。第 155 ~ 174 段中关于综合法下折扣系数计算的所有规则，同样适用于银行使用双边净额结算协议的回购类交易。

178 综合法下，对于在净额结算主协议下回购类交易使用标准化监管折扣系数的银行，应使用以下公式计算风险暴露金额：

$$E^* = \max\{0, \sum_i E_i - \sum_i C_j + 0.4 \cdot net\ exposure + 0.6 \cdot \frac{gross\ exposure}{\sqrt{N}} + \sum_{fx} (E_{fx} \cdot H_{fx})\}$$

其中：

E^* 为风险缓释后净额结算组合的风险暴露金额。

E_i 为净额结算协议下借出、带回购协议出售，或提供给交易对手的所有现金或证券的当前价值。

C_j 为净额结算协议下借入、带返售协议购入，或银行持有的所有现金或证券

80 与其他回购交易一样，该折扣系数的持有期取决于保证金的调整频率。

的当前价值。

$$net\ exposure = \left| \sum_s E_s H_s \right|$$

$$gross\ exposure = \sum_s E_s \left| H_s \right|$$

E_s为净额结算组合下的单个证券当前净值（通常为正数）。

H_s为第163段或第164段规定的适用于E_s的折扣系数。

- 在证券借出、带回购协议出售（或类似交易）情况下，H_s为正数；
- 在证券借入、带返售协议购入（或类似交易）情况下，H_s为负数。

N为净额结算组合中包含的证券个数（但如果某证券的E_s值少于净额结算组合中最大E_s值的1/10，则此证券不纳入计数）。

E_{fx}为与清算币种错配的币种fx的净头寸绝对值。

H_{fx}为适用于错配币种fx的折扣系数。

（iv）证券融资交易（SFTs）的最低折扣底线

179 第180~188段对与特定交易对手的非集中清算的证券融资交易进行规定。如果所在国家（或地区）禁止开展低于第184段所规定的最低折扣底线的交易，那么这些要求对辖内银行不适用。

180 下述第184段所规定的折扣底线适用于以下交易：

- 对于非集中清算的证券融资交易，如果采用政府证券以外的抵押品进行融资（如现金借贷），且交易对手未被监管机构强制实行与国际标准一致的审慎监管要求；
- 与同一交易对手的担保升级交易。担保升级交易是指银行出借证券给交易对手时，交易对手以低质量证券作质押，从而允许交易对手用低质量证券交换高质量证券。对这类交易，折扣底线必须按照第187段所列的公式计算。

181 中央银行的证券融资交易不受折扣底线的限制。

182 现金抵押的证券出借交易不受折扣底线限制，包括：

- 证券长期被出借（给银行），证券出借者在相同或更短期限内再投资或运用现金，故未提高期限和流动性错配风险。
- 证券即期出借（给银行）或其期限较短，将加大流动性风险，除非证券出借者将现金抵押物再投向再投资基金，或监管账户，或符合《证券借出和回购中应对影子银行风险的政策框架》[81] 第3.1部分规定的现金押品再投资监管指引最

---

81 金融稳定理事会（Financial Stability Board），《加强影子银行监督和监管，应对影子银行风险的政策框架》，2013年8月29日，www.fsb.org/wp-content/upload/r-130829b.pdf。

低标准的账户。为此，银行可以依赖于其现金押品再投资符合最低标准的证券借出者所作的陈述。

183 担保升级交易中，如果对收到的质押证券无法重新使用，或提供当前及将来都不会重新使用的陈述，则出借证券的银行不受折扣底线的限制。

184 以下为上述证券融资交易（在此称为“范围内的证券融资交易”）的折扣底线，用百分数表示：

押品剩余期限	折扣水平	
	公司或其他发行主体	证券化产品
≤1 年的债券，以及浮动利率票据	0.5%	1%
>1 年，≤5 年的债券	1.5%	4%
>5 年，≤10 年的债券	3%	6%
>10 年的债券	4%	7%
纳入主要市场指数的股票	6%	
本框架范围内的其他资产	10%	

185 不满足折扣底线的“范围内的证券融资交易”，应按照对交易对手的无担保贷款处理。

186 为决定第 185 段规定是否适用于“范围内的证券融资交易”（或在组合折扣系数下，证券融资交易的净额结算组合），我们必须比较抵押品的折扣系数 H（真实的或通过下述规则计算的）和折扣底线 f（上述第 184 段列明的或通过下述规则计算的）。

187 对于不被包含在净额结算组合内的单一“范围内的证券融资交易”，H 和 f 通过以下计算得出：

- 对于单个现金—押品兑换（cash-lent-for-collateral）的证券融资交易，H 和 f 是已知的。H 由抵押品数额决定，f 由第 184 段给定。出于计算需要，押品可以被任何交易对手使用，在使用时即被接受（与结算周期相互独立）。

例如，假设一个“范围内的证券融资交易”，面值为 100 的现金被借出，以 12 年期面值为 101 的公司债券做抵押，那么 H 为 1% ［（101－100）/100］，f 为 4%（见第 184 段）。因此，该证券融资交易属于第 185 段不符合折扣底线要求的情况。

- 对于单个押品—押品兑换（collateral－for－collateral）的证券融资交易，借出押品 A、收到押品 B，那么 H 仍然由收到的抵押品数额决定，但该交易的有效折扣底线须由两类押品的折扣底线综合决定，并通过下述公式计算得出：

$$f=\left[\left(\frac{1}{1+f_A}\right)\Big/\left(\frac{1}{1+f_B}\right)\right]-1=\frac{1+f_B}{1+f_A}-1$$

并与有效折扣系数（$\frac{C_B}{C_A}-1$）对比。

例如，假设一个“范围内的证券融资交易”，面值为102的10年期公司债券与面值为104的股票进行交换，有效折扣系数 H 为 $104/102-1=1.96\%$，与有效折扣底线 $f=1.06/1.03-1=2.91\%$ 对比。因此，该证券融资交易属于第185段不符合折扣底线要求的情况。

188 对于一组净额证券融资交易，有效的“组合”底线应通过下述公式计算：

$$f_{Portfolio}=\left[\left(\frac{\sum_s E_s}{\sum_s E_s\times(1+f_s)}\right)\Big/\left(\frac{\sum_t C_t}{\sum_t C_t\times(1+f_t)}\right)\right]-1$$

其中，E_s 是每个证券（或现金）净借出的净头寸，C_t 是净借入的净头寸，f_s 和 f_t 分别是净借出和净借入证券的折扣底线。据此计算组合的加权平均底线。当以下公式成立时，组合没有触及底线。

$$\frac{\sum C_t-\sum E_s}{\sum E_s}\geqslant f_{Portfolio}$$

如果组合的折扣系数低于底线，那么该组净额证券融资交易属于第185段的情况。这些规定应适用于接收第184段表格中所列的单个证券，以及净额结算组合（银行为证券的净额接收者）的全部交易。出于计算需要，押品可以被任何交易对手使用，在使用时即被接受（与结算周期相互独立）。

下表提供了组合交易中折扣系数的计算过程的示例（展示了组合的折扣系数没有违反底线要求的情况）：

实际交易	现金	主权债	押品 A	押品 B
底线（f_s）	0%	0%	6%	10%
组合交易	50	100	-400	250
E_s	50	100	0	250
C_t	0	0	400	0

$f_{Portfolio}$	-0.0024
$\frac{\sum C_t-\sum E_s}{\sum E_s}$	0

（v）抵押的场外衍生工具

189 对标准法下单个合约的交易对手信用风险（SA-CCR）计算如下：

$$风险暴露 = alpha \cdot (RC + PFE)$$

其中：

$alpha = 1.4$；

RC 为根据交易对手信用风险标准第 130 ~ 145 段计算的重置成本；

PFE 为根据交易对手信用风险标准第 146 ~ 187 段计算的潜在风险暴露。

除使用标准法计算交易对手信用风险暴露外，银行在获得监管许可的情况下，也可采用内部模型法（Internal Model Method，IMM）计算交易对手信用风险。

4. 表内净额结算

190 如果银行符合以下条件：

（a）有完善的法律基础能够确保在每一个相关的国家（或地区）内，无论交易对手是否无力偿还或破产，净额结算协议均可执行；

（b）在任何情况下，均能够确定同一交易对手在净额结算协议下的资产和负债；

（c）监测和控制后续风险；

（d）在净头寸的基础上，监测和控制相关的风险暴露。

银行可将存贷款的净头寸作为按照第 160 段的公式计算资本充足率的基础。资产（贷款）作为风险暴露，负债（存款）作为抵押品。折扣系数为零，不含存在币种错配的情况。如果是每天盯市，可采用 10 个交易日的持有期。表内净额结算须满足第 163 段、第 172 段和第 126 ~ 130 段的规定条件。

5. 保证和信用衍生工具

（i）对保证和信用衍生工具的操作要求

191 在满足以下条件的情况下，银行可利用保证人的风险权重来代替交易对手的风险权重。

192 保证（或反担保）或信用衍生工具必须满足以下要求：

（a）是信用保护提供者的直接负债。

（b）必须明确对应具体的风险暴露或一组风险暴露，以此抵补的程度是定义清楚和不可撤销的。

（c）除非是信用保护购买方的原因，否则合同规定的支付一定是不可撤销的；不得在合同中有允许信用保护提供者单方面取消信用担保义务的条款，也不得有因为所抵补风险暴露的质量恶化而提高避险有效成本的条款[82]。

（d）合同必须是无条件的；保护合同中不得有银行不能直接控制的条款，以至于此条款将导致在交易对手不付款时，信用保护提供者不及时履行付款义务。

193 在期限错配的情况下，提供的信用保护金额必须根据第 126 ~ 130 段的要求进行调整。

（ii）对保证的特定操作要求

194 除第 125 段关于法律确定性的要求外，要认定为保证，还应满足以下条件：

（a）在确认债务人违约或不支付的条件下，银行可以迅速向保证人追偿合同规定的款项而不必向交易对象追偿。保证人可将合同项下的全部款项一次性支付给银行，或按照保证合同代替交易对手承担未来付款义务。银行有权向保证人追偿合同规定的款项，而无须被迫采取法律措施要求交易对手付款。

（b）保证人承担的义务由文件明确说明。

（c）如果无例外的话，保证人承担债务人在交易文件中规定的各种支付义务，例如名义金额、保证金的支出等。若保证人只承担偿付本金的义务，银行应该按照第 202 段对于按比例抵补的规定，将利息和其他未付款项作为无担保金额。

（iii）对信用衍生工具的特定操作要求

195 除第 125 段关于法律确定性的要求外，要认定为信用衍生工具，还应满足以下条件：

（a）合同交易双方具体规定的信用情况至少应包括：

- 在出现违约时（存在宽限期，该宽限期与风险暴露的宽限期紧密相关）未按照合同中规定的数额付款；
- 由于破产、出现清偿力问题或借款人无能力还款，或书面承认无力支付到期债务，以及其他类似事件；
- 对标的债项（underlying obligation）的重组[83]，因涉及本金、利息或费用的减让或推迟支付而导致损失事件（如核销坏账、提取专项准备或其他类似的借计利润和损失科目）。

---

82 不允许保护提供者在事后改变事前确定的期限。

83 在对冲公司风险暴露时，如满足以下条件，该信用情况无须进行具体规定：（ⅰ）修正该公司风险暴露的期限、本金、利息、币种或优先级需要 100% 投票通过；（ⅱ）公司风险暴露的合法注册地具备完善的破产法，允许公司重组或重建，并为债权者提供有序的解决机制。如果以上条件无法满足，则第 196 段的处理方式更为合理。

（b）如信用衍生工具覆盖的债项未包括标的债项，则由（g）条款决定资产错配是否可接受。

（c）在违约所规定的任何宽限期之前，标的债项不能支付并不导致衍生工具终止。在期限错配的情况下，必须执行第 126 ~ 130 段规定的条款。

（d）允许现金结算的信用衍生工具如用于资本目的，必须保证存在严格的评估程序，以便可靠地估计损失。必须规定获得标的债项信用事件评估的时间。如信用衍生工具中规定用于处置现金结算的参照债项（reference obligation）与标的债项不同，则由（g）条款决定资产错配是否可接受。

（e）如果信用保护的购买者要求执行将标的债项转移给信用保护提供者的权利/能力，标的债项的条款一定不可对这样的转移无理由拒绝。

（f）对于负责确定信用事件是否发生的主体身份必须明确定义。这种确定主体的权利并非信用保护出售者排他的权利。信用保护购买者必须有权利和能力通知信用保护提供者信用事件的发生。

（g）信用衍生工具标的债项与参照债项之间的错配（用于确定现金结算价值或交割的债项）在以下条件均满足时是允许的：（1）参照债项在级别上与标的债项相似或比其等级更低；（2）参照债项与标的债项的债务人相同（如为同一法人），而且交叉违约或交叉加速条款（cross - acceleration clauses）在法律上是可执行的。

（h）信用衍生工具的标的债项与用于确定信用事件的债项的错配，在以下条件均满足时是允许的：（1）后者在级别上比标的债项等级更低；（2）参照债项与标的债项的债务人相同（如为同一法人），而且交叉违约或交叉加速条款在法律上是可执行的。

196 当信用衍生工具并未覆盖对应标的债项重组，但满足第 195 段规定的条件时，可部分认定信用衍生工具的作用。如果信用衍生交易的金额小于或等于对应标的债项的金额，可认定为已覆盖对冲金额的 60%。如果信用衍生交易的金额大于对应标的债项的金额，那么合格对冲的金额最高不可超过对应标的债项金额的 60%。

（iv）合格保证人（反担保人）/信用保护提供者和信用衍生工具的范围

197 当以下实体的风险权重低于交易对手风险权重时，其提供的信用保护可被认定：

• 主权[84]、公共部门实体、多边开发银行、银行、证券公司和风险权重比交易对手低的其他审慎监管金融机构[85]。

• 在允许将外部评级用于监管目的的国家（或地区）：

——为非资产证券化风险暴露提供信用保护的，采用外部评级的其他实体，包括由风险权重低于债务人的母公司、子公司和附属公司提供的信用保护。

——为资产证券化风险暴露提供信用保护的，当前外部评级为 BBB－及以上，或接受信用保护时的外部评级为 A－或以上的其他实体，包括由风险权重低于债务人的母公司、子公司和附属公司提供的信用保护。

• 在不允许将外部评级用于监管目的的国家（或地区）：

——定义为“投资级”的其他实体。“投资级”意味着这些实体在任何经济周期和商业环境下，均有足够的能力及时履行其财务承诺还本付息。

在做决策时，银行应该对照投资级定义对实体进行评估，评估的范围包括其业务模式的复杂性、在同行业中的业绩表现，以及该实体的营运环境风险。

另外，还需满足以下条件：

• 对于公司类实体（或其母公司），必须在认可的证券交易所已发行证券。

• 这些“投资级实体”的信用质量与被担保风险暴露的信用风险不存在正相关关系。

——债务人的母公司、子公司和附属公司，其信用质量与被担保风险暴露的信用风险不存在正相关关系。在认定集团内部公司为合格保证人时，应考虑整个集团的信用风险。

198 对于信用违约互换和总收益互换，只有当其提供的信用保护与保证等效时，方可认定其为合格。[86] 以下特例除外：银行通过总收益互换购买信用保护，将所收到的互换净额入账作为净收入，但不考虑信用保护导致对应资产价值的下降（通过减记公允价值或增加准备），信用保护不予认定。

---

84 包括国际清算银行、国际货币基金组织、欧洲中央银行、欧洲共同体、欧洲金融稳定机制、欧洲金融稳定基金，以及第 14 段和脚注 11 中定义的风险权重为 0% 的多边开发银行。

85 审慎监管金融机构的定义为在审慎要求符合国际规范的监管者监管下的合法实体，或在一个统一集团内的合法实体（母公司或子公司），该集团内所有实质上的合法实体均在审慎要求符合国际规范的监管者监管下。它包括但不限于审慎监管的保险公司、经纪商/分销商、储蓄机构和期货经纪商，以及合格中央交易对手。合格中央交易对手的定义可从巴塞尔委员会官方网站获取，*Regulatory capital requirements framework for bank exposures to central counterparties*, July 2012，www. bis. org/publ/bcbs227. pdf。

86 银行基于银行账簿风险暴露发行的现金基金的信用关联票据，若能够满足所有信用衍生工具的最低要求，可以当作现金抵押交易。然而，在这种情况下，第 197 段关于信用保护提供者的规定不适用。

199 对第一违约和所有的第 n 违约信用衍生工具（银行得到信用保护有一篮子推荐保护人，第一违约或第 n 违约将触发信用保护并终止合约）不可作为合格的信用风险缓释技术，因此不能产生任何监管资本减让。在交易中若银行通过这类工具提供信用保护，应遵照第 89 段的处理方法。

（v）具有合格信用保护的交易的风险权重

风险权重的一般处理

200 受保护部分风险暴露的风险权重，与保护提供者的风险权重相同。未受保护部分风险暴露，采用交易对手的风险权重。

201 当损失事件发生、实际偿付临界值低于信用保护方提供的免偿付额度时，该损失被认定为“第一损失头寸”（first – loss positions）。对于购买信用风险保护的银行，其风险暴露低于门槛值的部分，需要按照 1250% 的风险权重计量风险加权资产。

按比例抵补

202 若损失由银行和保证人按比例承担，资本减让应按比例处理，即风险暴露的保护部分将适用于合格保证/信用衍生工具的处理，剩余部分则作为无担保处理。

分档次抵补

203 如果银行将风险暴露的一部分以一个档次或多档次的形式转移给信用保护出售者，同时自己留存贷款的一部分风险，而且转移和留存的风险的优先级不同，则银行可获得高等级部分（例如第二损失部分）或低等级部分（例如第一损失部分）的信用保护。在这种情况下，适用资产证券化标准的相关条款。

（vi）币种错配

204 如信用保护的货币与风险暴露的货币不同，即存在币种错配，则认定已保护部分的风险暴露应通过应用折扣系数 H_{FX} 予以降低，即

$$G_A = G \cdot (1 - H_{FX})$$

其中：

G 为保护部分的名义金额；

H_{FX} 为适用于信用保护和对应负债币种错配的折扣系数。

10 个交易日持有期（假定每天盯市）的币种错配折扣系数为 8%。根据第

172 段规定的信用保护重估的频率，以上折扣系数须使用时间平方根公式进行调整。

（vii）主权担保和反担保

205 如第 8 段所具体规定的，如果银行对其注册地的主权（或中央银行）的风险暴露以本币计价和融资，各国可自行决定选择使用较低的风险权重。如果风险暴露以本币计价和融资，监管机构可将这种处理扩大至由主权（或中央银行）担保部分的风险暴露。一些风险暴露可能由担保覆盖，而此项担保又间接地由主权反担保。如符合以下条件，该风险暴露可认为是主权担保覆盖：

（a）主权的反担保覆盖了该项风险暴露的所有信用风险；

（b）原担保和反担保均符合对保证的所有操作要求，除非反担保相对于原担保而言无须直接、明确；

（c）监管机构认为担保是严格的，并且无历史事实表明反担保不如直接的主权担保有效。

信用风险——内部评级（IRB）法

A. 概述

1 本部分规定信用风险内部评级（IRB）法。在满足最低条件和披露要求的前提下，获得监管机构批准使用 IRB 法的银行在计算资本要求时，可以采用银行内部模型对风险要素的估计值。风险要素包括违约概率（PD）、违约损失率（LGD）、违约风险暴露（EAD）及期限（M）。某些情况下，监管机构可要求银行使用监管给定的数值代替内部估计值。

2 IRB 法建立在非预期损失（UL）和预期损失（EL）基础上。风险权重函数计算 UL 并将其作为资本要求。EL 根据巴塞尔协议Ⅱ（2006 年 6 月）[1] 第 43 段和本文 G 部分的要求单独处理。

3 本部分首先定义资产类别，以及各资产类别下 IRB 法的使用范围。然后，逐一规定各资产类别下的风险权重函数，以及作为风险权重函数输入值的风险要素。例如，公司风险暴露和合格循环零售风险暴露即对应不同的风险权重函数。每个资产类别都包括以下内容：首先明确风险权重函数，接着定义风险要素以及其他相关因素（例如对信用风险缓释的处理等）。标准法第 117 ~ 205 段关于合格信用风险缓释的法律标准，对初级 IRB 法和高级 IRB 法均适用。最后，本部分从 H 部分第 154 段起，规定了银行采用 IRB 法必须满足的最低要求。

B. IRB 法的技术要求

4 第 1 部分定义可采用 IRB 法的资产类别（例如公司风险暴露和零售风险暴露）。第 2 部分描述各资产类别采用的风险要素。第 3 部分讨论各资产类别下银行如何采用 IRB 法以及相关要求。对于没有明确可采用 IRB 法处理的资产，风险权重为 100%（标准法下明确规定风险权重为 0% 的除外），且计算的风险加权资产仅代表 UL。

---

1 参见巴塞尔协议Ⅱ（2006 年 6 月）完整版：www. bis. org/publ/bcbs128. pdf。

1. 风险暴露类别

5　IRB 法下，银行必须根据下述定义，将银行账簿风险暴露划分为具有不同风险特征的五大资产类别。资产类别包括：（a）公司；（b）主权；（c）银行；（d）零售；（e）股权。在公司资产大类中，单独定义了专业贷款（specialised lending）的五个子类。在零售资产大类中，单独定义了三个子类。在公司和零售资产大类中，如果满足特定条件，对购入应收账款可以特殊处理。对于股权资产大类，不允许采用 IRB 法。

6　上述风险暴露分类和银行现行做法大体一致。然而，部分银行的内部风险管理和计量体系可能使用不同的定义。尽管巴塞尔委员会的目的并不是要求银行改变管理业务和风险的方式，但为了计算最低资本要求，银行应对每类风险暴露进行适当的处理。银行必须向监管机构证明，其将风险暴露划分到不同资产类别的方法是适当的，且持续一致。

7　对资产证券化风险暴露的处理，见巴塞尔委员会发布的《资产证券化修订框架》[2]。

（i）公司风险暴露的定义

8　通常，公司风险暴露是指对公司、合伙制企业或独资企业的债权。银行可按照第 54 段的规定，单独区分中小企业风险暴露。

9　在公司资产大类中，除一般公司外，又将专业贷款分为五个子类。专业贷款是指在法律形式上或经济实质上具有下述全部特征的贷款：

- 对一个实体（通常是特殊目的实体，SPE）的贷款，该实体专门为实物资产的融资或运作而创建。
- 借款实体基本没有其他实质性资产或业务，除从被融资资产中获取收入外，基本没有独立偿债能力。
- 债务条款规定贷款人对资产及其产生的收入有相当程度的控制权。
- 上述特征导致偿债基本来源是资产产生的收入，而不是该实体的独立偿债能力。

10　专业贷款的五个子类是项目融资、物品融资、商品融资、产生收入的房地产和高波动性商用房地产。五个子类定义如下。

2　巴塞尔委员会，《资产证券化修订框架》，2014 年 12 月 11 日（2016 年 7 月修订）：www. bis. org/bcbs/publ/d374. pdf。

项目融资

11 项目融资（project finance）是指贷款人主要将单个项目产生的收入作为贷款还款来源和安全保障的融资方式。此类融资通常针对大型、复杂且昂贵的设备，比如电厂、化工厂、矿山、交通基础设施、环境和电信基础设施。项目融资可以是为新建项目融资，也可以是为已有建设项目再融资（不论有无改造）。

12 项目融资中，贷款人通常只能通过被投资设备产生的收入得到偿还，例如电厂售电产生的收入。借款人通常是除建设、拥有和运营被投资项目外不允许履行其他职能的特殊目的实体。因此还款来源主要依赖于项目现金流和项目资产的抵押价值。与此相反，如果还款主要依赖于一个成熟的、多样化的、有信用的且有合同保障的最终用户，则该风险暴露应视为对该最终用户的风险暴露，而且是有担保的风险暴露。

物品融资

13 物品融资（object finance）是指为收购实物资产（如轮船、飞机、卫星、轨道交通工具、船舶）而进行的融资。该融资方式下，风险暴露的偿还依赖于被融资和抵押（或交付贷款人）的特定资产所产生的现金流。现金流主要来源可能是与一个（或几个）第三方签订的出租或租赁合约。与此相反，如果贷款对象财务状况及偿债能力较强、无须过度依赖特定抵押资产，则该风险暴露应视为有抵押的一般公司风险暴露。

商品融资

14 商品融资（commodities finance）是指为交易所交易商品（如原油、金属或谷物）储备、存货或应收账款提供融资的结构性短期贷款，其风险暴露偿还来源于商品销售收益，借款人没有独立还款能力。借款人没有其他业务活动，在资产负债表上也没有其他实质性资产。商品融资的结构化特征是为了弥补借款人较弱的信用水平而设计的。风险暴露评级反映其自我清偿的特征以及贷款人结构化交易的能力，而不是借款人的资信水平。

15 巴塞尔委员会认为此类贷款可以与为其他多样化公司借款人的储备、存货或应收账款进行融资的风险暴露区别处理。对于多样化公司借款人，银行可基于借款人经营状况进行信用评级，被融资商品视为风险缓释工具，而不是主要还款来源。

产生收入的房地产

16 产生收入的房地产（income - producing real estate）是指为房地产（如用于出租的办公楼、零售场所、多户住宅、工业和仓库场所及旅馆）融资的一种方式，其贷款偿还及清收主要依赖于该房地产产生的现金流。现金流主要来源是租赁或出租收入，或房地产销售收入。借款人可能（但不必须）是特殊目的实体、主营房地产建设或拥有房地产的运营公司，或除房地产外还有其他收益来源的运营公司。与其他以房地产抵押的公司风险暴露不同，这类风险暴露的典型特征是其偿还能力和违约后清收能力之间具有高度正相关性，因为两者都主要依赖于房地产产生的现金流。

高波动性商用房地产

17 与其他类别的专业贷款相比，高波动性商用房地产（high - volatility commercial real estate）是一种具有较高损失率波动性（较高资产相关性）的商用房地产融资，包括：

- 以各国监管机构认定的具有较高违约率波动性的房地产进行抵押的商用房地产贷款。
- 为上述类型房地产的土地收购、开发和建设阶段融资的贷款。
- 为其他类型房地产的土地收购、开发和建设阶段融资的贷款，贷款发起时的还款来源是未来不确定的房地产销售收入，或偿还来源相当不确定的现金流（如商用房地产的出租率尚未达到当地市场一般水平），借款人有足够股权投资的可除外。考虑到基于借款人股权投资的还款的确定性，该类商用房地产土地收购、开发和建设阶段贷款可从高波动性商用房地产中剔除，但不适用第58段的额外扣减规定。

18 各国监管机构如果将特定商用房地产贷款归入高波动性商用房地产处理，需公开披露相关信息。其他国家监管机构应确保本国银行在该国开展相关业务时采用相同的处理方式。

（ii）主权风险暴露的定义

19 该资产类别包括所有在标准法下视同主权处理的交易对手的风险暴露，包括主权（及其中央银行）、标准法下视同主权的公共部门实体、标准法脚注11中规定的零风险权重的多边开发银行，以及标准法第10段中提及的实体。主权风险暴露的处理方式与巴塞尔协议Ⅱ（2006年6月）一致。

（iii）银行风险暴露的定义

20 该资产类别包括标准法第16段中定义的银行风险暴露，以及标准法第37段规定的视同银行风险暴露处理的证券公司和其他金融机构。银行风险暴露还包括对标准法下未纳入主权风险暴露的所有国内公共部门实体和不满足零风险权重的多边开发银行（不在标准法脚注11所列清单中）的债权。

（iv）零售风险暴露的定义

21 零售风险暴露应满足下列所有条件：

借款人特征或单笔贷款小额特征

- 对个人的风险暴露，如循环信贷和授信（如信用卡、透支及工具担保的零售债项）、个人定期贷款和租赁（如分期付款贷款、汽车贷款和租赁、学生和教育贷款、个人融资，以及具有类似特征的其他风险暴露），通常无论规模大小，都作为零售风险暴露处理，尽管监管机构可能希望设定一个规模阈值，来区分零售风险暴露和公司风险暴露。
- 个人住房抵押贷款（residential mortgage loans）[3]（包括第一顺位和后续的低顺位留置权、定期贷款和循环房屋净值授信），无论规模大小，都作为零售风险暴露处理，只要满足以下条件之一：（i）风险暴露对象是个人[4]；（ii）风险暴露对象是受国家法律监管的个人协会或合作组织，其存在的唯一目的是允许其成员将贷款抵押房产作为主要居住场所使用。
- 贷款对象为小企业且贷款被视为零售风险暴露管理的，如果银行集团并表层面对小企业借款人（如适用，基于并表）的风险暴露总额低于100万欧元，则可以作为零售风险暴露处理。通过个人发放或由个人担保的小企业贷款适用同样的阈值条件。
- 监管机构在实施上述阈值条件时可采取一定的灵活性，以避免银行仅仅为了合规而被迫开发大量新信息系统。但是，监管机构需确保这一灵活性（对风险暴露金额超过阈值的情况不视为违规）不被滥用。

风险暴露笔数多

22 风险暴露必须是一个大风险暴露池的组成部分之一，且银行按照风险暴

---

3 满足信用风险标准法下脚注35以及第60段规定的贷款，也可纳入IRB法零售个人住房抵押贷款子类。

4 各国监管机构有自由裁量权，可以对个人名下住房抵押贷款对应的住房数量设定限额，超过限额则视作公司风险暴露处理。

露池的方式进行管理。

• 对于100万欧元以下的小企业风险暴露，如果银行在内部风险管理体系中长期一致地按照零售方式管理，则可以作为零售风险暴露处理。这类风险暴露应和其他零售风险暴露有着类似的贷款方式。而且，这些风险暴露不得采用类似公司风险暴露的单笔管理方式，而应作为同质风险资产池的一部分进行风险评估和量化。但是，这并不排除在风险管理过程的某些阶段可对零售风险暴露进行单笔处理。风险暴露按照单笔进行评级的事实本身，并不表示其不符合零售风险暴露的合格标准。

23 在零售资产大类中，银行应将风险暴露分为三个子类：（a）个人住房抵押贷款（见第21段中的定义）；（b）合格循环零售风险暴露（qualifying revolving retail exposures）（见下段中的定义）；（c）所有其他零售风险暴露（all other retail exposures）。

（v）合格循环零售风险暴露的定义

24 合格循环零售风险暴露必须满足下列所有标准。这些标准必须在与银行零售业务分类一致的子组合层面运用。在国家（或以下）层面，应制定分类的一般性规定。

（a）风险暴露是可循环的、无担保的、未承诺的（合同和实质上都应满足）。循环风险暴露是指在银行设定的限额内，客户可自主提款和还款，进而贷款余额可上下波动。

（b）风险暴露对象是个人。

（c）子组合内对单一个人的最高风险暴露为10万欧元或更低。

（d）合格循环零售风险暴露的风险权重函数对资产相关性的假设值在低PD情况下显著低于其他零售风险暴露，因此银行必须证明，合格循环零售风险暴露的风险权重函数仅用于损失率波动性低（相对于其平均损失率而言）的零售资产组合，尤其是在低PD区间。监管机构将检查合格循环零售风险暴露在子组合层面和整体层面的损失率波动性，并在不同国家（或地区）之间共享合格循环零售风险暴露损失率的典型特征信息。

（e）银行必须保存子组合的损失率数据，以便分析损失率波动性。

（f）监管机构应确保合格循环零售风险暴露的处理方式与其风险特征一致。

25 合格循环零售风险暴露分为交易者（transactors）风险暴露和循环信用类（revolvers）风险暴露两类。交易者合格循环零售风险暴露是指对满足标准法第56段要求借款人的风险暴露，即风险暴露通过信用卡或签账卡等方式发放，且在过去12个月内按照约定的还款计划足额偿还；或者风险暴露通过透支便利方式发放，且在过去12个月内没有发生透支。所有不满足交易者条件的合格循环零售风险暴露，均为循环信用类。

(vi) 股权风险暴露的定义

26 该资产类别与标准法第49段中定义的股权风险暴露一致。

(vii) 合格购入应收账款的定义

27 合格购入应收账款按下述规定分为零售应收账款和公司应收账款。

零售应收账款

28 对于购入零售应收账款，如果购入银行符合IRB法零售风险暴露的要求，则可以按照零售风险暴露现行规定采用“自上而下”（top－down）方法。银行必须同时符合F和H部分规定的最低操作要求。

公司应收账款

29 通常，对购入公司应收账款，银行应按照C部分第1节规定（从第52段开始）评估单个债务人的违约风险，这与其他公司风险暴露的处理方式一致。但是，如果银行购入公司应收账款的程序同时符合合格应收账款的标准和“自上而下”方法的最低操作要求，则可以采用“自上而下”方法。对购入应收账款采用“自上而下”方法处理，仅限于按照IRB法公司风险暴露处理会给银行带来过度负担的情况。这主要针对以资产证券化为目的而购入的应收账款，但在监管批准的前提下，银行也可针对具有同样特征的表内其他风险暴露采用这一方法。

30 如果银行不满足最低要求，监管机构可以不批准银行对购入公司应收账款采取“自上而下”方法。特别地，如要采用“自上而下”方法，购入公司应收账款必须满足下列条件：

● 应收账款购自非关联的第三方销售方，即银行没有直接或间接发起该应收账款。

● 应收账款的形成必须基于销售方和债务人之间的公平交易（对于相互之间同时有买卖行为的公司，其公司间账户应收账款和可抵销账户[5]应收账款均不合格）。

5　可抵销账户涉及与同一家公司进行买与卖的客户。这种风险在于债务可以通过支付方式偿付，而不是通过现金偿付。公司之间的发票可以相互抵销，而不用付款。当由法院裁决时，这种做法有损安全性。

- 购入银行对应收账款的收益完全或按比例拥有债权。[6]
- 各国监管机构必须建立集中度限额，超过限额则必须根据公司风险暴露“自下而上”方法计算资本要求。集中度限额可以是下列一项或几项指标：单笔风险暴露相对总风险暴露池的规模占比、应收账款风险暴露池总规模占监管资本的百分比，或风险暴露池中单笔风险暴露的最大规模。

31 只要购入公司应收账款产生的现金流是对其违约风险的主要保护（根据第132~135段的规定），且银行满足合格标准和操作要求，则银行对销售方享有完全或部分追索权不会自动导致银行失去采用“自上而下”方法的资格。

2. 初级IRB法和高级IRB法

32 适用IRB法的资产类别需要考虑三个关键因素：

- 风险要素：部分风险参数由银行估计，部分风险参数由监管机构给定。
- 风险权重函数：将风险要素转换成风险加权资产以及资本要求的方法。
- 最低要求：银行针对指定资产类别使用IRB法必须满足的最低标准。

33 对大部分资产类别，巴塞尔委员会规定了两种方法：初级IRB法（F-IRB法）和高级IRB法（A-IRB法）。在初级法下，银行自行估计PD，其他风险要素由监管机构给定。在高级法下，银行在满足最低标准的前提下，自行估计PD、LGD、EAD和M。两种方法下，银行均必须使用本框架给定的风险权重函数计算资本要求。完整的方法适用范围在下段描述。

34 对于股权风险暴露（见第26段规定），不允许使用IRB法（见第42段）。此外，以下资产类别不得使用高级IRB法：

（ⅰ）企业所属集团并表年收入超过5亿欧元的一般公司风险暴露；

（ⅱ）银行风险暴露（见第20段规定）、对其他证券公司和金融机构（包括保险公司和纳入公司风险暴露的其他金融机构）的风险暴露。

判断是否达到上述收入阈值时，必须以企业或企业集团（根据企业集团最终母公司适用的会计准则规定）经审计后的财务报表数据为准。收入数值必须基于历史三年平均值，或者基于最新数值但每三年更新一次。

（i）公司和银行风险暴露

35 在初级IRB法下，银行必须自行估计借款人内部评级对应的PD，但其他

---

6 对收益进行分层的债权［第一损失顺位（first loss position）、第二损失顺位（second loss position）等］按照证券化方式来处理。

风险要素必须使用监管机构给定值。其他风险要素包括 LGD、EAD 和 M。[7]

36 在高级 IRB 法下，银行必须自行估计 PD、LGD 和 EAD，并计算有效期限（M）。[8]

37 对于专业贷款的五个子类资产，上述一般性规则可例外。

专业贷款：项目融资、物品融资、商品融资、产生收入的房地产、高波动性商用房地产

38 不满足初级 IRB 法要求估计专业贷款 PD 的银行，应将其内部风险等级映射到五个监管类别上，每个监管类别对应特定的风险权重。这种方法被称为“监管映射法”。

39 满足估计 PD 要求的银行，可采用初级 IRB 法下公司风险暴露的方法计算除高波动性商用房地产以外的其他专业贷款的风险权重。各国监管机构有自由裁量权，满足要求的银行可采用类似初级 IRB 法下公司风险暴露的方法计算高波动性商用房地产的风险权重，但必须使用第 64 段规定的单独的风险权重函数。

40 满足估计 PD、LGD、EAD 要求的银行，可采用高级 IRB 法下公司风险暴露的方法计算除高波动性商用房地产以外的其他专业贷款的风险权重。各国监管机构有自由裁量权，满足要求的银行可采用类似高级 IRB 法下公司风险暴露的方法计算高波动性商用房地产的风险权重，但必须使用第 64 段规定的单独的风险权重函数。

(ii) 零售风险暴露

41 对零售风险暴露，银行必须自行估计 PD、LGD 和 EAD。零售风险暴露没有初级 IRB 法。

(iii) 股权风险暴露

42 所有股权风险暴露均应采用标准法（见信用风险标准法第 50 段[9]规定），

7　正如第 107 段指出的，一些监管机构可要求采用初级 IRB 法的银行使用第 109～114 段的定义计算期限。

8　各国监管机构有自由裁量权，某些国内贷款可以豁免计算 M（参见第 108 段）。

9　股权风险暴露禁止使用 IRB 法将自本协议实施起，设置 5 年过渡期。过渡期内，股权风险暴露的风险权重取以下较大值：（1）IRB 法下计量的风险权重；（2）过渡期内信用风险标准法下风险权重（见标准法第 50 段、脚注 29）。另外，监管机构也可要求银行，自本协议实施起，实施完全过渡期的标准法。

但基金股权投资应按照巴塞尔委员会 2013 年 12 月发布的政策标准处理[10]。

(iv) 合格购入应收账款

43 处理方法区分两类资产。对合格公司应收账款，在满足特定操作要求下，可采用初级 IRB 法或高级 IRB 法。如第 29 段中的规定，一般而言，银行应自行估计单一借款人的违约风险。只有对满足第 34 段中高级 IRB 法适用范围的公司类借款人，银行才可以对其合格公司应收账款采用高级 IRB 法（见第 134 段和第 135 段）；否则，应采用初级 IRB 法。对合格零售应收账款，与零售风险暴露一致，只适用高级 IRB 法。

3. 在不同资产类别中采用 IRB 法

44 一旦银行对某一资产类别中的一部分采用了 IRB 法，就应被期望对该资产类别整体都采用 IRB 法。在本节中，资产类别分为：

- 银行
- 公司（不包括专业贷款和购入应收账款）
- 专业贷款
- 购入公司应收账款
- 合格循环零售风险暴露
- 个人住房抵押贷款
- 其他零售风险暴露（不包括购入应收账款）
- 购入零售应收账款

同时，巴塞尔委员会认识到，对于银行而言，出于各种原因，要求其所有业务单元的整个资产类别同时采用 IRB 法，可能不现实。而且，即便在 IRB 法下，数据限制也可能使银行只能同时对某资产类别下部分而不是所有风险暴露（例如，属于同一资产类别但不同业务单元的风险暴露）满足自行估计 LGD 和 EAD 的要求。

45 因此，监管机构可以允许银行在某一资产类别层面分阶段实施 IRB 法。分阶段实施包括：（ⅰ）在同一个业务单元内对该资产类别采用 IRB 法；（ⅱ）在同一银行集团内不同业务单元对该资产类别采用 IRB 法；（ⅲ）将风险要素从初级 IRB 法向高级 IRB 法过渡（当允许采用高级 IRB 法时）。但是，当银行对某一特定业务单元中某一资产类别采用 IRB 法时，必须对该业务单元中该资产类别下的所有风险暴露都采用 IRB 法。

---

10 基金股权投资资本要求的最终标准见 www. bis. org/publ/bcbs266. pdf。

46 如果银行计划对某一资产类别采用 IRB 法，则必须制订具体实施计划，明确在该资产类别和各业务单元中实施 IRB 法的范围和时间。实施计划应符合实际，且必须得到监管机构同意。制订计划应基于实事求是和可操作性原则向更高级方法努力，而不是试图通过采用不同方法来达到降低资本要求的目的。在实施期内，监管机构应确保银行无法通过集团内部交易而实现资本套利［通过在采用不同方法（标准法、初级 IRB 法和高级 IRB 法）的实体间转移信用风险，降低集团资本要求总额］。这类内部交易包括但不限于资产销售或交叉担保。

47 经监管机构批准，资产类别中规模较小、潜在风险较低的部分风险暴露，可不受前两段的约束。这些风险暴露的资本要求将根据标准法计算，同时监管机构可决定银行是否需要在第二支柱下对这些风险暴露持有更多的资本。

48 一旦银行对某一资产类别采用了 IRB 法，就应被期望持续采用 IRB 法。只有在非常特殊的情况下（例如，大比例剥离银行该资产类别下的业务），且得到监管机构批准后，才允许银行自愿退回标准法或初级 IRB 法。

49 考虑到专业贷款数据有限，银行可对项目融资、物品融资、商品融资、产生收入的房地产或高波动性商用房地产中的一个或多个子类采用监管映射法，而对其他子类采用初级 IRB 法或高级 IRB 法。但是，银行如果没有对产生收入的房地产采用高级 IRB 法，则不应对高波动性商用房地产采用高级 IRB 法。

50 场外衍生工具、交易所交易的衍生工具和证券融资交易（SFTs）中涉及的中央交易对手风险暴露，无论重要与否，均必须按照交易对手信用风险第十一部分（Section XI）中的相关要求处理。

C. 公司和银行风险暴露规定

51 C 部分规定公司和银行风险暴露资本要求（基于非预期损失 UL）的计算方法。本部分第 1 节规定公司和银行风险暴露采用相同的风险权重函数来计算资本要求。我们也对公司风险暴露下各专业贷款子类给定了监管风险权重，并对高波动性商用房地产规定了单独的风险权重函数。第 2 节描述风险要素。计算 EL 的方法，以及确定 EL 和准备金之间差异的方法在 G 部分规定。

1. 公司和银行风险暴露的风险加权资产

(i) 风险加权资产计量公式

52 风险加权资产计量取决于单笔风险暴露的 PD、LGD、EAD 和有效期限

（M）（某些情况下）。

53 本部分中 PD 和 LGD 以小数为计量单位，EAD 以货币（如欧元）为计量单位，有特别标注的除外。对未违约风险暴露，风险加权资产计算公式如下：[11] [12]

$$\text{Correaltion (R)} = 0.12 \cdot \frac{(1-e^{-50 \cdot PD})}{(1-e^{-50})} + 0.24 \cdot \left(1 - \frac{(1-e^{-50 \cdot PD})}{(1-e^{-50})}\right)$$

$$\text{Maturity adjustment (b)} = [0.11852 - 0.05478 \cdot \ln(PD)]^2$$

$$\text{Capital requirement}^{13\,14}\ (K) = \left[LGD \cdot N\left[\frac{G(PD)}{\sqrt{(1-R)}} + \sqrt{\frac{R}{1-R}} \cdot G(0.999)\right] - PD \cdot LGD\right] \cdot \frac{(1+(M-2.5) \cdot b)}{(1-1.5 \cdot b)}$$

$$\text{Risk-weighted assets (RWA)} = K \cdot 12.5 \cdot EAD$$

对已违约风险暴露，资本要求（K）取以下两者中的较大值：（1）零；（2）其LGD（如第 235 段所述）和银行对预期损失率的最优估计值（如第 238 段所述）之间的差额。已违约风险暴露的风险加权资产为 K、12.5 和 EAD 的乘积。

满足以下条件的金融机构风险暴露，相关性系数应乘以 1.25：

- 资产规模大于或等于 1000 亿美元的受监管的金融机构。资产规模的确定必须使用最近一期母公司及并表子公司经审计的财务报表。本段所称受监管的金融机构，是指其集团内所有重要法律实体均接受监管机构的审慎监管，且监管要求与国际标准一致的集团（包括母公司及其子公司）。这包括但不限于受审慎监管的保险公司、经纪人/交易商、银行、储蓄机构以及期货经纪商。

- 所有未受监管的金融机构，不论规模大小。本段所称未受监管的金融机构，是指主要从事以下业务的法律实体：金融资产管理、贷款、保理、租赁、提供增信、资产证券化、投资、财务托管、中央交易对手服务、自营交易及监管机构认定的其他金融服务活动。

- $$\text{Correlation (R\_FI)} = 1.25 \cdot \left[0.12 \cdot \frac{(1-e^{-50 \cdot PD})}{(1-e^{-50})} + 0.24 \cdot \left(1 - \frac{(1-e^{-50 \cdot PD})}{(1-e^{-50})}\right)\right]$$

内部评级风险权重的说明见巴塞尔协议Ⅱ（2006 年 6 月）附录 5。

---

11 ln 表示自然对数。

12 *N*（*x*）表示标准正态随机变量的累积分布函数（均值为 0，方差为 1 的正态随机变量小于或等于 *x* 的概率）。*G*（*z*）表示标准正态随机变量累积分布函数的反函数［*N*（*x*）＝*z* 条件下的 *x* 值］。在 Excel 中，正态累积分布函数及其反函数可分别通过 *NORMSDIST* 和 *NORMSINV* 函数得到。

13 对于主权风险暴露，若资本要求的计量结果为负，银行应采用零资本要求。

14 以下术语用于表示资本要求公式中的特定部分：完全期限调整 $= \frac{1+(M-2.5) \cdot b}{1-1.5 \cdot b}$；直接期限调整 $= 1 + (M-2.5) \cdot b$；M 是有效期限，根据第 107～114 段计量。

（ii）中小企业规模调整

54 IRB 法下，允许银行对公司风险暴露单独区分中小企业风险暴露（公司所属集团并表年收入小于 5000 万欧元）。对中小企业风险暴露，在公司风险权重公式基础上进行规模调整［即 $0.04\times(1-\frac{S-5}{45})$］。S 是年收入，以百万欧元计，S 值在大于或等于 500 万欧元和小于或等于 5000 万欧元之间。年收入低于 500 万欧元的，按照 500 万欧元处理。

$$\text{Correlation (R)}=0.12\cdot\frac{(1-e^{-50\cdot PD})}{(1-e^{-50})}+0.24\cdot\left(1-\frac{(1-e^{-50\cdot PD})}{(1-e^{-50})}\right)-0.04\cdot\left(1-\frac{S-5}{45}\right)$$

55 各国监管机构有自由裁量权，可允许银行在计算中小企业标准和进行企业规模调整时，使用集团并表总资产代替年收入，但仅限于年收入不是判断企业规模的合理指标时。

（iii）专业贷款的风险权重

项目融资、物品融资、商品融资和产生收入的房地产的风险权重

56 如果银行不能满足 IRB 法下自行估计 PD 的要求，则应将其内部等级映射到五个监管类别上，每个监管类别对应一个特定风险权重。映射标准依据巴塞尔协议Ⅱ（2006 年 6 月）附录 6 的规定。各监管类别对应的风险权重如下：

其他专业贷款的监管类别和风险权重

优	良	中	差	违约
70%	90%	115%	250%	0%

57 虽然银行应依据上述映射标准将内部评级映射到五个监管类别上，但每个监管类别应按照下表所示与外部评级范围大体相对应。

优	良	中	差	违约
BBB－或以上	BB＋或 BB	BB－或 B＋	B 至 C－	不适用

58 各国监管机构有自由裁量权，如果贷款剩余期限不足 2.5 年，或监管机构认定银行授信和其他风险特征明显优于监管映射法下确定的相应监管类别，监管机构可允许银行对监管类别为“优”的风险暴露，采用 50% 的优惠风险权重；对监管类别为“良”的风险暴露，采用 70% 的优惠风险权重。

59 满足自行估计 PD 要求的银行，可按照公司风险暴露初级 IRB 法计算上述专业贷款子类的风险权重。

60 满足自行估计 PD、LGD 和 EAD 要求的银行，可按照公司风险暴露高级 IRB 法计算上述专业贷款子类的风险权重。

高波动性商用房地产的风险权重

61 如果银行不能满足 IRB 法下自行估计 PD 的要求，或本国监管机构决定对高波动性商用房地产不实施初级 IRB 法或高级 IRB 法，则必须将其内部等级映射到五个监管类别，每个监管类别对应一个特定风险权重。映射标准依据巴塞尔协议Ⅱ（2006 年 6 月）附录 6 中对产生收入的房地产的规定。各监管类别对应的风险权重如下：

高波动性商用房地产的监管类别和风险权重

优	良	中	差	违约
95%	120%	140%	250%	0%

62 每个监管类别应与第 57 段规定的外部评级范围大体相对应。

63 各国监管机构有自由裁量权，如果贷款剩余期限不足 2.5 年，或监管机构认定银行授信和其他风险特征明显优于监管映射法下确定的相应监管类别，各国监管机构可允许银行对监管类别为“优”的风险暴露，采用 70% 的优惠风险权重；对监管类别为“良”的风险暴露，采用 95% 的优惠风险权重。

64 满足自行估计 PD 要求的银行，且本国监管机构决定对高波动性商用房地产贷款实施初级 IRB 法或高级 IRB 法的，可采用与其他专业贷款一致的公式计算风险权重，但资产相关性应采用以下公式：

$$\text{Correlation (R)} = 0.12 \cdot \frac{(1-e^{-50 \cdot PD})}{(1-e^{-50})} + 0.30 \cdot \left(1 - \frac{(1-e^{-50 \cdot PD})}{(1-e^{-50})}\right)$$

65 不能满足自行估计 LGD、EAD 要求的银行，必须使用监管机构给定的公司风险暴露 LGD 和 EAD。

2. 风险要素

66 本节（第 67～115 段）给出公司和银行风险暴露风险要素的计算方法。如果风险暴露由主权担保，则对风险要素的底线要求不适用于主权担保覆盖部分风险暴露（主权担保未覆盖部分风险暴露仍受底线约束）。

（i）违约概率（PD）

67 对公司和银行风险暴露，PD 是与借款人内部评级相对应的一年期 PD。

违约级别（符合违约定义）的借款人，其 PD 是 100%。每个借款人内部评级 PD 估值应满足的最低要求，详见第 229～231 段。

68 作为风险权重函数和 EL 计算的输入参数，PD 不得低于 0.05%。

（ii）违约损失率（LGD）

69 银行必须对每一笔公司和银行风险暴露估计 LGD。LGD 估计有两种方法：初级 IRB 法和高级 IRB 法。如第 34 段中规定的，对特定实体的风险暴露不允许使用高级 IRB 法。

初级 IRB 法下的 LGD

对无担保债权和非合格抵质押品的处理

70 在初级 IRB 法下，对银行、证券公司和其他金融机构（包括保险公司和纳入公司风险暴露的其他金融机构）的无合格抵质押品的高级债权，*LGD* 为 45%。对其他公司的无合格抵质押品的高级债权，*LGD* 为 40%。

71 对公司和银行的所有次级债权，*LGD* 为 75%。次级贷款是指还款顺序排在其他贷款之后的贷款。各国监管机构有自由裁量权，可对次级采用更宽泛的定义，可以包括经济次级，例如在借款人绝大部分资产被用于担保其他风险暴露的情况下，对其无担保债项可视为次级。

初级 IRB 法下的抵质押品

72 除标准法认定的合格金融质押品外，在初级 IRB 法下，其他一些形式的抵质押品也可被认定为合格 IRB 抵质押品，包括应收账款、特定的商用或居住用房地产（CRE/RRE），以及其他实物抵质押品，但须满足第 283～299 段中规定的最低要求。对合格金融抵质押品，相关要求与标准法中信用风险缓释部分的规定一致。

初级 IRB 法下合格抵质押品的认定方法

73 标准法下处理抵质押品的简单法不适用于采用 IRB 法的银行。

74 对于有抵质押品的交易，违约损失率（LGD^*）必须是抵质押品未覆盖部分的违约损失率（LGD_U）和抵质押品覆盖部分的违约损失率（LGD_S）的风险暴露加权平均值。具体如下：

$$LGD^* = LGD_U \cdot \frac{E_U}{E \cdot (1+H_E)} + LGD_S \cdot \frac{E_S}{E \cdot (1+H_E)}$$

其中：

- E 是风险暴露的当前值（如现金借贷、证券借贷等）。如果是证券借贷，则风险暴露值应按照金融质押品综合法规定的折扣系数（H_E）进行放大。

- E_S是按照第 75 段和第 76 段的规定，考虑抵质押品折扣系数（H_C）以及抵质押品与风险暴露间币种错配之后的抵质押品当前价值。E_S不得超过 $E\cdot(1+H_E)$。
- $E_U=E\cdot(1+H_E)-E_S$。其中，E_U和 E_S仅用于计算 LGD^*。银行计算 EAD 时不得考虑抵质押品，除非另有规定。
- LGD_U是抵质押品未覆盖部分的 LGD，见第 70 段和第 71 段规定。
- LGD_S是抵质押品覆盖部分的 LGD，见第 75 段规定。

75 下表给出了第 74 段公式中 LGD_s和折扣系数的具体值：

抵质押品类型	LGD_S	折扣系数
合格金融质押品	0%	与标准法下综合法计算公式中的折扣系数一致［允许将外部评级用于监管目的的国家（或地区），按照第 163 段的规定；不允许将外部评级用于监管目的的国家（或地区），按照第 164 段规定］。折扣系数必须按照标准法第 169 ~ 172 段规定，对不同持有期和非逐日调整保证金或重新估值进行调整。
合格应收账款	20%	40%
合格商用房地产/居住用房地产	20%	40%
其他合格实物抵质押品	25%	40%
不合格抵质押品	不适用	100%

76 如果合格抵质押品的计价货币与风险暴露本身币种不同，则币种错配的折扣系数与综合法下的折扣系数一致（按标准法第 165 段的规定）。

77 银行对证券借贷或者证券质押，必须计算以下两方面的资本要求：（ⅰ）证券本身的市场风险或信用风险，如果相关风险仍留在银行；（ⅱ）证券借入方可能发生违约的交易对手信用风险。对于回购类交易，如果满足标准法第 175 段和第 176 段的要求，则银行可认定净额结算主协议对交易对手信用风险的缓释作用。银行必须按照标准法第 178 段的公式计算 E^*，即考虑抵质押品风险缓释后的交易对手信用风险暴露。计算从属于净额结算主协议的各项交易的交易对手信用风险 RWA 和 EL 时，E^*必须作为交易对手的 EAD，交易对手的 LGD 必须采用第 70 段和第 71 段中无担保风险暴露的 LGD。

使用模型计算交易对手信用风险 EAD

78 对于 SFT_S 的交易对手信用风险，除按照第 77 段规定采用标准折扣系数计算外，银行也可以使用在险价值（VaR）模型来反映风险暴露和金融质押品的价格波动性。该方法可考虑证券头寸之间的相关性。该方法适用于单独的 SFT_S 或一对一净额结算协议下的 SFT_S，但均须满足抵质押品逐日重新估值的条件。这适用于基础证券与证券化产品不同且不关联的情况。对于净额结算主协议，必须满足标准法下第 175 段和第 176 段的条件。根据《市场风险最低资本要求》第 177 段的规定获得监管批准使用市场风险内部模型的银行，可采用 VaR 模型计算交易对手信用风险；未获得监管批准使用市场风险内部模型的银行，可单独向监管机构申请采用内部 VaR 模型计算 SFT_S 的潜在价格波动，只要该模型满足上述第 177 段的要求。尽管市场风险标准从 99% VaR 调整到 97.5% 预期尾部损失（ES），计算 SFT_S 的交易对手信用风险时仍采用 99% VaR。VaR 模型应充分捕捉风险并通过《市场风险最低资本要求》中第 183 段规定的返回检验和损益归因测试。第 186 段中的违约风险资本要求在 SFT_S 的 VaR 模型中不作要求。

79 对于 SFT_S，认定其可采用内部模型法的定性和定量要求，原则上与《市场风险最低资本要求》中第 180 段和第 181 段的要求一致。有保证金的回购类交易的最低流动性期限或最低持有期，是 5 个工作日，而不是第 181（k）段中要求的 10 个工作日；其他满足 VaR 模型条件的 SFT_S，仍适用 10 个工作日。如果相对于市场工具的流动性而言最低持有期不合适，则应调高该工具的最低持有期。

80 采用内部模型计算交易对手信用风险的银行，应按照下述公式计算风险暴露 E^*：

$$E^* = \max\{0, [(\sum E - \sum C) + 内部模型\ VaR\ 结果]\}$$

计算资本要求时，银行应采用前 1 个工作日的 VaR 数值。

81 如果获得监管批准，银行也可采用交易对手信用风险标准中的内部模型法，而不是 VaR 模型，来计算回购类或其他类似 SFT_S 的有效预期正暴露（EEPE）。

综合法的例外情况

82 按照标准法的规定，对于满足第 150 段条件且交易对手是第 151 段中规定的核心市场参与者的交易，监管机构可选择不使用综合法下的折扣系数，而采用零折扣系数。对于净额结算组合（netting set），如果包含任何不满足标准法第 150 段条件的交易，则不适用本条规定。

对抵质押品池的处理方法

83 如果持有多种类型的抵质押品，银行可采用第 74 段规定的公式对每类抵质押品依次计算。具体而言，在认定某类抵质押品的合格性后，剩余的未覆盖风险暴露（E_U）应为风险暴露当前值扣减该类抵质押品的调整后价值（E_S）。与第 74 段保持一致，各类抵质押品 E_S 的总额不得超过 $E\cdot(1+H_E)$。因此，计算公式如下：

$$LGD^* = LGD_U \cdot \frac{E_U}{E\cdot(1+H_E)} + \sum_i LGD_{Si} \cdot \frac{E_{Si}}{E\cdot(1+H_E)}$$

其中，对每类抵质押品 i：

- LGD_{Si} 是该类抵质押品覆盖部分的 LGD（按第 75 段规定）。
- E_{Si} 是考虑该类抵质押品折扣系数（H_C）（按第 75 段规定）后的抵质押品当前价值。

高级 IRB 法下的 LGD

84 如果银行满足本部分规定的附加最低要求（以及第 34 段规定的要求），监管机构可允许银行对公司风险暴露使用自行估计的 LGD。LGD 必须采用违约损失占 EAD 百分比的形式。如果银行满足使用 IRB 法的要求，但不能满足附加最低要求，则必须采用初级 IRB 法对 LGD 的处理方法。

85 作为风险权重函数和 EL 计算的输入参数，LGD 不得低于下表规定的参数底线：

LGD 参数底线

	LGD	
	无担保	有担保
公司风险暴露	25%	按照抵质押品类型不同： • 金融质押品 0% • 应收账款 10% • 商用或居住用房地产 10% • 其他实物抵质押品 15%

86 上表中对有担保部分的 LGD 底线适用于风险暴露被全额覆盖的情况（采用折扣系数调整后的抵质押品价值超过风险暴露价值）。对于部分覆盖的风险暴露，LGD 底线采用未覆盖部分 LGD 底线和全覆盖部分 LGD 底线的加权平均值。具体公式如下：

$$Floor = LGD_{U\,floor} \cdot \frac{E_U}{E \cdot \ (1+H_E)} + LGD_{S\,floor} \cdot \frac{E_S}{E \cdot \ (1+H_E)}$$

其中：

• $LGD_{U\,floor}$和 $LGD_{S\,floor}$分别是未覆盖风险暴露和全覆盖风险暴露的 *LGD* 底线，即第 85 段表中规定的数值。

• 其他参数与第 74 段和第 75 段的规定一致。

87 如果银行满足对无担保风险暴露池自行估计 LGD 的要求，但仅其中一笔风险暴露具有抵质押品，则银行可能无法对抵质押品的缓释效果进行建模（可能没有充足的数据模拟抵质押品的清收情况）。对于这种情况，允许银行采用第 74 段或第 83 段规定的公式，但 LGD_U应为银行自行估计的无担保 LGD。如果要采用上述处理方式，抵质押品必须是初级 IRB 法下的合格抵质押品，且银行估计 LGD_U 时不得考虑任何抵质押品清收的作用。

88 银行自行估计 LGD 的最低要求在第 235 ~ 240 段中规定。

对特定回购类交易的处理

89 如果希望在回购类交易资本计量中认定净额结算主协议的作用，银行必须采用第 77 段交易对手信用风险 EAD 计算中 E^* 的计算方法。对于采用高级 IRB 法的银行，允许对无担保部分（E^*）使用自行估计的 LGD 来计算交易对手信用风险。在两种情况下，除交易对手信用风险外，银行还必须针对净额结算主协议下银行仍承担的基础证券的信用和市场风险计算资本要求。

对保证和信用衍生工具的处理

90 IRB 法下，以保证和信用衍生工具进行的信用风险缓释有两种处理方法：初级 IRB 法（使用监管机构给定的 LGD）和高级 IRB 法（使用银行自行估计的 LGD）。

91 两种方法下，以保证和信用衍生工具进行的信用风险缓释都不得反映双重违约的影响（参见第 254 段）。银行认定信用风险缓释后，经过调整的风险权重应不低于对缓释提供方直接风险暴露的风险权重。与标准法一致，如果认定信用风险缓释将导致更高的资本要求，银行可选择不认定该信用风险缓释。

初级 IRB 法下对保证和信用衍生工具的认定

92 对于采用初级 IRB 法估计 LGD 的银行，对保证和信用衍生工具的处理方法与标准法第 191 ~ 205 段的处理方式总体一致。除了银行内部有评级的公司在初级 IRB 法下也可被认定为合格保证人外，初级 IRB 法下合格保证人的范围与标准法一致。合格认定必须满足标准法第 191 ~ 196 段的要求。

93 合格保证人的合格保证按照如下规定认定：

● 对保证覆盖部分的风险暴露，风险权重按照以下方法计算：

——采用该类保证人所适用的风险权重函数；

——采用与保证人评级相对应的 PD。

● 在考虑保证承诺的优先级和抵质押状况的情况下，银行可用保证的 LGD 替代基础交易的 LGD。例如，如果银行有一笔对借款人的次级债权，但其保证是对保证人的高级债权，则银行可采用对高级债权的 LGD（按第 70 段规定）替代对次级债权的 LGD。

● 如果银行对保证人的直接风险暴露采用标准法，则对其保证覆盖部分的风险暴露也只能采用标准法来进行合格保证认定。

94 对缓释未覆盖部分的风险暴露，应采用基础债务人的风险权重。

95 在仅存在部分覆盖，或基础债务和信用保护之间存在币种错配的情况下，应将风险暴露拆分为已覆盖和未覆盖两部分。初级 IRB 法下遵循标准法第 202 ~ 204 段的处理方法，并取决于覆盖是按比例或按优先级的。

高级 IRB 法下对保证和信用衍生工具的认定

96 采用高级 IRB 法估计 LGD 的银行，可通过调整 PD 或 LGD，以反映保证和信用衍生工具的风险缓释作用。无论是调整 PD 还是 LGD，对同一类保证或信用衍生工具均须采用一致的方法。调整时，银行不得反映双重违约的影响。调整后的风险权重不得低于对缓释提供方直接风险暴露的风险权重。如果银行对保证人的直接风险暴露采用标准法，则对其保证覆盖部分的风险暴露也只能采用标准法来进行合格保证认定。如果银行对保证人的直接风险暴露采用初级 IRB 法，则只能根据初级 IRB 法来确定其保证人可比直接风险暴露的风险权重。

97 自行估计 LGD 的银行，可选择采用初级 IRB 法的处理方法（第 92 ~ 95 段），也可选择对其自行估计的 LGD 进行调整，以反映保证或信用衍生工具的影响。在上述选择下，对合格保证人的范围没有限制，但必须满足第 256 段和第 257 段对保证类型的最低要求。对于信用衍生工具，必须满足第 262 ~ 263 段的要求。[15] 对于银行获得批准使用自行估计 LGD 的风险暴露，银行可认定首次违约信用衍生工具（first - to - default credit derivatives）的风险缓释作用，但不能认定第二次违约或第 n 次违约（nth - to - default）信用衍生工具的风险缓释作用。

---

15 如果信用衍生工具没有覆盖基础债务的重组，则标准法第 196 段的部分认定规则可适用。

（iii）违约风险暴露（EAD）

98 以下内容适用于表内和表外头寸。所有风险暴露都不考虑专项准备或部分核销的影响。已提取金额的 EAD 应不小于以下两项之和：（ⅰ）如果该风险暴露被完全核销，银行监管资本下降的金额；（ⅱ）专项准备和部分核销金额。如果 EAD 与上述两项之和的差异为正，则该差异被认为是折扣。风险加权资产的计算不受折扣的影响。在第 147 段描述的有限情况下，按 G 部分规定计算 EL 和准备金时，折扣可计入合格准备金总额。

表内项目的风险暴露计量

99 表内存贷款的净额结算规则与标准法第 190 段一致。当表内净额结算存在币种或期限错配时，遵循标准法第 126 段、第 128 ~ 131 段的处理方式。

表外项目的风险暴露计量（衍生工具除外）

100 对表外项目，计量 EAD 有两种方法：初级 IRB 法和高级 IRB 法。对于循环便利，如果只有其已提取部分被证券化，银行必须确保对与证券化风险暴露相关联的未提取部分继续计提资本。

101 在初级 IRB 法下，EAD 按照已承诺但未提取数额乘以信用转换系数（CCF）计算。在高级 IRB 法下，未提取承诺的 EAD 可按照已承诺未提取数额乘以信用转换系数计算，也可直接估计 EAD。

初级 IRB 法下的 EAD

102 工具类型及其适用的信用转换系数与标准法第 78 ~ 89 段的规定一致。

103 信用转换系数应与下列两者的较低值相乘：（ⅰ）已承诺未提取部分的数额；（ⅱ）考虑对承诺提取潜在限制后的数额（例如，基于借款人现金流表现，对可提取数额所设定的上限）。如果要对债项进行此类限制，银行必须具备足够的限额监控和管理流程进行支持。

104 如果承诺来源于另一项表外风险暴露，采用初级 IRB 法的银行适用较低的信用转换系数。

高级 IRB 法下的 EAD

105 满足自行估计 EAD 最低要求的银行（见第 241 ~ 250 段规定），可对允许使用高级 IRB 法的风险暴露（见第 34 段规定），采用银行内部估计的 EAD，包括用于扩大信贷额度、购买资产或发行信用替代项目的未提取的可循环承诺[16]，只要这些风险暴露在初级 IRB 法下不适用 100% 的信用转换系数（见第 102 段）。对于所有其他表外项目（例如未提取的不可循环承诺），或者如果自行估计 EAD 的最低要求不满足时，均必须采用标准法下信用转换系数。作为风险权重函数和 EL 计算的输入参数，EAD 不得低于下述两项之和：（ⅰ）表内项目风险暴露；（ⅱ）采用标准法下信用转换系数计算的表外项目风险暴露的 50%。

涉及交易对手信用风险的风险暴露计量

106 IRB 法下，对于涉及交易对手信用风险的 SFTs 和场外衍生工具，应按照交易对手信用风险标准的规定计算风险暴露。

（iv）有效期限（M）

107 采用初级 IRB 法的银行，除回购类交易有效期限为 6 个月（$M=0.5$）外，其他公司类风险暴露的有效期限（M）均为 2.5 年。本国监管机构可要求所有（采用 IRB 初级法和高级法）银行采用下面的规定计量每笔债项的有效期限。

108 采用高级 IRB 法的银行，应按照下面的规定计量每笔债项的有效期限。但是，对于特定的规模较小的本国公司，如果其所属集团的收入（营业额）和总资产均低于 5 亿欧元，各国监管机构可允许将其债项有效期限直接设定为 2.5 年（称为“固定期限处理”）。如果采用固定期限处理，公司所属并表集团必须是本国公司。如果采用固定期限处理，监管机构必须要求本国所有采用高级 IRB 法的银行，均采用固定期限处理，而不是“一行一策”。

109 除了第 110 段规定的情形以外，有效期限（M）应按下述方法计算，且不低于 1 年、不超过 5 年：

- 对于有确定现金流安排的工具，有效期限（M）为

$$\text{有效期限}(M) = \sum_t t \cdot CF_t / \sum_t CF_t$$

其中，CF_t 代表合同约定在 t 时间段内借款人应支付的现金流（包括本金、利息和费用）。

- 如果银行无法按上述公式计算合同现金流的有效期限，则可使用更为保守的方法计算 M。例如，M 等于贷款协议条款中约定的借款人完全偿付合同债务（包括本金、利息和费用）的最大剩余时间（以年计）。通常，这等于工具的名义期限。

16　可循环贷款便利是指一种允许借款人灵活决定提款频率和时间区间的贷款，允许借款人提款、还款、再提款。允许提前还款以及持续重复提款，被认为是“可循环”。

• 对于净额结算主协议下的衍生工具，有效期限为该净额结算主协议下所有交易的加权平均期限。而且，应使用每笔交易的名义金额进行加权。

• 对于可循环风险暴露，有效期限必须采用该工具的最大合同终止日期。银行不得使用当前已提取金额的偿还日期作为有效期限。

110 一年底线对某些特定短期风险暴露不适用，包括全额或几乎全额抵质押[17]的资本市场交易（如场外衍生工具和保证金贷款）和回购类交易（如回购/逆回购和证券借贷），并且这些交易的原始期限低于一年，且合同明文约定逐日调整保证金。对所有合格的交易，合同条款中必须要求逐日重新估值，并且在违约或未能补足保证金时允许立即清算或处置抵质押品。该类交易（不含从属于净额结算主协议的交易）的期限应取一天和按照上述计算的有效期限（M，与上述定义一致）中的较大值；对于从属于净额结算主协议的交易，有效期限的底线是第113段规定的各类交易的最低持有期。

111 一年底线对下列风险暴露也不适用：

（ⅰ）短期的自我清偿的交易。进出口信用证和类似交易应按照实际剩余期限计算有效期限。

（ⅱ）开立的和保兑的自我清偿的短期（一年以内）信用证。

112 除第110段规定的交易之外，其他原始期限在一年以下的短期风险暴露，如果不是银行对借款人的持续性融资，也可豁免一年底线的约束。在对本国特定情况认真研究基础上，各国监管机构应明确哪些类型的短期风险暴露可适用本条规定。可能的例子包括：

• 不在第110段规定范围之内的部分资本市场交易和回购类交易。

• 不在第111段豁免范围之内的部分贸易融资交易。

• 证券买卖清算而产生的部分风险暴露，也包括证券清算失败导致的透支，但此类透支不能超过短期的、固定的几个工作日。

• 以电汇方式进行现金清算而产生的部分风险暴露，也包括汇款失败导致的透支，但此类透支不能超过短期的、固定的几个工作日。

• 外汇清算而产生的部分风险暴露。

• 部分短期贷款和存款。

113 对于第110段范围内净额结算主协议下的交易，有效期限定义为净额结算主协议下交易的加权平均有效期限。该平均数的底线是标准法第170段规定的各类交易对应的最低持有期。当净额结算主协议下包含多种类型的交易时，该平均数的底线应采用各类交易的最长持有期。而且，应采用每笔交易的名义金额进

---

17 目的是包含符合条件的交易双方，当任一方都没有系统性抵质押不足时。

行加权。

114 对于没有明确定义的情况，所有风险暴露的有效期限设定为2.5年，满足第107段规定的除外。

期限错配的处理

115 IRB法下期限错配的处理方法与标准法（见第126~130段）一致。

D. 零售风险暴露规定

116 D部分详细规定了零售风险暴露UL资本要求的计算方法。第1节明确风险权重函数，第2节规定作为风险权重函数输入参数的风险要素。计算EL的方法，以及确定EL与准备金之间差异的方法在G部分规定。

1. 零售风险暴露的风险加权资产

117 如第118~120段所述，零售风险暴露有三个不同的风险权重函数。零售风险暴露的风险权重建立在对风险权重函数输入参数（PD和LGD）分别评估的基础上。三个零售风险权重函数中，均不包含类似公司和银行风险暴露风险权重函数中的期限调整。本部分中PD和LGD以小数为计量单位，EAD以货币（如欧元）为计量单位。

（i）个人住房抵押贷款

118 第21段定义的全额抵押或部分抵押[18]的未违约个人住房抵押贷款，其风险权重按下列公式确定：

Correlationg（R）=0.15

$$\text{Capital requirement (K)} = \left[LGD \cdot N\left[\frac{G\ (PD)}{\sqrt{(1-R)}} + \sqrt{\frac{R}{1-R}} \cdot G\ (0.999) \right] - PD \cdot LGD \right]$$

Risk-weighted assets = K · 12.5 · *EAD*

对于已违约风险暴露，资本要求（K）取以下两者中的较大值：（1）零；（2）其LGD（如第235段所述）和银行对预期损失率的最优估计值（如第238段

[18] 这意味着个人住房抵押贷款的风险权重也适用于该类贷款的未担保部分。

所述）之间的差额。已违约风险暴露的风险加权资产为K、12.5和EAD的乘积。

（ii）合格循环零售风险暴露

119 对第24段和第25段定义的未违约合格循环零售风险暴露，风险权重根据下列公式确定：

Correlation（R）=0.04

$$\text{Capital requirement (K)} = \left[LGD \cdot N\left[\frac{G(PD)}{\sqrt{(1-R)}} + \sqrt{\frac{R}{1-R}} \cdot G(0.999)\right] - PD \cdot LGD\right]$$

Risk-weighted assets = $K \cdot 12.5 \cdot EAD$

对于已违约风险暴露，资本要求（K）取以下两者中的较大值：（1）零；（2）其LGD（如第235段所述）和银行对预期损失率的最优估计值（如第238段所述）之间的差额。已违约风险暴露的风险加权资产为K、12.5和EAD的乘积。

（iii）其他零售风险暴露

120 对于未违约的其他零售风险暴露，风险权重按照下列公式确定，其中相关性系数随PD而变化：

$$\text{Correlation (R)} = 0.03 \cdot \frac{(1-e^{-35 \cdot PD})}{(1-e^{-35})} + 0.16 \cdot \left(1 - \frac{(1-e^{-35 \cdot PD})}{(1-e^{-35})}\right)$$

$$\text{Capital requirement (K)} = \left[LGD \cdot N\left[\frac{G(PD)}{\sqrt{(1-R)}} + \sqrt{\frac{R}{1-R}} \cdot G(0.999)\right] - PD \cdot LGD\right]$$

Risk-weighted assets = $K \cdot 12.5 \cdot EAD$

对于已违约风险暴露，资本要求（K）取以下两者中的较大值：（1）零；（2）其LGD（如第235段所述）和银行对预期损失率的最优估计值（如第238段所述）之间的差额。已违约风险暴露的风险加权资产为K、12.5和EAD的乘积。

内部评级风险权重的说明见巴塞尔协议Ⅱ（2016年6月）附录5。

2. 风险要素

（ⅰ）违约概率（PD）和违约损失率（LGD）

121 对每一个零售风险暴露池，在满足H部分最低要求的条件下，银行可自行估计其PD和LGD。零售风险暴露的PD取以下两者中的较大值：（ⅰ）与零售风险暴露池内部借款人等级相对应的一年期PD；（ⅱ）合格循环零售风险暴露中的循环信用类（相关定义见第25段）为0.1%，其他所有风险暴露为0.05%。作为风险权重函数和EL计算的输入参数，LGD不得低于下表中规定的参数底线。

LGD参数底线

零售风险暴露类型	LGD	
	无担保	有担保
个人住房抵押贷款	不适用	5%
合格循环零售风险暴露（包括交易者和循环信用类）	50%	不适用
其他零售风险暴露	30%	按照抵质押品类型不同： • 金融质押品 0% • 应收账款 10% • 商用或居住用房地产 10% • 其他实物抵质押品 15%

注："其他零售风险暴露"中部分担保的风险暴露的LGD底线，应按照第86段中的公式计算。个人住房抵押贷款的LGD底线设定为5%，无论其抵押程度如何。

（ⅱ）保证和信用衍生工具的认定

122 在满足第252~263段的最低要求下，银行可通过对单笔债权或风险暴露池调整PD或LGD，以反映保证和信用衍生工具的风险缓释作用。无论是调整PD还是LGD，对同一类保证或信用衍生工具均须采用一致的方法。如果银行对保证人的直接风险暴露采用标准法，则对其保证覆盖部分的风险暴露也只能采用标准法风险权重。

123 与上述对公司和银行风险暴露的要求一致，银行在该类调整中不得反映双重违约的影响。调整后的风险权重不得低于缓释提供方直接风险暴露的风险权重。与标准法一致，如果认定信用风险缓释将导致更高的资本要求，银行可选择不认定该信用风险缓释。

（iii）违约风险暴露（EAD）

124 表内和表外零售风险暴露都不考虑专项准备或部分核销的影响。已提取金额的 EAD 应不小于以下两项之和：（ⅰ）如果该风险暴露被完全核销，银行监管资本下降的金额；（ⅱ）专项准备和部分核销金额。如果 EAD 与上述两项之和的差异为正，则该差异被认为是折扣。风险加权资产的计算不受折扣的影响。在第 147 段描述的有限情况下，按 G 部分规定计算 EL 和准备金时，折扣可计入合格准备金总额。

125 在满足标准法第 190 段规定的条件下，银行对零售客户的表内存贷款允许净额结算。银行必须对用于扩大信贷额度、购买资产或发行信用替代项目的未提取的可循环承诺，采用银行内部估计的 EAD，只要这些风险暴露在标准法下不适用 100% 的信用转换系数（见第 79 段），且满足第 241 ~ 251 段的规定。对于所有其他表外项目（例如未提取的不可循环承诺），或者如果自行估计 EAD 的最低要求不满足时，均必须采用初级法下信用转换系数。

126 对未来提取不确定的零售风险暴露，如信用卡，银行在损失估计之前必须考虑历史提取状况和（或）预计在违约前的额外提取状况。尤其是当银行在 EAD 估值中没有反映未提取部分信用转换系数时，则必须在 LGD 估值中反映违约前额外提取的可能性。相反地，如果银行在 LGD 估值中没有反映违约前额外提取的可能性，则必须在 EAD 估值时反映。

127 对于可循环零售风险暴露，如果只有其已提取部分被证券化，银行必须确保对与证券化风险暴露相关联的未提取部分，使用对表外承诺的 IRB 法继续计提资本。

128 在 IRB 法下，如果银行的零售资产组合中包含外汇和利率承诺，则银行不得自行估计其信用等价金额（credit equivalent amounts），而必须采用标准法下规则。

F. 购入应收账款规定

129 F 部分规定对购入应收账款计算 UL 资本要求的方法。对这类资产，IRB 法对违约风险和稀释风险（dilution risk）均提出资本要求。第 1 节规定违约风险的风险加权资产计量。第 2 节规定稀释风险的风险加权资产计量。计算 EL 的方法，以及确定 EL 与准备金之间差异的方法在 G 部分规定。

1. 违约风险的风险加权资产

130 对于明确属于某类资产的应收账款，只要满足 IRB 法下该类资产风险权重函数的合格标准，银行应按该类资产适用的风险权重函数计算违约风险的风险权重。例如，如果银行不能满足合格循环零售风险暴露的标准（见第 24 段规定），则应使用其他零售风险暴露的风险权重函数。对于包含各类风险暴露的混合资产池，如果购入银行不能区分风险暴露类别，则应采用购入应收账款池中资本要求最高的风险暴露类别的风险权重函数。

（i）购入零售应收账款

131 对于购入零售应收账款，银行必须满足零售风险暴露的风险量化标准，但可使用外部和内部相关数据来估计 PD 和 LGD。PD 和 LGD（或 EL）必须单独计算，即不考虑卖方（或其他方）追索权或保证。

（ii）购入公司应收账款

132 对于购入公司应收账款，购入银行被期望采用 IRB 法自下而上的风险计量标准。但是，对合格购入公司应收账款，在监管机构同意的情况下，银行可采用下列自上而下的方法计算违约风险的风险权重：

- 购入银行将估计应收账款池的一年期 EL，以风险暴露（应收账款池内所有债务人的 EAD 总额）百分比的形式表示。EL 估值必须独立计算，即不考虑卖方（或其他方）的追索权或保证。对覆盖违约风险［和（或）稀释风险］的追索权或保证的处理方式在下面另行规定。
- 在估计应收账款池的 EL 后，违约风险的风险权重依据公司风险暴露的风险权重函数计算。[19] 如下文所述，违约风险权重的精确计算，取决于银行以可靠方式将 EL 分解为 PD 和 LGD 的能力。银行可使用外部和内部数据来估计 PD 和 LGD。但是，对公司风险暴露采用初级 IRB 法的银行，对购入公司应收账款也不能采用高级 IRB 法。

初级 IRB 法的处理

133 如果购入银行不能以可靠方式将 EL 分解为 PD 和 LGD，则应采用公司风险暴露的风险权重函数，具体规定如下：如果银行能证明风险暴露是对公司借

19　第 54 段定义的对中小企业的规模调整，将根据单笔风险暴露在购入公司应收账款池中的权重进行加权平均。如果银行不掌握计算公司应收账款池平均规模的信息，将不能进行规模调整。

款人的唯一高级债权，则可使用40%的LGD，PD采用EL除以LGD，EAD采用余额减去风险缓释前的稀释风险对应的资本要求（$K_{Dilution}$）；否则，PD采用银行估计的EL，LGD采用100%，EAD采用余额减去$K_{Dilution}$。循环认购便利的EAD是已购入余额加上已承诺未购买部分的40%，再减去$K_{Dilution}$。如果购入银行能够可靠地估计PD，则风险权重依据公司风险权重函数以及初级法下对LGD、M和保证处理方法的规定计算（见第70～83段、第89～95段和第107段规定）。

高级IRB法的处理

134 如果购入银行能以可靠方式估计应收账款池的加权平均违约损失率（见第235段规定）或平均PD，则银行可根据估计的预期长期损失率来估计其他参数。银行可以：（ⅰ）采用合理的PD估值，来推断长期违约加权平均违约损失率；（ⅱ）采用合理的长期违约加权平均违约损失率，来推断PD。不论哪种情况，必须确保用于计算购入应收账款的IRB法资本要求的LGD，不能低于长期违约加权平均违约损失率，且必须满足第235段的规定。购入应收账款的风险权重按照公司风险暴露风险权重函数计算，采用银行估计的PD和LGD作为输入参数；与初级IRB法处理方式一致，EAD采用余额减去$K_{Dilution}$。循环认购便利的EAD是已购入余额加上已承诺未购买部分的40%，再减去$K_{Dilution}$（采用高级IRB法的银行不允许对已承诺未购买部分使用内部估计的EAD）。

135 对于已购买金额，M等于应收账款池中风险暴露加权平均有效期限（按照第109～114段的定义）。如果承诺购买便利包括有效合同、提早摊销的触发条件，或其他在承诺期内保护购入银行免受承诺购入应收账款未来质量显著恶化影响的条款，则可对其未购买金额采用相同的M值。在缺乏有效保护的情况下，其未购买金额M是以下两项之和：（a）购买协议下潜在购入应收账款的最长期限；（b）购买便利的剩余期限。

2. 稀释风险的风险加权资产

136 稀释是指由于对应收账款债务人现金或非现金的信用支持，而导致应收账款数量减少的可能性。[20] 对公司应收账款和零售应收账款，除非购入银行向监管机构证明其稀释风险很小，否则必须按照如下规则处理稀释风险：购入银行在应收账款池的总体层面（自上而下法）或构成应收账款池的单笔应收账款层面（自下而上法），估计稀释风险的一年期EL，以应收账款的百分比表示。银行可使

20 实例包括来自货物销售收益的抵销项或津贴、关于产品质量的争议、借款人对应收账款债务人的可能债务，及借款人提供的任何付款或促销折扣（例如30天内现金偿付的贷款）。

用外部和内部数据估计 EL。与违约风险的处理方式一致，估计值必须单独计算，即不考虑卖方（或第三方）的追索权或保证。稀释风险的风险权重必须采用公司风险暴露的风险权重函数计算，具体规定如下：PD 必须采用估计的 EL，LGD 必须采用 100%。计算稀释风险的资本要求时，应采用合理的期限。如果银行能够证明稀释风险能得到有效监测并能在一年之内处置，监管机构可允许银行采用一年的期限。

137 不论基础应收账款是公司风险暴露还是零售风险暴露，也不论违约风险的风险权重是采用 IRB 法还是上述"自上而下"处理方式（对于购入公司应收账款），对稀释风险的处理均应按第 136 段的规定执行。

3. 应收账款购入价格折扣处理

138 许多情况下，应收账款的购入价格存在折扣（注意与第 98 段和第 124 段中的折扣定义区分），该折扣对违约风险、稀释风险或两者提供第一层损失保护。如果购入价格折扣的一部分可能根据未来应收账款的表现返还给卖方，则购入银行可确认这部分可返还折扣为第一层损失保护，并按照资产证券化框架来处理这部分风险暴露，而应收账款的卖方则必须按照资产证券化框架，将这部分可返还折扣作为第一层损失来处理。不可返还的购入价格折扣对 G 部分 EL、准备金计算和风险加权资产计算均无影响。

139 如果应收账款由抵质押品或部分保证提供了第一层损失保护（本段中统称风险缓释），并且这些风险缓释覆盖了违约风险、稀释风险或两者，则可按照资产证券化框架下的第一层损失保护处理（详见资产证券化框架第 51 段）。当风险缓释同时覆盖违约风险和稀释风险时，采用资产证券化框架下 IRB 法（SEC - IRBA）计算风险暴露加权平均 LGD 的银行，必须按照资产证券化框架第 60 段的规定处理。

4. 信用风险缓释工具的认定

140 信用风险缓释工具的认定总体上执行第 90 ~ 97 段的规定。[21] 尤其是卖方或第三方提供的保证，将采用 IRB 法对保证的处理方法，无论该保证是否覆盖违约风险、稀释风险或两者。

- 如果保证同时覆盖违约风险和稀释风险，银行应采用对保证人直接风险暴

---

[21] 各国监管机构有自由裁量权，在计算稀释风险资本要求时，银行可将初级 IRB 法下内部评级所对应 PD 小于 A - 级 PD 的保证人，认定为合格保证人。

露的风险权重替代应收账款池违约风险和稀释风险的总风险权重。

• 如果保证仅覆盖违约风险或稀释风险，而不是两者都覆盖，银行应采用对保证人直接风险暴露的风险权重替代应收账款池已覆盖风险要素（违约风险或稀释风险）的风险权重，然后再加上对未覆盖风险要素的资本要求。

• 如果保证仅覆盖违约风险或稀释风险的一部分，违约风险或稀释风险未覆盖部分应遵循信用风险缓释规则中对按比例覆盖或按优先级覆盖的处理方法（未覆盖部分的风险权重加上已覆盖部分的风险权重）。

G. 预期损失的处理和准备金的认定

141 G部分规定准备金（例如专项准备、特定资产组合的一般准备如国别风险准备，以及一般准备）与EL之间的差额如何计入监管资本或从监管资本中扣除的方法，监管资本定义见巴塞尔协议Ⅲ（2011年6月）。

1. 预期损失的计算

142 银行必须将与采用IRB法的风险暴露（不含资产证券化风险暴露）相对应的EL数额（定义为EL乘以EAD）加总，以得到EL总额。与资产证券化风险暴露相对应的EL的处理方法遵循资产证券化框架第37段规定。

（i）除监管映射法以外的风险暴露的预期损失

143 对未违约的公司、银行和零售风险暴露，银行必须采用PD×LGD计算EL。对已违约的公司、银行和零售风险暴露，银行对适用高级IRB法的风险暴露必须采用第238段规定的预期损失最优估计值，对适用初级IRB法的风险暴露则必须使用监管给定的LGD。对适用监管映射法的风险暴露，应根据第144～146段的规定计算EL。资产证券化风险暴露不包含在EL计量范围内，见资产证券化框架第37段的规定。

（ii）适用监管映射法的专业贷款风险暴露的预期损失

144 对适用监管映射法的专业贷款风险暴露，预期损失为风险加权资产乘以8%，其中，风险加权资产由EAD乘以下述风险权重得到。

非高波动性商用房地产的专业贷款风险暴露的监管类别和EL风险权重

145 除高波动性商用房地产以外的专业贷款，其风险权重如下：

优	良	中	差	违约
5%	10%	35%	100%	625%

其中，各国监管机构有自由裁量权，可允许银行按照第58段的规定，对监管类别为“优”或“良”的非高波动性商用房地产的专业贷款风险暴露，采用优惠的风险权重，相应的EL风险权重分别为0%（“优”）和5%（“良”）。

高波动性商用房地产的专业贷款风险暴露的监管分类和EL风险权重

146 高波动性商用房地产，其风险权重如下：

优	良	中	差	违约
5%	5%	35%	100%	625%

其中，各国监管机构有自由裁量权，可允许银行按照第63段的规定，对监管类别为“优”或“良”的高波动性商用房地产风险暴露，采用优惠的风险权重，相应的EL风险权重仍然为5%（“优”和“良”）。

2. 准备金计算

（i）适用IRB法的风险暴露

147 合格准备金总额是与IRB法下风险暴露相对应的所有准备金之和（例如，专项准备、部分核销、特定资产组合的一般准备如国别风险准备，以及一般准备）。此外，合格准备金总额还可能包括已违约资产的折扣。为资产证券化风险暴露提取的专项准备金不包括在合格准备金总额之内。

（ii）适用标准法的风险暴露部分

148 对部分信用风险暴露采用标准法（见第44～48段）的银行，必须按照第149段和第150段的规定，区分一般准备金中对应标准法风险暴露的部分，和对应IRB法风险暴露的部分。

149 通常，银行应根据采用标准法和IRB法算得的信用风险加权资产比例来分配一般准备金。但是，如果一个实体内只采用一种方法（如标准法或IRB法）计算风险加权资产，则使用标准法的实体的一般准备金可按标准法处理，类似地，使用IRB法的实体的一般准备金可全部归入第147段规定的合格准备金总额。

150 各国监管机构有自由裁量权，采用标准法和IRB法的银行都可以在符合以下条件的前提下，采用内部方法将准备金分配到标准法部分和IRB法部分。对允许使用内部分配方法的国家，监管机构应制定使用内部分配方法的标准。银行应事先获得监管批准，才可以使用内部分配方法。

3. EL 和准备金的处理

151 按照巴塞尔协议Ⅲ（2011 年 6 月）第 61 段和第 73 段的规定，采用 IRB 法的银行必须对合格准备金总额（见第 147 段定义）与 IRB 法下计算的 EL 总额（见第 142 段定义）进行比较。此外，巴塞尔协议Ⅲ（2011 年 6 月）第 60 段规定了当银行同时使用标准法和 IRB 法时，标准法覆盖部分的处理方法。

152 当计算的 EL 总额小于合格准备金总额时，监管机构必须首先考虑 EL 是否完全反映了所处的市场状况，然后决定是否允许将该差额计入二级资本。如果专项准备金超过已违约资产的 EL，监管机构也应首先进行上述评估，然后决定是否允许将此差额用于抵补未违约资产的 EL。

153 资产证券化风险暴露的 EL 和准备金按照资产证券化框架第 37 段处理。

H. IRB 法的最低要求

154 H 部分规定了 IRB 法的批准和持续使用的最低要求。最低要求包括 11 节内容：（a）最低要求的构成；（b）最低要求的合规；（c）评级体系设计；（d）风险评级体系运行；（e）公司治理和监督；（f）内部评级的使用；（g）风险量化；（h）内部估值的验证；（i）监管机构给定的 LGD 和 EAD；（j）租赁认定要求；（k）披露要求。上述最低要求适用于不同资产类别，因此，在某一项最低要求中可能讨论多个资产类别。

1. 最低要求的构成

155 为取得使用 IRB 法的资格，银行必须向监管机构证明其在最开始即满足并持续满足最低要求。其中许多最低要求是合格的银行风险评级体系必须实现的目标。核心关注银行以一致的、可靠的、有效的方式对风险进行排序和量化的能力。

156 最低要求的重要原则是评级和风险评估的体系和过程能够对借款人和交易特征进行合理评估，对风险进行合理区分，以及对风险进行准确、一致的定量计量。此外，体系和过程必须与银行内部对风险估计值的使用相一致。巴塞尔委员会认识到，市场、评级方法、银行产品和实务上的差异要求银行和监管机构制定不同的操作流程。巴塞尔委员会并不希望对银行风险管理政策及做法规定具体形式或操作细节。各国监管机构将制定详细的检查程序，确保银行的体系和控制能力足以支持实施 IRB 法。

157 除非另有说明，本文件规定的最低要求适用于所有资产类别。除非另有说明，对风险暴露划分借款人或债项等级（以及相关的监督、验证等）过程的标准，同样适用于将零售风险暴露划分到同质风险暴露池的过程。

158 除非另有说明，本文件规定的最低要求适用于初级 IRB 法和高级 IRB 法。通常，所有实施 IRB 法的银行，都必须自行估计 PD[22]，并遵循包括评级体系设计、运行、控制及公司治理、PD 估计和验证等在内的整体要求。希望自行估计 LGD 和 EAD 的银行，还必须满足第 235 ~ 263 段规定的其他最低要求。

2. 最低要求的合规

159 为取得使用 IRB 法的资格，银行必须向监管机构证明其在最开始即满足并持续满足本文件规定的 IRB 法要求。银行整体信用风险管理实践必须与巴塞尔委员会和各国监管机构发布的不断完善的良好实践指引相一致。

160 可能会出现银行没有完全满足全部最低要求的情况。在这种情况下，银行必须制订及时的合规计划并寻求监管机构的批准，或者银行必须证明就银行面临的风险而言，未满足最低要求的影响很小。如果没有可接受的合规计划，或没有令人满意地实施计划，或无法证明不合规的影响很小，则监管机构应重新考虑银行使用 IRB 法的资格。此外，在不满足最低要求的期间，监管机构将考虑是否要求银行在第二支柱下持有额外资本或采取其他监管措施。

3. 评级体系设计

161 “评级体系”这一术语涵盖方法、流程、控制、数据收集、支持风险评估的 IT 系统、内部风险评级的设定、违约和损失的量化估值等全部内容。

162 在每个资产类别内，银行可能使用多个评级方法/体系。例如，银行可对特定的行业或市场（如中型市场、大公司等）设计专门的评级体系。如果选择使用多个评级体系，银行必须书面记录对某一借款人采用相应评级体系的依据，并且该体系应能最好地反映借款人的风险水平。银行不能为了减少监管资本而不适当地对借款人采用某一评级体系（故意有目的地挑选评级体系）。银行必须证明所有用于 IRB 法的评级体系从最开始即满足并持续满足最低要求。

---

22 对于使用监管映射法的风险暴露，不要求银行自行估计 PD。

（ⅰ）评级维度

公司和银行风险暴露的标准

163 合格的IRB法评级体系必须具有两个独立、不同的维度：（a）借款人违约风险；（b）交易特定风险因素。

164 第一个维度必须针对借款人违约风险。不论每笔交易的性质是否有差异，同一借款人的不同风险暴露必须有相同的借款人评级，但有两个例外情况：第一，对国别转移风险。银行可根据交易工具是以本币计价还是外币计价，而给予不同的借款人评级。第二，交易工具的保证可反映在对借款人评级的调整之中。在这两种情况下，同一借款人的不同风险暴露可有不同的借款人评级。银行必须在信贷政策中明确不同借款人评级之间的风险水平关系。随着信用质量从一个级别下降到另一个级别，识别和计量的风险必须增加。银行必须在信贷政策中明确各借款人评级级别对应的典型违约概率和用来区别信用风险水平的标准。

165 第二个维度必须反映交易特定风险因素，如抵质押品、偿付优先顺序、产品类别等。对使用初级IRB法的银行，这一要求可通过同时反映借款人和交易特定风险因素两方面内容的债项评级来实现。例如，如果EL同时考虑借款人实力（PD）和损失程度（LGD），则基于该EL的评级是合格的。同样，仅反映LGD的评级体系也是合格的。如果评级维度反映EL，但没有单独计算LGD，则必须使用监管机构给定的LGD。

166 对采用高级IRB法的银行，债项评级必须单独反映LGD。该评级可反映影响LGD的全部因素，包括但不限于抵质押品类型、产品、行业和用途等。如果借款人特征对LGD有预测能力，也可纳入LGD评级标准。银行可对不同资产组合调整债项评级的影响因素，只要能够向监管机构证明这种调整有利于提高风险估计的相关性和精确度。

167 对于采用监管映射法的风险暴露，可豁免上述两维评级要求。考虑到采用监管映射法的风险暴露中借款人/交易特征相互影响，银行可通过基于反映借款人实力（PD）和损失程度（LGD）的EL的单一评级维度来满足本节要求。对专业贷款子类采用一般公司风险暴露初级或高级IRB法的银行，该豁免条款不适用。

零售风险暴露的标准

168 零售风险暴露的评级体系必须同时包括借款人风险和交易风险，且必须反映借款人和交易的全部相关特征。为实施IRB法，银行必须将每笔零售风险暴露划分到相应的资产池。银行必须证明，分池过程实现了对风险的合理区分、对同质风险暴露的归集，以及支持对资产池损失特征进行准确和一致的计量。

169 银行必须对每个资产池估计 PD、LGD 和 EAD。不同的资产池可能具有相同的 PD、LGD 和 EAD。银行在零售风险暴露分池时，应至少考虑下列因素：

- 借款人的风险特征［例如，借款人类型、人口统计特征（如年龄/职业）］。
- 交易的风险特征，包括产品和（或）抵质押品类型［例如，贷款价值比、贷款的成熟性[23]、保证、优先级（银行拥有第一或第二顺位留置权）］；如果有交叉抵质押，银行必须明确交叉抵质押准备金的处理。
- 贷款逾期：银行应区别处理逾期贷款和未逾期贷款。

（ii）评级结构

公司和银行风险暴露的标准

170 银行必须确保风险暴露在借款人评级和债项评级各等级的分布合理，不过于集中。

171 为达到这一目标，银行必须至少具备 7 个非违约借款人级别、1 个违约借款人级别。信贷活动针对特定市场的银行，达到最低级别数目即可。

172 借款人评级是指基于一整套特定、明确的评级标准来评估借款人风险，并据此估算借款人 PD。各级别定义必须包括对该级别借款人典型违约风险程度的描述，以及用来区分该级别信用风险的标准。此外，对字母或数字表示的评级级别进行“+”或“-”的调整时，只有银行对调整级别作出完整的评级描述、明确其评级标准，并对调整级别估算 PD 的前提下，调整级别才可作为独立的评级级别。

173 贷款集中在特定市场和特定违约风险范围的银行，必须在对应范围内设定足够数量的评级级别，以避免借款人过度集中于某个级别。如果借款人明显集中于一个级别（或几个级别），则必须有令人信服的经验数据证明该级别（或几个级别）的 PD 区间较窄，并且这些级别内的所有借款人的违约风险均在对应的 PD 区间内。

174 对采用高级 IRB 法自行估计 LGD 的银行，没有债项评级级别的最低个数要求。但银行必须设定足够数量的债项评级级别，以避免同一级别内不同债项

---

23 对于估计 PD、LGD 的每一分池，银行均应分析参数估计数据集内债项年份的代表性（对于 PD，是自贷款发放后的时间；对于 LGD，是自违约后的时间）。在一些国家（或地区），违约率在贷款发放几年后达到峰值，回收率在违约后的几年内处于低点，银行应充分考虑数据代表性的不足以及风险暴露的快速增长，并审慎调整估值。

的 LGD 差异过大。设定债项评级级别的标准必须基于实证分析。

175 对专业贷款采用监管映射法的银行，必须至少具备 4 个非违约借款人级别、1 个违约借款人级别。对专业贷款采用公司风险暴露初级 IRB 法和高级 IRB 法的银行，评级级别的要求与对一般公司风险暴露的要求一致。

零售风险暴露的标准

176 对每个特定的零售风险暴露池，银行必须能够对其损失特征（PD、LGD 和 EAD）进行定量估计。为满足实施 IRB 法的要求，银行必须确保每个池里风险暴露的数目足够多，以便能合理地对风险暴露池的损失特征进行量化和验证。借款人和风险暴露在不同池之间必须合理分布。零售风险暴露不得过度集中在某一个池里。

(iii) 评级标准

177 银行必须制定具体的评级定义、过程和标准，以将风险暴露划入评级体系中的不同评级级别。评级定义和标准必须合理、直观，并能够有效地区分风险。

- 评级级别的描述和标准必须足够详细，以便评级人员能将风险相似的借款人或债项赋予相同的评级级别。该一致性应跨越不同业务条线、部门和地区。如果不同类型借款人或债项的评级标准和程序存在差异，银行必须监控可能出现的不一致性，并适时调整评级标准以提高一致性。
- 书面的评级定义必须足够清晰、详细，以便第三方，如内部审计（或相当于内部审计的独立机构）和监管机构能充分理解评级级别、重复评级级别的设定、评估评级级别和风险暴露分池的适当性。
- 评级标准必须与银行内部贷款标准，以及不良借款人和债项处置政策保持一致性。

178 银行对借款人和债项评级时，必须考虑所有相关的重要信息。信息必须是最新的。银行拥有的信息越少，对借款人和债项的评级或风险暴露分池就必须越保守。外部评级可作为确定内部评级的主要因素，但银行必须确保同时考虑了其他相关信息。

适用监管映射法的风险暴露

179 采用监管映射法的银行，在满足最低要求的前提下，必须基于内部的评级标准、体系和过程，赋予专业贷款相应的内部评级。之后，再将内部评级映射到五个监管评级中。巴塞尔协议Ⅱ（2006 年 6 月）附录 6 中的表 1 到表 4，对专业贷款各子类规定了一般性评估因素，以及各监管评级下风险暴露的风险特征。

每类贷款有一张单独表格，描述其评估因素和风险特征。

180 巴塞尔委员会认识到，银行内部评级与监管评级的标准可能不完全一致。但是，银行必须证明，其映射过程能够使内部评级结果与监管评级的主要特征相一致。银行应确保，其对内部评级标准的修订不会影响映射过程的有效性。

（iv）评级的时间跨度

181 尽管估计 PD 的时间跨度是一年（如第 215 段所述），银行在评级设定时被期望使用更长的时间跨度。

182 借款人评级必须反映银行对借款人在不利的经济状况下或发生未预料事件时履行合同的能力和意愿的评估。评级时考虑的经济状况必须与当前状况以及相关行业和地区在整个经济周期中可能发生的状况相一致。评级体系设计时应将个体或行业特定变化作为评级变化的驱动因素，经济周期效应也可作为驱动因素。

183 对高杠杆的借款人或其资产以交易性为主的借款人，其 PD 估值必须反映基础资产在市场波动压力情景下的表现。

184 考虑到难以预测未来事件及其对借款人财务状况的影响，银行对预测信息必须持保守态度。另外，当数据有限时，银行必须进行保守分析。

（v）模型的使用

185 本节要求适用于统计模型和其他用于借款人或债项评级，或 PD、LGD 和 EAD 估值的技术方法。信用评分模型和其他评级技术通常只使用可获得信息的一部分。尽管评级技术有时可以防止一些以主观判断为主的评级体系造成的错误，但对有限信息的使用也是产生评级错误的原因之一。信用评分模型和其他评级技术可以作为评级的主要或部分基础，也可以在评估损失特征中发挥作用。但也应有足够的专家判断和人工监控，以确保所有相关的重要信息（包括模型以外的信息）都得到考虑，并且模型被合理使用。

- 银行应满足监管机构要求，确保模型或技术有良好的预测能力，且模型或技术的使用不会歪曲监管资本要求。模型的输入变量必须形成一整套合理的预测指标。对银行的不同借款人或债项，模型必须总体准确，且没有已知的重大偏差。
- 银行必须建立有效的程序，审查违约或损失统计预测模型的输入数据，包括评估与已认定评级相关的数据的准确性、完整性和适当性。
- 银行必须证明用于建模的数据对银行实际借款人或债项具有代表性。
- 当专家判断与模型结果相结合时，专家判断必须考虑所有模型未考虑的相关重要信息。银行必须具有书面指引来描述如何将专家判断与模型结果相结合。
- 银行必须具有对基于模型的评级结果进行人工复核的程序。这些程序应侧重发现和限制与已知模型弱点相关的错误，并包含为提高模型准确性而进行的持续可靠努力。

- 银行必须定期进行模型验证，包括对模型准确性和稳定性的监控、模型之间相互关系的检查，以及模型结果和实际结果的对比检验。

（vi）评级体系设计的文档记录

186 银行必须书面记录评级体系的设计和操作细节。书面文档必须能证明银行遵守了最低要求，包含诸如资产组合分类、评级标准、负责借款人和债项评级的各方责任、评级例外情况的定义、有权审批例外情况的各方、评级更新的频率、管理层对评级过程的监督等内容。银行必须书面记录内部评级标准选取的依据，必须提供证明评级标准和程序能够合理区分风险的分析文档。评级的标准和程序必须定期复核，以判断其是否仍完全适用于当前的资产组合和外部状况。此外，银行必须书面记录风险评级过程的主要变化历史，这些记录必须能够支持识别最近一次监管检查后风险评级过程的变化。评级工作的组织架构，包括内控架构，也必须予以记录。

187 银行必须书面记录其内部采用的违约和损失定义，并证明其与第 220 ~ 228 段规定的定义一致。

188 如果银行在评级过程中使用统计模型，则必须书面记录相关方法，包括：

- 详细描述每个级别、单一债务人、风险暴露或风险暴露池的相关估计的理论、假设、数学及经验基础，以及建模数据来源。
- 建立严密的统计方法（包括时间外和样本外检验）进行模型验证。
- 列出模型失效的情形。

189 使用的模型来自拥有专利技术的第三方，不能成为豁免文档记录或其他内部评级体系要求的理由。模型供应商和银行应确保满足监管要求。

4. 风险评级体系运行

（i）评级的涵盖范围

190 对公司和银行风险暴露，每个借款人和所有合格保证人都必须有评级，每笔债项都必须在贷款审批过程中获得债项评级。同样，对零售风险暴露，每笔风险暴露都必须在贷款审批过程中被划分到相应的风险暴露池中。

191 每个在银行有风险暴露的独立法律实体，都必须单独评级。对于集团内部关联的单个实体，银行必须制定监管机构认可的政策，包括规定什么情形下可以或不可以给部分或全部集团内关联实体赋予相同的评级。这些政策必须包括对每个在银行有风险暴露的法律实体识别特定错向风险（wrong way risk）的程序。如果确定存在特定错向风险，则与该交易对手的交易在计算 EAD 时应区别处理（见交易对手信用风险标准第 58 段）。

（ii）评级流程的完整性

公司和银行风险暴露的标准

192 评级的认定和定期更新必须由不直接从信用发放中受益的人员完成或审批。评级流程的独立性可通过一系列措施实现，这些措施应接受监管机构的仔细检查。评级操作流程必须在银行业务流程中书面记录，并体现在银行政策里。信贷政策和授信程序必须增强评级流程的独立性。

193 借款人和债项评级必须至少每年更新一次。某些特定信用产品，特别是高风险借款人或问题贷款，更新频率必须更高。此外，如果发现借款人或债项的重要信息，银行必须重新发起评级。

194 银行必须建立有效流程，以获取和更新与借款人财务状况、影响 LGD 和 EAD 的债项特征（如抵质押品状况）有关的重要信息。一旦掌握信息，银行应具备相关流程及时更新借款人评级。

零售风险暴露的标准

195 银行必须至少每年检查一次每个风险暴露池的损失特征和逾期状况。银行还必须检查每个风险暴露池中单个借款人的状况，以确保风险暴露持续划入正确的风险暴露池中。这项要求可以通过检查风险暴露池中有代表性的样本来实现。

（iii）评级推翻（Overrides）

196 对基于专家判断的评级体系，银行必须明确何种情况下银行评级人员可以推翻评级结果，包括如何推翻、推翻程度和由谁推翻。对基于模型的评级体系，银行必须具有指引和程序来监控人工判断推翻模型评级、在模型中排除特定变量和调整输入参数等情况。这些指引必须包括确定负责审批评级推翻的人员。银行必须识别评级推翻，并持续跟踪后续表现。

（iv）数据维护

197 银行必须收集和储存关键借款人和债项特征的数据，以便有效支持银行内部信用风险计量和管理流程，支持银行满足本文件的其他要求，并作为监管报告的基础。这些数据应足够详细，以便支持对借款人和债项评级进行可回溯的重新划分，例如是否内部评级体系的复杂性增加表明可以更好地进行资产组合划分。此外，银行必须按照巴塞尔协议第三支柱的要求，收集和保存内部评级的相关数据。

公司和银行风险暴露

198 银行必须保存借款人和合格保证人的评级历史，包括从银行开始给借款人/保证人赋予内部评级后的评级级别、评级日期、评级方法和关键数据，以及评级的负责人员/模型。银行必须保存对已违约借款人和债项特征、违约时间和违约情况的记录。银行还必须保存各评级级别的 PD 数据、实际违约率和评级迁徙情况，以便跟踪借款人评级体系的预测能力。

199 采用高级 IRB 法的银行，必须收集和保存每笔债项 LGD 和 EAD 估值的完整历史数据，以及用于得出估值的关键数据和负责人员/模型。银行也必须收集每笔已违约债项的 LGD、EAD 的估值和实际值。通过 LGD 来反映保证/信用衍生工具的信用风险缓释作用的银行，必须保存评估保证/信用衍生工具缓释作用之前和之后的 LGD 数据。银行必须保存每笔违约贷款损失或清收的信息，例如清收数量、清收来源（例如抵质押品、清算收益和保证）、清收所需时间，以及管理成本。

200 对采用初级 IRB 法监管给定估值的银行，我们鼓励其保存相关数据（初级 IRB 法下公司风险暴露的损失和清收数据、监管映射法下专业贷款的实际损失数据）。

零售风险暴露

201 银行必须保存风险暴露分池过程中使用的数据，包括银行直接使用或通过模型使用的借款人和债项风险特征数据，以及逾期数据。银行还必须保存用于风险暴露池的 PD、LGD 和 EAD 估值的数据。对已违约风险暴露，银行必须保存已违约风险暴露所属风险暴露池在违约前一年的相关数据，以及 LGD 和 EAD 的实际值。

（v）评估资本充足的压力测试

202 采用 IRB 法的银行必须建立稳健的压力测试程序，用以评估资本充足水平。压力测试必须确定可能对银行的信用风险暴露产生不利影响的潜在事件或未来经济状况变化，并评估银行抵御这些变化的能力。例如，压力测试情景可以包括：（ⅰ）经济或行业衰退；（ⅱ）市场风险事件；（ⅲ）流动性变化。

203 除上述总体性压力测试外，采用 IRB 法的银行还必须开展信用风险压力测试，以评估特定情景对其 IRB 监管资本要求的影响。所采用的测试由银行自行选择，并接受监管机构的检查。测试必须既有意义又相对保守。不同银行可根据各自情况，开发不同的压力测试方法。在这里，压力测试目的不是要求银行考虑最差情况，但应至少考虑温和衰退情形的影响。比如，可考虑连续两个季度零增长，在保守考虑银行全球风险分散效应的基础上，评估其对银行 PD、LGD 和 EAD 的影响。

204 无论采用何种方法，银行均必须考虑以下信息来源：首先，银行自身数据应至少能估计部分风险暴露的评级迁徙情况；其次，银行应结合更严重压力情景下的信息，考虑轻度信用环境恶化对银行评级体系的影响；最后，银行应评估外部评级的评级迁徙情况，包括内部评级与外部评级之间的映射。

205 各国监管机构可根据本国情况，发布关于压力测试如何设计的指引。如果银行在内部评级中已使用这些方法，压力测试的结果可能与按照本办法规定的 IRB 法规则计算的资本要求没有差别。如果银行业务跨越不同市场，银行无须对所有市场都做压力测试，但应对总风险暴露中的绝大部分进行压力测试。

5. 公司治理和监督

（i）公司治理

206 所有评级和估值过程的重要方面，都必须得到银行董事会或其指定委员会和高级管理层的批准。[24] 这些人员必须对银行的风险评级体系有一般性理解，并且详细地了解与评级相关的给管理层的报告。高级管理层必须向董事会或其指定委员会报告将会对银行评级体系的运行产生实质性影响的重大变化或现行政策例外情况。

207 高级管理层还必须深入了解评级体系的设计和运行，必须批准现有的程序和实际做法之间的重大差异。管理层也必须确保评级体系能够持续正常地运行。管理层和信用控制部门的人员，必须定期开会讨论评级过程的表现、需要改进的领域及对不足之处的改进情况。

208 内部评级必须作为向银行董事会或其指定委员会和高级管理层报告的必

[24] 这项标准涉及由董事会和高级管理人员组成的管理层结构。巴塞尔委员会认识到，就董事会和高级管理层的功能而言，不同国家在立法和监管上有重大差别。在一些国家，董事会的主要职能是监督执行主体（高级管理人员、一般管理人员），以确保后者履行其职责。由于这个原因，一些情况下，它被认为是监督型董事会。这意味着董事会没有执行职能。相比较而言，在其他一些国家，董事会具有更全面的职能，并制定银行管理的总体框架。由于这些差异，本文中使用的董事会和高级管理层概念并不想确定其在法律上的构成，而只是标示其为银行内部两个决策机构。

不可少的内容。报告必须包括按照评级划分的风险总体情况、评级迁徙、每个级别相关参数估值以及实际违约率与估值的比较（采用高级 IRB 法的银行还包括 LGD、EAD 实际值与估值的比较）。报告的频率可随着信息的重要性、类别及接受报告人员的层级而变化。

（ii）信用风险控制

209 银行必须建立独立的信用风险控制部门，负责内部评级体系的设计或选择、实施和运行表现。该部门必须独立于负责贷款发放的部门和人员。信用风险控制部门负责的领域包括：

- 测试和监控内部评级。
- 生成和分析银行评级体系的总报告，包括按照违约时的评级和违约前一年的评级进行分类的历史违约数据、评级迁徙分析以及对关键评级标准趋势变化的监控。
- 检查评级定义在各部门和各地区实施的一致性。
- 定期检查且记录评级过程的变化，包括变化的原因。
- 定期检查评级标准并评估评级对风险的预测情况。为便于监管机构检查，银行必须记录和保留评级过程、标准或单个评级参数的变化。

210 信用风险控制部门必须积极参与评级模型的开发、选择、实施和验证。该部门必须对评级过程中使用的所有模型承担监控和监督责任，并对评级模型的持续检查和更新承担最终责任。

（iii）内部审计

211 内部审计或同样独立的部门，必须至少每年检查一次银行评级体系及其运行状况，包括信用风险控制职能的运行，以及 PD、LGD 及 EAD 估值。检查的领域包括遵守达到全部最低要求的状况。内审必须记录检查结果。

6. 内部评级的使用

212 在采用 IRB 法的银行中，内部评级及对违约和损失的估值必须在信贷审批、风险管理、内部资本配置和公司治理中发挥核心作用。从设计和实施上，仅以 IRB 法合规和提供 IRB 输入参数为目标的内部评级体系是不能被接受的。巴塞尔委员会认识到，IRB 法和银行内部管理可以不必使用完全一致的参数估值。例如，定价模型可能倾向于使用与资产周期相关的 PD、LGD。当存在这种差异时，银行必须进行文档记录并向监管机构证明其合理性。

213 银行在使用内部评级信息时，必须有可靠的跟踪记录。银行必须证明，其在有资格实施 IRB 法之前，已经使用了与本文件规定的最低要求大体一致的评级体系至少 3 年。采用 IRB 高级法的银行，必须证明在有资格实施 IRB 法之前，已经以与最低要求大体一致的方式估计和使用 LGD、EAD 至少 3 年。银行评级体系的优化不会被视作违反了 3 年使用期的要求。

7. 风险量化

（ i ）估值的总体要求

结构和含义

214 本节介绍银行自行估计 PD、LGD 和 EAD 的标准。通常，所有采用 IRB 法的银行都必须对公司、银行风险暴露中的每一借款人评级或零售风险暴露中的每一风险暴露池估计 PD。[25]

215 PD 的估计，必须是某一级别借款人一年期实际违约率的长期平均值，零售风险暴露除外（见第 233 段和第 234 段内容）。估计 PD 的具体要求见第229～234 段。采用高级 IRB 法的银行，必须对每笔债项（或零售风险暴露池）估计适当的 LGD（见第 235～240 段），也必须对每笔债项估计适当的长期违约加权平均 EAD（见第 241 段和第 242 段）。估计 EAD 的具体要求见第 241～251 段。对公司和银行风险暴露，不能满足以上自行估计 EAD 或 LGD 要求的银行，必须使用监管机构给定的估值。使用监管机构给定估值的标准见第 280～297 段。

216 PD、LGD 和 EAD 的内部估计，必须包括所有相关的、重要的和可获得的数据、信息和方法。银行可使用内部数据和外部数据（包括集合数据）。使用内部或外部数据的银行，必须证明参数估计代表了长期经验。

217 估值必须以历史经验和实证研究为基础，不得纯粹建立在主观判断基础上。在观察期内贷款发放或清收行为的变化，都必须纳入考虑。银行的估计必须及时反映可获得的技术更新、新数据及其他信息。银行必须每年或更频繁地检查内部估值。

218 用于参数估计的数据所代表的风险暴露总量、生成数据所使用的贷款标准，以及其他相关特征，应与银行实际风险暴露和贷款标准高度一致（或至少可比）。银行也必须证明，与数据相关的经济或市场状况与当前和可预见的状况是相关的。在对 LGD 和 EAD 估值时，银行必须考虑第 235～251 段的内容。用于量化的样本的风险暴露数目和数据时间长度必须是充足的，能够使银行对估值的准确

---

25 对于采用监管映射法的风险暴露，银行不需要自行估计 PD。

性和稳健性有信心。估值技术必须在样本外测试中也表现较好。

219 通常，估计 PD、LGD 和 EAD 很可能产生不可预见的误差。为避免过于乐观，银行必须对估值留出保守的余地，以应对可能存在的误差区间。在方法和数据不太令人满意、误差区间更大的情况下，保守的余地必须要更大。对于在实施本协议之前收集的数据，监管机构在数据标准方面可允许一定的灵活性。然而，在这种情况下，银行必须向监管机构证明已经进行了适当的调整，以便与其他数据保持总体一致。除非另有规定，实施本协议之后所收集的数据，必须符合最低标准。

（ii）违约定义

220 若出现以下一种情况或同时出现以下两种情况，债务人被视为违约：

• 银行认定，除非采取追索措施，如变现抵质押品（如果存在的话），债务人可能无法全额偿还对银行集团的债务。

• 债务人对银行集团的实质性信贷债务逾期 90 天以上[26]。若客户违反了规定的透支限额或者重新核定的透支限额小于当前余额，各项透支将被视为逾期。

221 以下情况视为可能无法全额偿还债务：

• 银行停止对贷款计息。

• 发生信贷关系后，由于信用质量恶化，银行核销了贷款或计提了一定比例的贷款损失准备。

• 银行将贷款出售并承担了较大的经济损失。

• 银行同意进行消极重组（distressed restructuring），由此可能发生较大规模地减免或延迟偿还本金、利息或费用（若适用的话），造成债务规模的减少。

• 就债务人对银行集团的债务而言，银行将债务人列为破产企业或类似状态。

• 债务人申请破产或者已经破产，或者处于类似保护状态，由此将不履行或延期履行偿还银行集团债务。

222 各国监管机构应制定相应的规范指引，明确如何实施和监测上述内容。

223 对零售风险暴露，违约定义可应用于特定债项层面，而不是借款人层面。也就是说，借款人对一项债务违约，不要求银行将其对银行集团所有其他债务都按违约处理。

224 使用上述违约定义，银行必须记录 IRB 法下各类资产的实际违约情况。银行还必须将上述违约定义用于估计 PD，以及（若相关）LGD 和 EAD。在估值

---

26 对于零售和公共部门实体债务，监管机构可考虑当地实际情况，针对不同产品采用 180 天来替代 90 天。

时，银行可依据第230段的规定，利用可获得的外部数据，虽然这些数据可能与违约定义不一致。然而，在这种情况下，银行必须向监管机构证明已对数据进行适当的调整，以便与违约定义保持总体一致。同样的条件也适用于实施本协议时所采用的任何内部数据。实施本协议之后银行估值中所采用的内部数据（包括银行汇集的数据），必须与违约定义一致。

225 如果银行认为，以前违约的风险暴露的现状不再触发违约定义，银行必须将其视为非违约债项进行借款人评级和LGD评估。如果以后再次触发违约定义，则可视为发生了二次违约。

（iii）重新确定账龄（Re－ageing）

226 对于逾期天数的计算，特别是针对重新确定债项账龄以及贷款展期、延期偿付等，银行必须有明确的政策制度。重新确定账龄的政策至少应包括：（a）审批权限和报告要求；（b）可作重新确定账龄处理的债项的最低账龄；（c）可作重新确定账龄处理的债项的逾期程度；（d）单笔债项重新确定账龄的最大期限；（e）对债务人偿债能力的重新评估。这些政策必须长期保持前后一致性，同时支持进行“应用测试”（use test），即如果银行对重新确定账龄的风险暴露的处理方式类似于其他超过了逾期截止点的逾期风险暴露，则在IRB法下，该风险暴露必须记为违约。

（iv）对透支的处理

227 授权透支必须在银行信贷限额以内，同时必须告知客户。超过限额必须被监控；如果账户超限90～180天仍然没有回到限额以内（根据适用的逾期触发点），则应认定为违约。从内部评级法角度看，未授权透支的限额是零。这样，一旦透支给未授权的客户，就算开始逾期；如果该类透支在90～180天内没有偿还，则应认定为违约。银行必须有严格的内部政策，来评估准予透支客户的信用水平。

（v）所有资产类别的损失定义

228 用于估计LGD的损失定义是经济损失。在计量经济损失时，应考虑所有的相关因素。这包括重要的折现效应，以及贷款清收过程中重要的直接和间接成本。银行不得仅计量会计上的损失，还必须能比较会计损失和经济损失（银行自身处置和清收能力会对回收率产生重大影响，这必须反映在LGD估值中，但这种基于银行自身处置清收能力而对估值进行的调整必须是保守的，银行应有足够的内部经验数据以证明其影响）。

（vi）估计 PD 的要求

公司和银行风险暴露

229 银行必须采用考虑了长期经验的信息和技术，来估计每个级别的平均 PD。例如，可以使用下面描述的三种特定技术中的一种或几种：内部违约经验、映射外部数据、统计违约模型。

230 银行可采用一项主要技术，同时使用其他技术进行比较并进行可能的调整。对于机械地采用某种技术而不加支持性分析，监管机构不会满意。银行必须认识到，在对技术结果进行整合，以及对技术和信息的局限性进行调整时，专家判断十分重要。

• 银行可使用内部违约经验数据估计 PD。银行必须在分析中证明，估值反映了授信标准以及生成数据的评级体系和当前评级体系的差异。在数据有限或授信标准、评级体系发生变化的情况下，银行在估计 PD 时，必须更加保守。采用跨多家机构的集合数据也可以得到认可，但银行必须证明，集合数据中其他银行的内部评级体系和标准与本银行是可比的。

• 银行可将自己的内部等级与外部信用评估机构或类似机构的等级相联系（或映射），然后，将外部机构等级的观测违约率映射为银行内部等级的违约率。映射评级必须建立在对内部评级标准与外部机构评级标准相互比较，以及对共同借款人内部评级和外部评级相互比较的基础上。银行必须避免映射方法或基础数据上的偏差和不一致。用于量化风险的外部评级标准及其数据，必须针对借款人风险，而不反映交易特征。根据第 220～225 段的要求，银行的分析必须包括对内外部评级违约定义的比较。银行必须对映射基础进行文档记录。

• 对某一级别的借款人，允许银行使用每个借款人违约概率估值的简单平均值作为该级别的违约概率，这些估值来源于违约预测统计模型。银行采用违约概率模型必须满足第 185 段规定的标准。

对于上述各类方法，银行必须基于观测的 1 年期违约率历史平均值，赋予每个评级等级 1 个 PD 估值。关于平均的方法，必须采用简单平均（借款人个数加权），而不允许 EAD 加权平均。

231 为了估计 PD，无论银行使用外部数据、内部数据、内外部集合数据，或是综合使用三类数据来源，至少其中一类数据源的历史观察期不得少于 5 年。如果某类数据源有更长的观察期，且数据是相关的、有意义的，则必须采用更长的观察期。数据必须同时包括有代表性的好年份和坏年份。

零售风险暴露

232 如果银行对风险暴露分池具备专门的数据基础，则必须把内部数据作为估计损失特征的主要信息来源。如果银行可以证明下列关系高度相关，则允许其采用外部的数据或统计模型来量化风险：（a）银行的风险暴露分池过程和基于外部数据源的分池过程；（b）银行内部的风险概况和外部数据构成。在任何情况下，银行必须采用所有相关的、重要的数据来源进行比较分析。

233 对于零售风险暴露，得出长期平均 PD 和违约加权平均违约损失率（见第 235 段）的一种方法，是基于对预期长期损失率的估计。银行可以采用适当的 PD 估值来推断长期违约加权平均违约损失率，或采用长期违约加权平均违约损失率来推断适当的 PD。无论哪种方式，用于 IRB 资本要求计算的 LGD 估值不得低于长期违约加权平均违约损失率，并且应与第 235 段规定的概念一致。

234 为估计损失特征，无论银行采用内部数据、外部数据、内外部集合数据，或综合使用三类数据来源，历史观察期必须至少 5 年。如果任一可获得的数据源有更长的观察期，且数据是相关的，则必须采用更长的观察期。数据应同时包括有代表性的好年份和坏年份，以反映经济周期。PD 估值应基于观测的 1 年期违约率历史平均值。

（vii）自行估计 LGD 的要求

所有资产类别的标准

235 银行必须估计每笔债项的 LGD，以反映经济衰退期的情况、捕捉相关风险。LGD 估值不得低于长期违约加权平均违约损失率，上述计算是基于该类债项中所有观测到的违约债项的平均经济损失。另外，银行必须考虑到某一时期债权（当信用损失明显高于平均水平时）债项 LGD 高于违约加权平均值的潜在可能性。对某些特定风险暴露类型，损失的周期性波动不大，则 LGD 估值可以不显著不同于长期违约加权平均值；但对某些风险暴露，损失的周期性波动很强，则银行必须在 LGD 估值中充分考虑该因素。因此，银行必须考虑严重时期（高信用损失时期）的损失平均值，基于保守假设（或其他方法）进行预测。高损失时期的 LGD 估值既可以基于内部数据，也可以基于外部数据。监管机构会持续监控并鼓励开发适当的方法来解决这一问题。

236 在分析 LGD 时，银行必须考虑借款人风险与抵质押品风险或抵质押品提供方风险之间的相关性。如果相关性很强，则必须以保守方式处理。债务和抵质押品之间的币种错配，在银行评估 LGD 中也必须予以考虑，并保守处理。

237 估计 LGD 必须以历史回收率为基础，不得仅依据抵质押品估计的市值。该要求意味着必须考虑到银行可能没有能力迅速控制和清算抵质押品。鉴于 LGD 估值会考虑抵质押品因素，与初级 IRB 法要求一致，银行必须针对抵质押品管理、操作流程、法律确定性以及风险管理过程建立内部要求。

238 考虑到实际损失往往会系统性地高于预期水平，已违约资产的 LGD 估值应反映银行在回收期内可能发生的额外的、未预期到的损失。对每一笔已违约资产，银行还必须基于当前经济环境和债项情况，构建其预期损失的最优估计。如果已违约资产的 LGD 估值超过了银行对其预期损失率的最优估计，则该超出数值即代表资本要求，银行应该基于风险敏感原则（按照第 53 段以及第 118 ~ 120 段要求）进行资本计提；如果对已违约资产的预期损失的最优估计值低于其专项准备金与部分核销之和，将引起监管检查，银行必须作出证明或解释说明。

公司风险暴露的额外标准

239 估计 LGD 必须达到数据观察期的最低要求。在理想情况下，数据观察期应至少涵盖一个完整经济周期，而且任何情况下，至少某一数据源的观察期不得少于 7 年。如果某一数据源有更长的观察期，且数据是相关的，则必须采用更长的观察期。

零售风险暴露的额外标准

240 估计零售风险暴露 LGD 的数据观察期的最低要求是 5 年。银行数据越少，LGD 估值就必须越保守。

(viii) 自行估计 EAD 的要求

所有资产类别的标准

241 表内项目或表外项目的 EAD，被定义为一旦债务人违约，预计的债项风险暴露总额。对表内项目，银行的 EAD 估值不得低于当前已发放数额，并考虑初级 IRB 法规定的表内净额结算作用。认定合格净额结算的最低要求和初级 IRB 法下的要求相同。高级 IRB 法下 EAD 内部估值的额外最低要求，集中关注表外项目的 EAD（不含交易对手信用风险）。采用 IRB 高级法的银行，必须建立表外项目（包括每一种债项类型）EAD 估值的程序。银行对 EAD 的估计，应反映即将触发违约事件之时或之后借款人额外提款的可能性。由于 EAD 估值因表外项目债项类型而有所不同，对这些债项的描述必须清晰而且明确。

242 IRB 高级法下，银行必须对每笔债项估计 EAD。对同类债项和借款人，

EAD 估值必须是相当长时间段的长期违约加权平均数，并且应考虑对可能存在的误差区间进行保守调整。如果可以合理预测出违约频率和 EAD 之间的正相关关系，则 EAD 估值必须体现出较大的保守调整。而且，对于 EAD 估值在经济周期内不稳定的风险暴露，如果经济衰退期的 EAD 比长期平均值更保守，则银行必须使用经济衰退期的 EAD。对于已经能够自行开发 EAD 模型的银行，可以考虑将周期特征（如果有的话）作为模型驱动因素来实现上述要求。其他银行可能有充足的内部数据来检验先前经济衰退期的影响，然而有些银行可能只能选择保守地使用外部数据。如果银行的估值基于长期中心趋势（例如，中位数或者较高分位数）或仅仅是衰退期数据，则应该确保本框架下基本的衰退期要求已经达到，即银行的估值不低于同类债项的长期违约加权平均 EAD。

243 EAD 估值的标准必须是合理的、直观的，并且能够反映银行认为的 EAD 估值的重要驱动因素。这种选择必须有银行可信的内部分析来支持。银行必须能将其对 EAD 的经验分解为 EAD 的驱动因素。银行在 EAD 估值过程中，必须使用所有相关的、重要的信息。对各种债项类型，当出现重要的、新的信息时，银行必须对 EAD 估值进行检查，并且至少每年检查一次。

244 银行对账户监控和还款流程方面的具体政策和战略，必须有适当的考虑。银行也必须考虑，在接近违约的情况下（例如，违反合同条款或其他技术性违约事件），其阻止借款人进一步提款的能力和意愿。银行也必须具备足够的系统和流程，来监控每个借款人和每个级别的债项数量、相对于限额的当前余额及其变化情况。银行必须能每日监控余额。

245 银行的 EAD 估值必须使用 12 个月固定期限方法，对于数据集中的每一个观测，违约结果必须与违约前 12 个月的债务人和债项特征相关联。

246 如第 218 段所述，银行的 EAD 估值应基于能够反映债务人、债项和银行管理实践特征的数据。与该原则一致，对特定风险暴露的 EAD 估值不应基于混合了完全不同特征的数据，或者风险暴露具有不同特征的数据（例如，相同的产品集合但是不同客户，对此银行采取不同的管理方式）。估值应基于同质组合。另外，估值应基于能够有效区分不同特征影响（由相关数据集所展示）的估计方法。通常，与该原则不一致的实践包括基于（或部分基于）以下数据进行估值：

- 中小企业/中型市场数据，应用到大型企业借款人。
- “小”的未使用额度的承诺数据，应用到“大”的未使用额度债项。
- 与已认定存在问题的债务人相关的数据（例如，由于近期银行发起限额的减少、未来提款的降低，或者其他类型的托收活动，当前时点已欠款、被银行列入观察名单的债务人），应用到当前正常的债务人。
- 由于在观察期内债务人混合借款及其他信贷产品的改变而受到影响的数据，

除非数据所受影响已被有效缓释（例如，调整数据以消除产品变化所产生的影响）。监管机构应期望银行详细说明客户产品对 EAD 数据集（以及 EAD 估值）变化影响的理解，是否这种影响不大或者在银行估值过程中已被有效缓释。银行在这方面的分析应该受到监管审核。有效缓释不应包括设置 CCF/EAD 底线；使用债务人层面的估值但没有完全覆盖相关产品转换权，或者不恰当地对不同特征的产品进行组合（例如可循环和不可循环产品）；仅调整受产品转换影响的“重要”观测；一般性地排除受产品转换影响的观测（可能影响剩余数据的代表性）。

247 通常使用的估计 CCF 的未提款限额因子（ULF）方法[27]有一个显著特征，即由于某些债项在指定时点几乎被全额提取而导致的局部不稳定性。银行应该确保 EAD 估值已经有效隔离了这种局部不稳定性的潜在影响。

- 一种可接受的方法是使用与 ULF 不同的估计方法，以避免不稳定因素。例如，不使用会导致分母接近于零的潜在小额未发放限额，或者转换一种方法，例如限额因子、平衡因子或者额外效用因子方法。[28] 应该注意到，与第 246 段一致，将限额作为 EAD 模型的驱动因素之一可以隔离大部分问题。但是，如果没有其他行动，如何针对局部不稳定性风险暴露进行合理 EAD 估计，仍然是一个问题。
- 缓解这一问题的普遍的但有效性不足的方法包括，对数据设置上下限（例如，观测 CCF 设置上限为 100%、下限为 0）或者忽略可能产生影响的观测数据。

248 EAD 相关数据不得设置上限（本金或债项限额）。应计利息、其他应付款项以及超限应该纳入 EAD 数据范围。

249 使银行面临交易对手信用风险的交易，其 EAD 估值必须遵循交易对手信用风险标准有关要求。

公司风险暴露的额外标准

250 EAD 估值必须以一个时间段为基础，在理想情况下应涵盖一个完整经济

---

27 预测违约前额外提款的一种特定的 CCF，表示为未提款额度的百分比，即 $EAD = B_0 = B_t + ULF\ [L_t - B_t]$，其中，$B_0$ = 违约时点的债项额；B_t = 当前时点额度（用于预测 EAD）或者在特定时点额度（用于观测 EAD）；L_t = 当前限额（用于预测 EAD）或者在特定时点额度（用于观测 EAD）。

28 限额因子（LF）是一种特定的 CCF，违约时点的预测额表示为总限额的百分比，即 $\mathrm{EAD} = B_0 = LF\ [L_t]$，其中，$B_0$ = 违约时点的债项额；B_t = 当前时点额度（用于预测 EAD）或者在特定时点额度（用于观测 EAD）；L_t = 当前限额（用于预测 EAD）或者在特定时点额度（用于观测 EAD）。平衡因子（BF）是一种特定的 CCF，违约时点的预测额表示为当前时点额度（已提取）的百分比，即 $\mathrm{EAD} = B_0 = BF\ [B_t]$。额外效用因子（AUF）是一种特定的 CCF，其中预测违约前额外提款表示为总限额的百分比，即 $\mathrm{EAD} = B_0 = B_t + AUF\ [L_t]$。

周期，而且在任何情况下都不得少于 7 年。如果任一数据来源的观察期跨度更长，而且这些数据是相关的，则必须采用这个更长的观察期。EAD 估值必须使用违约加权平均数，而不是时间加权平均数来计算。

零售风险暴露的额外标准

251 零售风险暴露的 EAD 估值的最低数据观察期是 5 年。银行数据越少，则 EAD 估值必须越保守。

(ix) 评估保证和信用衍生工具效果的最低要求

银行自行估计 LGD 的公司风险暴露标准和零售风险暴露标准

保证

252 当银行采用自行估计的 LGD 时，可通过调整 PD 或 LGD 估值来反映保证的信用风险缓释作用。只有经批准采用自行估计的 LGD 的银行，才可通过调整 LGD 来反映信用风险缓释作用。对零售风险暴露，当存在保证（对单笔债务或风险暴露池）时，银行可通过调整 PD 或 LGD 估值来反映其风险降低效应（只要这种做法是一致的）。无论选用哪一种技术，银行都必须采用一致的方法（对不同类型的保证、不同时间段）。

253 在所有情况下，银行自始至终都必须对借款人和所有合格保证人确定借款人评级。银行必须遵守本协议中关于借款人评级的所有最低要求，包括对保证人状况、偿债能力及意愿的定期监控。与第 198 段和第 199 段要求一致，银行必须保存借款人所有相关信息（不考虑保证和保证人）。对于零售风险暴露保证，这些要求也适用于风险暴露分池及 PD 估值。

254 在任何情况下，银行都不得对保证覆盖部分的风险暴露设定一个调整后的 PD 或 LGD，使得调整后的风险权重低于与保证人可比的、直接风险暴露的风险权重。为了符合监管资本最低要求，评级标准和评级过程都不允许考虑借款人违约事件和保证人违约事件之间预期相关性可能对降低监管资本的有利作用，即调整后的风险权重不得反映“双重违约”的风险缓释作用。

255 对保证人直接风险暴露采用标准法的银行，只有在将保证覆盖部分的风险暴露作为标准法下保证人直接风险暴露处理时，保证才可被认定为合格。类似地，对保证人直接风险暴露采用初级 IRB 法的银行，也只有在对保证覆盖部分的风险暴露应用初级 IRB 法时，保证才可被认定为合格。相应地，银行也可选择不认定对这些风险暴露的保证作用。

合格保证人和保证

256 对合格保证人的类型没有限制。然而，为了计量监管资本，银行必须清晰规定合格保证人类型的认定标准。

257 保证必须是书面的、保证人不可撤销的、直至债务被完全偿付前强制的（在保证的金额和期限范围内），并且在保证人有相关资产的国家（或地区）是法律上可执行的。保证也必须是无条件的，保护合同不得设置超出银行直接控制的限制性条款，以阻碍保护提供方及时履行偿付责任（一旦最初的交易对手无法偿付时）。但是，高级 IRB 法下自行估计 EAD 时也有例外情况，即若保证仅覆盖后续损失（在银行首先追偿原始债务人并完成清收程序之后），保证也可被认定为合格。

258 当对保证覆盖部分的风险暴露采用标准法时，适用标准法下的保证人范围及最低要求。

调整标准

259 为了计量监管资本，银行必须明确规定调整借款人级别或 LGD 估值（对于零售和合格购入应收账款的情形，是指风险暴露分池过程）的标准，以反映保证的作用。这些标准必须与第 177 ~ 178 段中描述的评级标准同样详细，必须遵守本协议中有关借款人或债项评级的所有最低要求。

260 标准必须是合理的、直观的，必须反映保证人履行保证的能力和意愿。标准也必须反映偿还的可能时间，以及保证人履行保证的能力与借款人还款能力之间的相关程度。银行的标准还必须考虑借款人承受残值风险（如保证和其对应的风险暴露之间存在币种错配）的程度。

261 在调整借款人级别或 LGD 估值（对于零售和合格购入应收账款的情形，是指风险暴露分池过程）时，银行必须考虑所有相关的、可获得的信息。

信用衍生工具

262 保证的最低要求对各信用衍生工具也是适用的。对于资产错配，应有额外考虑。针对使用信用衍生工具避险的风险暴露，调整其借款人级别或 LGD 估值（或池）的标准，必须要求保护所依赖的资产（参照资产）不得与基础资产不同，除非满足初级 IRB 法规定的条件。

263 此外，标准必须反映信用衍生工具的付款结构，同时保守地评估该标准对回收水平和回收时间的影响。银行也必须考虑其他形式残值风险的程度。

采用初级 IRB 法下 LGD 估值的银行

264 除了以下例外情况，第 252 ~ 263 段规定的最低要求适用于采用初级 IRB 法下 LGD 估值的银行：

（ⅰ）银行不得选择通过调整 LGD 来反映信用风险缓释作用。

（ⅱ）合格保证和合格保证人的范围，被限制在第 92 段规定的范围之内。

（x）估计合格购入应收账款 PD 和 LGD（或 EL）的要求

265 对于任何购入应收账款（公司类或零售类），在采用“自上而下”方法处理违约风险和（或）采用 IRB 法处理稀释风险时，均必须满足以下风险量化的最低要求。

266 购入银行应该被要求将应收账款归入充足的同质风险暴露池中，以便准确、一致地确定违约损失的 PD、LGD（或 EL）估值，以及稀释损失的 EL 估值。通常，风险分档过程反映了销售方授信实践，以及客户的异质性。此外，PD、LGD 和 EL 估值的方法和数据，必须符合现行零售风险暴露的风险量化标准。特别地，量化应该反映购入银行可获得的、关于应收账款质量的全部信息，包括销售方、购入银行或外部来源提供的同类风险暴露池的数据。购入银行必须确认，销售方提供的数据与双方预期一致，例如，购入应收账款的类型、交易量、质量等。如果非上述情形，则购入银行被期望获得并依赖更多相关数据。

最低操作要求

267 购入应收账款的银行必须说明，通过清算（或清收）应收账款池能够偿付当前和将来的预付款。为了有资格对违约风险进行“自上而下”的处理，银行应密切监测和控制应收账款池和整个借贷关系。特别地，银行必须证明以下内容：

法律确定性

268 应收账款的结构必须确保，在所有可预见的情况下（包括销售方或服务方陷入困境及破产），银行对应收账款的现金汇款都掌握有效的所有权和控制权。当债务人直接向销售方或服务方还款，银行必须定期核实付款是完全的，且在合同规定的条款内。同样，应收账款和现金收据的所有权应该被保护，以防由于破产、冻结或法律诉讼，而实质性延误贷款方在清算应收账款或保留对现金收据控制方面的能力。

监控体系的有效性

269 银行必须能监控应收账款的质量及销售方、服务方的财务状况。尤其是：

- 银行必须：（a）评估应收账款质量和销售方、服务方财务状况之间的相关性；（b）有内部政策和程序发挥作用，内部政策和程序提供了充足的保护以防范偶然事件，包括对每个销售方和服务方的内部风险评级。

• 银行必须具备清晰而有效的政策和程序，判定销售方和服务方是否合格。银行或其代理机构必须定期检查销售方和服务方，以便验证销售方/服务方报告的准确性、发觉欺诈或操作上的不足、验证销售方信贷政策的质量及服务方的清收政策和程序。检查的结果必须形成文件。

• 银行必须有能力评估应收账款池的特征，包括：（a）超额预付；（b）销售方欠款、坏账和坏账准备的历史；（c）支付条款；（d）潜在的抵销账户。

• 银行必须具有有效的政策和程序，在汇总基础上监控单个债务人在应收账款池内和应收账款池之间的集中程度。

• 银行必须及时和充分接受详细的关于应收账款账龄及稀释状况的报告：（a）以确保遵守银行应收账款的资格标准和管理应收账款的预付款政策；（b）提供一个有效的手段，监控并确认销售方的销售条款（发票日期账龄）和稀释状况。

清收体系的有效性

270 一个有效的方案，不仅要求具备在早期阶段发现销售方财务状况恶化及应收账款质量恶化的体系和程序，也要求具备提前处理问题的体系和程序，尤其是：

• 银行应该具有清晰而有效的政策、程序及信息系统来监控是否遵守：（a）债项的全部合同条款（包括合同、预付款方案、集中性限额、引起早期摊销的因素等）；（b）银行管理预付款率和应收账款资格的内部政策。银行的系统应该做追踪违反合同和放弃合同的情况，以及政策和程序的例外情况。

• 为了限制不适当的提款，银行应该具有有效的政策和程序来发现、批准、监控和修改款项的过度预支。

• 银行应该具有有效的政策和程序，以处理销售方或服务方财务恶化，以及应收账款池质量恶化问题，包括但不限于循环便利和其他合同保护的早期终止触发条件、处置违反合同的结构化的严格的方法、启动法律行动和处置有问题的应收账款的清晰而有效的政策和程序。

抵质押品、信贷获取及现金控制体系的有效性

271 银行必须具有清晰、有效的政策和程序，以控制应收账款、信贷和现金。尤其是：

• 书面的内部政策必须规定购入应收账款方案的所有要素，包括预付款率、合格抵质押品、必要文件、集中性限额，以及现金收据如何处理。这些内容应该适当地考虑所有相关的、重要的因素，包括销售方/服务方的财务状况、风险集中度，以及应收账款质量和销售方客户基础的变化趋势。

- 内部体系必须确保预付资金仅用于特定的支持性抵质押品和文件（例如，服务方证明、发票、货运单据等）。

遵守银行内部政策和程序

272 如果依赖监测和控制系统来限制信用风险，银行应该具有一个有效的内部流程，来评估是否遵守所有关键的政策和程序，包括：

- 银行购入应收账款方案中所有关键阶段的常规内审和外审。
- 检查职责分离情况：（ⅰ）销售方/服务方评估和债务人评估；（ⅱ）销售方/服务方评估和销售方/服务方审计。

273 银行用于评估关键政策和程序合规性的内部流程，也应包括对后台操作的评估，特别需要关注量化、经验、人员和支持系统。

8. 内部估值的验证

274 银行必须建立稳健的体系，来验证评级体系、评级过程以及所有相关风险要素估值的准确性和一致性。银行必须向监管机构证明，内部验证过程能够确保银行一致地、有效地评估内部评级和风险参数估值体系的表现。

275 银行必须定期对比每个级别的实际违约率和 PD 估值，并且能够证明实际违约率处于该级别估值区间内。采用高级 IRB 法的银行必须完成对 LGD 和 EAD 估值的类似分析。对比分析必须使用尽可能长时间段的历史数据。银行在对比中使用的方法和数据必须进行清晰的文档记录。分析和记录必须至少每年更新一次。

276 银行也必须使用其他量化验证工具，并且与相关的外部数据源进行对比。该分析必须基于适合银行资产组合的数据，定期更新，并涵盖相关的观察期。银行对自身评级体系表现的内部评估必须基于长期历史数据，涵盖各种经济状况，理想状态是涵盖一个或多个完整的经济周期。

277 银行必须证明，定量的检验方法和其他验证方法不会随经济周期发生系统性变化。方法和数据的变化（数据来源和涵盖的时间段）必须进行清晰而完整的文档记录。

278 针对 PD、LGD、EAD 实际值与预期偏差较大、足以对估值有效性提出质疑等情形，银行必须建立明确的内部标准。内部标准必须考虑经济周期及类似的违约经验的系统性变化。对实际值持续高于估值的，银行必须上调估值，以反映其违约经验和损失经验。

279 当银行依赖监管机构给定而不是内部设定风险参数估值时，也应鼓励银行对比 LGD 和 EAD 的实际值与监管机构的给定值。LGD 和 EAD 实际值信息，应作为银行经济资本评估的一部分。

9. 监管机构给定的LGD和EAD

280 根据初级IRB法的要求，不能满足以上自行估计LGD、EAD要求的银行，必须满足标准法下规定的认定合格金融质押品［标准法下信用风险缓释部分（D部分）］的最低要求。为了认定额外的抵质押品类别的合格性，银行必须满足以下额外最低要求。

（i）商用房地产和居住用房地产作为抵质押品合格性的定义

281 对公司、银行风险暴露，合格的商用房地产和居住用房地产被定义为：

• 该类抵质押品下，借款人的风险实质上不取决于抵质押财产或项目的表现，而是取决于借款人从其他来源偿还债务的能力。同样，债项的还款实质上不取决于作为抵质押品的商用房地产/居住用房地产所产生的现金流。[29]

• 此外，抵质押品的价值不得实质上取决于借款人的表现。该要求不是要将抵质押品价值和借款人表现纯粹受宏观经济因素影响的情况排除在外。

282 对照以上基本描述和公司风险暴露的定义，专业贷款中产生收入的房地产即被排除在公司风险暴露下合格抵质押品之外。[30]

（ii）合格的商用房地产/居住用房地产的操作要求

283 根据上述定义，只有同时满足所有下列操作要求，商用房地产和居住用房地产才有资格被认定为公司债权的合格抵质押品：

• 法律上可执行：任何取得的抵质押品在所有相关国家（或地区）都必须是法律上可执行的，并且抵质押品必须及时登记存档。抵质押品收益必须反映完全留置权（债权确立所需的所有法律要求均已满足）。而且，抵质押品协议和法律程

---

[29] 巴塞尔委员会认识到，在一些国家多家庭住宅构成住宅市场重要的一部分，而且公共政策对这个行业是支持的，包括作为住宅供应商而特别设立的公共行业公司。由这样的居住用房地产抵押担保的贷款，其风险特征与传统的公司暴露风险特征类似。这样的情况下，各国监管机构可以将多家庭居住用房地产抵押作为公司暴露的合格抵质押品来认定。

[30] 在健全的、长期建立起来的市场可能存在例外情况下，对办公室、多目的商用房地产、向多家出租的商用房地产所做的按揭，有潜力作为公司资产组合的抵押品得到认定。这种例外处理需要基于非常严格的条件。特别地，必须开展两项测试：（1）任何指定年份，基于按揭贷款价值（MLV），若按照市值的50%或LTV的60%的较低值，商用房地产贷款损失不得超过贷款额的0.3%；（2）任何指定年份，商用房地产贷款总损失不得超过贷款额的0.5%，即任何指定年份，若上述任一测试不通过，这种处理的合格性将被质疑，在未来该例外处理可以适用之前，最初的合格标准需要重新满足。实施这种处理的国家必须公开披露上述条件是满足的。

序必须能够支持银行可以在合理的时间内实现抵质押品价值。

• 客观的抵质押品市值：根据有意愿的销售方和买方之间的私人协议，抵质押品必须按照当前（或低于当前）的公允价值来估值。

• 定期重估：银行应定期监控抵质押品的价值，至少每年一次。当市场状况发生重大变化时，监控的频率一般应更高。一些统计方法（例如参考房屋价格指数，抽样）可用于估值更新，或用于确定可能已经价值下跌且需要重估的抵质押品。当信息显示，若抵质押品价值相对于一般市场价格已大幅下跌，或有信用风险事件（如违约）发生时，合格的专业人员必须重新评估抵质押品价值。

• 次级留置权（Junior liens）：在一些成员国，合格抵质押品被限定在贷款方对抵质押品有第一占有权的情况[31]。当抵质押品债权在法律上可执行，且为有效信用风险缓释工具时，也可以考虑次级留置权。在这种情况下，银行必须首先考虑抵质押品的折扣价值，然后扣减所有高级留置权贷款总和，剩余价值可用于支持次级留置权贷款。在第三方拥有留置权（与银行留置权优先级相同）的情况下，只有抵质押品中属于银行的那一部分（在考虑抵质押品折扣、扣减高级留置权贷款之后），方可被认定为合格。

284 额外的抵质押品管理要求如下：

• 银行所接受的商用房地产和居住用房地产类别、基于抵质押品的贷款政策（预付款率），必须清晰地进行文档记录。

• 银行必须采取措施并确保抵质押品足额保险，以防止损害和变质。

• 银行必须持续监控优先于抵质押品处置的权利范围（如税收）。

• 银行必须合理监控与抵质押品相关的环境负债风险，如存放有毒材料。

（iii）金融应收账款的认定要求

合格应收账款的定义

285 合格的金融应收账款是原始期限少于或等于一年的债权，其还款来源于与借款人基础资产相关的商品流或资金流。这既包括由于商品交易中货物或服务销售而产生的自我清偿的债务，也包括买方、供应商、租赁人、全国或地方政府、商品交易中与货物或服务销售不相关的各方所欠的一般债务。合格的应收账款不包括与资产证券化、次级参与或信用衍生工具相关的应收账款。

---

31 在某一些国家（或地区），第一留置权是给予债权人的优先权，如未缴清的税款和雇员工资。

操作要求

法律确定性

286 抵质押品的法律机制必须健全，能够确保贷款方对抵质押品收益具有清晰的权利。

287 银行必须采取所有必要措施，以履行当地关于抵质押品收益可执行性的要求，例如通过进行抵质押品收益登记。应该有一个框架允许潜在贷款方对抵质押品具有完全第一优先权。

288 所有用于抵质押交易的文档记录必须对各方均有约束力，并且在所有相关国家（或地区）都是法律上可执行的。银行必须进行充分的法律审查，以确保得到上述结论，并且必要时进行进一步检查，以确保法律上可持续执行。

289 抵质押品协议必须合理进行文档记录，并包含能够及时清收抵质押品的清晰且稳健的程序。银行程序应确保考虑了宣布客户违约和及时清收抵质押品所需的所有法律情形。当借款人发生财务困难或违约时，银行应有权不经过应收账款债务人同意，将应收账款出售或转让给其他方。

风险管理

290 银行必须建立应收账款信用风险的认定过程，包括对借款人经营状况、行业状况（如经济周期的影响）以及借款人上下游客户类型的分析。当银行依赖借款人来确定客户信用风险时，必须检查借款人信用政策的合理性和可信度。

291 风险暴露金额和应收账款价值之间的差额必须反映所有适当的因素，包括清收成本、单一借款人应收账款池内集中度，以及银行总风险暴露中潜在的集中度风险。

292 对于用应收账款作为风险缓释的特定风险暴露，银行必须建立持续监控流程（及时的或偶发的），包括账龄报告、贸易单据的控制、借款证、对抵质押品的经常审计、账户确认、对付款账户收益的控制、稀释状况分析（借款人给发行人的贷款），以及针对借款人和应收账款发行人的定期财务分析（特别是少量、大额应收账款作为抵质押品时）。银行的总体集中度限额应该被监控。此外，对于是否履行贷款合同、环境方面的限制及其他法律要求，银行也应开展定期检查。

293 借款人抵质押品的应收账款应该分散化，且不应与借款人相关性过强。若两者相关性较高（例如，部分应收账款发行人依赖于借款人而生存，或借款人和发行人属于同一个行业），则在设定抵质押品池整体收益时，应考虑两者的伴生风险。来自借款人分支机构（包括附属机构和雇员）的应收账款，不能认定为合格风险缓释。

294 针对经济困境情况下应收账款的清收程序，银行应有书面规定。即使是一般情况下对借款人进行清收，银行也应制定完善的清收措施。

其他实物抵质押品的认定要求

295 监管机构可允许认定特定的其他实物抵质押品的信用风险缓释作用，但应满足以下条件：

- 银行应向监管机构证明，存在流动性强的市场，能够及时、经济、有效地处置抵质押品。银行必须定期评估该条件，当有信息表明市场发生重大变化时，也应进行评估。
- 银行应向监管机构证明，存在已建立的、公开可得的抵质押品市场价格。银行还应证明，其抵质押品变现时所获得的价格没有明显偏离市场价格。

296 为了认定其他实物抵质押品的合格性，银行必须满足第 283 ~ 284 段的所有标准，还须满足下列修改条件：

- 首次债权：只允许对抵质押品的第一留置权（脚注 31 中规定的可允许的优先债权，属于唯一例外），即对抵质押品已实现的收益，银行必须拥有超过其他所有贷款方的优先权。
- 贷款协议必须包括对抵质押品的详细描述，并有权对抵质押品进行检查和重新估值（无论何时，只要银行认为有必要）。
- 银行可接受的实物抵质押品类型，以及每类抵质押品金额（相对于风险暴露金额而言）的政策和实践，必须在内部信贷政策和程序中清晰地进行文档记录，并且可供检查和（或）审计。
- 银行在交易结构方面的信贷政策，必须规定适当的抵质押品要求（相对于风险暴露金额而言）、无困难地清算抵质押品的能力、客观确定价格或市场价值的能力、价值评估的频率（包括专业人员的评估或估值），以及抵质押品价值的波动性。定期估值过程必须特别注意“流行敏感”（fashion - sensitive）型抵质押品，以确保估值能够根据其流行年份、过时情况及实物报废或恶化状况进行适当下调。
- 对存货（如原材料、在建工程、成品、交易商的汽车存货）及设备，定期评估的过程必须包括对抵质押品实物的检查。

297 通用担保协议以及其他形式的浮动抵押，能够给借款银行提供债权资产的注册登记。当注册登记的债权同时包含初级 IRB 法下的不合格抵质押资产以及合格抵质押资产时，银行可认定后者的合格性。抵质押债权合格性的认定，取决于是否满足第 280 ~ 296 段规定的操作要求。

10. 租赁认定要求

298 除了使银行面临残值风险（参见第299段）的租赁外，其他租赁均采用和同种抵质押品进行抵质押的风险暴露一致的处理方式。银行必须满足相应抵质押品类别（商用/居住用房地产或其他抵质押品）的最低要求。此外，银行必须满足以下标准：

• 对出租人进行稳健的风险管理，包括资产位置、资产用途、资产年限及列入计划的报废状况。

• 建立稳健的法律框架，确定出租人法律上对资产的所有权、其作为所有者及时行使权利的能力。

• 实物资产折旧率和租赁款摊还率之间的差异不得太大，以致高估租赁资产的风险缓释作用。

299 残值风险是指设备的公允价值下降并低于租赁初始对残值的估值，从而造成银行风险暴露的潜在损失。使银行面临残值风险的租赁，应按照以下方式处理：

• 经折现的租赁还款的风险权重，可按照承租人的财务实力（PD）以及由监管机构给定或银行自行估计的违约损失率进行合理确定。

• 残值的风险权重是100%。

11. 披露要求

300 为了有资格实施IRB法，银行必须满足第三支柱下的披露要求。采用IRB法的最低要求是：不满足披露要求的银行，将没有资格采用相关IRB法。

信用估值调整（CVA）风险最低资本要求

A. 总则

1 本书所称信用估值调整（以下简称 CVA）特指交易对手层面，是指由于交易对手存在潜在的违约可能性，对衍生工具和证券融资交易（SFTs）（参见巴塞尔协议Ⅱ[1]附件 4 第 4 段和第 5 段定义）违约无风险价格（default risk - free prices）的调整。监管 CVA（Regulatory CVA）与会计视角下的 CVA 有以下区别：一是监管 CVA 剔除了银行自身违约的影响；二是监管 CVA 计算中，对会计 CVA 的一些具体算法进行了一定限制。除特殊说明外，本文件所称 CVA 均指“监管 CVA”。

2 CVA 风险是指 CVA 价值变化而导致损失的风险。CVA 价值变化是由交易对手信用利差以及影响衍生工具和证券融资交易的市场风险因子变化所导致。

3 所有开展担保交易（covered transactions）的银行都要计算 CVA 风险资本要求。担保交易包括：一是除直接交易对手为合格中央交易对手以外所有的衍生工具交易，二是银行在会计上以公允价值计量的证券融资交易。

4 银行应对其“CVA 资产组合”分别计量（on a standalone basis）CVA 风险资本要求。CVA 资产组合包括银行担保交易的全部资产组合，以及合格的 CVA 对冲。

5 计量 CVA 资本要求包括两种方法：标准法（SA - CVA）和基础法（BA - CVA）。银行在获得监管机构批准的前提下可使用标准法[2]，否则必须使用基础法。

6 如果被监管批准使用标准法，银行可以将净额结算组合（netting sets）从标准法计算中移除。该部分 CVA 资本要求必须采用基础法计算。

7 本标准为 CVA 资本要求计算设定了实质性阈值。如果银行的非集中清算

---

1 巴塞尔委员会，《巴塞尔协议Ⅱ：统一资本计量和资本标准的国际协议（完整版）》，2006 年 6 月，www. bis. org/publ/bcbs128. htm。

2 该要求与修订的市场风险框架要求不同。在市场风险框架下，银行不需要监管批准即可使用标准法。

衍生工具名义金额合计低于或等于1000亿欧元，则被认为未达到实质性阈值。该类银行可选择直接将交易对手信用风险资本要求的100%作为其CVA资本要求金额，同时，不考虑CVA对冲的影响。在这种情况下，银行必须对其全部资产组合均采用这一处理方式，而不再采用标准法或基础法。但是，如果认定银行的衍生工具头寸的CVA风险对其整体风险具有实质性影响，监管机构有权禁止银行采用以上简化处理方法。

8 CVA对冲有效性的标准详见第15～17段（基础法）和第36～38段（标准法）。

9 CVA对冲工具可以是与其他交易对手开展的外部工具，也可以是与银行某一交易台开展的内部工具。

- 如果外部CVA对冲本身是担保交易，则无论合格与否，应全部纳入该对冲交易的交易对手的CVA计算之中。
- 所有合格的外部CVA对冲应从交易账簿市场风险资本计算中剔除。
- 不合格的外部CVA对冲应作为交易账簿工具，纳入修订的市场风险标准法框架计算资本要求[3]。
- 内部CVA对冲涉及两个完全相互抵销的头寸：一方来自CVA台，另一方来自含相反头寸的交易台。

——如果内部CVA对冲不合格，两个头寸均属交易账簿且其完全相互抵销，则对CVA组合或交易账簿没有影响。

——如果内部CVA对冲合格，CVA台的头寸作为CVA资产组合的一部分纳入CVA资本计算框架，其对应头寸作为交易账簿头寸纳入市场风险框架计算资本要求。

- 如果内部CVA对冲涉及的工具适用凸度（curvature）风险、违约风险资本要求（default risk charge）或剩余风险资本附加要求（residual risk add－on），只有当对冲头寸所在交易台（CVA台的交易对手）与外部交易对手执行了一项完全抵销该交易台相应头寸的交易，才可将其作为合格CVA对冲。

10 对于使用基础法或标准法计算CVA资本要求的银行，可在其使用内部评级法计算交易对手信用风险资本要求时，将计入CVA资本要求的净额结算组合的期限调整因子（maturity adjustment factor）的上限设定为1。

3 巴塞尔委员会，《市场风险最低资本要求》，2016年1月，www.bis.org/bcbs/publ/d352.pdf。

B. CVA 基础法

1. 概述

11 CVA 基础法的计算分为简化版和完整版。完整版考虑交易对手利差对冲（counterparty spread hedges），适用于对冲 CVA 风险的银行。简化版相对于完整版而言，剔除了对冲的影响，适用于不对冲 CVA 风险的银行，进一步简化了基础法的计算和实施。简化版基础法限制了对冲效应，从而更加审慎，可被视为完整版计算的一部分，所有使用基础法的银行都首先要进行简化版的计算。采用 CVA 基础法的银行可自主选择实施完整版或简化版。

2. CVA 基础法简化版（不考虑对冲）

12 基础法简化版计算的 CVA 资本要求（$K_{reduced}$）如下，其中，根号下的求和公式对 CVA 资本要求框架下的所有交易对手进行加总。

$$K_{reduced} = \sqrt{(\rho \cdot \sum_c SCVA_c)^2 + (1-\rho^2) \cdot \sum_c SCVA_c^2}$$

• *SCVAc* 是单独考虑交易对手 c 的 CVA 资本要求［以下称“单体（stand - alone）CVA 资本”］，具体计算方法见第 13 段。

• $\rho=50\%$，是监管相关性参数，其平方 $\rho^2=25\%$，表示任意两个交易对手信用利差之间的相关性[4]。在上述公式中，ρ 的效果体现在，由于各交易对手信用利差并非完全相关，银行面临的 CVA 风险小于对每一交易对手的 CVA 风险之和。

根号下第一项是对 CVA 风险的系统性因素进行加总，第二项是对 CVA 风险的个体性因素（idiosyncratic components）进行加总。

13 第 12 段所述公式中，对交易对手 c 的单体 CVA 资本 SCVAc 的计算方法如下（其中，求和公式在与该交易对手开展的所有净额结算组合层面上加总）：

$$SCVA_c = \frac{1}{\alpha} \cdot RW_c \cdot \sum_{NS} M_{NS} \cdot EAD_{NS} \cdot DF_{NS}$$

• RW_c是交易对手 c 的风险权重，反映其信用利差的波动性。风险权重基于交易对手所在行业和信用质量综合确定，详见第 14 段。

• M_{NS}是净额结算组合 NS 的有效期限。对于监管批准使用内部模型法

4 CVA 基本方法的一个基础假设是系统性信用利差风险是由单一因子驱动的。在此假设下，ρ 可以被理解为一个交易对手的信用利差与单一系统性信用利差因子之间的相关系数。

（IMM）的银行，M_{NS}根据巴塞尔协议Ⅱ附件 4 第 38 ~ 39 段计算，但不受第 38 段中的 5 年上限约束。对于监管未批准使用内部模型法的银行，M_{NS}根据巴塞尔协议Ⅱ第 320 ~ 323 段计算，同样不受第 320 段中的 5 年上限约束。

• EAD_{NS}是净额结算组合 NS 的违约风险暴露（EAD），计算方法与交易对手信用风险最低资本要求一致。

• DF_{NS}是监管折现因子。对于使用内部模型法计算 EAD 的银行，DF_{NS}等于 1；对于不使用内部模型法的银行，DF_{NS}等于$\frac{1-e^{-0.05 \cdot M_{NS}}}{0.05 \cdot M_{NS}}$。[5]

• $\alpha = 1.4$。[6]

14 下表给出了监管风险权重（RW_c）值。信用水平被分为投资级（IG）、高收益（HY）和未评级（NR）。在没有外部评级或者外部评级不被认可的情况下，银行可在监管批准下将内部评级映射至外部评级，根据其信用水平等级（投资级或高收益）确定风险权重；否则，按未评级确定风险权重。

交易对手行业	交易对手信用水平	
	投资级	高收益或未评级
政府主权，包括中央银行、多边开发银行	0.5%	3.0%
地方政府、政府支持的非金融机构、教育机构、公共部门	1.0%	4.0%
金融机构，包括政府支持的金融机构	5.0%	12.0%
基础资源、能源、工业、农业、制造业、矿产和开采领域	3.0%	7.0%
消费品和服务，交通运输和仓储，公共管理及其支持性服务	3.0%	8.5%
信息科技，通信行业	2.0%	5.5%
健康医疗，公共服务，专业技术领域	1.5%	5.0%
其他	5.0%	12.0%

5 DF 是在当期至净额结算组合有效到期日的时间区间平均的监管折现因子。此处折现使用的利率为 5%，即公式中的 0.05。公式中的 EAD 与有效期限（N_{MS}）的乘积近似表示净额结算组合折现预期敞口（expected exposure）以下的区域。由于内部模型法对于有效期限的定义已经包括了这一折现因子，故对内部模型法银行 DF 被设定为 1。对于非内模法银行，净额结算组合有效期限被定义为平均实际交易期限，没有考虑折现因素，故补充监管折现因子。

6 α 是将有效预期正敞口（EEPE）转换为 EAD 的乘数，适用于交易对手信用风险标准法和内部模型法。在 SCVA 公式中，用于将净额结算组合 EAD 还原为 EEPE。

3. CVA 基础法完整版（认可对冲效应）

(a) 合格对冲

15 只有以缓释 CVA 风险中的交易对手信用利差为目的且据此管理的交易才能被认定为合格对冲。

16 只有单名信用违约互换（single - name CDS）、单名或有信用违约互换（single - name contingent CDS）和指数信用违约互换可被认定为合格对冲。

17 合格的单名信用工具应满足以下情形之一：（1）直接基于该交易对手；（2）基于与交易对手具有法律相关性的实体；（3）基于与交易对手同在一个行业或地区的实体。

(b) 计算

18 使用基础法完整版的银行也应首先计算简化版资本要求 $K_{reduced}$。在此基础上，完整版 CVA 风险资本要求 K_{full} 计算方法如下：

$$K_{full} = \beta \cdot K_{reduced} + (1 - \beta) \cdot K_{hedged}$$

其中，$\beta = 0.25$，是监管设定的底线值，用于限制通过对冲降低 CVA 资本要求的程度。

19 资本要求中，认可合格对冲的部分（K_{hedged}）计算公式如下，其中，求和公式在所有交易对手层面上进行加总：

$$K_{hedged} = \sqrt{\left(\rho \cdot \sum_c (SCVA_c - SNH_c) - IH\right)^2 + (1 - \rho^2) \sum_c (SCVA_c - SNH_c)^2 + \sum_c HMA_c}$$

其中：

- 单体 CVA 资本（$SCVA_c$）和相关系数 ρ 的定义与基础法简化版相同。
- SNH_c 表示由于银行使用信用利差风险的单名对冲工具，导致交易对手 c 的 CVA 风险降低。具体计算方法见第 21 段。
- IH 表示银行使用指数对冲工具，导致交易对手整体层面的 CVA 风险降低。具体计算方法见第 22 段。
- HMA_c 是一个表示错位对冲的参数。在非直接对冲情况下，由于无法完全抵销交易对手信用利差的变动，故设定该参数，用于限制非直接对冲对资本要求的降低程度，即非直接对冲不能将 K_{hedged} 降至零。具体计算见第 23 段。

20 第 19 段中 K_{hedged} 公式主要有三项：

- 第一项 $\left(\rho \cdot \sum_c (SCVA_c - SNH_c) - IH\right)^2$ 加总了 CVA 风险在银行不同交易对手、单名对冲工具和指数对冲工具下的系统性因素。
- 第二项 $(1 - \rho^2) \sum_c (SCVA_c - SNH_c)^2$ 加总了 CVA 风险在银行不同交易对手

和单名对冲工具下的个体性因素。

• 第三项 $\sum_{c} HMA_c$ 加总了对交易对手信用利差风险不一致的非直接对冲因素。

21 SNH_c 计算方法如下（其中，求和公式在针对交易对手 c 的所有单名对冲工具 h 的层面进行加总）：

$$SNH_c = \sum_{h\epsilon c} \gamma_{hc} \cdot RW_h \cdot M_h^{SN} \cdot B_h^{SN} \cdot DF_h^{SN}$$

其中：

• γ_{hc} 表示交易对手 c 的信用利差与基于 c 的单名对冲 h 的信用利差之间的相关系数，由监管给定，见第 24 段表格。如果对冲直接基于该交易对手，则该参数为 1，否则将小于 1。

• M_h^{SN} 是单名对冲 h 的剩余期限。

• B_h^{SN} 是单名对冲 h 的名义金额。对于单名或有信用违约互换，名义金额根据涉及资产组合和工具的当前市场价值确定。

• DF_h^{SN} 是监管折现因子，公式为 $\frac{1-e^{-0.05 \cdot M_h^{SN}}}{0.05 \cdot M_h^{SN}}$。

• RW_h 是单名对冲 h 的监管风险权重，反映对冲工具参照对象的信用利差波动性。风险权重的设定基于对冲工具参照对象所在行业和信用水平，具体数值见第 14 段。

22 IH 计算方法如下（其中，求和公式在银行用于对冲 CVA 风险的所有指数对冲工具 i 的层面上进行加总）

$$IH = \sum_{i} RW_i \cdot M_i^{ind} \cdot B_i^{ind} \cdot DF_i^{ind}$$

其中：

• M_i^{ind} 是指数对冲 i 的剩余期限。

• B_i^{ind} 是指数对冲 i 的名义金额。

• DF_i^{ind} 是监管折现因子，公式为 $\frac{1-e^{-0.05 \cdot M_i^{ind}}}{0.05 \cdot M_i^{ind}}$。

• RW_i 是指数对冲 i 的监管风险权重，具体数值是根据第 14 段要求，并基于指数成分所在的行业和信用水平按照以下规则调整后确定：

——对于指数成员属于同一行业且信用水平相同的指数，可在第 14 段所示相应数值基础上乘以 0.7，以反映指数内单体风险间的分散效应。

——对于跨行业或跨信用水平等级的指数，应基于第 14 段所示数值根据指数成员加权计算后乘以 0.7。

23 *HMAc* 根据以下公式计算：

$$HMA_c = \sum_{h\epsilon c}(1 - \gamma_{hc}^2) \cdot (RW_h \cdot M_h^{SN} \cdot B_h^{SN} \cdot DF_h^{SN})^2$$

其中，求和公式在交易对手 c 的所有单名对冲 h 层面进行加总，γ_{hc}、M_h^{SN}、B_h^{SN}、DF_h^{SN} 和 RW_h 与第 21 段所述定义相同。

24　交易对手 c 信用利差与其单名对冲 h 的信用利差之间的相关系数 γ_{hc} 的监管给定值见下表：

关于交易对手 c 的单名对冲 h	γ_{hc} 值
直接基于交易对手 c	100%
与交易对手 c 具有法律相关性	80%
与交易对手 c 同在一个行业或地区	50%

C. CVA 标准法

1. 概述

25　CVA 标准法（SA - CVA）是在修订的市场风险标准（revised market risk standard）框架下市场风险标准法（SA - TB）基础上发展而来的。CVA 标准法与市场风险标准法的主要区别在于：（1）CVA 标准法的市场风险因子细化程度有所降低；（2）CVA 标准法不包含违约风险和凸度风险；（3）CVA 标准法在风险加总上更为审慎；（4）CVA 标准法在计算中包含了审慎性乘数 m_{CVA}。

26　CVA 标准法应与市场风险标准法保持同样频度，按月计算并报送监管机构。此外，使用 CVA 标准法的银行还应能够根据监管机构的要求计算并报送。

27　CVA 标准法的输入参数包括监管 CVA 相对于交易对手信用利差的敏感度和影响担保交易价值的市场风险因子。银行应根据修订的市场风险标准法要求计算敏感度。

28　使用 CVA 标准法应满足以下最低要求：

• 银行应能对风险暴露建模，并至少按月计算 CVA 以及本文件 C. 6 部分所描述的 CVA 市场风险因子敏感度。

• 银行应有专门的 CVA 台（或类似具有特定职能的团队）负责 CVA 的风险管理和对冲。

2. 监管 CVA 的计算

29　监管 CVA 是标准法框架下 CVA 资本要求计算的基础。银行应针对其每一具有担保交易头寸的交易对手计算监管 CVA。

30 单个交易对手层面的监管 CVA 计算原则如下所述。银行应向监管人员证明其能够满足并遵循这些原则。

• 监管 CVA 应计算在银行自身无违约风险的假设下，由于交易对手违约而导致的未来预期损失。

• 计算应至少基于以下输入参数：（1）市场隐含违约概率（market - implied PD）的期限结构（term structure）；（2）市场公认的预期违约损失率（ELGD）；（3）折现后未来风险暴露的模拟路径。

• 市场隐含违约概率的期限结构应根据市场观测的信用利差来估计。对于信用交易不活跃的交易对手（低流动性交易对手），市场隐含违约概率应根据近似信用利差（proxy credit spreads）估计，并满足以下要求：

——银行在估计低流动性交易对手的信用利差曲线时，应参考与该交易对手性质相近但具有活跃交易的多个同类机构在市场上的信用利差，至少考虑信用水平（评级）、行业和区域三个变量，设定相应算法。

——在特定情况下，允许将一个低流动性交易对手的信用利差映射至具有高流动性的单一机构。例如，将市政当局映射至其本国主权（将市政当局信用利差设定为主权信用利差加溢价）。如采取这种做法，银行需向监管机构说明其合理性。

——如果由于交易对手的特殊性（例如，以项目融资或基金为交易对手）无法找到具有市场化信用利差的同类机构，银行可以通过对该低流动性交易对手的信用风险进行基础性分析，得到近似信用利差。如果该分析评估使用历史违约概率作为参考，则除历史违约率外，还必须考虑与信用市场相关的其他因素。

• 除非银行能够证明衍生工具风险暴露与高级无担保债券（senior unsecured bonds）的优先级（seniority）不同，否则监管 CVA 计算中使用的市场公认的预期违约损失率（ELGD）应等同于计算信用利差风险中性违约概率（risk - neutral PD）所使用的预期违约损失率。

• 未来风险暴露折现值路径，是指基于相关市场风险因子的模拟路径，对与该交易对手开展的所有衍生交易估值，并在该路径上以无风险利率将其折为现值。

• 银行应采用随机过程方法，在适当数量的路径上对具有实质性影响的每一风险因子进行模拟。模拟路径应基于适当的未来时间点集合，其中，未来时间点应包含所有交易中的最长期限。

• 如果某一交易的风险暴露大小与交易对手信用水平存在显著相关性，在计算中应对这一相关性予以考虑。

• 对于保证金交易对手，在以下情况下，可在计算中将押品认定为合格风险缓释：

——满足巴塞尔协议Ⅱ附件4第51段（ⅰ）和（ⅱ）的押品管理要求。

——抵押交易中的所有文件在各相关国家、对各相关方均具有法律可执行性。银行应在法律层面充分审定并确认上述条件，确保其具有充分的法律基础，并就其法律效力的持续性开展必要的后续评估。

• 对于保证金交易对手，模拟风险暴露的路径应能反映保证金的风险缓释作用。风险暴露建模应能合理体现各项合同特征，包括保证金协议的属性（单边或双边）、要求补充保证金的频率、押品类型、阈值、保证金独立金额（independent amount）、初始保证金和最低转移金额等。为确定某一计量时点上的押品数量，风险暴露模型应假定交易对手在该时点前的某个时段内不会再增加或减少押品金额。这一假定的时段长度，即保证金风险期（Margin Period of Risk，MPoR），不得低于监管给定的底线。监管底线为9+*N*个交易日，其中，*N*是保证金协议中约定的保证金重置周期（如果保证金协议规定每日或日间确定保证金金额，则最低保证金风险期为10个交易日）。

31 风险暴露折现值路径由银行通过计算前台或会计CVA的风险暴露模型得出，适当调整（如需）以满足监管CVA计算要求。关于监管CVA计算的模型校准过程（保证金风险期除外），市场和交易数据应与会计CVA保持一致。

32 银行在生成风险暴露模型中市场风险因子路径时，应满足并能向监管机构证明满足以下要求：

• 风险因子的漂移（drift）应与风险中性概率方法保持一致，不允许使用历史校准。

• 如给定市场中具备充分的数据，市场风险因子的波动率和相关性应根据市场数据进行校准。如无，则可使用历史校准。

• 适当情况下，模型中风险因子的分布应能解释可能出现的风险暴露非正态性分布，包括尖峰厚尾（leptokurtosis）分布。

33 合格净额结算的认定与会计CVA计算方式相同。特别地，对净额结算的不确定性可进行建模计算。

34 对于以公允价值计量的非流动性头寸，修订的市场风险框架相关要求同样适用于基于会计原则计算的CVA（accounting-based CVA）。银行应对基于会计原则的风险暴露建模的各组成要素开展独立验证。

35 银行应向监管机构证明其满足以下要求：

• 银行应将用于计算监管CVA的风险暴露模型纳入CVA风险管理框架。管理框架包括CVA风险的识别、计量、管理、审批和内部报告。对于CVA计算中涉及的风险暴露模型以及CVA对市场风险因子的敏感性，银行应进行准确的追踪记录。

• 银行高管层应积极参与 CVA 风险控制流程，将 CVA 风险控制作为业务管理的重要组成部分，并为此投入充足的资源。

• 银行应制定一系列书面的内部管理政策、控制手段和程序，对其会计 CVA 风险暴露计量系统运营情况进行规范，确保上述政策程序得到遵守。

• 银行应建立独立的控制团队，负责对风险暴露模型开展有效的初始和持续验证。该团队应与信贷业务和交易团队（包括 CVA 台）相互独立，配备足够的员工，并直接向公司高管层汇报。

• 银行应通过细化的书面文件对风险暴露模型的初始和持续验证流程进行记录，确保第三方能够理解模型如何运行、有何局限、作何假设，并能支持重置分析。文件应设定持续验证在一般情形下和其他情况（例如市场行为的突发变动）下的最低频率。此外，文件应明确描述数据流和资产组合的验证方式、所开展分析的类型，以及所构建的交易对手资产组合的代表性。

• 银行应对用于风险暴露计算的估值模型进行检验。在给定的市场风险因子路径下，适当选取涵盖各种市场条件下的独立市场基准，进行对比检验，并纳入模型的初始和持续验证流程。期权定价模型应考虑期权价值相对于市场风险因子的非线性因素。

• 银行内部审计应定期对 CVA 管理的总体流程进行独立评估。评估范围应包括 CVA 台和独立风险控制团队的业务活动。

• 银行应明确在何种条件下需开展风险暴露模型及其输入参数的评估。对于评定模型效果是否达到预期标准、对达不到标准的模型进行修正，银行应制定书面政策流程。

• 风险暴露模型应能包含详细交易信息，可在净额结算组合层面进行风险暴露加总。银行应能验证模型是否将每笔交易对应至相应的净额结算组合。

• 风险暴露模型应能及时、全面、审慎地反映交易条款和规定（terms and specifications）。条款和规定应存储在安全的数据库中，并经过正式和定期审计。条款和规定的相关数据向风险暴露模型中的传输过程也应纳入内部审计，建立正式流程对内部模型和原数据系统进行核对，持续验证风险暴露系统是否正确或更加审慎地反映了交易条款规定。

• 当期和历史市场数据应从各业务条线独立获取，并符合会计要求。数据应及时、全面地输入模型，存储在安全的数据库中，并经过正式和定期审计。银行还应制定完善的数据质量规范流程，处理数据错误和异常观测值。如果风险暴露模型依赖于近似市场数据（proxy market data），银行应针对近似指标的选取建立内部政策，并通过持续性的实证检验证明所选取的近似指标能够审慎地反映不利市场条件下的风险状况。

3. 合格对冲

36 只有用于缓释 CVA 风险，且据此管理的整体交易[7]（whole transaction），可被认定为合格对冲。

37 用于交易对手信用利差风险或 CVA 风险暴露组成部分的对冲，可作为合格对冲。

38 修订的市场风险标准框架下市场风险内模法范围以外的工具（如分级信用衍生工具），不能作为合格对冲。

4. 乘数

39 CVA 敏感性的计算与交易账簿工具市场价值敏感性方法类似，但模型风险更高。为此，CVA 的计算在交易账簿敏感性的基础上增加了乘数 m_{CVA}，起到放大计算结果数值的作用。

40 乘数 m_{CVA} 默认值为 1.25。但是，如果认为银行的 CVA 模型风险显著（例如，银行对某一交易对手的风险暴露与该交易对手信用水平之间的相关性未在 CVA 计算中予以体现），监管机构有权决定提高乘数值。

5. 计算

41 CVA 标准法下的资本要求等于整体 CVA 资产组合（包括合格对冲在内）的得尔塔（Delta）和维伽（Vega）风险资本要求之和。

42 得尔塔风险资本要求等于以下六类风险独立计算得出的得尔塔资本要求的简单加总：（1）利率（IR）；（2）汇率（FX）；（3）交易对手信用利差；（4）参照信用利差（reference credit spreads）（能够影响风险暴露值的信用利差）；（5）股票；（6）商品。

43 对于信用利差得尔塔风险的合格对冲，应将其作为整体（参见脚注 7），或对应于交易对手信用利差风险，或对应于参照信用利差风险。对冲工具不能在两种风险中进行拆分。

44 维伽风险资本要求等于以下五类风险独立计算得出的维伽资本要求的简单加总：（1）利率（IR）；（2）汇率（FX）；（3）参照信用利差（reference credit spreads）；（4）股权；（5）商品。对交易对手信用利差风险没有维伽风险资本

7 不可被分割为多个有效交易。

要求。

45 得尔塔和维伽资本要求计算过程如第46～52段所示。

46 对于给定的风险类型，相对于该风险类别中每一风险因子k，需计算合计CVA对k的敏感性s_k^{CVA}，以及CVA资产组合中所有合格对冲工具市场价值对k的敏感性s_k^{Hdg}。敏感性是指，由于风险因子现值的微小变动导致的目标值（合计CVA或全部CVA合格对冲的市值）变动量与风险因子变动值的比率。每一资产类别下的敏感性具体定义，包括风险因子变动的具体数值，参见C.6节。但是，出于与内部风险管理计算一致的目的，银行也可以使用更小的风险因子变动值。

47 在计算维伽风险的CVA敏感性时，应考虑以下两种类型波动率的变动：（1）用于生成风险因子路径的波动率；（2）用于期权估值的波动率。无论资产组合中是否包含期权，维伽风险的CVA敏感性都是不容忽视的，应对其进行计算。

48 如果以指数作为对冲工具，应对所有影响指数价值的风险因子进行敏感性计算。计算相对于风险因子k的指数敏感性时，应把k的变动作用于每一个受k影响的指数成分，并重新计算指数。例如，为计算S&P500指数对于大型金融机构的得尔塔敏感性，银行应计算相应的所有包含在S&P500指数中大型金融机构股票价格的变动，并重新计算指数。

49 对于每一风险因子k，将净敏感性s_k^{CVA}和s_k^{Hdg}分别乘以相应的风险权重RW_k（每一风险类别的风险权重详见C.6部分），得到加权敏感性WS_k^{CVA}和WS_k^{Hdg}。

$$WS_k^{CVA} = RW_k \cdot s_k^{CVA} \qquad WS_k^{Hdg} = RW_k \cdot s_k^{Hdg}$$

50 CVA资产组合s_k相对于风险因子k的净加权敏感性为：

$$WS_k = WS_k^{CVA} + WS_k^{Hdg}$$

51 在每一风险组b之内，对所有风险加权敏感性加总得到资本要求K_b（各风险类别的风险组和相关系数ρ_{kl}详见第C.6部分）。

$$K_b = \sqrt{\left[\sum_{k\in b} WS_k^2 + \sum_{k\in b}\sum_{l\in b;l\neq k}\rho_{kl} \cdot WS_k \cdot WS_l\right] + R \cdot \sum_{k\in b}\left[\left(WS_k^{Hdg}\right)^2\right]}$$

其中，R是对冲禁止参数（hedging disallowance parameter），被设定为0.01，防止出现对CVA风险的完全对冲。

52 对于每一风险类别，在风险类别内部，应将风险组层面的资本要求进行组间加总（各风险类别下风险组之间的相关系数r_{bc}详见第C.6节）。

$$K = m_{CVA} \cdot \sqrt{\sum_b K_b^2 + \sum_b \sum_{c\neq b} \gamma_{bc} \cdot K_b \cdot K_c}$$

与修订的市场风险标准下相应资本计算公式相比，上述CVA计算公式少了剩余价值（residual value）和S_b，增加了乘数m_{CVA}。

6. 风险组、风险因子、敏感性、风险权重和相关系数[8]

(a) 利率

53 对于利率的得尔塔和维伽风险，风险组根据各单一货币划分。

54 对于利率的得尔塔和维伽风险，所有货币对（currency pair）的风险组间相关系数 $\gamma_{bc}=0.5$。

55 对于银行本国货币以及美元（USD）、欧元（EUR）、英镑（GBP）、澳大利亚元（AUD）、加拿大元（CAD）、瑞典克朗（SEK）和日元（JPY），利率风险得尔塔风险因子要求如下：

• 利率得尔塔风险因子是通货膨胀率和以下五个时间期限的无风险收益率的绝对变动值：1 年、2 年、5 年、10 年和 30 年。

• CVA 对上述收益率的敏感性计算方法为：假定给定货币的无风险收益率变动 1 个基点（变动绝对量为 0.0001），计算合计 CVA（或 CVA 对冲价值）的变动量，再除以 0.0001。CVA 对通货膨胀率的敏感性的计算方法为：由通胀率变动 1 个基点导致的合计 CVA（或 CVA 对冲价值）的变动量除以 0.0001。

• 风险权重 RW_k 给定如下：

风险因子	1 年	2 年	5 年	10 年	30 年	通胀率
风险权重	1.59%	1.33%	1.06%	1.06%	1.06%	1.59%

• 风险因子两两之间的相关系数 ρ_{kl} 给定如下：

	1 年	2 年	5 年	10 年	30 年	通胀率
1 年	100%	91%	72%	55%	31%	40%
2 年		100%	87%	72%	45%	40%
5 年			100%	91%	68%	40%
10 年				100%	83%	40%
30 年					100%	40%
通胀率						100%

56 对于未在第 55 段中提及的货币，利率得尔塔风险因子要求如下：

8 除利率跨期限相关系数根据交易对手信用风险标准法（SA - CCR）利率相关性公式计算外（见文件《对交易对手信用风险暴露标准计量方法》第 14 ~ 17 页，www.bis.org/publ/bcbs_wp26.pdf），风险权重与相关系数与市场风险标准法（SA - TB）相一致。表中所示数值将根据市场风险标准法校准而相应调整。

• 利率风险因子为给定货币通货膨胀率的绝对变化和无风险收益率曲线整体的平行移动。

• CVA 对收益率曲线的敏感性计算方法为：由给定货币无风险收益率曲线整体平行移动 1 个基点（变动绝对量为 0.0001）导致的合计 CVA（或 CVA 对冲价值）的变动量除以 0.0001。CVA 对通货膨胀率的敏感性的计算方法为：由通胀率变动 1 个基点导致的合计 CVA（或 CVA 对冲价值）的变动量除以 0.0001。

• 对于无风险收益率曲线和通货膨胀率，风险权重均为 $RW_k = 2.25\%$。

• 无风险收益率曲线和通货膨胀率之间的相关系数 $\rho_{kl} = 40\%$。

57 对于所有货币的利率维伽风险因子：

• 利率维伽风险因子是通货膨胀率所有波动率的同步相对变化，以及所有利率波动性的同步相对变化。

• CVA 对利率（或通胀率）波动率的敏感性计算方法为：由于所有利率（或通胀率）波动率相对其现值同步变动 1% 导致的合计 CVA（或 CVA 对冲价值）的变动量除以 0.01。

• 对于利率波动率和通货膨胀波动率，风险权重均为 $RW_k = RW_\sigma \cdot \sqrt{6}$，其中，$RW_\sigma = 55\%$。

• 利率波动率和通货膨胀波动率之间的相关系数 $\rho_{kl} = 40\%$。

（b）汇率（FX）

58 对于汇率的得尔塔和维伽风险，风险组根据除银行本币外的其他单一币种划分。

59 在汇率得尔塔和维伽风险中，对于每一组货币对，风险组间的相关系数 $\gamma_{bc} = 0.6$。

60 任意外币的汇率得尔塔风险因子要求如下：

• 单一汇率得尔塔风险因子指给定外币与银行本币之间的现期汇率的相对变动（风险因子仅考虑外币兑本币的汇率）。

• CVA 对现期汇率的敏感性的计算方法：由外币兑本币汇率相对于其现值变动 1% 导致的合计 CVA（或 CVA 对冲价值）的变动值除以 0.01。可将外币兑其他外币的汇率视为两组外币对本币汇率的比值（例如，如银行以欧元为本币，美元兑欧元汇率变动时，美元对英镑汇率可根据变动后美元兑欧元汇率与英镑兑欧元汇率之比计算）。

• 所有外币兑本币汇率的风险权重均为 $RW_k = 21\%$。

61 任意外币的汇率维伽风险因子要求如下：

• 单一汇率维伽风险因子是指给定外币兑本币汇率所有波动率的同步相对

变动。

● 汇率波动率的敏感度计算方法：给定外币对本币汇率的所有波动率相对于其现值同步变动 1%，由此导致的合计 CVA（或 CVA 对冲价值）的变动值再除以 0.01。外币兑其他外币的汇率波动率可根据两组外币对本币汇率的波动率以及相应的隐含相关性计算（假设隐含的相关性不变）。

● 所有汇率波动率的风险权重均为 $RW_k = RW_\sigma \cdot \sqrt{4}$，其中 $RW_\sigma = 55\%$。

(c) 交易对手信用利差

62 对于交易对手信用利差，无须计算维伽风险。其得尔塔风险的风险组包括：

风险组序号	行业分类
1	(a) 主权机构，包括中央银行、多边开发银行
	(b) 地方政府、政府支持的非金融机构、教育机构、公共部门
2	金融机构，包括政府支持的金融机构
3	基础资源、能源、工业、农业、制造业、矿产和开采领域
4	消费品和服务、交通运输和仓储、公共管理及其支持性服务
5	信息科技、通信行业
6	健康医疗、公共服务、专业技术领域
7	其他行业

63 对于交易对手信用利差的得尔塔风险，风险组间相关性 γ_{bc} 如下：

风险组	1	2	3	4	5	6
1	100%	10%	20%	25%	20%	15%
2		100%	5%	15%	20%	5%
3			100%	20%	25%	5%
4				100%	25%	5%
5					100%	5%
6						100%

● 风险组 7 与其他风险组之间的相关系数 $\gamma_{bc} = 0\%$。

64 对于给定的风险组，交易对手信用利差得尔塔风险因子应满足以下要求：

● 交易对手信用利差得尔塔风险因子是指在五个时间期限下，单一实体（直接交易对手，以及交易对手信用利差对冲的参照实体）信用利差变动的绝对值。五个时间期限分别是 0.5 年、1 年、3 年、5 年和 10 年。

● 给定实体和时间点，敏感性的计算方法为：由信用利差变动 1 个基点（绝对量为0.0001）导致的合计CVA（或CVA对冲价值）的变动值除以0.0001。

● 风险权重 RW_k 与时间期限无关，取决于实体所在风险组及其信用水平，如下所示：

风险组	1 a)	1 b)	2	3	4	5	6	7
投资级（IG）	0.5%	1.0%	5.0%	3.0%	3.0%	2.0%	1.5%	5.0%
高收益（HY）和无评级（NR）	3.0%	4.0%	12.0%	7.0%	8.5%	5.5%	5.0%	12.0%

其中，“投资级”（IG）、“高收益”（HY）和“未评级”（NR）标准与第14段基本方法的定义相同。

● 同一实体在不同时间期限下的相关系数 $\rho_{kl}=90\%$。

对于同一信用水平（同为投资级或同为高收益/未评级）的无法律相关性的实体：

● 同一时间期限下的相关系数 $\rho_{kl}=50\%$。

● 不同时间期限间的相关系数 $\rho_{kl}=45\%$。

对于不同信用水平且无法律相关性的实体：

● 同一时间期限下的相关系数 $\rho_{kl}=40\%$。

● 不同时间期限间的相关系数 $\rho_{kl}=36\%$。

对于具有法律相关性的实体：

● 同一时间期限下的相关系数 $\rho_{kl}=90\%$。

● 不同时间期限间的相关系数 $\rho_{kl}=81\%$。

(d) 参照信用利差

65 对参照信用利差应计算得尔塔风险和维伽风险。得尔塔和维伽风险的风险组分类如下（其中，信用质量等级标准与第14段基本方法相同）：

序号	信用水平	行业分类
1	投资级（IG）	主权机构，包括中央银行、多边开发银行
2		地方政府、政府支持的非金融机构、教育机构、公共部门
3		金融机构，包括政府支持的金融机构
4		基础资源、能源、工业、农业、制造业、矿产和开采领域
5		消费品和服务、交通运输和仓储、公共管理及其支持性服务
6		信息科技、通信行业
7		健康医疗、公共服务、专业技术领域

续表

序号	信用水平	行业分类
8	高收益（HY）和未评级（NR）	主权机构，包括中央银行、多边开发银行
9		地方政府、政府支持的非金融机构、教育机构、公共部门
10		金融机构，包括政府支持金融机构
11		基础资源、能源、工业、农业、制造业、矿产和开采领域
12		消费品和服务、交通运输和仓储、公共管理及其支持性服务
13		信息科技、通信行业
14		健康医疗、公共服务、专业技术领域
15	（不适用）	其他行业

66 对于参照信用利差的得尔塔和维伽风险，同一信用质量分类（或投资级，或高收益/未评级）下，风险组间相关系数 γ_{bc} 为：

风险组	1/8	2/9	3/10	4/11	5/12	6/13	7/14
1/8	100%	75%	10%	20%	25%	20%	15%
2/9		100%	5%	15%	20%	15%	10%
3/10			100%	5%	15%	20%	5%
4/11				100%	20%	25%	5%
5/12					100%	25%	5%
6/13						100%	5%
7/14							100%

- 投资级和高收益/未评级风险组间的相关系数 γ_{bc} 应在上述系数基础上除以 2。
- 风险组 15 与其他风险组之间的相关系数为 0%。

67 对于给定风险组的参照信用利差得尔塔风险因子：

- 单一参照信用利差得尔塔风险因子是指一个风险组内所有参照实体所有期限下的信用利差的同步绝对变动。
- 对参照信用利差的敏感性的计算方法为：某一风险组内所有参照实体信用利差变动 1 个基点（绝对量 0.0001），导致的合计 CVA（或 CVA 对冲价值）的变动值除以 0.0001。
- 根据参照实体所属风险组，风险权重 RW_k 如下所示：

投资级风险组	1	2	3	4	5	6	7
风险权重	0.5%	1.0%	5.0%	3.0%	3.0%	2.0%	1.5%

高收益/未评级风险组	8	9	10	11	12	13	14	15
风险权重	3.0%	4.0%	12.0%	7.0%	8.5%	5.5%	5.0%	12.0%

68 对于给定风险组的参照信用利差维伽风险因子：

• 单一参照信用利差维伽风险因子是指一个风险组内所有参照实体所有期限下的信用利差波动率的同步相对变动。

• 对参照信用利差波动率的敏感性的计量方法是：某一风险组内所有参照实体信用利差波动率相对其现值变动1%，导致的合计CVA（或CVA对冲价值）的变动值除以0.01。

• 参照信用利差波动率的风险权重为 $RW_k = RW_\sigma \cdot \sqrt{12}$，其中 $RW_\sigma = 55\%$。

(e) 股票

69 股票的得尔塔和维伽风险的风险组分为：

风险组序号	规模	经济水平	行业分布
1	大市值	新兴市场经济体	消费品和服务、交通运输和仓储、公共管理及其支持性服务、健康医疗、公共服务
2			通信行业、工业
3			基础资源、能源、农业、制造业、矿产和开采领域
4			金融机构（包括政府支持金融机构）、房地产行业、信息科技行业
5		发达经济体	消费品和服务、交通运输和仓储、行政和支助服务活动、健康医疗、公共事业
6			通信行业、工业
7			基础材料、能源、农业、制造业、矿产和开采领域
8			金融机构（包括政府支持金融机构）、房地产行业、信息技术行业
9	小市值	新兴市场经济体	第1～4个风险组对应的行业领域
10		发达经济体	第5～8个风险组对应的行业领域
11	（不适用）		其他行业

相关名词解释如下：

• 市值是指同一法人或集团全球股票市场的市值总和。

• “大市值”是指市值大于或等于20亿美元，“小市值”是指市值小于20亿美元。

• 发达经济体包括加拿大、美国、墨西哥、欧元区、非欧元区的西欧国家（英国、挪威、瑞典、丹麦和瑞士）、日本、大洋洲（澳大利亚和新西兰）、新加坡和中国香港。

• 银行需根据市场对发行人的行业分类情况，将每个发行人划入一个对应的风险组，以对风险暴露进行分组。每个发行人都必须划分到上述表格中的一个风险组，同一个行业的发行人须划入相同的风险组。如果无法按这种方式将发行人划分至某一行业，就将该发行人的风险头寸划入“其他行业”（第 11 个风险组）。对于跨国度、跨行业的发行人，需要按照发行人最主要的经营区域和经营行业划分至相应的风险组。

70 对于股票的得尔塔和维伽风险，如风险组介于序号 1～10，则风险组间的相关系数 $\gamma_{bc}=15\%$。风险组 11 与其他风险组之间的相关系数为 0%。

71 给定风险组下的股票得尔塔风险要求如下：

• 单一股票得尔塔风险因子是指风险组内所有参照实体股票即期价格的同步相对变动。

• 股票得尔塔风险因子敏感性的计算方法：由风险组内所有参照实体的股票即期价格变动 1% 导致的合计 CVA（或 CVA 对冲价值）变动量除以 0.01。

• 风险权重根据股票发行人所在风险组确定，见下表：

风险组序号	风险权重
1	55%
2	60%
3	45%
4	55%
5	30%
6	35%
7	40%
8	50%
9	70%
10	50%
11	70%

72 给定风险组的股票维伽风险因子要求如下：

• 单一股票维伽风险因子是指风险组内所有股票波动率的同步相对变化。

• 对股票维伽风险因子的敏感性的计算方法：由风险组内所有股票波动率相对现值变动 1% 导致的合计 CVA（或 CVA 对冲价值）变动量除以 0.01。

• 大市值股票波动率的风险权重为 $RW_k=RW_\sigma\cdot\sqrt{2}$，小市值股票波动率风险权重 $RW_k=RW_\sigma\cdot\sqrt{6}$，其中 $RW_\sigma=55\%$。

(f) 商品

73 商品得尔塔和维伽风险的风险组分类如下：

风险组序号	商品风险组	示例
1	能源—固体燃料	煤、木炭、木屑颗粒、核燃料（例如铀）
2	能源—液体燃料	原油（例如轻质原油、重质原油、得克萨斯州中质原油 WTI 和布伦特原油），生物燃料（例如生物乙醇、生物柴油），石化产品（例如丙烷、乙烷、汽油、甲醛和丁烷），成品燃料（例如航空煤油、煤油、柴油、燃料油、石脑油、取暖油、柴油）
3	能源—电力和碳交易	电力（例如即期、日前、高峰、非高峰），碳排放交易［例如核证减排量、即期交割月份的欧盟排碳配额（EUA）、区域温室气体应对行动计划二氧化碳排放配额、可再生能源证书］
4	货运	干散货船（例如，好望角型散货船、巴拿马型散货船、灵便型散货船、超灵便型散货船），液体/气体散货船（例如，苏伊士型油轮、阿芙拉型油轮、大型原油运输船）
5	金属—非贵金属	贱金属（例如铝、铜、铅、镍、锡和锌），钢材原材料，（例如钢坯、钢丝、钢圈、钢屑、钢筋、铁矿石、钨、钒、钛、钽），稀有金属（例如钴、锰、钼）
6	气体燃料	天然气、液化天然气
7	贵金属（含黄金）	黄金、白银、铂金、钯金
8	谷物和油料	玉米，小麦，豆类（例如大豆籽、大豆油、大豆粕），燕麦，棕榈油，芥花籽，大麦，菜籽（例如油菜籽、油菜籽油、油菜籽粕），红豆，高粱，椰子油，橄榄油，花生油，葵花籽油，水稻
9	家畜和乳制品	牛（例如活牛和育肥牛），猪，家禽，羊，鱼，虾，乳制品（例如牛奶、乳清、鸡蛋、黄油和奶酪）
10	软饮料和其他农产品	可可；咖啡（例如 Arabica 和 Robusta 咖啡豆）；茶；柑橘和橙汁；土豆；糖；棉；羊毛；木材和纸浆；橡胶
11	其他商品	工业矿物（例如钾碱、化肥、磷酸岩），稀土，对苯二酸，平板玻璃

74 对于商品得尔塔和维伽风险，风险组 1 ~ 10 的组间相关系数 $\gamma_{bc}=20\%$。风险组 11 与其他组的组间相关系数为 0%。

75 给定风险组下的商品得尔塔风险因子要求如下：

- 单一商品得尔塔风险因子是指风险组内商品即期价格的同步相对变动。
- 商品得尔塔风险因子敏感性的计量方法为：由风险组内所有商品即期价格

相对变动1%导致的合计CVA（或CVA对冲价值）的变动除以0.01。

● 风险权重根据商品所在风险组确定，见下表：

风险组序号	1	2	3	4	5	6	7	8	9	10	11
风险权重	30%	35%	60%	80%	40%	45%	20%	35%	25%	35%	50%

76 给定风险组下的商品维伽风险因子要求如下：

● 单一商品维伽风险因子是指风险组内所有商品波动率的同步相对变动。

● 商品维伽风险因子敏感性的计量方法为：由风险组内所有商品波动率相对变动1%导致的合计CVA（或CVA对冲价值）的变动除以0.01。

● 商品波动率的风险权重 $RW_k = RW_\sigma \cdot \sqrt{12}$，其中 $RW_\sigma = 55\%$。

操作风险最低资本要求

1. 引言

1 操作风险是指由不完善或有问题的内部程序、人员及系统或外部事件所造成损失的风险。本定义包括法律风险[1]，但不包括策略风险和声誉风险。

2 计量操作风险最低资本要求的新标准法（为区别巴塞尔协议Ⅱ中的标准法，称巴塞尔协议Ⅲ最终方案中的标准法为新标准法，以下相同。）取代了巴塞尔协议Ⅱ框架[2]下的所有现行方法，即巴塞尔协议Ⅱ中的第644～683段。

3 与巴塞尔协议Ⅱ框架的第一部分（适用范围）一致，新标准法适用于并表口径的国际活跃银行。监管机构可自行决定将新标准法应用于非国际活跃银行。

2. 新标准法

4 新标准法包含以下组成部分：一是业务指标（BI），BI是基于财务报表的操作风险替代指标；二是业务指标部分（BIC），由业务指标与监管机构规定的边际系数（α_i）相乘得出；三是内部损失乘数（ILM），它是基于银行的平均历史损失数据与业务指标部分的一个调整因子。

业务指标

5 业务指标（BI）包括三个部分：一是利息、租赁和分红部分（ILDC），二是服务部分（SC），三是金融部分（FC）。

6 业务指标（BI）定义为

$$BI = ILDC + SC + FC$$

---

1 法律风险包括但不限于因监管措施和私下和解等而导致银行面临罚款、处罚或惩罚性损害的风险。

2 巴塞尔委员会，《统一资本计量和资本标准的国际协议：修订框架》，2006年6月，www. bis. org/pub/bcbs128. htm。

在下面的公式中，一个项目上方的横线表示计算近三年的算术平均值，即 t、$t-1$ 和 $t-2$，以及：[3]

$$ILDC = \min\left[\overline{Abs(Interest\ Income - Interest\ Expense)};\ 2.25\% \cdot \overline{Interest\ Earning\ Assets}\right] + \overline{Dividend\ Income}$$

$$SC = \max\left[\overline{Other\ Operating\ Income};\ \overline{Other\ Operating\ Expense}\right] + \max\left[\overline{Fee\ Income};\ \overline{Fee\ Expense}\right]$$

$$FC = \overline{Abs(Net\ P\&L\ Trading\ Book)} + \overline{Abs(Net\ P\&L\ Banking\ Book)}$$

7　业务指标（BI）中各组成部分的定义详见附件。

业务指标部分

8　业务指标部分（BIC）等于业务指标（BI）与边际系数（α_i）的乘积。如表 1 所示，边际系数随业务指标的增加而递增。第一组银行（业务指标小于或等于 10 亿欧元），其业务指标部分（BIC）等于业务指标（BI）乘以 12%。当业务指标增加 1 个单位时，第一组银行的业务指标部分增加 12%，第二组银行的业务指标部分增加 15%，第三组银行的业务指标部分增加 18%。例如，假设一家银行业务指标等于 350 亿欧元，则业务指标部分（BIC）=（10×12%）+（300－10）×15%+（350－300）×18%=53.7 亿欧元。

表 1　业务指标范围和边际系数

分组	业务指标范围（亿欧元）	边际系数（α_i）
1	≤10	12%
2	10＜BI≤300	15%
3	＞300	18%

内部损失乘数

9　银行发生的内部操作风险损失通过内部损失乘数（ILM）影响操作风险资本的计算。内部损失乘数定义为

$$ILM = \ln\left(\exp(1) - 1 + \left(\frac{LC}{BIC}\right)^{0.8}\right)$$

其中，损失部分（LC）等于过去 10 年操作风险损失算术平均值的 15 倍。当损失部分等于业务指标部分时，内部损失乘数（ILM）等于 1。当损失部分大于业务指标部分时，则内部损失乘数（ILM）大于 1。也就是说，由于将内部操作风险损失

3　首先要计算每年净项目的绝对值（如利息收入－利息支出），再计算近三年的平均值。

纳入资本计量，当一家银行操作风险损失相对于业务指标部分较高时，该银行资本要求相对较高。反之，当损失部分小于业务指标部分时，内部损失乘数（ILM）小于1。也就是说，当一家银行操作风险损失相对于业务指标部分较低时，该银行资本要求相对较低。

10 损失部分（LC）中平均损失计算必须基于10年的高质量操作风险损失数据。损失数据收集的质量要求详见第19～31段。作为新标准法的过渡安排，没有10年高质量损失数据的银行可以使用至少5年的数据来计算损失部分（LC）。[4]银行若没有5年高质量损失数据，必须完全基于业务指标部分计算资本要求。然而，若内部损失乘数（ILM）大于1，并且监管机构认为损失数据能够代表银行操作风险暴露，监管机构可允许银行使用不到5年的损失数据来计算资本要求。

新标准法操作风险资本要求

11 操作风险资本要求由业务指标部分（BIC）与内部损失乘数（ILM）的乘积决定。对于第一组银行（业务指标≤10亿欧元），内部损失数据不影响资本计量结果，即这些银行的内部损失乘数（ILM）始终等于1，操作风险资本等于业务指标部分（12%乘以业务指标）。

12 如果第一组银行满足第19～31段所规定的损失数据收集要求，各国监管机构可自主决定将内部损失数据纳入框架。此外，各国监管机构可自主决定将辖内所有银行的内部损失乘数（ILM）统一设定为1，但银行仍要满足第32段所规定的全部信息披露要求。

13 操作风险最低资本要求（ORC）的计算方法是将业务指标部分（BIC）和内部损失乘数（ILM）相乘。[5]

$$ORC = BIC \times ILM$$

3. 集团内部新标准法实施

14 在并表层面，新标准法计算要使用并表口径的业务指标数据，即集团内的所有收入和支出的净值。次级并表层面的计算使用这一层面的业务指标数据，子公司层面的计算使用自身的业务指标数据。

15 类似于银行集团，当次级并表层面的银行或附属子银行的业务指标数据

4 这种处理方法不应适用于目前使用高级法来确定操作风险资本要求的银行。

5 操作风险的风险加权资产等于12.5倍的操作风险最低资本要求。

达到第二组标准时，银行应将内部风险损失数据纳入新标准法计算中。在新标准法计算中，次级并表层面的银行或附属子银行仅使用自身发生的损失（不包括银行集团其他部分发生的损失）。

16 如果银行属于第二组或第三组，其子公司不符合损失部分使用的数据质量标准，则该子公司在计算新标准法资本要求时应完全基于业务指标部分。在这种情况下，监管机构可以要求银行使用大于 1 的内部损失乘数（ILM）。

4. 新标准法下损失数据使用的最低标准

17 业务指标大于 10 亿欧元的银行应将损失数据纳入操作风险资本计算。收集的数据应是高质量、准确并完整的，以确保计算的资本要求与银行操作风险损失暴露相一致。损失数据最低标准详见第 19～31 段。监管机构应定期检查银行损失数据的质量。

18 不符合损失数据标准的银行必须持有至少相当于业务指标部分的资本。在这种情况下，监管机构可要求银行使用大于 1 的内部损失乘数（ILM）。因不符合损失数据标准而排除的内部损失数据，以及所适用的内部损失乘数（ILM），都必须公开披露。

5. 损失数据识别、收集和处理的一般标准

19 准确识别、收集和处理内部损失数据是新标准法资本计量的基本前提。使用损失部分（LC）的一般标准如下：

（a）用于监管资本计量的内部损失数据必须基于 10 年观察期。当银行首次实施新标准法时，如果没有 5 年以上的高质量数据，作为特例，5 年观察期也可以接受。

（b）与银行现有业务活动、技术流程和风险管理程序有明显联系的内部损失数据最有意义。因此，银行应建立书面规程和流程来识别、收集和处理内部损失数据。在使用内部损失数据计量操作风险资本要求之前，必须对这些程序和流程进行验证及定期的内外部独立审计。

（c）为管理风险及协助监管机构验证及审查，监管机构可要求银行将内部历史损失数据与巴塞尔Ⅱ附件 9 一级监管目录之间建立匹配关系，并提供给监管机构。银行应制定将损失分配到具体事件类型的标准。

（d）银行的内部损失数据必须全面，能覆盖全部子系统和区域的所有重要业

务活动和风险暴露。银行应将损失金额 2 万欧元及以上的损失事件纳入损失数据收集及年度平均损失计算。各国监管机构可自主决定，允许第二组和第三组（业务指标大于 10 亿欧元）银行将用于计算资本要求的损失事件金额提高到 10 万欧元。

（e）除总损失金额信息外，银行还应收集与操作风险事件有关的日期信息，包括事件的发生或第一次开始日期（发生日）（在能够获取的情况下）、银行发现事件的日期（发现日）、在银行损益表中被认定为损失或计提减值准备的日期（记账日）。此外，银行应收集对总损失金额发生追回的信息，以及损失事件起因的描述性信息。[6] 描述性信息的详细程度应与总损失金额的大小相匹配。

（f）与信用风险有关，且计入信用风险加权资产的损失事件不应包含在操作风险损失数据库中。与信用风险相关的，但未计入信用风险加权资产的损失事件应包含在操作风险损失数据库中。

（g）与市场风险有关的操作风险损失，应作为操作风险在本框架下计算最低资本要求，因此适用于操作风险新标准法。

（h）银行应建立独立审查损失数据全面性和准确性的流程。

6. 损失数据识别、收集和处理的具体标准

新标准法损失数据库的建立

20 基于有效的内部数据建立符合标准的损失数据库时，银行应制定明确的政策和程序，明确总损失定义、相关日期和集团损失。

总损失、净损失和回收的定义

21 总损失是在计算各类回收之前的损失。净损失是将回收纳入计算之后的损失。回收是独立事件，与原始损失事件有关但不是同时发生，从第三方获得资金或经济利益流入。[7]

22 银行必须能够识别所有操作风险损失事件的总损失金额、非保险回收额和保险回收额。损失数据应使用回收后的净损失（包括保险回收）。然而，应收账款不计入回收，只有在银行收到付款后，回收才能减少损失。银行应根据监管机

6 税务影响（例如，由于操作损失而减少的公司所得税负债）不属于操作风险新标准法中的回收。

7 例如，从保险公司收到的赔款，从欺诈者那里得到的退还款，以及错误转出款项的回收。

构的要求，提供能够减少净损失的付款证明。

23 下列项目应计入损失数据库的总损失：

（a）由操作风险事件引起的直接费用，包括银行损益表中的减值以及减记。

（b）操作风险事件所产生的其他费用，包括与其相关的外部费用（如直接相关的法律费用和支付给顾问、律师或供应商的费用）和用于恢复到操作风险事件发生之前状态的修理或更换费用。

（c）为防止潜在操作风险损失，在损益表中计提的准备金。

（d）操作风险事件造成的具有明确财务影响的损失，这些损失未反映在损益表中，暂时簿记过渡账户或延后账户中（未决损失）。[8] 重要未决损失应计入损失数据库中，保留的时间应与未决事项的规模和存续时间相一致。

（e）操作风险事件对会计期间的负面经济影响，影响了以前会计期间的现金流或财务报表（计时损失）。[9] 重要的计时损失，如果是由于操作风险事件跨越了一个财务会计期间，且引发了法律风险，那么应该包括在损失数据库中。

24 下列项目无须计入损失数据库的总损失计算：

（a）物业、厂房或设备的一般性维护成本。

（b）操作风险损失后，为加强业务管理的内外部支出，包括升级、改进、风险评估和强化措施。

（c）保险费。

25 银行建立损失数据库应使用记账日。损失数据库收录与法律事件相关损失的时间应不晚于记账日。对于法律损失事件，记账日是为合理评估损益表中的损失而计提法定准备金的日期。

26 由常见的操作风险事件或相关的跨年度操作风险事件造成的损失，应按账务处理方式在数据库中分配到相应年份。

7. 损失部分中损失的排除

27 经监管机构批准，银行可排除某些与自身操作风险状况不再相关的损失

---

8 例如，在某些国家，某些事件（如法律事件、有形资产的损害）的影响在计提准备金前，就能被清楚地确认和识别。此外，准备金的计提方式（如按发现日计提）在不同国家和银行有所差异。

9 时间影响通常与操作风险事件的发生具有典型关系，这些事件导致机构的财务账户出现暂时失真（如夸大收入、记账错误和市值错误）。虽然这些事件并不代表对机构产生真正的财务影响（对时间的净影响是零），但如果错误持续超过一个财务会计期间，它可能导致财务报表出现重大失真。

事件。排除的内部损失事件应是不常见，且应有充足理由予以支持。在评估操作损失事件与银行风险状况的相关性时，监管机构应考虑损失事件发生的原因是否会发生在银行其他领域。例如，已解决的法律风险暴露和已中止的业务，监管机构希望该银行通过分析表明没有类似或剩余的法律风险暴露，并且排除的损失事件与其他持续的业务活动或产品无关。

28 排除的损失事件总金额和数量应在第三支柱中以适当形式予以披露，包括排除的损失事件总金额和数量。

29 对于排除损失事件的要求，监管机构应设定一个重要性阈值（例如，被排除的损失事件应该大于年均损失总额的 5%）。此外，监管机构可设置损失事件在损失数据库中的最少保留期（例如 3 年）。与中止的业务活动有关的损失不受保留期限制。

8. 业务指标中中止的业务活动的排除

30 经监管机构批准，银行可将中止的活动排除在业务指标的计算之外，但应在第三支柱下披露信息。

9. 与并购有关的损失和业务指标项目

31 损失和业务指标的计量应包括并购过程中产生的损失和业务指标项目。

10. 信息披露

32 所有业务指标超过 10 亿欧元，或使用内部损失数据计量操作风险资本的银行，应披露用于计算内部损失乘数的近十年来每年的损失数据。这一披露要求也适用于监管机构行使自由裁量权将内部损失乘数设定为 1 的银行。损失数据的披露应包括总损失、回收后损失和排除的损失。所有银行应对近三年业务规模计算中各子项目信息进行披露。[10]

10 委员会将就操作风险信息披露模板，分别征求公众意见。

附件：业务指标部分的定义

业务指标定义

业务指标部分	损益表或资产负债表项目	描述	典型的子项目
利息，租赁和分红	利息收入	所有金融资产的利息收入和其他利息收入（包括融资租赁和经营租赁的利息收入，租赁资产收益）	• 以下项目获得的利息收入：贷款和垫款，可供出售资产，持有至到期资产，交易性资产，融资租赁和经营租赁 • 套期保值衍生工具的利息收入 • 其他利息收入 • 租赁资产的收益
	利息支出	所有金融负债的利息支出和其他利息支出（包括融资租赁和经营性租赁的利息支出，经营租赁资产的损失、折旧和减值）	• 以下项目的利息支出：存款、已发行债券、融资租赁和经营性租赁 • 套期保值衍生工具的利息支出 • 其他利息支出 • 租赁资产的损失 • 经营性租赁资产的折旧和减值
	生息资产（资产负债表项目）	未偿还贷款、垫款、生息债券（包括政府债券）以及租赁资产年末价值的总额	
	分红收入	未纳入银行合并财务报表的股权、基金等投资的分红收入，包括未并表子公司、联营公司和合资公司	
服务	手续费和佣金收入	提供咨询和服务的收入，包括银行作为金融服务外包商的收入。	费用及佣金收入： • 证券（发行、创设、接收指令、转递、执行客户指令等） • 清算与结算；资产管理；托管；信托交易；支付服务；结构性融资；资产证券化的服务；贷款承诺和担保；外汇交易
	手续费和佣金支出	获得咨询和服务的支出，包括银行为寻求金融服务外包所支出的费用，但不包括非金融服务项目（如物流、IT、人力资源）	费用及佣金支出： • 清算与结算；托管；资产证券化服务；贷款承诺和担保；外汇交易

续表

业务指标定义			
业务指标部分	损益表或资产负债表项目	描述	典型的子项目
服务	其他营业收入	未被前序业务指标项目所包含的一般银行类服务收入（不包括经营性租赁）	• 投资物业的租金收入 • 持有待售非流动资产及终止经营业务的收益（IFRS 5.37）
	其他营业支出	未被前序业务指标项目所包含的一般银行类服务支出，预计经营过程中的损失事件（不包括经营性租赁）	• 持有待售非流动资产及终止经营业务的损失（IFRS 5.37） • 由经营损失事件造成的损失（如罚款、处罚、结算、损坏资产的重置成本），且未在以前年度计提拨备及准备金 • 为操作损失事件计提拨备及准备金的相关支出
金融	交易账簿净损益	• 交易性金融资产/负债（衍生工具、债券、权益证券、贷款和垫款、卖空头寸、其他资产和负债）的净损益 • 套期保值会计的净损益 • 汇兑差额的净损益	
	银行账簿净损益	• 以公允价值计量且其变动计入当期损益金融资产的净损益 • 不以公允价值计量且其变动不计入当期损益金融资产的已实现收益或损失（贷款和垫款、可供出售资产、持有至到期资产、以摊余成本计量的金融负债） • 套期保值会计的净损益 • 汇兑差额的净损益	

以下损益项目与业务指标项目无关：

• 保险或再保险业务的收入和支出

• 从保险或再保险保单中获得的保费和偿付/支付

• 管理费用，包括员工支出，非金融服务的外包支出（如物流、IT、人力资源）和其他行政支出（如 IT、公用事业、通信、交通、办公用品、邮资）

• 管理费用的收回，包括代表客户收回付款（如向客户征税）

• 房产及固定资产的支出（操作损失事件造成的支出除外）

• 有形资产和无形资产的折旧/摊销（经营性租赁资产的折旧除外，该项应被计入融资性和经营性租赁支出）

• 与操作损失事件无关的拨备或拨备拨回（如养老金、承诺和担保）

• 按需偿还股本的费用

• 减值或减值恢复（如在金融资产，非金融资产，对子公司、联营公司、合资公司的投资方面）

• 在损益表确认的声誉变化

• 企业所得税（基于利润的税收，包括当前的税收和递延的税收）

整体底线

导言

1 为降低风险加权资产的过度差异性，提高风险加权的资本充足率的可比性，银行在计算风险加权资产时应满足整体底线要求。整体底线将确保银行的资本要求不会低于标准法下资本要求的一定比例。

整体底线要求

2 根据巴塞尔协议Ⅲ的规定，银行必须满足以下资本要求：

- 核心一级资本始终不低于风险加权资产的 4.5%；
- 一级资本始终不低于风险加权资产的 6%；
- 全部资本（包含一级资本和二级资本）始终不低于风险加权资产的 8%。[1]

3 此外，所有银行基于核心一级资本的留存超额资本设定为风险加权资产的 2.5%。[2] 银行还应满足有关逆周期超额资本的有关要求。对于全球系统重要性银行，还需满足额外的更高损失吸收要求和总损失吸收能力要求。[3]

4 银行在计算上述第 2 段、第 3 段所述的风险加权资产时，必须选择下述计算结果的较大值：（1）采用符合巴塞尔协议要求，并经监管机构批准的方法（包括标准法和内部模型法）计算的风险加权资产；（2）按第 6 段所述标准法计算的风险加权资产的 72.5%。其中，后者涉及的比例要求被称为整体底线。

5 目前，信用风险预期损失的会计准则正在修订，巴塞尔委员会将会审查准备金计提的修订方案，以确保其与整体底线政策具有一致性。

---

1 巴塞尔协议Ⅲ详见 www.bis.org/publ/bcbs189.pdf。

2 相关要求详见 www.bis.org/publ/bcbs189.pdf。

3 相关要求详见金融稳定理事会 TLAC 条款，www.fsb.org/wp-content/uploads/TLAC-Principles-and-Term-Sheet-for-publication-final.pdf。

整体底线的计算

6 第4段所述用于计算整体底线的标准法如下：

• 信用风险：使用标准法计量信用风险。[4] 银行在处理信用风险缓释时，无论是使用简单法，还是使用折扣系数的综合法，都应按账面价值进行计算。这里也包括巴塞尔协议Ⅱ（2006年6月）附录3中所提到的失败交易和未采用贷款对付模式的业务。

• 交易对手信用风险：银行在计算衍生工具风险暴露时，必须使用标准法计算交易对手信用风险。该风险暴露在计算时，须乘以标准法下相关交易对手的风险权重。

• 信用估值调整风险：可使用标准法、基础法或银行交易对手信用风险资本要求的100%（取决于银行用何种方法计算信用估值调整风险）。[5]

• 资产证券化：可使用外部评级法、标准法或1250%风险权重。[6]

• 市场风险：使用标准法计量市场风险。其中，交易账簿的资产证券化信用违约风险应使用外部评级法、标准法或1250%风险权重。[7]

• 操作风险：使用标准法计量操作风险。[8]

7 下表为计算整体底线的简单案例：

	使用整体底线前的风险加权资产数值	标准法计算的风险加权资产数值	标准法计算的风险加权资产数值的72.5%
信用风险	62	124	89.9
其中：A类资产	45	80	58
B类资产	5	32	23.2
C类资产（非模型法）	12	12	8.7
市场风险	2	4	2.9
操作风险（非模型法）	12	12	8.7
风险加权资产合计	76	140	101.5

在本例中，使用整体底线的风险加权资产（101.5）高于未使用底线的结果（76），根据上述第2~4段的有关要求，银行应该使用整体底线的结果计算资本要求。

4 具体参见本协议中有关信用风险标准法（修订版）内容。

5 具体参见本协议中有关信用估值调整计量框架内容。

6 详见资产证券化框架，www. bis. org/bcbs/publ/d374. pdf。

7 详见市场风险计量框架，www. bis. org/bcbs/publ/d352. pdf。

8 具体参见本协议中有关操作风险计量框架内容。

披露要求

8 银行必须披露两组风险加权的资本充足率：（1）计算风险加权资产时未使用整体底线的资本充足率；（2）计算风险加权资产时使用整体底线的资本充足率。此外，银行还应披露颗粒度更高的使用内部模型法和标准法计算风险加权资产的信息，具体披露模板可参照第三支柱信息披露的有关要求。

实施时间和过渡期安排

9 整体底线将于 2022 年 1 月 1 日起正式实施，过渡期校准安排如下：

时间	整体底线校准安排
2022 年 1 月 1 日	50%
2023 年 1 月 1 日	55%
2024 年 1 月 1 日	60%
2025 年 1 月 1 日	65%
2026 年 1 月 1 日	70%
2027 年 1 月 1 日	72. 5%

10 过渡期内，监管机构可以通过行使自由裁量权，对由于实施整体底线导致的银行风险加权资产总量的快速增长设置上限。该上限为银行未实施整体底线时风险加权资产总量的 25%。对于第 7 段中的例子，若行使自由裁量权，银行风险加权资产上限为 95（比未实施整体底线时的 76 增加 25%）。

杠杆率

概述

1 国际金融危机发生的一个根本原因是银行体系中累积了过高的表内外杠杆。许多银行虽然报告了较高的具有风险敏感性的资本充足水平指标，但其实却在过度增加杠杆。在金融危机最严重的时期，金融市场会以放大数倍的资产价格下行压力迫使银行体系降低杠杆。这样的去杠杆过程加剧了银行“遭受损失—资本减少—授信收缩”的恶性循环。

2 巴塞尔协议Ⅲ框架引入了简单、透明、不具有风险敏感性的杠杆率指标，作为具有风险敏感性的资本充足要求的有效补充。[1] 引入杠杆率的目的包括：

- 限制银行业杠杆的累积，避免不稳定的去杠杆过程及其对经济金融体系的不利影响；
- 使用简单的、不具有风险敏感性的“保障指标”，强化具有风险敏感性的资本充足要求。

3 巴塞尔委员会认为，设置一个简单的杠杆率框架具有重要意义，是对风险敏感性资本框架的补充，并且能够充分捕捉银行杠杆的表内外源头。

定义和要求

4 杠杆率被定义为资本（分子）除以风险暴露（分母），以百分比表示：

$$杠杆率 = \frac{一级资本净额}{调整后表内外资产余额}$$

5 对杠杆率而言，一级资本净额即一级资本［由核心一级资本和（或）其他一级资本工具组成］扣除对应扣减项，定义见巴塞尔协议Ⅲ第49～96段。也就是说，在任一时点杠杆率中使用到的资本就是该时点风险敏感性资本框架中的一

1 巴塞尔委员会，《巴塞尔协议Ⅲ：更具稳健性的全球银行监管框架》，2011年6月，www.bis.org/publ/bcbs189.pdf。

级资本。杠杆率中的风险暴露定义见本部分第20～59段。

6 一级资本净额和调整后表内外资产余额合计均在每季度末计量。然而，银行可以根据监管要求，以更高的频率计量（例如，使用按日或按月计量的平均数），只要计量周期始终保持一致即可。

7 银行必须始终满足杠杆率不低于3%的最低要求。

8 此外，为保持风险敏感的资本充足要求与杠杆率要求的对应关系，全球系统重要性银行（G－SIB）还必须满足杠杆率缓冲要求。[2] 为与第5段中用来满足杠杆率最低要求的资本保持一致，全球系统重要性银行必须用一级资本满足杠杆率缓冲要求。

9 全球系统重要性银行的杠杆率缓冲要求为风险敏感性资本要求中更高损失吸收能力要求的50%。例如，若某家全球系统重要性银行适用的更高损失吸收能力要求为2%，其杠杆率缓冲要求则为1%。

10 杠杆率缓冲要求的设计方式与风险敏感性资本框架中的资本缓冲要求一致，因此杠杆率缓冲要求也划分为五档。未能满足杠杆率缓冲要求的全球系统重要性银行，将被限制分配资本。

11 对全球系统重要性银行实施的资本分配限制取决于其核心一级资本充足率和杠杆率。如果某家全球系统重要性银行同时满足核心一级资本充足率要求［4.5%的最低要求、2.5%的储备资本、全球系统重要性银行的更高损失吸收能力要求、逆周期资本缓冲要求（如适用）］和杠杆率要求（3%的杠杆率最低要求和全球系统重要性银行杠杆率缓冲要求），不受最低资本留存要求的限制。如果某家G－SIB不满足上述任一要求，则需满足相应的最低资本留存要求。如果某家G－SIB上述两项要求均不满足，则需满足风险敏感性资本要求和杠杆率要求中较高的最低资本留存要求。

12 举例说明，以下表格展示了适用于第一档更高损失吸收能力要求的全球系统重要性银行（适用于1%的全球系统重要性银行附加资本缓冲），其核心一级资本充足率和杠杆率对应的最低资本留存要求。

核心一级资本充足率	杠杆率	最低资本留存比率（未分配利润的百分比）
4.5%～5.375%	3%～3.125%	100%
>5.375%～6.25%	>3.125%～3.25%	80%

2 见巴塞尔委员会，《全球系统重要性银行：更新评估方法论和更高损失吸收要求》，2013年7月，www.bis.org/publ/bcbs255.pdf。

续表

核心一级资本充足率	一级杠杆率	最低资本留存比率（未分配利润的百分比）
>6.25% ~7.125%	>3.25% ~3.375%	60%
>7.125% ~8%	>3.375% ~3.5%	40%
>8.0%	>3.5%	0%

实施和监测

13 实施杠杆率要求的时间表如下：

• 2018 年 1 月 1 日：按照 2014 年版本规则[3]实施第一支柱最低要求（包括同一版本规则规定的第三支柱披露要求[4]）；

• 2022 年 1 月 1 日：按照本修订版本规则实施第一支柱最低要求（包含所有适用于全球系统重要性银行的缓冲要求）和相应的第三支柱披露要求。[5]

14 2022 年 1 月 1 日杠杆率缓冲要求将适用于金融稳定委员会于 2020 年确定的全球系统重要性银行（基于 2019 年年底数据）。对于后期被认定为全球系统重要性银行或不再认定为全球系统重要性银行的银行，实施与更高损失吸收能力要求框架一致的过渡期安排。

15 杠杆率缓冲要求将每年更新，以反映每年更新的全球系统重要性银行名单和要求。适用更新后更高损失吸收能力要求的全球系统重要性银行将适用更新后的杠杆率缓冲要求，且后者为前者的 50%。上述两项要求的实施安排一致。监管机构可以提出更高的杠杆率缓冲要求。

16 巴塞尔委员会将继续通过巴塞尔协议Ⅲ定量测算（QIS）来监测杠杆率框架的影响。监测的核心是评估规则对银行经营活动和金融市场的总体影响，包括对证券融资交易市场和市场流动性的影响。

17 此外，巴塞尔委员会将在这份文件发布后的两年内，继续监测杠杆率规

---

3 巴塞尔委员会，《巴塞尔协议Ⅲ杠杆率框架和披露要求》，2014 年 1 月，www. bis. org/publ/bcbs270. pdf。

4 杠杆率披露要求于 2015 年 1 月 1 日起实施。2014 年 1 月版本杠杆率框架中的第三支柱披露要求被整合进了 2016 年 3 月发布的第三支柱要求征求意见稿中。见巴塞尔委员会，《征求意见稿—第三支柱披露要求—合并及提高框架》；2016 年 3 月，www. bis. org/bcbs/publ/d356. pdf。

5 巴塞尔委员会将提出披露要求的修订版本，在即将进行的第三支柱复核程序中提出杠杆率框架的修订版本。

则对客户衍生工具交易集中清算的处理方式的影响，从而评估杠杆率要求对银行提供清算服务相关规则的影响，以及对中央交易对手集中清算弹性的影响。

并表范围

18 杠杆率框架的监管并表范围及并表标准与风险敏感性资本框架一致。[6] 详见巴塞尔协议Ⅱ框架（2006 年 6 月）的第Ⅰ部分（应用范围）。

19 对不在监管并表范围内的银行、金融、保险和商业等实体的资本投资的处理：当某个银行、金融、保险和商业实体不在监管并表范围内时，只有对这类实体的资本投资（投资的账面价值，而非基础资产或者被投资实体的其他风险暴露）才被包括在杠杆率风险暴露中。然而，符合本文第 22 段规定的，应从一级资本中扣减的对上述机构的资本投资，应从杠杆率风险暴露中剔除。

风险暴露计量

20 风险暴露一般应按照会计价值总额计量。

21 除特别说明，银行不得以实物或金融质押品、保证或其他信用风险缓释技术扣减杠杆率风险暴露，也不将净资产（或净负债）作为杠杆率风险暴露。

22 为确保一致性，所有按照巴塞尔协议Ⅲ框架应从一级资本中扣除的项目，以及不与负债相关的监管调整项，均应从杠杆率风险暴露中扣除，举如下三个例子：

- 当某银行、金融或保险实体不在本文第 18 段规定的监管并表范围内时，根据巴塞尔协议Ⅲ框架第 84～89 段的扣除方法，对上述实体的资本投资应全部或部分从核心一级资本或其他一级资本中扣除，同时也应从杠杆率风险暴露中扣除。
- 对于使用内部评级法计量信用风险资本要求的银行，巴塞尔协议Ⅲ框架第 73 段要求合格贷款损失准备金余额相对于预期损失的缺口应从核心一级资本中扣除，相同的金额也应从杠杆率风险暴露中扣除。
- 根据修改后的《市场风险最低资本要求》[7] 巴塞尔协议Ⅱ第 718 段，对于流动性较差、非负债类的风险暴露，应从一级资本中扣除对风险暴露的审慎估值调整。相应地，该调整也应从杠杆率风险暴露中扣除。

23 负债项目不能从杠杆率风险暴露中扣除。例如，以公允价值计量的负债

6　例如，如果按比例并表适用于风险敏感性资本框架下的监管并表，同样的并表标准也适用于杠杆率。

7　巴塞尔委员会，《市场风险最低资本要求》，2016 年 1 月，www. bis. org/bcbs/publ/d352. pdf。

的公允价值变动损益、巴塞尔协议Ⅲ第75段描述的由于银行自身信用风险变化导致的衍生金融负债的会计估值调整，不能从杠杆率风险暴露中扣除。

24 对于传统的资产证券化，根据《资产证券化框架修订稿》第24段，若资产证券化满足确认风险转移的操作要求，发起银行可以将该资产证券化风险暴露从杠杆率风险暴露中扣除。[8] 满足上述条件的银行必须将自持的资产证券化风险暴露计入杠杆率风险暴露。在其他情形中，不满足确认风险转移条件的传统资产证券化，或者合成型资产证券化，资产证券化风险暴露必须包含在杠杆率风险暴露中。[9]

25 监管机构应当对不能充分掌握银行杠杆来源的交易和架构保持警惕，这些交易与架构可能降低杠杆率风险暴露。例如，对交易对手的风险暴露增加而交易对手信用质量下降的证券融资交易；或者交易对手信用质量与交易中收到的证券价值正相关的证券融资交易（当证券价值下跌时，交易对手的信用质量也下降）；银行扮演委托人的角色，但是却在衍生工具和证券融资交易中采用了代理人模式，从而利用杠杆率框架对代理人交易的优惠处理规则来获利；构建抵押互换交易以不被纳入杠杆率风险暴露计算范围；采用能够使资产出表的架构。这类例子不胜枚举。监管机构如果认为这些交易不能在杠杆率风险暴露中被充分反映，或者会导致潜在不稳定的去杠杆过程，应当仔细识别这些交易，并考虑采取解决问题的监管措施。监管措施可包括要求银行提升对杠杆的管理水平、提出操作要求（例如，向监管报告等），以及通过第二支柱资本加点的方式要求相关风险暴露充分计提资本。上述监管行动仅是举例，还可以更多。

26 各国有自由裁量权，为促进货币政策的实施，在特殊的宏观经济条件下，监管机构可允许银行暂时免于将存放中央银行款项计入杠杆率风险暴露。为使杠杆率的约束力保持在相同水平上，监管机构在行使该自由裁量权时，应提高杠杆率最低要求，以抵销免除存放中央银行款项的影响。此外，为保持巴塞尔协议Ⅲ杠杆率框架的可比性和透明度，银行应披露所有暂时性豁免的影响，以及假设不采取豁免条件时的杠杆率。[10]

27 银行的总杠杆率风险暴露是以下风险暴露的总和：（a）表内风险暴露（不包括表内衍生工具和证券融资交易风险暴露）；（b）衍生工具风险暴露；（c）证券融资交易（SFT）风险暴露；（d）表外（OBS）项目。以下是上述四种

---

8 巴塞尔委员会，《资产证券化框架修订稿》，2014年12月，www.bis.org/bcbs/publ/d374.pdf。

9 巴塞尔委员会确认，第24段是杠杆率准则2014年1月版本的具体解释，因此，此处的处理将被作为第一支柱最低要求的一部分用于2014年1月的版本。

10 第26段的处理方法将被用于2014年1月的杠杆率准则版本，此版本为第一支柱最低要求。

主要风险暴露的具体处理方法：

(a) 表内风险暴露

28 银行资产负债表上的所有资产都必须纳入杠杆率风险暴露中，包括表内衍生工具抵押物和证券融资交易抵押物，但不包括第32～56段中的表内衍生工具和证券融资交易资产。[11]

29 在资产负债表中，非衍生工具资产以扣除专项拨备后的会计价值计入杠杆率风险暴露。此外，按照巴塞尔协议Ⅲ框架第60段的定义，从一级资本中扣除的一般拨备或者一般贷款损失准备也应从杠杆率风险暴露中扣除。[12]

30 未结算金融资产的常规购买和销售[13]的会计处理方法在不同的会计框架下有所不同，这些未结算交易或是在交易日记账（交易日记账法），或是在结算日记账（结算日记账法）。在杠杆率风险暴露中，使用交易日记账法的银行，应当还原未结算销售的应收账款与未结算购买的应付账款之间的抵销处理。但是，满足下列条件的，可以进行抵销处理（不论这类抵销是否适用于现行会计框架）：

- 购买后产生应付账款或者销售后产生应收账款的金融资产，属于按公允价值计量且变动计入当期损益的资产，并且按照市场风险框架第8～20段的规定应包含在交易账簿中。
- 金融资产的交易按照货银两讫方式结算，交割与付款同时进行。

使用结算日记账法的银行将采用第57～59段以及附件第9段的处理方式。

31 现金池是一种司库产品安排，是指银行将几个单独客户的会计账户的借方和（或）贷方余额合并至一个账户中，进行现金和（或）流动性管理。在计算杠杆率风险暴露时，如果现金总库中某几个客户账户的借方和（或）贷方余额至少每日都会转移至某单一账户，且银行不再逐个管理这些账户，那么这几个客户的账户就被视为压缩为一个单一的账户。因此，在计算杠杆率风险暴露时，对于这种形式的现金池，应视为一个单一的账户，而不是多个客户的账户。如果几个客户账户的借方和（或）贷方余额不是每日都进行转移，但以下所有条件都能满

---

11 如果银行根据其会计框架确认了资产负债表上的信托资产，如果此类资产符合国际财务报告准则第9号的终止确认标准，并在适用的情况下符合国际财务报告准则第10号的不并表标准，则可从杠杆率风险暴露中剔除。

12 虽然巴塞尔协议Ⅲ第60段规定了采用标准法计量信用风险的银行对一般拨备/一般贷款损失准备金的处理，就杠杆率风险暴露计量而言，巴塞尔协议Ⅲ第60段提到的一般准备/一般贷款损失准备金适用于所有银行，无论在风险敏感性资本框架中，他们是使用标准化方法还是内部评级法（IRB）计量信用风险。

13 就此段的处理方法而言，常规购买和销售，是指按照监管规定或惯常做法，依据合同要求在一定时限内交割的金融资产购买或销售。

足，也可认为这几个账户客户压缩为一个账户，在计算杠杆率风险暴露时可以将其作为一个单一账户处理：

- 除了几个客户单独的账户，现金池还设置了可将这几个客户的账户归入的某个单一账户；
- 银行（i）有合法强制性权利将这几个单独客户的账户余额转移至某单一账户，而无须逐个管理这些账户；（ii）在任何时间，银行均能自由行使该法定强制性权利。
- 银行的监管机构并不认为这几个客户的账户余额转移至单一账户的频率过低。
- 现金总库中的单独客户账户之间不存在期限错配，或者所有账户余额均为隔夜或即期的。
- 银行对现金总库中的单独客户账户按照合并后的余额收取或支付利息/费用。

如果上述条件未被满足，各单独客户账户的余额必须在杠杆率风险暴露中分别反映。

（b）衍生工具风险暴露

32 衍生工具的处理：杠杆率风险暴露计量中，衍生工具风险暴露分为两部分：（a）重置成本（RC）；（b）潜在风险暴露（PFE）。杠杆率框架使用以下方法计量这两部分风险暴露。

33 银行必须计算所有与衍生工具交易相关的风险暴露，包括银行使用信用衍生工具卖出的信用保护。如第 34 段所描述的，衍生工具风险暴露等于乘子 alpha（设定为 1.4）乘以重置成本[14]和潜在风险暴露之和。如果衍生工具风险暴露被合格双边净额结算合同所覆盖（详见附件），可使用特殊处理方式[15]。卖出信用衍生工具还应使用额外的处理方法，这将在第 44 ~ 49 段具体说明。

34 对于未被合格双边净额结算合同（在附件第 4 ~ 5 段详细说明）覆盖的衍生工具交易，每一交易在杠杆率中的风险暴露计算如下：

$$风险暴露 = alpha \times (RC + PFE)$$

---

14 如果根据银行的国家会计准则，对于某些衍生工具的风险暴露没有会计计量方法，因为它们不（完全）在资产负债表中，所以这类银行必须使用这些衍生工具的正的公允价值之和作为其重置成本。

15 这些是不包含附件 4 第三部分的交叉产品净额结算规则的巴塞尔协议Ⅱ框架下的净额结算规则（跨产品类别，如衍生工具和 SFT 的净额不可用于计量杠杆率风险暴露）。但是，如果一家银行的交叉产品净额结算协议符合附件第 4 ~ 5 段的合格标准，可以选择在每个产品类别中单独进行净额结算，只要该产品类别满足适用于当前框架的净额结算的其他条件。

其中：

- $alpha = 1.4$；
- RC = 根据附件第 2 段计算的重置成本；
- PFE = 根据附件第 3 段计算的潜在风险暴露；

35 双边净额结算：如有符合附件第 4 ~ 5 段要求的合格双边净额结算合同，第 34 段的公式中应当使用净额进行计算（如附件第 2 ~ 3 段）。

36 相关抵押品的处理方法：银行收到的与衍生工具交易相关的抵押品，对于银行杠杆有两种相反的效应：

- 它降低了交易对手风险暴露；
- 它增加了银行可支配的经济资源，银行可以使用抵押品为自己增加杠杆。

37 银行收到的与衍生工具交易相关的抵押品不一定会降低银行衍生工具头寸带来的杠杆，特别是当基础衍生交易导致的结算风险暴露没有被减少时。作为巴塞尔协议Ⅲ杠杆率框架的一般原则，无论会计准则或者风险敏感性资本框架是否允许进行净额结算，银行收到的抵押品都不允许抵减杠杆率的衍生工具风险暴露。因此，当按照上述第 33 ~ 35 段的方法计算衍生工具风险暴露时，银行不能用任何来自交易对手的抵押品抵减衍生工具风险暴露。这意味着不能用收到的抵押品抵减重置成本，同时附件第 3 段中用于计算潜在风险暴露的乘子被设定为固定值 1。然而，按照附件第 3 段的计算方法，潜在风险暴露中的期限因子仍然能够反映出交换可变保证金对潜在风险暴露的抵减作用。

38 类似地，对于交付给对方的抵押品，即使按照会计准则，交付的抵押品已经抵减了银行资产的账面价值，但在计算杠杆率风险暴露时，银行也必须将其全部加回杠杆率风险暴露。

39 现金可变保证金的处理：在计算杠杆率的衍生工具风险暴露时，如果满足以下条件，在交易对手之间交换的可变保证金的现金部分可以被看作预付款的一种形式：

（ⅰ）对于未通过合格中央交易对手（QCCP）[16] 清算的交易，接受方收到的现金也未被隔离。如果法律、监管或合同没有对接受方使用其收到的现金进行限制（现金可变保证金可以被接受方当作自己的现金使用），则现金可变保证金满足未被隔离的条件。

（ⅱ）可变保证金至少逐日根据衍生工具头寸的盯市价值进行计算并交换。为

16　合格中央交易对手的定义见巴塞尔协议Ⅱ附件 4 第一部分 A 节有关通用术语部分，并符合银行对中央交易对手风险暴露的资本要求（巴塞尔委员会于 2014 年 4 月发布的《银行对中央交易对手风险暴露的资本要求》，www. bis. org/publ/bcbs282. pdf）。

满足此条件，衍生工具头寸必须逐日估值，现金可变保证金必须逐日交付至交易对手或其账户中。现金可变保证金在下一个交易日上午交付的，若按照前一交易日结束时的市场价值进行估值，视同满足此条件。

（ⅲ）衍生工具交易合同规定了收取现金可变保证金的币种，这些合同包括合格净额结算主协议（MNA）的信用支持附件（CSA）或者与中央交易对手签署的净额结算协议。

（ⅳ）为了能够清偿盯市风险暴露，可变保证金应当按照交易对手适用的阈值或者最低交付金额全额交付。[17]

（ⅴ）衍生工具交易和可变保证金由作为法律实体的交易对手双方签署的单一净额结算主协议（MNA）覆盖。净额结算主协议必须明确规定，交易双方同意对净额结算协议覆盖的任一支付义务都进行净额结算，包括在任一交易对手方发生信用事件时需要收取或者交付的可变保证金。净额结算主协议必须在所有相关国家（或地区）都有法律效力，包括违约、破产及清算事件发生时，必须在法律上有效并且可执行［满足附件第 4 段（c）和第 5 段的要求］。就本段而言，净额结算主协议（MNA）包括任何提供法律上的可执行抵销权[18]的净额结算协议，并且一个主要的净额结算主协议应该是单一的净额结算主协议。

40 如果满足第 39 段的条件，银行收到的现金形式的可变保证金就可以抵减杠杆率风险暴露中的重置成本部分。由交付保证金而产生的应收款项类资产按如下方法从杠杆率风险暴露中扣减：

• 对于收到的现金可变保证金，银行应按照附件第 2 段的规定扣减衍生工具资产的重置成本（而非潜在风险暴露）。

• 对于交付的现金可变保证金，如果按照会计准则已经确认为交付银行应收款项类资产的，交付银行可以从杠杆率风险暴露中将其扣减，并按照附件第 2 段的要求，将其纳入衍生工具重置成本的计算。

41 清算服务的处理：当银行作为清算会员（CM）[19] 为客户提供清算服务时，如果清算会员有义务赔偿客户由于中央交易对手违约而导致的交易价值变动损失，那么清算会员对中央交易对手的交易风险暴露必须按照与其他衍生工具交易一样的处理方式反映在杠杆率风险暴露中。然而，如果按照与客户的合同条款，清算会员没有义务赔偿客户由于合格中央交易对手违约而导致的损失，清算会员

---

17 在有保证金争议的情形下，已经被交换的不存在争议的保证金可以被确认。

18 考虑到了这一事实：对于中央交易对手使用的净额结算协议，并没有出台与双边交易柜台净额结算可比的标准。

19 就本段而言，“清算会员”“交易风险暴露”“中央交易对手”“合格中央交易对手”在修订后的巴塞尔协议Ⅱ一般条款附件 4 第一部分中定义。

就无须在杠杆率风险暴露中确认对合格中央交易对手的任何交易风险暴露。此外，当银行在多层次客户结构[20]中作为“高级别客户”提供清算服务时，无须在杠杆率风险暴露中确认其对清算会员的风险暴露或者对更高级别客户的交易风险暴露，前提是满足以下所有条件：

• 抵销交易被合格中央交易对手确认为高级别客户交易，支持抵销交易的抵押品为合格中央交易对手和（或）清算会员（如适用）所持有，在以下情形下，能够避免赔偿高级别客户的损失：（ⅰ）清算会员违约或破产；（ⅱ）清算会员其他客户违约或破产；（ⅲ）清算会员及其他客户联合违约或破产。[21]

• 银行必须进行充分的法律审查（并进行必要的更进一步的审查以确保持续的可执行性），并在一个有根据的基础上得出以下结论：在遇到法律挑战的情况下，相关国家（或地区）的法院和行政机关能够依法认可上述的安排是合法的、有效的、具有约束力的和可执行的。

• 有关法律法规、规章、合同或行政安排规定，在清算会员违约或者破产清算时，通过清算会员叙做的抵销交易极有可能通过合格中央交易对手继续进行间接交易。[22] 在这种情况下，高级别客户与合格中央交易对手叙做的头寸和抵押品，将以市场价值转移，除非高级别客户要求按市场价值结清头寸。

• 在清算会员或者合格中央交易对手违约的情形下，银行没有义务赔偿客户遭受的任何损失。

42 在客户直接进入与中央交易对手叙做的衍生交易，清算会员向中央交易对手担保客户衍生交易风险暴露的业绩表现的情形下，银行作为清算会员参与客户与中央交易对手的交易时，根据第 33 ~ 40 段，银行必须视同其自身与客户直接叙做交易，将由担保带来的衍生工具风险暴露纳入杠杆率风险暴露中计算，包括收取或交付现金可变保证金。

43 就第 41 段和第 42 段而言，如果银行扮演了清算会员的角色，而银行的附属实体又不在杠杆率适用的监管并表范围之内，则该实体应该被视同于银行的客户。相反地，如果该附属实体在杠杆率适用的监管并表范围之内，该附属实体

20　多层次客户结构是指银行作为间接客户参与集中清算的结构。间接客户是指某个不是清算会员的机构为银行等客户提供清算服务，这个机构是清算会员的客户或者其他清算客户的客户。“高层级客户”指的就是这种提供清算服务的机构（上述间接客户，译者注）。

21　也就是说，清算会员破产后，不存在法律障碍（除了需要获得法院命令才使客户有权利）向中央交易对手、向其他未破产的清算会员、向客户或者客户的代理人转让属于违约清算会员的客户的抵押品。

22　如果有明确的先例将交易转移至 QCCP，并且业界有意继续这种做法，那么在评估交易是否有可能被转移至 QCCP 时，必须考虑这些因素。QCCP 文档没有禁止客户交易被转移并不足以说明交易非常可能被转移。

与清算会员之间的交易在并表过程中被抵销，但是清算会员仍然有对中央交易对手的交易风险暴露。在此情形下，与中央交易对手的交易将被认为是专有的且第41段的豁免不适用。

44 卖出的信用衍生工具的额外处理：除了由协议的公允价值产生的交易对手信用风险风险暴露，卖出的信用衍生工具还由参考实体的信用水平产生了名义信用风险暴露。巴塞尔委员会因此认为，为了计量杠杆率风险暴露，应按照对现金工具（如贷款、债券）的处理方法处理卖出的信用衍生工具。

45 为了反映对某一参考实体的信用风险暴露，除了以上对衍生工具和相关抵押品的处理方式，卖出的信用衍生工具的有效名义金额也应该被包括在杠杆率风险暴露中，除非卖出的信用衍生工具包括在银行作为清算会员代理客户进行清算的交易中（或在第41段中提到的多层次客户结构中作为清算服务提供者）并且交易符合第41段关于剔除对合格中央交易对手的交易风险暴露的要求（或者在多层次的客户结构中，符合第41段剔除对清算会员或合格中央交易对手的交易风险暴露的要求）。"有效名义金额"通过调整名义金额计算得出，目的是反映增加了杠杆的协议或通过交易结构提升了杠杆的协议的真实风险暴露。此外，当被纳入一级资本计量的卖出的信用衍生工具的相关公允价值减少（且其本身为负值）时，卖出的信用衍生工具的有效名义金额也随之减少[23][24]。如果满足以下条件，最终的金额能够被购买的具有相同参照实体的信用衍生工具的名义金额进一步抵减：

- 通过信用衍生工具购买的信用保护应与相应的卖出的信用衍生工具在重要条款上相同或者更加审慎。这保证了：如果银行通过某种类型的信用衍生工具提供卖出保护，则银行只能以所购买的保护在未来所有可能发生的情况下确定支付的款项为限，确认抵销另一购买的信用衍生工具。重要条款包括从属程度、期权性风险、信用事件、参照实体以及与衍生工具估值相关的其他特征等。[25]
- 通过信用衍生工具购买信用保护的剩余期限等于或大于卖出的信用衍生工

23 例如，如果卖出的信用衍生工具在某日公允价值为正的20，而在随后的报告日期公允价值为负的10，信用衍生工具的有效名义金额可以减少10。有效的名义金额不能减少30。但是，如果在随后的报告日期，信用衍生工具的公允价值是正的5，有效的名义金额根本不能减少。

24 这种处理方式与包括在杠杆率敞口中的有效名义金额被限制在最大潜在损失水平的基本原理是一致的，这意味着报告日期的最大潜在损失是信用衍生工具的名义金额减去已经抵减了一级资本的已经为负数的公允价值。

25 例如，应用重大条款相同条件会导致以下处理：（1）对于单一名称信用衍生工具，通过信用衍生工具购买的信用保护具有信用保护义务，与卖出的信用衍生工具的基准信用保护义务享有同等地位或低于其义务。只要高级资产的信用事件将导致次级资产发生信用事件，通过信用衍生工具购买的次级头寸的信用保护可以抵销更高级头寸的卖出的信用衍生工具。（2）对于分档产品，通过信用衍生工具购买的信用保护在信用保护义务上具有相同的优先级/次级属性。

具的剩余期限。

● 通过信用衍生工具购买的信用保护，但并非从其信用质量与信用保护义务的价值高度相关的交易对手处购买，在巴塞尔协议Ⅲ框架第 101 段详细说明[26]。

● 如果卖出的信用衍生工具的有效名义金额因被计入银行一级资本中的公允价值的减少（其本身为负值时）而抵减，通过信用衍生工具购买的抵销信用保护的有效名义金额也必须由计入一级资本中的公允价值的增加而抵减。

● 当通过信用衍生工具购买的信用保护不包括在代理客户清算（或第 41 段中提及的银行作为清算服务提供者在多层级客户服务结构中完成清算）的交易中，按照本条规定，相应的卖出的信用衍生工具的有效名义金额应从杠杆率风险暴露中剔除。

46 就第 45 段而言，“卖出的信用衍生工具”一词指的是宽泛意义上的信用衍生工具，只要求银行能够通过其有效地提供信用保护，并不局限于信用违约互换和总收益互换。例如，在一定条件下，银行有义务提供信用保护的所有期权，均可被认定为“卖出的信用衍生工具”。此类被银行卖出的期权的有效名义金额可能会被银行有权购买的满足第 45 段规定的信用保护期权的有效名义金额抵销。例如，只有潜在的买入信用保护的行权价等于或低于潜在的卖出信用保护行权价时，才被认为满足第 45 段提及的在重要条款上与相应卖出的信用衍生工具具有相同或更加审慎的条件。

47 就第 45 段而言，只有指向同一个法律实体时，两个参照实体才被认为是相同的。通过信用衍生工具购买的具有一组参照实体的信用保护，如果在经济意义上相当于分别购买组内单个参照实体的信用保护，可以被卖出的具有单独参照实体的信用保护抵销（例如，如果一家银行要为整个证券化结构购买信用保护，就会出现这种情况）。如果一家银行通过信用衍生工具为一系列参照实体购买信用保护，但所购买的信用保护并未覆盖参照实体整体（保护仅涵盖参照实体整体的一个子集，例如第 n 个违约信用衍生工具或证券化的某一档），那么就不能被单个参照实体的卖出的信用衍生工具抵销。然而，只要通过信用衍生工具购买的信用保护覆盖了参照实体整体的所有子集，且信用保护已经售出，此类购买的信用保护就可以抵销对应于一系列参照实体的卖出的信用衍生工具。

48 如果银行通过总收益互换（TRS）购买信用保护并将收到的付款净额确认为净利润，但未确认一级资本中卖出的信用衍生工具价值下跌（公允价值下降或计提准备增加）的抵销作用，信用保护将不能抵销相关卖出的衍生工具的有效

---

26 具体而言，交易对手的信用质量不得与信用保护义务的价值正相关（当信用保护义务的价值下降和购买的信用衍生工具价值增加时，交易对手的信用质量下降）。在作出这个判断的时候，在交易对手及相关参照实体之间不需要存在法律关系。

名义金额。

49 由于卖出的信用衍生工具的有效名义金额被纳入了杠杆率风险暴露计量，同时也计算了潜在风险暴露，因此卖出的信用衍生工具的杠杆率风险暴露可能被虚增了。因此，银行可能会选择从潜在风险暴露计算的净额结算设置中，剔除包含在杠杆率风险暴露中的卖出的信用衍生工具的有效名义金额中未被抵销的部分（根据第45段的规定）。

（c）证券融资交易风险暴露

50 证券融资交易[27]根据下文所述的处理方法包含在杠杆率风险暴露计量中。该处理方法将证券融资交易形式的担保借贷视为杠杆的重要来源，通过提供统一的计量方法来处理会计核算框架的主要差异，确保了国际实施的一致性。

51 一般处理方式为（银行作为委托人），以下各项的金额之和应包括在杠杆率风险暴露中：

（ⅰ）会计上认可的证券融资交易总资产[28]（不认可会计净额）[29] 经调整如下：

• 不包括在证券融资交易下所收到的任何证券的价值，其中银行已将其证券确认为资产负债表上的资产。[30]

• 如果满足以下所有条件，则与同一交易对手的证券融资交易中的现金应付款和现金应收款可以净额计量：

（a）交易具有相同的明确的最终结算日期；没有明确结束日期但交易双方随时可以解约的交易不符合资格。

（b）抵销交易双方欠款的权利，在目前正常业务过程中以及交易对手遇到下列情况时，均可依法强制执行：（ⅰ）违约；（ⅱ）无力偿付；（ⅲ）破产。

---

[27] 证券融资交易包括回购协议、逆回购协议、证券借贷和含保证金的证券借贷交易等，交易价值取决于市场价值，交易通常受保证金协议约束。

[28] 对于债券更新并通过合格中央交易对手清算的证券融资交易资产，“为会计目的而确认的证券融资交易总资产”被最终的合同风险暴露取代，即适用更新过程后对合格中央交易对手的风险暴露，因为已有的合同通过更新过程被新的法律合同取代。但是，如果符合第51段（ⅰ）的标准，银行只允许对与合格中央交易对手之间的现金应收款和现金应付款进行净额结算。就巴塞尔协议Ⅲ杠杆率框架而言，合格中央交易对手所允许的任何其他净额结算均不被认可。

[29] 以会计目的确认的证券融资交易总资产不得确认现金应付款项（如目前在IFRS和美国公认会计准则下所允许的）的会计净额结算。这种监管处理有利于避免不同会计制度可能产生的净额不一致。

[30] 一种情形是，在美国公认会计原则下，当接受人有权重新抵押但还没这样做时，证券融资交易所收到的证券可以被认定为资产。

（c）交易对手方有意结算净额，同时结算，或交易受结算机制的影响，导致等同净额结算，即交易的现金流量实际上等于结算日的单一净额。为实现这种等同性，两笔交易均通过同一结算系统结算，而结算安排则由现金和（或）日内信贷工具支持，旨在确保交易在交易日结束时发生，以及由证券融资交易的证券部分产生的任何问题，不会干扰现金应收和应付净额结算的完成。尤其是后一种情况意味着，结算机制中任何单一证券交易的失败可能会延迟仅结算相匹配的现金部分的结算，或者造成对结算机制（由相关的信贷工具支持）的义务，如果在结算机制结算窗口关闭时，交易的证券端失败，则必须将这笔交易及其配对的现金部分从净额结算中扣除，并按总额处理。[31]

（ⅱ）没有潜在风险暴露附加值的交易对手信用风险可按照下面的公式计算：

• 当合格的净额结算主协议[32]生效时，则现行风险暴露（E^*）为零与合格净额结算主协议包含的所有交易的借给交易对手的证券及现金的总公允价值（$\sum Ei$）减去从交易对手处收到的现金和证券的公允价值（$\sum Ci$）中的较大者。公式如下：

$$E^* = \max\{0, [\sum Ei - \sum Ci]\}$$

• 如果没有合格净额结算主协议，则与交易对手交易的现行风险暴露必须按逐笔交易进行计算，即每笔交易的 i 均单独按照净额结算，公式如下：

$$Ei^* = \max\{0, [Ei - Ci]\}$$

其中，Ei^* 可以被视为 0，如果满足如下条件：（ⅰ）Ei 是借给交易对手的现金；（ⅱ）该交易单独按照净额结算；且（ⅲ）相关的现金应收款不符合第 51 段的规定。

就本小段而言，“交易对手”一词不仅包括双边回购交易的交易对手，还包括在三方回购交易中，交存抵押品和管理抵押品的三方回购代理人。因此，存入三方回购代理人的证券包括在“向对手方借出的证券和现金的总价值”（E）中，并以回购交易中有效借给交易对手的金额为上限。但是，已经存入三方代理人但未被出借的超额抵押品可能被排除在外。

52 销售会计交易：杠杆可能保留在证券融资交易中的证券借出方，而不管是否在实行的会计框架下实现销售会计。因此，如果在实行的会计框架下对证券融资交易进行销售确认，银行必须将所有与销售相关的会计分录冲销，然后计算其风险

31 具体而言，上文第 51 段（ⅰ）（c）段中的标准并不排除贷款对付模式清算机制或其他类型的清算机制，前提是该清算机制符合第 51 段（ⅰ）（c）的要求。例如，如果任何失败的交易（未能转移的证券以及相关应收或应付的现金）可以在结算机制中重新输入，直至结算，清算机制可以满足这些功能要求。

32 “合格”的净额结算主协议应符合附件第 6 段和第 7 段的要求。

暴露，就如同证券融资交易在实行的会计框架下需按照融资交易处理［银行必须计算第51段（i）和（ii）项的金额之和］，以确定其杠杆率风险衡量标准。

53 银行作为代理人时：作为证券融资交易代理人的银行一般只向有关双方中的一方提供赔偿或担保，并且只为其客户所提供的证券或现金的价值与借款人提供的抵押品价值的差额部分提供赔偿或担保。在这种情况下，银行面对的是客户的交易对手的价值差额，而不是交易的相关证券或现金的全部风险暴露（如同银行是交易中的主体之一的情形）。

54 银行作为证券融资交易代理人，向客户或交易对手提供客户所提供的证券或现金的价值与借款人提供的抵押品价值之间的差额的赔偿或担保，同时银行不拥有或控制现金或证券基础，那么银行应按照第51段（ii）的要求计算其杠杆率风险暴露。[33]

55 银行作为证券融资交易的代理人，向客户或交易对手提供赔偿或担保，仅在银行的交易风险暴露被限制在证券融资交易的客户所借的证券或现金的价值以及借款人提供的抵押品的价值的差额时，才可以适用第54段规定的特殊待遇。在银行经济风险暴露进一步扩大（超出担保差额）的情况下，交易中的相关证券或现金[34]应全额计入杠杆率风险暴露。

56 代理银行为证券融资交易双方（证券借出方和证券借入方）提供赔偿或担保的，银行将按照第53~55段对参与交易的每一方分别计算其杠杆率风险暴露。

（d）表外（OBS）项目

57 本部分解释了杠杆率计量办法中对表外项目的处理。这些处理反映在信用风险的标准法和修订后证券化框架标准以及杠杆率框架的特殊处理方法中。表外项目包括无条件可撤销及不可撤销的承诺（包括流动性支持工具）、直接信用替代项目、承兑汇票、备用信用证和贸易相关的信用证。如果表外项目在银行相关会计准则中按照衍生工具风险暴露处理，则该项目在杠杆率风险暴露计量时也必须按照衍生工具风险暴露进行计量。在这种情况下，银行不需要将表外项目按照本节的方法处理。

---

[33] 除第53~55段规定的条件外，作为证券融资交易代理人的银行不向任何有关当事人提供赔偿或担保。该银行并不接触证券融资交易，因此在其杠杆率风险暴露计量中不需要包含这些证券融资交易。

[34] 例如，由于银行管理以银行名义或自有账户而不是客户或借款人账户（例如，通过转贷或管理不分类的抵押品、现金或证券）收取的抵押品。但是，这并不适用于由代理放款人用来持有和管理客户抵押品的客户综合账户，前提是客户抵押品与银行的专有资产隔离开来，并且银行根据客户逐一计算风险暴露。

58 在风险敏感性资本框架下，通过使用信用转换系数（CCF），表外项目在信用风险标准法下转换为等价的信用风险风险暴露。为确定杠杆率的表外项目风险暴露金额，附件中列出了必须适用于名义金额的信用转换系数。

59 此外，针对应用具体和一般规定后降低了一级资本的表外风险暴露，可以从这些风险暴露的等价信用风险暴露（也就是应用信用转换系数转换后的风险暴露）中扣除。但是，经此调整后的表外风险暴露总金额不得低于零。

附件： 杠杆率

本附件包括适用于计算杠杆率的相关规定。

衍生工具风险暴露

1 计算杠杆率风险暴露中对衍生工具风险暴露的方法是基于经由《计量交易对手信用风险暴露的标准法》（以下简称 SA - CCR 框架）[35] 补充后的巴塞尔协议Ⅱ框架附件 4 中所列标准的修改版本。

计算重置成本

2 交易或净额结算的重置成本计量方法如下：

$$RC = \max\ \{V - CVM_r + CVM_p,\ 0\}$$

其中：（ⅰ）V 为个人衍生工具交易或净额结算中衍生工具交易的市场价值；（ⅱ）CVM_r 是收到的符合第 39 段规定条件的现金可变保证金，其金额尚未降低银行现行会计准则下衍生工具交易 V 的市场价值；（ⅲ）CVM_p 是银行提供的符合相同条件的现金可变保证金。

计算潜在风险暴露

3 必须按照 SA - CCR 框架附件 4 第 146 ~ 187 段的规定计算衍生工具风险暴露的潜在风险暴露（PFE）。数学表达式为

$$PFE = multiplier \times AddOn^{aggregate}$$

就杠杆率框架而言，乘子（multiplier）固定为 1。此外，在计算附件（add - on）时，对于所有保证金交易，可以使用 SA - CCR 框架附件 4 第 164 段规定的到

35 巴塞尔委员会，《计量交易对手信用风险暴露的标准法》，2014 年 3 月（2014 年 4 月修订），www. bis. org/publ/bcbs279. pdf。

期日因子。此外，由于卖出期权造成了对标的物的风险暴露，因此必须按照本附件的要求在杠杆率框架下纳入风险暴露计量。即使允许某些卖出的期权在风险敏感性资本框架下进行零风险暴露（EAD）处理，也必须应用本附件中所述的处理措施将其纳入杠杆率风险暴露计量。

双边净额结算

4 双边净额结算采用以下方法纳入杠杆率风险暴露计量：

（a）银行可以对更新交易进行净额结算。在此情形内，银行与其交易对手之间在给定的某一个交易日交割给定货币的任何合同将自动与同一货币和同一日期的所有其他合同合并成一个合用总额。

（b）银行也可以进行净额交易，但须符合（a）中未涵盖的任何合法有效的双边净额结算形式，包括其他形式的更新。

（c）在（a）和（b）两种情况下，银行都需要满足其国家监管机构的要求：

（ⅰ）拥有与交易对手之间的净额结算合同或协议，其中为包括所有上述交易创建单一的法律义务，使银行在交易对手因以下任何一种情形而未能履约的情况下（包括违约、破产、清算或类似情况）有权利只接受或有义务只支付正的和负的按市值计价的净值。

（ⅱ）拥有书面的合理的法律意见。当面临诉讼事件时，有关的法院和行政机构会认定银行的风险暴露基于：

- 交易对手所在国家（或地区）的法律，如果涉及交易对手的外国分公司，则也根据分支机构所在国家（或地区）的法律；
- 管辖个别交易的法律；
- 管辖任何必要的合同或协议以达成净额结算的法律。

国家监管机构（必要时）经与其他国家相关监管机构进行磋商后，必须确认每个国家（或地区）的法律都可以允许执行净额结算。[36]

（ⅲ）确保有关法律可能发生的变化，保持对净额结算安排的法律特征的审查。

5 根据这一框架，包含走避条款的合同在计算杠杆率风险暴露时不能按照净额结算。走避条款是指即使违约者是一个净债权人，也允许非拖欠的一方对违约者的财产仅进行有限的付款或者根本不付款。

---

36 因此，如果这些任何一方的监管机构对其法律的可执行性不满意，则净额合同或协议将不符合条件，任何一方都不能获得监管利益。

证券融资交易风险暴露

6 合格净额结算主协议[37]：双边净额结算协议对于证券融资交易的影响将在逐一交易对手基础上确认，如果发生违约事件，双边净额结算协议在各相关国家（或地区）无论交易对手是否资不抵债或破产都可依法强制执行，则该协议对于证券融资交易的影响将在逐个交易对手层面进行确认。同时，该净额估算协议必须满足以下条件：

（a）在发生违约事件时，包括在交易对手资不抵债（insolvency）或破产（bankruptcy）的情况下，规定非违约方有及时终止和结束协议下的所有交易的权利；

（b）允许对已终止和结束的交易（包括任何抵押品的价值）的盈亏进行净额估算，以便一方向另一方支付差额；

（c）允许在违约事件发生时立即清算或抵销抵押品；

（d）连同上文（a）和（c）所要求的规定所产生的权利，在发生违约事件时，不论交易对手是否无法偿付债务或破产，均可在各相关国家（或地区）强制执行。

7 在银行账簿和交易账簿中持仓的净额将仅在净额交易满足以下条件时确认：

（a）所有的交易都逐日盯市。

（f）交易中使用的质押品在银行账簿中被确认为合格的金融质押品。

表外（OBS）项目

8 就杠杆率而言，表外项目通过将承诺的但未提取的金额乘以信用转换系数（CCF）而转换为信用风险暴露。为了这些目的，承诺是指由银行提供并被客户接受的任何合同安排，用来延长信贷、购买资产或发行信贷替代品。其中包括任何可以在不事先通知债务人的情况下随时被银行无条件取消的安排[38]，还包括银行认为债务人不符合服务文件中规定条件（包括债务人在任何初始或随后的提款安

---

37 有关证券融资交易的合格净额结算主协议的条文仅用于计算第 51 段（ⅱ）所载证券融资交易的交易对手信用风险计量。

38 各国监管机构有自由裁量权，只要符合以下条件，可以从承诺的定义中豁免一些安排：（ⅰ）银行不收取任何费用或佣金来建立或维持安排；（ⅱ）对于首次及其后每次提款，客户须向银行提交申请；（ⅲ）无论客户是否履行安排中规定的条件，银行拥有完全的权力决定是否执行每一笔提款；（ⅳ）银行就每次提取的执行决定只有评估客户的信誉后方可作出。符合上述标准的豁免安排仅限于对企业和中小企业，在这种安排下，对手方的情况持续受到监测。

排之前必须达到的条件）时可以选择取消的安排。

9 100%信用转换系数将应用于以下项目：

• 直接信用替代品，例如一般债务担保（包括作为贷款和证券融资担保的备用信用证）和承兑汇票（包括具有承兑汇票性质的背书）。

• 有支取承诺的远期资产购买，远期存款和部分支付的股票和证券。

• 未结算金融资产购买（已承诺支付）相关的风险暴露，此种常规未结算交易是在结算日记账的。当满足以下两个条件时，银行可以把未结算购买交易的承诺交易款项和未结算销售交易的预收款项进行抵消处理：（ⅰ）购买或销售后产生应付款项或应收款项的金融资产，应该属于按公允价值计量且变动计入当期损益的金融资产，且属于市场风险框架第8~20段规定的交易账簿；（ⅱ）金融资产的交易按照贷款对付模式（DVP）进行结算。

• 没有明确包含在任何其他类别中的信用替代品的表外项目。

10 票据发行便利（NIFs）和循环认购便利将适用50%的CCF（RUFs），无论该便利的期限的长短。

11 某些与交易相关的或有项目（例如履约保函、投标保函、与特定交易相关的担保和备用信用证）将适用50%的CCF。

12 除非能达到较低CCF的条件，否则40%的CCF将用于所有承诺，不论其期限的长短。

13 对于与货物贸易相关的短期[39]自偿性的贸易信用证（如以相关货物单据抵押的跟单信用证），无论对开证行，还是对承兑行，CCF均适用20%。

14 10%的CCF将用于银行可不事先通知随时无条件撤销的承诺，或因借款人信誉恶化而有效自动取消的承诺。监管机构应该对管辖范围内的各种因素（这些因素可能会限制银行在实践中取消承诺的能力）进行评估，并考虑适用更高的CCF。

15 针对表外项目中的承诺，银行可以在两个适用的CCF中选择较低的一个。[40]

16 表外证券化风险暴露必须按照巴塞尔协议Ⅲ资产证券化框架第20段第二条的要求来处理。[41]

---

39 即低于一年的期限。详见巴塞尔委员会，《巴塞尔资本框架下贸易融资的计量方法》，2011年10月，www. bis. org/publ/bcbs205. pdf。

40 例如，如果一家银行承诺开立由货物流动引起的短期自行清算贸易信用证，则将采用20%的CCF（而不是40%的CCF）。如果银行以第59段所述的无条件可撤销承诺发行直接信用替代品，则将采用10%的CCF（而不是100% CCF）。

41 见巴塞尔委员会，《资产证券化框架（修订版）》，2014年12月（2016年7月修订），www. bis. org/bcbs/publ/d303. pdf。

市场风险最低资本要求

概述

本文件提出的市场风险最低资本要求，将替代现行的巴塞尔协议Ⅱ[1]及其后一系列修订版本，作为第一支柱（最低资本要求）的组成部分，于2022年1月起生效。

本文件标准将替代2016年发布的《市场风险最低资本要求》[2]。巴塞尔委员会在2018年3月的咨询文件[3]中就提出对原标准进行修订的计划。《市场风险最低资本要求的注解》[4] 归纳了本文件标准与2016年1月版《市场风险最低资本要求》的差别。

本文件采用一种新的标准版式来阐述市场风险标准。目前巴塞尔委员会正在推行这种统一版式，以更便捷地找到相关巴塞尔标准[5]。巴塞尔委员会希望在未来数月内以这种格式在网站上发布所有的标准。本文件包括市场风险最低资本要求框架[6]的常见问题。

文件中章节名称与对应的缩写如下：

---

1 巴塞尔委员会，《统一资本计量和资本标准的国际协议》，修订框架（合订版），2006年6月，www. bis. org/publ/bcbs128. pdf.

2 巴塞尔委员会，《市场风险最低资本要求》，2016年1月，www. bis. org/bcbs/publ/d352. pdf.

3 巴塞尔委员会，《咨询文件——市场最低资本要求修订版》，2018年3月，www. bis. org/bcbs/publ/d436. pdf.

4 巴塞尔委员会：《市场风险最低资本要求的注释》，2019年1月，www. bis. org/bcbs/publ/d457_note. pdf.

5 本文档中，不同段落或章节的交叉引用会用一个方括号来标注（例如：［MAR21. 1］）。这个统一版式一旦应用于巴塞尔委员会网站，将取代原先的网页超链接模式。

6 本标准中包含的常见问题，前期已涵盖在2018年3月发布的《市场风险最低资本要求常见问题》（www. bis. org/bcbs/publ/d437. pdf）和2011年11月发布的《关于市场风险框架修订的说明》（www. bis. org/publ/bcbs208. pdf）中。

章节缩写	章节名称
RBC25	银行账簿与交易账簿的划分
MAR10 至 MAR12	定义和适用范围
MAR10	市场风险的名词解释
MAR11	市场风险的定义和应用
MAR12	交易台的定义
MAR20 至 MAR 23	标准法
MAR20	标准法：总则与框架
MAR21	标准法：基于敏感度的方法
MAR22	标准法：违约风险资本要求
MAR23	标准法：剩余风险附加资本要求
MAR30 至 MAR33	内部模型法
MAR30	内部模型法：一般条款
MAR31	内部模型法：模型要求
MAR32	内部模型法：返回检验与损益归因测试的要求
MAR33	内部模型法：资本要求的计算
MAR40	简化标准法
MAR90	过渡安排
MAR99	内部模型法应用指引

注：RBC 即风险资本要求（Risk - based capital requirement），MAR 即市场风险的风险加权资产计量（Calculation of RWA for market risk）。

目　录

银行账簿与交易账簿的划分

本章（RBC25）说明了哪些工具应包含在交易账簿中（受市场风险资本要求约束）以及哪些工具应包含在银行账簿中（受信用风险资本要求约束）。

交易账簿的范围

25.1 交易账簿由满足以下要求（[RBC25.2] 至 [RBC25.13]）的工具组成。除此以外的所有工具必须纳入银行账簿。

25.2 上述归入交易账簿的工具包括金融工具、汇率和商品。金融工具是指使一个机构（entity）形成金融资产，同时使另一个机构形成金融负债或股权的合约。金融工具包括基础金融工具（或现货）和衍生金融工具。金融资产指现金，以及获取现金、其他金融资产、商品、股权工具的权利。金融负债指合约规定的支付现金或交付其他金融资产、商品给另一个机构的义务。商品包括电力等无形商品。

常见问题

问题 1. 市场风险框架下的信用利差风险（CSR）资本要求是否适用于货币市场工具（例如期限在一年以内的银行票据或同业存放）？

是的。信用利差风险资本要求适用于满足交易账簿定义（[RBC25.2] 至 [RBC25.13]）的货币市场工具。

25.3 只有当金融工具、汇率、商品的卖出或完全对冲不存在法律障碍时，银行才能将其纳入交易账簿计量。

25.4 银行必须每日计量交易账簿中各项工具的公允价值，且将其变动计入损益账户。

常见问题

问题 1. 若一项工具可以以公允价值计量，它是否可以划到交易账簿？

若一项工具可以以公允价值计量，只有当它符合 [RBC25] 关于交易账簿工具的要求时，才可以划到交易账簿。

银行账簿与交易账簿划分的标准

25.5 因下列一个或多个目的而持有的工具，在首次进行账簿分类时，必须认定为交易账簿工具，[RBC25.3] 或 [RBC25.8] 另有规定的除外：

（1）短期转售；

（2）从短期价格波动中获利；

（3）锁定套利收益；

（4）对冲上述（1）、（2）或（3）项工具产生的风险。

25.6 出于 [RBC25.5] 列举目的之一而持有的下列工具，必须划入交易账簿计量，[RBC25.3] 或 [RBC25.8] 另有规定的除外：

（1）相关性交易组合（correlation trading portfolio）中的工具；

（2）会产生银行账簿信用净空头头寸或股权净空头头寸[1]的工具；

（3）因承销而持有的工具，且承销仅限于银行在结算日预计会实际认购的证券承销。

常见问题

问题 1. 当银行账簿工具产生股权净空头头寸或信用净空头头寸时，如何计算以及计算的频率如何设定？

银行应持续管理和监控银行账簿头寸，以确保银行账簿中任何一项可能产生股权风险或信用风险净空头头寸的工具，在任何时候都不会产生实质性的净空头头寸。

25.7 如果工具持有目的不在 [RBC25.5] 和 [RBC25.6] 列举范围内，该工具必须被划到银行账簿。

25.8 下列工具必须划分至银行账簿：

（1）未上市股权；

（2）证券化过程中已划入基础资产池的工具；

（3）房地产投资，如直接持有房地产和以房地产为基础资产的衍生工具；

（4）零售和中小企业（SME）贷款；

（5）基金投资，但若满足以下一个条件则应当划入交易账簿：

1 银行账簿在以下情况会产生股权风险或信用风险下的净空头头寸：股权价格下跌或者一个债券发行人（或一组债券发行人）的信用利差扩大从而使银行账簿现值增加时。

(a) 银行能够穿透基金的资产结构，且能充分、及时地获得由独立第三方验证并提供的基金资产结构的信息；

(b) 银行能够获取基金的每日报价，且有途径能够获得基金授权书（fund's mandate）的信息或此类投资基金的监管法规规定应当披露的信息。

(6) 对冲基金；

(7) 由以上工具作为基础资产的衍生工具或基金；

(8) 为对冲上述工具所产生的某一特定风险而持有的工具。

常见问题

问题 1. 根据［RBC25. 8］(4)，零售和中小企业的贷款承诺是否不划入交易账簿？

是的。零售和中小企业的贷款承诺不划入交易账簿。

25. 9 除了满足［RBC25. 3］或［RBC25. 8］的条件不划入交易账簿外，一般而言，如果持有以下工具的目的属于［RBC25. 5］的范围，则该工具为交易账簿工具：

(1) 会计准则下属于交易性金融资产或金融负债的工具[2]；

(2) 因做市交易而持有的工具；

(3) 基金投资，不包括根据［RBC25. 8］(5) 而纳入银行账簿的工具；

(4) 上市股权[3]；

(5) 交易相关（trading - related）的回购式交易[4]；

(6) 期权，包括发行人从其银行账簿中衍生的与信用或股权风险有关的嵌入式衍生工具[5]。

---

2 根据 IFRS（IAS 39）和美国 GAAP 的规定，这些工具的定义是"为交易目的而持有"。在 IFRS9 下，这些工具在一个交易业务模式下持有。这些工具应该以公允价值计量且其变动计入损益。

3 经监管审查，某些上市公司股权类工具可不纳入市场风险框架，包括但不限于由于延期补偿计划产生的股权工具、可转换债券、以"股权注资"形式支付利息的贷款产品、按照先前合同约定以股权形式持有的债权、银行持有的寿险产品，以及根据政府规划实施的股权投资（legislated programmes）。如果银行希望不将上述工具纳入市场风险框架管理，需请示监管机构并与其讨论，而且这些股权工具的管理应该独立于从事自营或短期买卖交易的交易台。

4 若回购式交易用于流动性管理目的，而且适用权责发生制会计核算，则不属于［RBC25. 9］的推断范围。

5 嵌入式衍生工具是一个混合协议的组成部分，混合协议包括无衍生工具的主合同。例如，一项包含嵌入式衍生工具的负债，这项负债属于银行账簿。出于会计核算目的，主合同及其附属的嵌入式衍生工具应在银行资产负债表中拆分并单独确认。

常见问题

问题 1. “交易相关的回购式交易”如何定义?

交易相关的回购式交易是指做市、锁定套利收益或产生信用空头或股权空头的交易。

问题 2. 银行应该如何根据［RBC25.9］(6) 区分处理嵌入式衍生工具?

银行在银行账簿下发行的包含嵌入式衍生工具并满足［RBC25.9］(6) 的要求的负债，应该拆分处理。

该项负债拆分为两个部分:(Ⅰ) 划到交易账簿的嵌入式衍生工具;(Ⅱ) 仍然在银行账簿项下计量的其他负债。这种拆分下内部风险没有转移。

同样，如果该项负债被解除，或者嵌入的期权被执行，那么交易账簿和银行账簿的相应构成项(嵌入式期权和负债) 也同时解除对应关系，并立即失效。交易账簿和银行账簿之间没有转换的必要。

问题 3. 用于对冲银行账簿汇率风险头寸的外汇期权应该划到哪个账簿?

用于管理汇率风险的期权符合［RBC25.9］关于交易账簿工具的认定标准。只有通过监管批准，银行才能将用于管理银行账簿汇率风险的期权划到银行账簿。

问题 4. ［RBC25.9］(6) 提到的与信用或股权风险相关的期权，是否包括股权挂钩债券中包含利率下限条款 (floors) 的期权?

是的。股权挂钩债券中包含利率下限条款的期权是一种嵌入式期权，股权是该期权的基础资产，因此该嵌入式期权应该被拆分出来并划入交易账簿。

25.10 按照以下程序，银行可以不采用［RBC25.9］的交易账簿推定清单 (presumptive list)[6]。

(1) 如果银行认为一项工具可以不按照［RBC25.9］的交易账簿推定清单，必须向监管机构提出申请并获得批准。在申请时，银行必须提供证据说明该项工具持有目的不属于［RBC25.5］所列范围。

(2) 如果监管机构没有批准，该项工具必须要划分为交易账簿工具。银行必须在文档中持续记录未遵循交易账簿推定清单的详细情况。

---

6 本文所述交易账簿或银行账簿划分的推断性认定情形，适用于对工具账簿划分没有特别说明的情况。

监管权力

25.11 尽管［RBC25.10］建立了推定清单中工具的审批程序，监管机构仍可以要求银行提供证据，证明交易账簿中工具持有目的属于［RBC25.5］所列之一。如果监管机构认为银行没有提供足够的证据，或者确信某项工具通常应属于银行账簿，就可以要求银行将此工具划到银行账簿，除非它是［RBC25.6］列明的工具。

25.12 监管机构可以要求银行提供证据，证明银行账簿中工具持有目的不属于［RBC25.5］所列。如果监管机构认为银行没有足够的证据，或者认定某项工具通常应属于交易账簿，就可以要求银行将此工具划到交易账簿，除非它是［RBC25.8］列明的工具。

工具划分的文档记录

25.13 银行必须制定明确的政策、程序以及书面记录，决定交易账簿中应包含哪些工具，需确保与本章的标准保持一致，并且充分考虑自身风险管理能力及实际情况。内部控制部门必须持续评估交易活动中是否准确地区分交易工具与非交易工具，并不仅限于对交易账簿内交易的评估。必须有完整记录政策和程序的合规文件，并定期（至少每年）进行内审，在监管审查时提供内审结果。

工具在账簿间转换的限制

25.14 除了［RBC25.5］至［RBC25.10］所述，在首次确认工具的账簿划分后，银行自行决定其在银行账簿和交易账簿之间划转的权利受到严格限制，必须依据［RBC25.15］和［RBC25.16］规定的程序进行。严禁为监管套利而进行的工具账簿转换行为。实践中应该极少出现账簿转换，并且只有在特殊情况下经监管机构批准才可以实施。特殊情况可以是重大的公开事件，例如，银行重组导致交易台被永久关闭，为了关闭某一业务活动而导致工具、投资组合的变动，或因为会计准则的变动导致某些项目在会计上调整为公允价值变动计入损益。市场事件、金融工具的流动性发生变化或仅是交易目的改变等，都不能作为重新划分账簿的理由。当银行进行账簿转换时，必须始终严格遵循［RBC25.5］至［RBC25.10］的标准。

常见问题

问题 1. [RBC25. 14] 提到的“会计准则的变动”，是指会计准则自身的变动还是在现行会计准则下的重分类？

[RBC25. 14] 提到的“会计准则的变动”是指会计准则自身的变化，而非现行会计准则下的重分类。

25. 15 除非例外，银行在任何情况下都不得利用账簿转换进行资本套利。银行必须在转换前后计算监管资本要求（包括银行账簿和交易账簿）。如果由于账簿转换导致资本计提要求下降，减少的资本将作为第一支柱的附加资本进行披露，加回到资本要求中。经监管机构同意，此项附加资本要求可以在头寸到期时从资本要求中核减。为了操作简便，尽管这些头寸在转移后的账簿里将持续计量资本，但不要求持续更新该项额外资本要求。

常见问题

问题 1. 如果一项工具因为会计而重新分类（例如重分类至公允价值变动计入损益的交易性资产或负债），那么根据 [RBC25. 5] 和 [RBC25. 10]（1）的相关要求，有必要审慎地对该项工具的账簿分类进行自动转换。在此情况下，[RBC25. 15]（关于第一支柱附加资本要求）是否适用？

在任何情况下，都不允许利用账簿转换进行资本套利。所以，无论上述转换是出于银行自主选择还是出于无法控制的原因（例如股权退市），都不影响这一要求的适用。

25. 16 账簿间的重新划分必须经过高级管理层和监管机构的批准。证券在交易账簿和银行账簿间重新划分（包括按市场公平条件直接出售），应视作重新分类，且受下列要求的约束：

（1）任何账簿间的重新划分都必须获得高级管理层书面批准，且经内部审查确保符合相关政策。银行应向监管机构提供说明文件，进而获得监管机构的事前批准，并且需进行公开披露。

（2）除非头寸的性质发生了变化，否则任何重新划分都是不可撤销的。

（3）如果一项工具重新划分为会计准则下的交易性金融资产或负债，一般而言该项工具应归属于交易账簿，如 [RBC25. 9] 所述。在此情况下，账簿自动转换可以无须监管审批。

常见问题

问题 1. 内部风险转移的处理是否仅适用于由内部衍生交易产生的风险转移？

是否适用于以市价进行的证券内部转移？

针对内部风险转移的处理仅适用于由内部衍生交易产生的风险转移。证券在交易账簿和银行账簿间的重新划分应视为证券的重分类，必须受［RBC25.16］的约束。

25.17 银行必须要依据上一年特殊事件的分析来更新政策，标记出政策变化，报备监管机构更新频率必须至少每年一次。相关政策必须包括以下内容：

（1）［RBC25.14］至［RBC15.16］关于账簿重新划分的限制要求，尤其强调交易账簿与银行账簿的重新划分只有在特殊情况下才允许实施，并且要具体描述允许账簿转换的特殊情况或标准。

（2）账簿转换获得高级管理层和监管审批的程序。

（3）银行如何识别特殊事件。

（4）在最近的报告日公开披露交易账簿的划入和划出情况。

内部风险转移的处理

25.18 内部风险转移是指在银行账簿内、交易账簿和银行账簿间、交易账簿内（不同的交易台之间）进行的风险转移。内部风险转移需做书面记录。

25.19 从交易账簿到银行账簿的内部风险转移无须计量监管资本。因此，如果银行进行从交易账簿到银行账簿（如因为经济状况原因）的内部风险转移，在计量监管资本时无须考虑此类内部风险转移。

25.20 由银行账簿至交易账簿的内部风险转移适用［RBC25.21］至［RBC25.27］的规定。

由银行账簿到交易账簿的信用和股权内部风险转移

25.21 当银行使用交易账簿的对冲工具对银行账簿的信用风险暴露或股权风险暴露进行对冲时（使用内部风险转移），

（1）从资本计量来看，当且仅当在以下情况下，银行账簿的信用风险暴露已被对冲：

（a）在交易账簿下与合格的第三方保护提供者进行外部对冲交易，该对冲交易与内部风险转移交易完全匹配；以及

（b）外部对冲交易满足巴塞尔协议Ⅱ（第191～194段）关于银行账簿

风险暴露[7]的要求。

（2）从资本计量来看，当且仅当在以下情况下，银行账簿的股权风险暴露已被对冲：

（a）在交易账簿下与合格的第三方保护提供者进行外部对冲交易，该对冲交易与内部风险转移交易完全匹配；以及

（b）外部对冲交易是对银行账簿股权风险暴露的对冲。

（3）［RBC25.21］（1）所述的外部对冲交易，可以由多个交易对手多笔交易组成，只要外部对冲交易整体与内部风险转移交易完全匹配。

25.22 若满足［RBC25.21］的要求，可以认为银行账簿风险暴露已经被内部风险转移的银行账簿端对冲，从而不计提资本。此外，进行内部风险转移的交易账簿端，以及外部对冲交易都必须计提市场风险资本。

25.23 若不满足［RBC25.21］的要求，在计算银行账簿资本要求时，银行账簿风险暴露不认为被内部风险转移的银行账簿端对冲。此外，计算市场风险资本要求时，外部对冲交易要全部纳入计算，内部风险转移的交易账簿端要从中剔除。

25.24 银行账簿中，内部风险转移产生的信用空头头寸或股权空头头寸[8]在银行账簿规则下没有计提资本，必须要在市场风险规则下和交易账簿风险暴露一起计提资本。

由银行账簿到交易账簿的一般利率风险内部转移

25.25 银行在交易账簿中使用内部风险转移对冲银行账簿利率风险暴露，当且仅当满足以下要求时，内部风险转移的交易账簿端在市场风险框架下可以视为交易账簿工具：

（1）内部风险转移以书面形式记录对冲的银行账簿利率风险和风险来源；

（2）内部风险转移由专门的交易台执行，交易台为此已经通过监管审批；

（3）内部风险转移必须遵循市场风险框架下的交易账簿资本要求，并专门单独计量内部风险转移交易台资本，且与其他一般利率风险或交易账簿活动产生的其他市场风险分开。

25.26 若满足［RBC25.25］的要求，内部风险转移的银行账簿端必须计量银行账簿利率风险暴露的监管资本。

7　巴塞尔协议Ⅱ第192段关于“无重组债项的信用衍生品上限为60%”的要求仅限于计算监管资本时对银行账簿工具的信用风险缓释的确定，而不考虑内部风险转移的金额。

8　银行账簿工具若被内部风险转移过度对冲，就会产生银行账簿空头（风险）头寸。

25.27 经监管批准的内部风险转移交易台，可包括从市场（例如银行的外部交易对手）中购买的工具。交易可以由内部风险转移交易台与市场直接交易，也可以由独立的非内部风险转移交易台作为代理，从市场中获得外部对冲。此情况只用于与非内部风险转移交易台进行交易的一般利率风险内部转移，并且需在市场获得完全对冲。在后面这种操作方案中，一般利率风险内部转移的两端分别在内部风险转移交易台和非内部风险转移交易台。

市场风险资本计量要求范围内的内部风险转移

25.28 在市场风险资本计量范围内（包括银行账簿的汇率和商品风险），各交易台之间进行的内部风险转移需要计量监管资本。内部风险转移交易台与其他交易台之间的内部风险转移仅在满足［RBC25.25］至［RBC25.27］的条件时，才需计量监管资本。

25.29 内部风险转移的交易账簿端必须满足［RBC25］规定在交易账簿下与外部交易对手交易的工具要求。

符合信用估值调整资本要求的对冲处理

25.30 计量市场风险资本时，必须扣除信用估值调整（CVA）中对合格外部对冲的资本计提。

常见问题

问题1. 符合信用估值调整标准的信用估值调整对冲产生的汇率风险和商品风险，是否要从市场风险资本计量中剔除？

是的。

25.31 银行可能会开展信用估值调整投资组合和交易账簿间的内部风险转移。此类内部风险转移包括信用估值调整投资组合端和非信用估值调整投资组合端。如果内部风险转移的信用估值调整投资组合端计提了信用估值调整风险资本，就要将它从市场风险资本计量中剔除，同时，非信用估值调整投资组合端应纳入市场风险资本要求。

25.32 任何情况下，只有书面记录下内部风险转移相关对冲的信用估值调整风险和风险来源，才能确认此类内部信用估值调整风险转移的监管资本。

25.33 仅当交易账簿与合格的第三方保护提供者进行外部对冲（且与内部风险转移完全匹配）时，内部信用估值调整风险转移涉及的凸度、违约风险、剩余风险附加（见［MAR20］至［MAR23］）才需要计算投资组合的信用估值调整资本要求。

25.34 独立于信用估值调整风险资本和市场风险资本处理要求，只要满足［RBC25.21］的要求，信用估值调整投资组合和交易账簿间的内部风险转移可以对冲交易账簿或银行账簿项下衍生工具交易对手的信用风险暴露。

市场风险的定义和适用范围

市场风险的名词解释

本章（MAR10）描述市场风险及信用估值调整（CVA）风险框架涉及的专业名词解释。

常规名词解释

10.1 市场风险：市场价格变动导致资产负债表表内外头寸损失的风险。

10.2 名义价值：衍生产品的名义价值等于该衍生产品基础资产的数量乘以单位基础资产的市场价值。

10.3 交易台：银行内部业务条线上的一组交易员或会计账目，遵从明确的交易策略，目的为通过承担和管理风险，实现收益增长或维持银行市场份额（market presence）。

10.4 定价模型：用价格参数的函数对工具进行估值（盯市或盯住模型）的模型，或者用风险因子的函数来确定工具价值变动的模型。一个定价模型可能是若干计算函数的组合，例如第一步先应用估值计算出一个价格，然后对第一个步骤中未涉及的风险进行估值调整。

金融工具名词解释

10.5 金融工具：同时影响一家机构的金融资产或股权和另一家机构的金融负债或股权的合约，包括基础金融工具（或现货）和衍生金融工具。

10.6 工具：金融工具、汇率及商品。

10.7 嵌入式衍生工具：包含非衍生主合同的金融工具。例如，包含转换期权的可转债是嵌入式衍生工具。

10.8 穿透法：确定包含基础资产的头寸（例如指数工具、多标的期权或者基金投资）资本要求的方法，方法为视同银行直接持有基础资产头寸。

市场风险资本计算的相关名词解释

10.9 风险因子：影响工具价值变动的主要决定因素（例如汇率或利率）。

10.10 风险头寸：因风险因子变动工具现值可能造成的损失。例如，以非银行报表货币计价的债券通常会面临一般利率风险、信用利差风险（非证券化）和汇率风险，此时风险头寸是由于风险因子（利率、信用利差、汇率）变动导致的工具现值的潜在损失。

10.11 风险组：一组具有相似特征的风险因子的特定组合。

10.12 风险类别：作为市场风险资本要求计量基础的一系列指定风险，包括一般利率风险、信用利差风险（非证券化）、信用利差风险（证券化：非相关交易组合）、信用利差风险（证券化：相关性交易组合）、汇率风险、股权风险、商品风险。

风险指标名词解释

10.13 敏感度：对基础资产的风险因子小幅变动引起的工具价值变动的估计，得尔塔（delta）和维伽（vega）均属于敏感度指标。

10.14 得尔塔（delta）风险：风险因子变动引起的金融工具价值变动的线性估计。风险因子是股权或商品的价格变动，或者利率、信用利差、汇率的变动。

10.15 维伽（vega）风险：基础资产隐含波动率的变化引起衍生品价值变动而产生的潜在损失。

10.16 凸度（curvature）风险：含期权的金融工具由于风险因子变动而产生的超出得尔塔（delta）风险的额外潜在损失。在市场风险框架的标准法下，通过对监管指定的风险因子实施向上冲击和向下冲击两个情景的压力测试来计量凸度风险。

10.17 在险值（Value at Risk，VaR）：在给定的观察期时间范围和特定的置信区间下，由于市场变动导致的资产组合可能遭受的最大潜在损失。

10.18 预期尾部损失（Expected Shortfall，ES）：超过特定置信区间下在险值的全部潜在损失的平均值。

10.19 突发违约（Jump-to-Default，JTD）风险：突发违约风险暴露为突发性违约事件下可能带来的损失。

10.20 流动性期限：假设对市场价格不产生实质性影响的市场压力情况下，风险头寸退出或对冲所需要的时间。

对冲和分散化名词解释

10.21 基差风险：在对冲策略中，金融工具价格不完全相关使对冲策略有效性降低的风险。

10.22 分散化：在资产组合中持有不完全相关的工具风险头寸而降低整个组合的风险。

10.23 对冲：具有相关性的工具通过多空不同方向的头寸降低风险暴露的过程。

10.24 抵销：轧差相同风险因子下多头和空头净风险暴露的过程。

10.25 独立：以独立原则计量资本，意味着将风险头寸计入独立的、风险不可分散的交易账簿投资组合，因此与这些头寸相关的风险既无法分散、对冲或抵销其他风险头寸的风险，也不能被其他风险头寸分散、对冲或抵销。

风险因子适用性和模型化名词解释

10.26 真实价格：用于评估风险因子是否通过了风险因子适用性测试。如果价格来源于：（Ⅰ）银行的实际交易价格；（Ⅱ）其他机构之间公平独立（如在交易所）的真实交易价格；（Ⅲ）机构的报价（银行能以此价格与其他机构进行交易），那么可以认为这个价格是真实价格。

10.27 可建模的风险因子：风险因子是否可建模，要根据有代表性的真实价格观测值的数量和预期尾部损失模型校准数据的定性原则来判断。不能满足风险因子适用性测试要求的风险因子是不可建模风险因子（NMRF）。

内部模型验证名词解释

10.28 返回检验：将每日的实际损益，假设损益和模型计算的在险值进行比较，以评估风险计量体系审慎性的过程。

10.29 损益归因（PLA）：将交易台风险管理模型预测的风险理论损益与假设损益进行比较，以评估风险管理模型稳健性的方法。

10.30 交易台风险管理模型：交易台（适用于内模法审批范围内的交易台）

风险管理模型包括银行含监管参数的预期尾部损失模型的所有风险因子和监管机构认定不能纳入建模的风险因子，后者在计算监管资本要求时未包含在预期尾部损失模型中，属于不可建模风险因子。

10.31 实际损益（APL）：实际损益是每日产生的损益。它包括日间交易、时间效应以及新增和修正的交易，但不包括手续费、佣金、其他监管资本办法另行规定的估值调整和需从一级资本中扣除的估值调整。其他任何与市场风险相关的估值调整必须包含在实际损益当中。与理论损益一样，实际损益应当包含银行账簿头寸的汇率和商品风险。

10.32 假设损益（HPL）：用当天日终的市场数据对上一日日终持有的头寸进行重新评估得到的每日损益。手续费、佣金、日间交易以及新增和修正的交易、其他监管资本办法另行规定的估值调整和需从一级资本中扣除的估值调整不包含在假设损益当中。每日更新的估值调整通常应包含在假设损益当中。在假设损益和风险理论损益计算中，时间效应的处理方式需一致。

10.33 风险理论损益（RTPL）：交易台风险管理模型预测的每日交易台损益，模型的估值引擎包含全部风险因子（包括不可建模风险因子）。

信用估值调整风险名词解释

10.34 信用估值调整（CVA）：考虑交易对手信用风险而对衍生品交易估值作出的调整。

10.35 信用估值调整风险：交易对手的信用利差变化，以及衍生品交易基础资产价值或波动率的变动，引起信用估值调整变化而产生的风险。

市场风险的定义和应用

本章（MAR11）定义了计算市场风险资本要求的方法和适用范围。

定义及应用范围

11.1 市场风险是指由于市场价格变动带来损失的风险。市场风险资本要求所指的风险包括但不限于以下几种：

（1）交易账簿工具的违约风险、一般利率风险、信用利差风险、股权风险、汇率风险、商品风险；

（2）银行账簿工具的汇率风险和商品风险。

11.2 自交易当日起，包括远期买卖在内的所有交易均需纳入资本计量。虽然原则上监管报告为定期报送（大部分国家为按季报送），但监管机构希望银行能满足市场风险资本计量的持续性要求，包括每个交易日日终。监管机构有权采取措施确保银行不会在报告日通过低估市场风险头寸来粉饰报表。监管机构希望银行以严格的风险管理体系来确保日内的风险暴露不会超限。如果一家银行不能够随时满足资本要求，监管机构应及时采取措施进行整改。

11.3 匹配的汇率风险头寸可以保护银行免于汇率波动的损失，但不一定能保障资本充足率水平。如果银行持有以本币计价的资本，持有完全匹配的外币资产和负债，那么本币贬值时，其资本/资产的比率会降低。银行通过持有本币风险空头头寸，可保证其资本充足率水平，尽管风险头寸可能会在本币升值时带来损失。监管机构允许银行通过这种方式来保持资本充足率稳定，并在计算汇率风险头寸净风险暴露时扣除特定的汇率风险头寸，但需要满足以下每个条件：

（1）风险头寸持有目的是完全或部分对冲资本充足率受汇率波动的潜在影响。

（2）风险头寸具有结构性（非交易性）性质，诸如来自以下方面的头寸：

（a）对以外币计量的非并表附属企业的投资；或者是

（b）对以外币计量的并表子公司或分支机构的投资。

（3）扣除项仅限于中和资本充足率对汇率变动敏感度的风险头寸值。

（4）从计量中扣除至少持续6个月。

（5）结构性汇率头寸的设定和变动必须遵从银行的结构性汇率头寸风险管理

政策。相关政策必须得到监管机构的事前批准。

（6）应当持续扣除此类风险头寸，并且对冲头寸的扣除处理方式在资产或其他项目存续期间保持不变。

（7）银行要遵守监管机构的要求，书面记录市场风险资本要求扣除的头寸金额，并备监管审查。

11.4 银行资本扣除项有关的头寸没有汇率风险资本计提的要求。

11.5 从银行资本中扣除或按1250%风险权重计算的资本工具，不列入市场风险框架。其中包括：

（1）持有本银行发行的合格监管资本工具。

（2）持有其他银行、证券公司和其他金融机构的合格监管资本工具以及无形资产，监管机构要求从资本中扣除这些资产。

（3）如果银行能证明它是活跃的做市商，监管机构可以对其交易账簿中持有的其他银行、证券公司和其他金融机构的资本工具予以交易商豁免处理。为了达到交易商豁免的条件，银行必须有良好的系统和管控措施来管理这些资本工具的交易。

11.6 与信用风险和操作风险类似，市场风险资本要求应以全球合并报表为基础：

（1）对于运营全球并表交易账簿，且在全球并表基础上评估资本要求的集团，无论头寸在哪里簿记，监管机构允许集团内的银行和金融机构仅计算净空头和净多头的风险头寸。[1]

（2）只有在［MAR20］至［MAR23］所述的标准法允许完全抵销风险头寸（相反的风险头寸对资本没有额外要求）的情况下，监管机构才可能批准这种处理方式。

（3）尽管如此，在某些情况下，监管机构会要求单独计算风险头寸而不在集团层面进行任何抵销和净额结算。例如，若从国外子公司无法迅速汇回利润，或者以并表为基础执行及时的风险管理存在法律和程序上的困难，就可能需要这样做。

（4）此外，所有监管机构都会保留持续监测单个机构市场风险的权利，以确保集团内部的重大失衡无法逃避监管。监管机构将特别警惕，确保银行不会在报告期瞒报风险头寸以逃避计量。

---

1 非全资子公司的头寸应适用母公司监管所在国的会计准则。

市场风险计量方法

11.7 在计算市场风险资本要求时，银行可以选择标准法或内部模型法（IMA），这两种方法分别在［MAR20］至［MAR23］、［MAR30］至［MAR33］中进行阐述，但需要获得监管机构的批准。监管机构可以允许交易账簿规模较小或较简单的银行使用简化标准法（见［MAR40］）。

（1）如果银行使用简化标准法，为确定其适当性，监管机构可能会考虑以下指标：

（a）非全球系统重要性银行。

（b）银行不应在任意交易台使用内部模型法（IMA）。

（c）银行不应持有任何相关性交易头寸。

（2）简化标准法的使用需要监管批准和监督。即使有些银行满足上述标准，但若风险相对复杂或规模相当大（尤其在风险类别方面），监管机构可以强制要求其采用标准法而不是简化标准法。

11.8 除符合［MAR11.7］的条件使用简化标准法的银行之外，其他银行必须使用标准法计算资本要求。监管机构批准使用内部模型法（IMA）的银行也必须计算并报告以下资本要求：

（1）若银行在任意交易台使用内部模型法，则无论交易台是否有资格使用内部模型法，都必须按照标准法计算所有交易台所有工具的资本要求。

（2）此外，若银行在任意交易台使用内部模型法，必须对每一个内部模型法审批范围内的交易台按照标准法计算资本要求，就好像该交易台是一个独立管理的组合（交易台之间没有抵销），这将：

（a）参见［MAR30］、［MAR32］和［MAR33］所述，作为不满足银行内部模型法标准的交易台的备用资本要求；

（b）作为内部模型资本计量结果的基准，用于银行之间和（或）跨国家（或地区）之间的比较；

（c）持续监测标准法和模型法的相对校准，便于根据需要进行调整；并且

（d）以事先一贯的形式提供宏观审慎监管。

11.9 所有银行必须使用标准法计算下列资产的市场风险资本要求：

（1）证券化风险暴露；

（2）无法穿透，但根据［MAR25.8］（5）（b）规定的条件纳入交易账簿的基金投资。

交易台的定义

本章（MAR12）对交易台作出定义，交易台是模型批准的层级范围。

12.1 为计量市场风险资本，交易台是指在清晰的风险管理框架中执行明确交易策略的一组交易员或会计账目。

12.2 交易台由银行设定，但是必须通过以资本计量为目的的监管机构审批。

（1）银行可以根据本行的组织架构来制定交易台架构，并与［MAR12.4］的要求一致。

（2）银行必须为每一个交易台制定政策文档，书面记录银行如何满足［MAR12.4］规定的关键标准。

（3）监管机构要将交易台的定义作为模型首次批复及后续审批的组成部分：

（a）监管机构可以根据银行总体交易规模情况确定交易台的定义是否足够精细。

（b）监管机构应当确认交易台定义符合［MAR12.4］提出的关键标准。

12.3 经监管批准交易台框架之后，银行无须监管审批就可以在其中设立操作性的下属交易台。这些下属交易台只可以用于内部操作，不纳入市场风险资本管理框架。

12.4 一个交易台的关键属性如下：

（1）交易台用于计量监管资本，由明确定义的一组交易员或一组会计账目组成。

（a）在交易活动的会计处理中，交易台的会计账目是一个无可争议且清晰明确的利润单位。

（b）交易台必须有一个交易主管，最多可以有两名交易主管，但两者角色、职责和权限必须明确分开，或者一个主管是另一个的上级。

（ⅰ）交易主管必须直接监督这一组交易员或会计账目。

（ⅱ）每个交易员或每个会计账目都必须有一个或多个明确定义的业务领域。

（c）每个会计账目只能划入一个交易台。该交易台必须有清晰明确的风险范围且与预设目标一致。该范围应详细说明交易台整体风险等级和风险因子。

(d) 一般而言，交易员（及交易主管）只分配到一个交易台。银行也可以不遵循此惯例，例如可指派一名交易员跨不同交易台工作，但银行需要征得监管机构同意，说明这种安排是为了全面管理、业务以及资源分配等方面的需要，而不是规避交易台的监管要求（例如，为了提高返回检验、损益归因测试的成功概率）。

(e) 交易台向高级管理层汇报的路径必须明确，且有清晰、正式的薪酬政策并与预设目标一致。

(2) 对交易台必须制定清晰、书面的业务策略，包括年度预算和定期管理信息报告（包括收入、成本和风险加权资产）。

(a) 对交易台必须制定清晰业务战略的经济逻辑、主要业务活动、交易/对冲策略。

(ⅰ) 经济逻辑：策略（例如根据收益率曲线做交易）背后的经济内涵是什么？客户驱动的交易量是多少？是它导致了交易发起和构建，或交易执行服务，或者二者兼而有之？

(ⅱ) 主要业务活动：允许使用的交易工具清单有哪些？除此之外，交易最频繁的工具是什么？

(ⅲ) 交易/对冲策略：工具如何进行对冲，预期对冲失效和不匹配的情况，头寸的预期持有期限。

(b) 交易台的管理团队（从交易主管开始）必须有清晰的交易台年度预算计划和人事计划。

(c) 必须定期出具管理信息报告，包括交易台的收益、成本和风险加权资产。

(3) 对交易台必须制定清晰的风险管理框架。

(a) 风险管理职责：确定对交易台风险交易活动负监督责任的核心团队和成员。

(b) 对交易台必须根据交易策略设定明确的交易限额。银行的高级管理层必须对交易限额定期进行检查，频率不低于一年一次。设定交易台限额时必须做到：

(ⅰ) 根据适当的市场风险度量指标（例如信用利差风险敏感度、信用交易台的突发违约等）设定完整明确的交易台交易限额或方向性敞口，或仅设立整体的名义本金限额；以及

(ⅱ) 完整明确的交易员授权。

(c) 必须至少每周生成交易台风险管理报告。内容至少包括：

(ⅰ) 损益报告，并要由产品控制团队定期检查、验证，如有必要

还需要作出调整；

（ⅱ）内部及监管风险计量报告，包括交易台的在险值/预期尾部损失，交易台在险值/预期尾部损失对风险因子的敏感度，返回检验及P值（P－value）。

12.5 银行必须准备并评估交易台的以下信息，并备监管机构审查：

（1）存货账龄报告；

（2）每日限额报告，包括风险暴露、超限以及后续措施；

（3）日间交易活跃的银行应报告日间限额、限额使用情况及限额超限情况；

（4）市场流动性评估报告。

12.6 银行账簿的汇率或商品头寸必须纳入市场风险计量，具体参见［MAR11.1］。为计量监管资本，这些头寸比照交易账簿中交易台持有头寸的规则处理。

标准法

标准法：总则及框架

本章（MAR20）提出市场风险加权资产计量标准法的总则及框架。

总则

20.1 根据［MAR20］至［MAR23］的规定计算资本要求，再乘以12.5倍，得到标准法下市场风险加权资产。

20.2 标准法下，必须按月计量市场风险资本要求并向监管机构报告。经监管机构同意，银行的非银行子公司可以按季度计量并报告。

20.3 银行必须根据监管机构的要求，计量标准法下的市场风险资本要求。

标准法的框架

20.4 标准法下，资本要求由三个部分简单加总而得：基于敏感度方法的资本要求、违约风险资本（DRC）要求及剩余风险附加（RRAO）资本要求。

（1）基于敏感度方法的资本要求由三项风险计量加总而得——得尔塔、维伽和凸度，详见［MAR21］：

（a）得尔塔：计量工具对监管指定的得尔塔风险因子的敏感度。

（b）维伽：计量工具对监管指定的维伽风险因子的敏感度。

（c）凸度：计量不能在得尔塔风险中反映的期权价格变动的增量风险。对监管指定的每个风险因子实施向上冲击和向下冲击，根据风险因子在两个压力情景下的表现计算凸度风险。

（d）上述三个风险计量方法都具体规定了与风险因子敏感度挂钩的权重。为计量总体的资本要求，还要使用规定的相关系数对风险加权敏感度进行加总，其中，相关系数反映不同风险因子之间的分散化效益（diversification benefits）。在金融压力时期相关性会提高或降低，为了识别这种风险，银行必须根据三种情景，使用［MAR21.6］和［MAR21.7］规定的相关系数，计算三次基于敏感度方法的风险资本要求。

（2）违约风险资本反映包含信用风险的工具突发违约的风险，参见［MAR22.2］。根据银行账簿的信用风险处理方法进行校验，以减少银行内部相似风险暴露资本要求的潜在差异。类型相似的风险暴露（例如公司、主权国家，及地方政府/市）其风险可以对冲。

（3）巴塞尔委员会认为标准法不能反映和计量所有的市场风险，那样的机制过于复杂。剩余风险附加资本可用于确保充分覆盖［MAR23.2］提及的工具市场风险，计量方法见［MAR23.8］。

相关性交易组合的定义

20.5 为计量基于敏感度的信用利差风险资本和违约风险资本（DRC），定义相关性交易组合（correlation trading portfolio，CTP）为符合下列（1）或（2）项要求的工具：

（1）符合下述特征的证券化头寸：

（a）既不是再证券化头寸，也不是不按比例获得分档收益的证券化衍生工具，证券化头寸的定义与信用风险框架中的定义相同。

（b）所有参考实体都是单名产品（single-name products），包括具有双向流动市场[1]的单名信用衍生工具，包括这些参考实体的交易指数。

（c）工具不涉及以下基础资产：信用风险标准法下零售敞口、居住用房地产抵押贷款敞口，或者商用房地产抵押贷款敞口。

（d）该工具不与特殊目的实体（special purpose entity）的权利挂钩。

（2）对上述头寸进行非证券化对冲的工具。

1 双向流动市场有独立真实的买卖报价，价格合理且与最后卖价或当前真实的竞争性报价相关，报价可在当天确定，并且按照交易习惯能在一个相对较短的时间内结算。

标准法：基于敏感度方法

本章（MAR21）说明市场风险标准法下基于敏感度方法的计算。

基于敏感度方法的主要概念

21.1 工具对指定风险因子的敏感度用于计量得尔塔、维伽、凸度风险资本。敏感度指标需要进行风险加权并加总，首先在同一风险组内加总，之后在同一风险类别内（见［MAR21.8］至［MAR21.14］）跨组加总。基于敏感度方法用到下述名词定义：

（1）风险类别（Risk class）：基于敏感度方法定义了七个风险类别（见［MAR21.39］至［MAR21.89］）。

（a）一般利率风险（GIRR）

（b）信用利差风险（CSR）：非证券化

（c）信用利差风险（CSR）证券化（非相关性交易组合，或者 non - CTP）

（d）信用利差风险（CSR）证券化（相关性交易组合，或者 CTP）

（e）股权风险（Equity risk）

（f）商品风险（Commodity risk）

（g）汇率风险（Foreign exchange risk）

（2）风险因子（Risk factor）：影响工具估值的变量（例如股权价格或者收益率曲线的某个期限上的利率），参见［MAR21.8］至［MAR21.14］。

（3）风险组（Bucket）：一组具备共同风险特征的风险因子（例如相同币种下所有期限的利率曲线），参见［MAR21.39］至［MAR21.89］。

（4）风险头寸（Risk position）：工具与某一个风险因子相关的风险大小。得尔塔、维伽和凸度风险的风险头寸计量方法，参见［MAR21.3］至［MAR21.5］、［MAR21.15］至［MAR21.26］。

（a）对于得尔塔和维伽风险，风险头寸是对风险因子的敏感度。

（b）对于凸度风险，要根据两种压力情景下的损失额来计算风险头寸。

（5）风险资本要求（Risk capital requirement）：银行为承担一系列风险而应持

有的资本额。其计量应基于敏感度方法，首先在风险组层面加总计算风险头寸，然后在同一风险类别内跨组加总计算。基于敏感度方法定义的风险类别参见［MAR21.3］至［MAR21.7］。

基于敏感度方法：适用的工具

21.2 应用基于敏感度方法时，［MAR12］规定的交易台持有的所有工具，并且适用基于敏感度方法的（不包括在任何时点的价值都只受［MAR23.3］所示奇异标的资产驱动的工具），都要计算得尔塔风险资本。此外，（1）~（4）列明的工具要计算维伽及凸度风险资本。

（1）含权工具[1]。

（2）内嵌提前偿付期权的工具[2]——这是第（1）点所述含权工具的一种。嵌入式期权受利率风险及信用利差风险（非证券化和证券化）这两个风险类别下维伽及凸度风险的影响。当提前偿付期权是一个行为期权时，工具还需要计提剩余风险附加资本要求，参见［MAR23］。银行的定价模型必须反映相关的行权模式。对于不同层级证券化，证券化投资组合中的工具也可能内嵌提前偿付期权。在此种情形下，层级证券化可能计提剩余风险附加资本。

（3）工具的现金流与基础资产价格不是线性函数关系。例如，普通欧式期权生成的现金流就不是线性函数（因为取即期价格与行权价格二者的孰高值）。因此，所有期权都受维伽风险和凸度风险的影响。不含权工具现金流是基础资产价格的线性函数（例如由含息债券产生的现金流就是一个线性函数），没有维伽风险或者凸度风险资本要求。

（4）不限于（1）~（3）所述受维伽风险影响的工具，所有受得尔塔风险影响的工具都可能计算凸度风险。例如，银行若管理含权工具的非线性风险和其他工具，可以选择将不含权的工具也纳入凸度风险计量。这种方式必须符合以下所有限制性条件：

（a）一以贯之地使用这种方法。

（b）所有基于敏感度方法的工具必须计量凸度风险。

---

1 例如，期权工具或者包含期权的工具（如内嵌可转换权或利率依赖型提前偿付权，且适用市场风险资本要求的产品）。含权工具包括但不限于看涨期权、看跌期权、上限期权、下限期权、互换期权、障碍期权和奇异期权。

2 含提前偿付期权的工具是一个负债工具，债务人在合同到期之前偿还全部或部分本金，无须赔偿任何尚未支付的利息。由于债务人可以在该工具剩余期限内在市场上以其他方式获得更低利率的融资，因此债务人行权能够获得财务收益。

基于敏感度方法的资本要求计量过程

21.3 根据上述［MAR21.1］所述，基于敏感度方法的资本要求是通过加总得尔塔、维伽、凸度资本要求得到的。相关段落描述如下：

（1）［MAR21.8］至［MAR21.14］定义了每一个风险类别中的得尔塔、维伽及凸度风险的风险因子。

（2）［MAR21.4］、［MAR21.15］至［MAR21.95］规定了每个风险类别中对风险因子敏感度进行风险加权并加总计算得尔塔和维伽风险头寸的方法，包括得尔塔和维伽敏感度的定义、风险组定义、应用于风险因子的风险权重、相关系数。

（3）计量凸度风险的方法见［MAR21.5］、［MAR21.96］至［MAR21.101］，包括风险组的定义、风险权重和相关系数。

（4）［MAR21.6］和［MAR21.7］汇总上面的各风险类别资本要求，得到整个投资组合的资本要求。

计量每个风险类别的得尔塔及维伽风险资本要求

21.4 对每个风险类别，银行必须确定工具对一组指定风险因子的敏感度，以及这些敏感度的风险权重，并使用以下步骤，分别得到得尔塔和维伽风险加权敏感度：

（1）对每个风险因子（参见［MAR21.8］至［MAR21.14］），根据［MAR21.15］至［MAR21.38］的要求确定敏感度。

（2）对投资组合中所有的工具，其相同风险因子的敏感度必须以净值计量，得出每一个风险因子 k 的净敏感度 s_k 。在计算净敏感度时，对一个给定的风险因子（例如，3 个月 Euribor 互换曲线上一年期点的所有敏感度），方向相反的敏感度应相互抵销，跟工具的基础资产无关。例如，如果银行的投资组合由 2 笔名义本金和固定利率相同但方向相反的基于 3 个月 Euribor 的利率互换组成，这组投资组合的一般利率风险为零。

（3）加权敏感度 WS_K 是指净敏感度 s_K 与相应的风险权重 RW_K 的乘积，参见［MAR21.39］至［MAR21.95］。

$$WS_k = RW_{ksk}$$

（4）在风险组内加总：对风险组 b，其得尔塔风险头寸（或维伽风险头寸），即 K_b，由以下公式得出，ρ_{kl} 为同一风险组内的不同风险因子加权敏感度的相关系数，其中公式中平方根内的数值大于等于零。

$$K_b = \sqrt{\max(0, \sum_k WS_k^2 + \sum_k \sum_{k \neq l} \rho_{kl} WS_k WS_l)}$$

（5）跨风险组加总：使用给定相关系数 γ_{bc}，得尔塔（或维伽）风险资本要求通过加总每一个风险类别内不同风险组的得尔塔（或维伽）风险头寸得到，公式如下：

$$Delta(\text{或} vega) = \sqrt{\sum_b K_b^2 + \sum_b \sum_{c \neq b} \gamma_{bc} S_b S_c}$$

（a）对于风险组 b 内所有的风险因子 $S_b = \sum_k WS_k$，对于风险组 c 内所有的风险因子 $S_c = \sum_k WS_k$。

（b）如果上述［MAR21.4］（5）（a）内 S_b 与 S_c 的值使得 $\sum_b K_b^2 + \sum_b \sum_{c \neq b} \gamma_{bc} S_b S_c$ 的值为负数，银行需采用另一种特殊方法计算。

（i）对于风险组 b 内所有风险因子

$$S_b = \max[\min(\sum_k WS_k, K_b), -K_b]$$

（ii）对于风险组 c 内所有风险因子

$$S_c = \max[\min(\sum_k WS_k, K_c), -K_c]$$

计量每个风险类别的凸度风险资本要求

21.5 对每个风险类别，银行为计量凸度风险资本要求，必须针对每一个指定的风险因子设置一个向上冲击的情景和一个向下冲击的情景，计算除得尔塔风险资本要求外的敏感度，具体分解步骤如下：

（1）对每一个工具的凸度风险因子 k 施加一个向上冲击和向下冲击。冲击的大小（风险权重）参见［MAR21.98］及［MAR21.99］。

（a）以一般利率风险为例。对给定一种货币所有无风险利率曲线的所有期限（例如，3 个月欧元 Euribor、6 个月欧元 Euribor、1 年期欧元 Euribor），按照规定的风险权重（参见［MAR21.99］）向上移动。每个工具扣除得尔塔风险头寸之后的潜在损失金额，就是向上冲击情景的结果。向下冲击的情景采用与此相同的方法。

（b）如果工具的价格取决于几个风险因子，则必须对每个风险因子分别计算凸度风险。

（2）净凸度风险资本要求由上文［MAR21.5］（1）所描述的银行投资组合中的风险因子 k 的 CVR_k^+ 和 CVR_k^- 确定，计量公式如下：它计量了预设的冲击下超出得尔塔资本要求之外的增量损失总额。

$$CVR_k^+ = -\sum_i \{V_i(x_k^{RW(Curvature)+}) - V(x_k) - RW_k^{Curvature} \times s_{ik}\}$$

$$CVR_k^- = -\sum_i \{V_i(x_k^{RW(Curvature)-}) - V(x_k) + RW_k^{Curvature} \times s_{ik}\}$$

其中：

(a) i 是与风险因子 k 相关，受凸度风险影响的工具；

(b) x_k 是风险因子 k 的当前水平；

(c) $V_i(x_k)$ 为工具 i 的价格，该价格取决于风险因子 k 的当前水平；

(d) $V_i(x_k^{(RW^{(curvature)+})})$ 与 $V_i(x_k^{(RW^{(curvature)-})})$ 分别代表风险因子 k 在受向上冲击和向下冲击移动后工具 i 的价格；

(e) $RW_k^{(curvature)}$ 为工具 i 的凸度风险因子 k 的风险权重；

(f) s_{ik} 为受凸度风险因子 k 影响的工具 i 的得尔塔敏感度，

(ⅰ) 对汇率及股权风险类别，s_{ik} 为工具 i 的得尔塔敏感度；

(ⅱ) 对一般利率风险、信用利差风险及商品风险类别，s_{ik} 为凸度风险因子 k 的金融工具 i 的相关曲线上所有期限的得尔塔敏感度之和。

(3) 在风险组内的加总：凸度风险暴露必须采用给定的相关系数 ρ_{kl} ，在每个风险组内进行加总求和，详见下列公式：

$$K_b = \max(K_b^+, K_b^-)$$

$$\text{其中}\begin{cases} K_b^+ = \sqrt{\max\left(0, \sum_k \max(CVR_k^+, 0)^2 + \sum_{l \neq k}\sum_k \rho_{kl} CVR_k^+ CVR_l^+ \Psi(CVR_k^+, CVR_l^+)\right)} \\ K_b^- = \sqrt{\max\left(0, \sum_k \max(CVR_k^-, 0)^2 + \sum_{l \neq k}\sum_k \rho_{kl} CVR_k^- CVR_l^- \psi(CVR_k^-, CVR_l^-)\right)} \end{cases}$$

(a) 风险组级别的资本要求（ K_b ）是在向上情景下的资本要求（ K_b^+ ）与向下情景下的资本要求（ K_b^- ）之间取较大值。需要注意的是，向上与向下情景的选择并不一定需要与［MAR21.6］中规定的高、中、低相关系数情景相一致。

(1) 当 $K_b = K_b^+$ ，此时应称为“选择向上冲击情景”。

(2) 当 $K_b = K_b^-$ ，此时应称为“选择向下冲击情景”。

(3) 在特殊情形下当 $K_b^+ = K_b^-$ ，且如果 $\sum_k CVR_k^+ > \sum_k CVR_k^-$ ，则视为选择向上冲击的情景；反之，则视为选择向下冲击的情景。

(b) 如果 CVR_k 与 CVR_l 都为负数，则 Ψ （CVR_k^+，CVR_l^+）取零值，反之则取1。

(4) 跨风险组的加总：必须采用给定的相关系数 γ_{bc} ，加总每一个风险类型内不同风险组的凸度风险头寸：

(a) 若在上述 (3) (a) 中风险组 b 选定了向上冲击情景，在风险组 b 内所有风险因子的凸度风险头寸 $S_b = \sum_k CVR_k^+$，否则 $S_b = \sum_k CVR_k^-$；

(b) 如果 S_b 与 S_c 均为负数，$\psi(S_b, S_c)$ 取零，否则取值为 1。

最终凸度风险的风险资本要求如下：

$$Curvature\ risk = \sqrt{\max\left(0, \sum_b K_b^2 + \sum_{c \neq b} \sum_b \gamma_{bc} S_b S_c \psi(S_b, S_c)\right)}$$

常见问题

问题 1. 如果计算凸度风险资本要求时扣除了得尔塔影响，那么在计算凸度和得尔塔风险资本要求时，是否使用同一个得尔塔？计算得尔塔（正态或对数正态波动的黏性得尔塔）与计算工具移动价格或冲击后价格是否需要使用同一个假设条件？

计算凸度风险资本要求的得尔塔与计算得尔塔风险资本要求的得尔塔相同。计算得尔塔（正态或对数正态波动的黏性得尔塔）的假设条件和计算工具移动价格或冲击后价格的假设条件也应当相同。

问题 2. 在计算一般利率风险得尔塔和凸度风险敏感性资本要求时，是否允许银行在零利率和市场利率之间作出选择？

[MAR21.17] 指出银行必须根据工具的价格，或者银行内部独立风险控制团队使用的，向高级管理层汇报市场风险或实际损益的定价模型，决定每个得尔塔敏感度、维伽敏感度及凸度情景。银行使用零利率或市场利率敏感度，应当与定价模型保持一致。

计量基于敏感度方法下的加总资本要求

21.6 为了解决金融压力期间相关性提高或降低产生的风险，基于敏感度方法定义的每一种风险类别及风险组（参见 [MAR21.4] 和 [MAR21.5]）必须分别基于三种情景计算相应的风险资本，三种情景有三种不同相关系数 ρ_{kl}（同一风险组中不同风险因子之间的相关性）和 γ_{bc}（同一风险类别中不同风险组之间的相关性）。

(1) 在第一种“中度相关”情景下，相关系数如 [MAR21.39] 至 [MAR21.101] 所述。

(2) 在第二种“高度相关”情景下，[MAR21.39] 至 [MAR21.101] 中的相关系数 ρ_{kl} 及 γ_{bc} 均乘以 1.25，并且 ρ_{kl} 和 γ_{bc} 的上限为 100%。

（3）在第三种“低度相关”情景下，［MAR21.39］至［MAR21.101］中相关系数ρ_{kl}及γ_{bc}均替换为：

$$\rho_{kl}^{low} = \max(2 \times \rho_{kl} - 100\%;75\% \times \rho_{kl})$$

$$\gamma_{kl}^{low} = \max(2 \times \gamma_{bc} - 100\%;75\% \times \gamma_{bc})$$

21.7 基于敏感度方法的总资本要求，按以下步骤加总：

（1）对三种相关性情景的每一个情景，银行都必须分别对所有风险类别的得尔塔、维伽及凸度资本要求进行简单相加，然后得到该情景下的总体资本要求。

（2）取三种情景中的最大值，作为基于敏感度方法下的风险资本要求。

（a）参见［MAR11.8］（1）、［MAR20.2］与［MAR33.40］，资本要求的标准法计量应包括所有交易台的所有工具。

（b）若每个交易台都视为独立的管理组合，参见［MAR11.8］（2），在每个交易台层级分别计算各情景下的资本要求，并进行比较，选择最大值作为标准法下资本要求。

基于敏感度方法：风险因子和敏感度定义

得尔塔、维伽及凸度风险的风险因子定义

21.8 一般利率风险因子

（1）一般利率风险得尔塔：一般利率风险得尔塔的风险因子在两个维度进行定义：（ⅰ）每个币种的无风险利率曲线，用来对利率敏感工具进行估值；（ⅱ）得尔塔风险因子映射的指定期限：0.25年、0.5年、1年、2年、3年、5年、10年、15年、20年和30年[3]。

（a）每个币种的无风险利率曲线应使用交易账簿中的货币市场金融工具来构建，一般而言这种工具所含信用风险最低，例如隔夜指数互换（OIS）。或者，无风险收益率曲线应当基于银行盯市用的一条或多条市场隐含互换曲线，例如银行间同业拆借利率（BOR）互换曲线。

（b）当（1）（a）描述的市场隐含互换曲线数据不足的时候，无风险利率曲线可以是给定货币的最适合主权债券收益率曲线。在以下情况

3 风险因子应使用线性插值法按指定期限映射，或者与银行内部独立的风险控制团队向高级管理层汇报市场风险或损益所用的定价模型保持一致。

下，主权债的敏感度不能从信用利差风险资本中扣除；当银行无法分解 $y=r$（无风险利率） $+cs$（信用利差），那么 y 的敏感度应根据标准法下风险因子和敏感度的定义，适当地分配到一般利率风险和信用利差风险类别中去。在一般利率风险中使用互换曲线计量债券产生的敏感度，不会改变在信用利差风险中计量债券收益率曲线和信用违约互换（CDS）曲线基差风险的要求。

（c）为了构建每个币种的无风险利率曲线，银行应把隔夜指数互换曲线（如 Eonia）和银行间同业拆借利率（BOR）互换曲线（例如 3 个月 Euribor 或其他基准利率）视作两条不同的曲线。两条重新定价日不同的 BOR 曲线（如 3 个月 Euribor 与 6 个月 Euribor）也必须视作两条不同的曲线。同币种的在岸及离岸货币曲线（例如在岸印度卢比和离岸印度卢比）也必须视作两条不同的曲线。

（2）一般利率风险得尔塔风险因子对每个币种应包括一条水平的市场隐含通胀率曲线，该曲线的期限结构不作为风险因子。

（a）对通胀率敏感的金融工具，其隐含票息风险暴露产生的通胀率敏感度，需要计提特定资本要求。某一货币所有的通胀风险需简单加总。

（b）通胀率风险因子只和现金流与通胀有函数关系的工具相关（如名义价值或利息支付由消费价格指数决定）。除通胀风险以外，工具还应该运用一般利率风险因子。

（c）对同一个工具而言，除利率敏感度之外，还要考虑通胀风险，根据一般利率风险框架，应将通胀风险映射至同一货币的无风险收益率期限结构。

（3）对每种货币（每个一般利率风险风险组），一般利率风险得尔塔风险因子包括两个交叉货币基差风险因子中的一个[4]，期限结构不能作为风险因子（交叉货币的两条基差曲线是水平的）。

（a）交叉货币的两个基差风险因子是每种货币对 USD 的基差，或者是每种货币对 EUR 的基差。例如，一个以 AUD 计价的银行交易一项 JPY/USD 交叉货币基差互换，对 JPY/USD 有基差敏感度，而不是

4　交叉货币的基差是指当互换两端用不同货币计价时，加到收益率曲线上以评估互换价值的点差。市场参与者专门用此对交叉货币利率互换进行定价。交叉货币利率互换是指支付一种货币的固定或浮动利率，收到另一种货币的固定或浮动利率，且两种货币名义本金在期初和期末的互换的工具。

对 JPY/EUR 有敏感度。

(b) 如果交叉货币不涉及对 USD 的基差或者对 EUR 的基差，在计算时，可选择依据对 USD 基差，或依据对 EUR 基差，但不能同时依据二者。除交叉货币基差风险以外，银行还应对该工具计量一般利率风险。

(c) 除利率敏感性以外，还要考虑同一工具的交叉货币基差风险，并应根据一般利率风险框架，映射到同一货币无风险利率曲线的期限结构中。

(4) 一般利率风险维伽：每种货币的一般利率风险维伽风险因子是期权的隐含波动率，其中，期权的基础资产为一般利率风险敏感性工具。风险因子从下列两个维度定义[5]：

(a) 期权的期限：期权的隐含波动率可以映射到下列一个或多个指定期限：0.5 年、1 年、3 年、5 年和 10 年。

(b) 在期权到期日，期权标的资产的剩余期限：期权的隐含波动率可以映射到以下两个（或一个）的剩余期限：0.5 年、1 年、3 年、5 年和 10 年。

(5) 一般利率风险凸度：

(a) 一般利率风险凸度风险因子只从一个维度定义，即每种货币的无风险收益率曲线（不分解期限结构）。例如，为了计算欧元相关的无风险收益率曲线的凸度风险资本要求，欧元、Eonia、3 个月 Euribor 和 6 个月 Euribor 曲线必须同时移动。计算敏感度时，所有期限（参见一般利率风险得尔塔的定义）均平行移动。

(b) 对通胀风险和交叉货币基差风险没有凸度风险资本要求。

(6) 在上述 (1) (b) 中一般利率风险得尔塔的处理方式同样适用于一般利率风险维伽和凸度风险因子。

5　例如，一份在 12 个月后生效的远期封顶期权，由 4 个连续的美元 3 个月 Libor 子期权组成。4 个子期权对应的期限是 12 个月、15 个月、18 个月和 21 个月。期权标的资产都是美元 3 个月 Libor，标的资产均在期权到期日后 3 个月到期（剩余期限为 3 个月）。因此，对一个常规的远期封顶期权，从 1 年后开始计算，并持续 12 个月的隐含波动率应当在下列两个维度进行定义：（Ⅰ）期权的独立子期权的期限——12 个月、15 个月、18 个月和 21 个月；及（Ⅱ）期权标的资产的剩余期限——3 个月。

常见问题

问题 1. 银行构建曲线的方法可能会产生不同的结果，因为不同的方法会产生不同的分散效应。例如，3 个月 Euribor 可以构建为“对 EONIA 的利差”，这条曲线就是一条利差曲线，可以视为另一条不同的收益率曲线，用于计算风险加权 PV01 及随后的分散效应。在这个例子中，如需计算风险资本要求，3 个月 Euribor 及 EONIA 应当被看成两条不同的收益率曲线吗？

[MAR21.8]（1）（c）指出，为构建每种货币的无风险收益率曲线，隔夜指数互换曲线（例如 EONIA）和银行间同业拆借利率曲线（例如 3 个月 Euribor）必须视作两条不同的曲线，在计量风险资本要求时，被视作一个期限组内不同的风险因子。

问题 2. 对一般利率风险、信用利差风险、股权风险、商品风险或汇率风险而言，风险因子需要映射指定的期限。如果内部使用的期限与指定的期限不同，如何设定？

银行不得使用内部期限计算资本。风险因子与敏感度必须映射指定的期限。[MAR21.8] 的脚注 3 与 [MAR21.25] 的脚注 8 已经指出，风险因子和敏感度映射到特定期限应当使用线性插值法，或者与银行内部独立风控团队向高管层汇报市场风险或损益所用的定价模型保持一致。

问题 3. 在计量交叉货币基差利差（CCBS）资本要求时，因为定价模型使用基于期限结构的 CCBS 曲线，是否可以通过简单求和来汇总各期限的敏感度，而不是在定价模型中将 CCBS 曲线建模成水平曲线？

可以。银行可以使用基于期限结构的 CCBS 曲线，并简单加总各期限的敏感度。

问题 4. 通货膨胀与交叉货币基差是否应该作为风险因子，纳入一般利率风险维伽资本要求中？

是的。通货膨胀和交叉货币基差包括在一般利率风险维伽风险资本要求中。因为对通胀或交叉货币基差（期权标的资产）来说，得尔塔资本要求没有期限维度，其维伽风险应当只考虑期权期限这一个维度。

问题 5. 银行是否需要计量可赎回债券、主权债券期货期权和债券期权的得尔塔、维伽及凸度风险？

对特定的工具而言，银行必须计量一般利率风险及信用利差风险的得尔塔、维伽及凸度资本要求。

问题 6. 基于敏感度的方法仅定义了股权工具的回购风险因子，没有定义固定收益融资工具（工具将作为与交易相关的回购类交易，计入交易账簿）的回购风险因子。这是否意味着将固定收益融资工具排除在股权回购处理之外？如果是，这类融资工具是否适用一般利率风险资本要求，例如，将货币的回购曲线视为受利率冲击影响的收益率曲线？

固定收益融资工具的回购利率风险因子适用一般利率风险资本要求。应按币种选择回购曲线。

问题 7. 利率有可能为负（例如日元和欧元曲线），当计量一般利率风险或信用利差风险的风险权重时，是否可以为利率和信用工具确定风险权重的下限？

市场风险标准中不允许设置这样的下限。

21.9 非证券化信用利差风险因子

（1）非证券化信用利差风险得尔塔：得尔塔风险因子从下列两个维度定义：

（a）发行主体信用利差曲线（债券和 CDS）；

（b）映射的期限：0.5 年、1 年、3 年、5 年及 10 年。

（2）非证券化信用利差风险维伽：维伽风险因子是期权的隐含波动率，期权标的资产为相关信用发行人的产品（债券和 CDS），进一步从一个维度定义——期权期限。期权的隐含波动率映射至以下一个或几个期限：0.5 年、1 年、3 年、5 年及 10 年。

（3）非证券化信用利差风险凸度：凸度风险因子从一个维度定义，即相关发行人信用利差曲线（债券和 CDS）。例如，同一发行人从债券收益率推出的信用利差曲线和从 CDS 推出的信用利差曲线，应当被视为同一条曲线。计量敏感度时，所有期限点（参见信用利差得尔塔的定义）都平行移动。

常见问题

问题 1. 对一般利率风险、信用利差风险、股权风险、商品风险或汇率风险而言，风险因子需要映射指定的期限。如果内部使用的期限与指定的期限不同，如何设定？

银行不允许使用内部期限计算资本。风险因子与敏感度必须映射指定的期限。[MAR21.8] 的脚注 3 与 [MAR21.25] 的脚注 8 已经指出，风险因子和敏感度映射到特定期限应当使用线性插值法，或者与银行内部独立风控团队向高管层汇报市场风险或损益所用的定价模型保持一致。

问题 2. 银行是否需要计量可赎回债券、主权债券远期期权和债券期权的得尔塔、维伽及凸度风险？

对特定的工具而言，银行必须计量一般利率风险及信用利差风险的得尔塔、维伽及凸度资本要求。

问题 3. ［MAR21.9］（3）明确指出，对信用利差风险凸度而言，可以忽略债券—CDS 的基差。那么，在［MAR21.9］（1）中，是否可以认为债券与 CDS 曲线是不同的风险因子，并且［MAR21.54］和［MAR21.55］中的 $\rho_{kl}^{(basis)}$ 仅考虑债券—CDS 的基差？

是的。债券和 CDS 信用利差在［MAR21.9］（1）中是不同的风险因子，并且［MAR21.54］和［MAR21.55］中的 $\rho_{kl}^{(basis)}$ 仅反映债券—CDS 的基差。

问题 4. 利率有可能为负（例如日元和欧元曲线），当计量一般利率风险或信用利差风险的风险权重时，能否为利率和信用工具确定风险权重下限？

市场风险标准中不允许设置这样的下限。

21.10 证券化信用利差风险：非相关性交易组合（non - CTP）风险因子

（1）对不满足［MAR20.5］所设相关性交易组合定义的证券化工具（例如，non - CTP），得尔塔风险因子的敏感度计量（CS01）必须参照层级的利差，而不是参照基础资产的利差。

（2）非相关性交易组合证券化信用利差风险得尔塔：得尔塔风险因子从下列两个维度定义：

（a）分层级信用利差曲线；

（b）得尔塔风险因子映射以下指定期限：0.5 年、1 年、3 年、5 年和 10 年。

（3）非相关性交易组合证券化信用利差风险维伽：维伽风险因子是期权的隐含波动率，期权以非相关性信用利差作为标的资产（债券和 CDS），进一步从一个维度定义——期权的期限。期权的隐含波动率映射到以下一个或几个指定期限：0.5 年、1 年、3 年、5 年、10 年。

（4）非相关性交易组合证券化信用利差风险凸度：凸度风险因子从一个维度定义：相关层级的信用利差曲线（债券和 CDS）。比如，给定层级的西班牙居民住房抵押贷款资产证券化（RMBS），从债券收益率曲线推出的信用利差曲线和从 CDS 推出的信用利差曲线应该被认为是同一条信用利差曲线。计算凸度敏感度时，所有期限点平行移动。

常见问题

问题 1. 对一般利率风险、信用利差风险、股权风险、商品风险或汇率风险而言，风险因子需要映射至指定的期限。如果内部使用的期限与指定的期限不同，如何设定？

银行不允许使用内部期限计算资本。风险因子与敏感度必须映射指定的期限。[MAR21.8] 的脚注 3 与 [MAR21.25] 的脚注 8 已经指出，风险因子和敏感度映射到特定期限应当使用线性插值法，或者与银行内部独立风控团队向高管层汇报市场风险或损益所用的定价模型保持一致。

问题 2. 利率可能为负（如日元和欧元曲线），当计量一般利率风险或信用利差风险的风险权重时，能否为利率和信用工具确定风险权重下限？

市场风险标准中不允许设置这样的下限。

21.11 证券化信用利差风险：相关性交易组合（CTP）风险因子

（1）满足 [MAR20.5] 中相关性交易组合定义的证券工具，得尔塔风险因子的敏感度（CS01）应根据证券化的基础资产或第 n 次违约工具来计算。

（2）相关性交易组合证券化信用利差风险得尔塔：得尔塔风险因子从两个维度进行定义：

（a）相关基础资产的信用利差曲线（债券和 CDS）；

（b）得尔塔风险因子映射的以下指定期限：0.5 年、1 年、3 年、5 年、10 年期限。

（3）相关性交易组合证券化信用利差风险维伽：维伽风险因子是期权的隐含波动率，期权标的资产是相关性交易组合的信用利差（如债券和 CDS），信用利差从期权期限维度进行定义。期权的隐含波动率映射到以下一个或多个期限：0.5 年、1 年、3 年、5 年、10 年。

（4）相关性交易组合证券化信用利差风险凸度：凸度风险因子从一个维度定义，即相关基础资产的信用利差曲线（债券和 CDS）。比如，给定 iTraxx 指数系列中某个指数，从债券收益率曲线推出和从 CDS 推出的信用利差曲线，应被视为同一条信用利差曲线，计算敏感度时，所有期限点平行移动。

常见问题

问题 1. 对于一般利率风险、信用利差风险、股权风险、商品风险或汇率风险的风险因子需要映射指定的期限。如果内部使用的期限与指定的期限不同，如何设定？

银行不允许使用内部期限计算资本。风险因子与敏感度必须映射指定的期限。[MAR21.8] 的脚注 3 与 [MAR21.25] 的脚注 8 已经指出，风险因子和敏感度映射到特定期限应当使用线性插值法，或者与银行内部独立风控团队向高管层汇报市场风险或损益所用的定价模型保持一致。

问题 2. 利率可能为负（例如日元和欧元曲线），当计量一般利率风险或信用利差风险的风险权重时，能否为利率和信用工具确定风险权重下限？

市场风险标准中不允许设置这样的下限。

21.12 股权的风险因子

（1）股权的得尔塔风险：

（a）股权的即期价格；

（b）股权的回购利率。

（2）股权的维伽风险：

（a）维伽风险因子指标的为股权即期价格的期权的隐含波动率，用期权期限维度进行定义。期权的隐含波动率映射到以下一个或多个期限：0.5 年、1 年、3 年、5 年、10 年。

（b）股权回购利率没有维伽风险资本要求。

（3）股权的凸度：

（a）股权凸度的风险因子是所有股权的即期价格；

（b）股权回购利率没有凸度风险资本要求。

常见问题

问题 1. 对于一般利率风险、信用利差风险、股权风险、商品风险或汇率风险的风险因子需要映射指定的期限。如果内部使用的期限与指定的期限不同，如何设定？

银行不允许使用内部期限计算资本。风险因子与敏感度必须映射指定的期限。[MAR21.8] 的脚注 3 与 [MAR21.25] 的脚注 8 已经指出，风险因子和敏感度映射到特定期限应当使用线性插值法，或者与银行内部独立风控团队向高管层汇报市场风险或损益所用的定价模型保持一致。

问题 2. 基于敏感度的方法仅定义了股权工具的回购风险因子，不包括固定收益融资工具（这些工具作为交易相关的回购类交易，归属交易账户项下），是否意味着将固定收益融资工具排除在股权回购处理之外？如果是，固定收益融资工具是否适用一般利率风险资本要求，比如，将货币的回购曲线视为受利率冲击影响的收益率曲线？

固定收益融资工具的回购利率风险因子适用一般利率风险资本要求。应按币种选择回购曲线。

21.13 商品的风险因子

（1）商品的得尔塔风险：得尔塔风险因子是商品的即期价格。但对于某些商品，比如电力（定义在［MAR21.82］中的风险组3：能源—电力和碳交易）的风险因子可以是即期价格，也可以是远期价格，因为电力的远期交易比即期交易更频繁。商品的得尔塔风险因子可以从以下两个维度定义：

（a）法律合约所定义的商品交割场所[6]；

（b）交易工具的剩余期限：0年、0.25年、0.5年、1年、2年、3年、5年、10年、15年、20年、30年。

（2）商品的维伽风险：维伽风险因子是期权隐含波动率，该期权以商品即期价格为标的。不需要考虑商品即期价格在到期日或交割地点上的差异。从一个维度定义维伽风险：期权期限。期权的隐含波动率映射到以下一个或多个期限：0.5年、1年、3年、5年、10年。

（3）商品的凸度：凸度风险因子只从一个维度定义，即商品即期价格构成的曲线（不分解期限结构），通过所有期限点（与商品得尔塔风险下的定义相同）的平行移动来计算敏感度。

常见问题

问题1. 对于一般利率风险、信用利差风险、股权风险、商品风险或汇率风险的风险因子需要映射指定的期限。如果内部使用的期限与指定的期限不同，如何设定？

银行不允许使用内部期限计算资本。风险因子与敏感度必须映射指定的期限。［MAR21.8］的脚注3与［MAR21.25］的脚注8已经指出，风险因子和敏感度映射到特定期限应当使用线性插值法，或者与银行内部独立风控团队向高管层汇报市场风险或损益所用的定价模型保持一致。

问题2. 如何计算商品期货和远期合同的得尔塔风险因子？

使用商品期货和远期合同的现值来计算得尔塔风险因子。商品得尔塔应将期货和远期合约的期限映射到相应的期限，现货商品价格头寸应映射到第一个期限（0年）。

21.14 汇率风险因子

（1）汇率得尔塔风险：得尔塔风险因子定义如下。

（a）汇率得尔塔风险因子是指工具的计价货币与报表货币之间的汇率。基于非报表货币对的汇率交易，汇率得尔塔风险因子包括以下货币

6 例如，一份可以在5个港口交割的合约，另一份合约的交割地点必须为完全相同的5个港口，才能认为两份合约有相同的交割地点。如果另一份合约只能在这5个港口中的4个（或更少）交割，则不能视作相同交割地点。

对之间的所有汇率：

（ⅰ）报表货币；

（ⅱ）工具计价货币和涉及的其他货币。[7]

（b）经监管批准，可以用基准货币取代报表货币来计量汇率风险。在这种情况下，银行应同时计算：

（ⅰ）基准货币的汇率风险；

（ⅱ）报表货币和基准货币之间的汇率风险（转换风险）。

（c）根据（b）的规定用基准货币计量的汇率风险资本要求，应用报表货币/基准货币的即期汇率（反映基准货币和报表货币之间的汇率）转换为按报表货币计量的资本要求。

（d）用基准货币计算汇率风险应遵循以下条件：

（ⅰ）如果采用这种方法，银行只能用一种货币作为基准货币；

（ⅱ）银行必须向监管机构证明基准货币计量汇率风险审慎地反映了投资组合的风险水平（比如，证明没有因此不合理地降低了资本要求），并且已考虑基准货币与报表货币的转换风险。

（2）汇率维伽风险：维伽风险因子是期权隐含利率，其中，期权标的是货币对的汇率。汇率维伽风险因子从一个维度进行定义：期权期限。根据期权期限，期权隐含波动率映射到以下一个或多个期限：0.5年、1年、3年、5年、10年。

（3）汇率凸度：汇率凸度的风险因子定义如下。

（a）汇率凸度的风险因子是工具计价货币与报表货币之间的汇率。基于非报表货币对的汇率交易，汇率风险因子包括以下货币对之间的所有汇率：

（1）报表货币；

（2）工具计价货币和涉及的其他货币。

（b）当监管层同意用基准货币计算得尔塔风险时，汇率凸度风险资本要求也可以用基准货币计算，用报表货币/基准货币的即期汇率转换为按报表货币计量的资本要求。

（4）对于汇率得尔塔、维伽和凸度风险因子，无须区分在岸和离岸货币。

7　例如，对于美元/日元的汇率，报表货币为加拿大元的银行应考虑的相关风险因子为美元/加拿大元和日元/加拿大元的汇率。如果报表货币为加拿大元的银行用美元为基准货币计算汇率风险，那么应该分别计算日元/美元和加元/美元的得尔塔风险，并用美元/加元的即期汇率换算为按加拿大元计量的资本要求。

常见问题

问题 1. 对于一般利率风险、信用利差风险、股权风险、商品风险或汇率风险的风险因子需要映射指定的期限。如果内部使用的期限与指定的期限不同，如何设定？

银行不允许使用内部期限计算资本。风险因子与敏感度必须映射指定的期限。[MAR21.8] 的脚注 3 与 [MAR21.25] 的脚注 8 已经指出，风险因子和敏感度映射到特定期限应当使用线性插值法，或者与银行内部独立风控团队向高管层汇报市场风险或损益所用的定价函数保持一致。

问题 2. 根据 [MAR21.14]（4）所述“对于汇率得尔塔、维伽和凸度风险因子，无须区分在岸和离岸货币。”以上是否可以应用于可交割与不可交割的货币（例如 KRO 和 KRW，BRO 和 BRL，INO 和 INR）？

是的。无须区分可交割与不可交割的货币。

基于敏感度方法：敏感度的定义

21.15 银行每一风险类别的敏感度以报表货币表示。

21.16 [MAR21.8] 至 [MAR21.14] 所述每个风险因子，其敏感度计量的为假设其他相关风险因子不变，该风险因子特定的移动引起工具市值的变化（见 [MAR21.17] 至 [MAR21.38]）。

常见问题

问题 1. 根据得尔塔敏感度计算法则，若其计算结果非常接近规定的敏感度公式，是否可以选用其他敏感度计算公式？

是的，根据 [MAR21.17]，银行可以根据内部独立风险控制团队用于向高级管理层报告市场风险或实际损益的定价模型，使用其他敏感度计算公式，并且需向监管证明选用其他敏感度计算公式的结果非常接近规定的敏感度公式。

敏感度计算对工具价格或定价模型的要求

21.17 使用 [MAR21] 所述基于敏感度方法计算市场风险资本要求时，银行必须确定每一个得尔塔、维伽敏感度及凸度情景使用的工具价格或估值模型，也与银行内部独立风控团队向高管层汇报市场风险或实际损益时一致。

常见问题

问题 1. 根据得尔塔敏感度计算法则，若其计算结果非常接近规定的敏感度公式，是否可以选用其他敏感度计算公式？

是的，根据［MAR21.17］，银行可以根据内部独立风险控制团队用于向高级管理层报告市场风险或实际损益的定价模型，使用其他敏感度计算公式，并且需向监管证明选用其他敏感度计算公式的结果非常接近规定的敏感度公式。

问题 2. 在计算一般利率风险得尔塔及凸度资本要求时，是否允许银行在零息利率和市场利率敏感度之间做选择？

［MAR21.17］指出，银行必须根据工具的价格，或者内部独立风险控制团队用于向高级管理层汇报市场风险或实际损益的定价模型，决定每一个得尔塔敏感度、维伽敏感度及凸度情景。银行使用零息利率或市场利率敏感度应当与前述定价模型相一致。

21.18 市场风险标准法下的关键假设为，银行在计量实际损益时所用的定价模型为计量市场风险的监管资本要求提供了适当的基础。为了确保适当性，银行必须至少应建立审慎估值机制流程，要求详见巴塞尔协议Ⅱ中的718段（c）~718段（cxii）。

得尔塔风险的敏感度定义

21.19 一般利率风险的得尔塔：敏感度定义为PV01。PV01的计算方法是在给定货币的无风险利率曲线上，某期限 t 的利率（r_t）变化1个基点（绝对值为0.0001）引起的工具 i 的市值 V_i 的变化量，再除以0.0001（0.01%）。具体公式如下：

$$S_{k,rt} = \frac{V_i(r_t + 0.0001, cs_t) - V_i(r_t, cs_t)}{0.0001}$$

其中：

（1）r_t 是无风险利率曲线在期限 t 的利率；

（2）cs_t 是信用利差曲线在期限 t 的值；

（3）V_i 为工具 i 的市值，是无风险利率曲线和信用利差曲线的函数。

常见问题

问题 1. 在计算一般利率风险得尔塔及凸度敏感度资本要求时，是否允许银行在零利率或市场利率敏感度之间作出选择？

［MAR21.17］指出，银行必须根据工具的价格，或者根据银行内部独立风控团队用于向高管层汇报市场风险或实际损益的定价模型，决定每一个得尔塔敏感度、维伽敏感度及凸度情景。银行使用零息利率或市场利率敏感度应当与前述定价模型相一致。

21.20 非证券化、非相关性交易组合（non－CTP）证券化和相关性交易组合（CTP）证券化的信用利差风险得尔塔：敏感度定义为 CS01。CS01 的计算方法是，信用利差曲线上期限为 t 的信用利差 cs_t 变化 1 个基点（绝对值为 0.0001）引起工具 i 的市值 V_i 的变化量，再除以 0.0001（0.01%）。具体公式如下：

$$S_{k,cs_t}=\frac{V_i(r_t,\ cs_t+0.0001)-V_i(r_t,\ cs_t)}{0.0001}$$

常见问题

问题 1. 如果银行没有特定交易对手的货币市场曲线，能否用 PV01 替代 CS01？

可以。对于货币市场工具，允许用 PV01 替代 CS01。

21.21 股权即期价格的得尔塔：敏感度的计算方法为，股权即期价格变化 1 个百分点（相对值为 0.01）引起工具 i 的市值 V_i 的变化量，再除以 0.01（1%）。具体公式如下：

$$S_k=\frac{V_i(1.01EQ_k)-V_i(EQ_k)}{0.01}$$

其中：

（1）k 是给定的股权；

（2）EQ_k 是股权 k 的市值；

（3）V_i 是工具 i 的市值，是股权 k 价格的一个函数。

21.22 股权回购利率的得尔塔：敏感度的计算方法为股权回购利率所有期限结构平行移动 1 个基点（绝对值为 0.0001）引起工具 i 的市值 V_i 的变化量，再除以 0.0001（0.01%）。具体公式如下：

$$S_k=\frac{V_i(RTS_k+0.0001)-V_i(RTS_k)}{0.0001}$$

其中：

（1）k 是给定的股权；

（2）RTS_k 是股权 k 的回购利率；

（3）V_i 是工具 i 的市值，是股权 k 的回购利率期限结构的函数。

21.23 商品的得尔塔：敏感度的计算方法为，商品即期价格变化 1 个百分点

（相对值为0.01），引起工具i的市值V_i的变化量，再除以0.01（1%）。具体公式如下：

$$S_k = \frac{V_i\ (1.01CTY_k)\ - V_i\ (CTY_k)}{0.01}$$

其中：

（1）k是给定的商品；

（2）CTY_k是商品k的即期价格；

（3）V_i是工具i的市值，是商品k的即期价格的函数。

21.24 汇率的得尔塔：敏感度的计算方法为，汇率变化1个百分点（相对值为0.01），引起的工具i的市值V_i的变化量，再除以0.01（1%）。具体公式如下：

$$S_k = \frac{V_i\ (1.01FX_k)\ - V_i\ (FX_k)}{0.01}$$

其中：

（1）k为给定的货币；

（2）FX_k是给定货币对银行报表货币或基准货币的汇率，该汇率为用多单位银行报表货币或基准货币表示的每单位其他货币的市场价格；

（3）V_i是工具i的市值，是货币k汇率的函数。

维伽风险的敏感度定义

21.25 对于给定的风险因子[8]，期权的维伽风险敏感度的计算公式为：维伽乘以期权的隐含波动率。具体公式如下：

$$S_k = vega \times implied\ volatility$$

其中：

（1）Vega，即$\frac{\partial V_i}{\partial \sigma_i}$，指由隐含波动率$\sigma_i$的微小变化引起的期权$V_i$的市值变化；

（2）维伽敏感度计算中的维伽和隐含波动率必须来自银行独立风控团队的定价模型。

21.26 以下内容为特定情形下维伽风险敏感度的计算方法：

（1）对于没有期限的期权，应映射到最长期限，且需计提剩余风险附加资本

---

8 根据［MAR21.8］至［MAR21.14］中对维伽风险因子的定义，期权的隐含波动率必须映射至一个或多个到期期限。

要求。

（2）对于没有执行价格或障碍价格的期权，以及有多个执行价格或多个障碍价格的期权，应映射到内部对期权定价时使用的执行价格和期限，且需计提剩余风险附加资本。

（3）对于没有隐含波动率的相关性交易组合证券化产品，没有维伽（Vega）风险资本要求，但需要计量得尔塔和凸度的风险资本要求。

常见问题

问题 1. 在基于敏感度方法下，银行是否需要映射最长期限计算可撤销互换工具的维伽（Vega）风险？是否还要求计算可撤销互换工具的剩余风险？

如果期权没有特定到期日（例如可撤销互换工具），银行必须将期权映射到最长期限来计算维伽风险敏感度，且需计提剩余风险附加资本要求。

如果银行将可撤销互换工具的可选择性视为互换期权（swaption），计算维伽风险时，银行必须将互换期权交易映射至规定最长的到期期限（因为它没有特定的到期日），并相应得出期权标的的剩余期限。

敏感度的计算要求

21.27 当计算含权工具的一阶敏感度时，银行应该对隐含波动率作出以下假设：

（1）隐含波动率保持不变，与“黏性行权价法”（sticky strike）保持一致；或者

（2）根据“黏性得尔塔法”（sticky delta），隐含波动率不随得尔塔的变化而改变。

21.28 在计算维伽敏感度时，定价模型的分布假设（例如对数正态分布假设或正态分布假设）应用如下：

（1）在计算一般利率风险和信用利差风险的维伽敏感度时，银行可以采用对数正态分布或正态分布假设；

（2）在计算股权、商品和汇率维伽敏感度时，银行必须采用对数正态分布

假设。[9]

常见问题

问题 1. 如果银行既可以采用对数正态分布假设，也可以采用正态分布假设计算一般利率风险维伽，那是否意味着对所有币种采用相同的对数正态分布或正态分布假设，还是可以对不同的币种采用不同的方法？例如，是否允许银行对欧元采用正态分布假设，而对美元采用对数正态分布假设？

为了计算一般利率风险维伽，银行可以对不同币种采用对数正态分布假设和正态分布假设的组合。

21.29 如果银行在内部风险管理中计算维伽敏感度的方式与标准法不同，银行应对内部风险管理计算的敏感度进行转换，推导出用于计量维伽风险的敏感度。

21.30 所有维伽敏感度的计算都无须考虑信用估值调整（CVA）的影响。

指数型工具和多标的期权的处理方法

21.31 得尔塔和凸度风险：对于指数工具和多标的期权，应采用穿透法。然而，如果工具与市场广泛认可的上市股票或信用指数挂钩，银行可以不采用穿透法，条件如下：

（1）指数具备穿透的条件（例如已知晓成份和权重）；

（2）指数至少包含 20 个成份；

（3）单一成份的权重不超过指数的 25%；

（4）按规律排序前 10% 的成份权重之和小于指数的 60%；

（5）该指数所有成份的总市值不低于 400 亿美元。

21.32 对于给定的工具，不论银行是否采用穿透法，计算得尔塔和凸度风险的敏感性指标口径必须保持一致。

21.33 当银行满足［MAR21.31］的条件而不采用穿透法，工具挂钩的每个指数均需单独计算敏感度风险。指数的敏感度应映射至［MAR21.53］和［MAR21.72］定义的相关得尔塔风险组，具体如下：

9　由于工具的维伽风险敏感度是维伽（$\frac{\partial V_i}{\partial \sigma_i}$）乘以该工具隐含波动率（$\sigma_i$），因此在对数正态分布假设和正态分布假设下的结果是一致的。因此，银行计量一般利率风险和信用利差风险时，既可以采用对数正态分布，也可以采用正态分布假设（这是规范性约束和标准法计算繁琐之间的权衡）。对于其他风险类别，银行只能采用对数正态分布假设（与各国业界通行做法一致）。

（1）当指数中75%以上的成份（考虑指数的权重）可以映射到某个特定风险分组（例如，股权风险风险组1至风险组11，信用利差风险风险组1至风险组16），指数的敏感度应该同样映射到特定分组，与风险组内其他单名工具的处理方式相同。

（2）在其他情况下，敏感度应映射到指数组（例如，股权风险风险组12或风险组13，信用利差风险风险组17或风险组18）。

21.34 对不满足［MAR21.31］（2）至［MAR21.31］（5）所列条件的指数，以及挂钩股权或信用头寸的多标的工具，必须始终采用穿透法。

（1）一旦采用穿透法，除相关性交易组合以外的指数工具和多标的期权的成份风险因子的敏感度，允许与单名工具的风险因子敏感度净额轧差计算。

（2）指数型相关性交易组合工具不能被拆解（指数型相关性交易组合作为一个整体而应被视作一个风险因子），也不适用于上述按发行人净额轧差计算的方法。

（3）一旦采用穿透法，则应始终采用统一的口径[10]，且该方法须应用到挂钩同一指数的所有相同工具。

基金投资的处理方法

21.35 对于根据［RBC25.8］（5）（a）规定中可以穿透的基金投资，银行必须采用穿透法，且将基金标的头寸视同银行直接持有的头寸（考虑银行占有基金的份额以及基金的杠杆结构），满足以下条件的基金除外：

（1）如果基金持有的指数工具符合［MAR21.31］标准，银行必须仍然采用穿透法，且将基金标的资产的头寸视同银行直接持有的头寸。对于基金持有的指数工具，银行可以采用［MAR21.33］所列的非穿透法标准。

（2）对于跟踪指数基准的基金，仅在以下条件下，银行可以不选择穿透法，在计量风险时假设基金是跟踪指数的头寸：

（a）基金的跟踪误差绝对值小于1%（不计佣金和手续费）；

（b）至少每年评估一次跟踪误差，跟踪误差指用过去12个月的可得数据（存续期小于12个月的采用存续期数据）计算的基金年化收益率与跟踪基准年化收益率之差。

21.36 对于不能穿透的基金中投资，即不满足［RBC25.8］（5）（a）的标准，如果银行可以获得每日价格并了解基金授权书信息，即满足［RBC25.8］（5）

10 换句话说，银行可以最初不采用穿透法，后来决定穿透。一旦（对指数挂钩特定的一类工具）采用了穿透法，那么银行必须得到监管批准后，才能恢复使用非穿透法。

（b）的标准，则可以选用以下三种方法之一来计算基金的资本要求：

（1）如果基金跟踪指数基准且满足［MAR21.35］（2）（a）和（b）所列条件，银行可以假设该基金是被跟踪指数的头寸，将敏感度映射至相关的特定组或［MAR21.33］列示的指数组。

（2）经监管批准，银行将基金看作假设投资组合，基金在授权范围内最大限度地投资于基于敏感度方法下资本要求最高的资产，并相应地逐级投资其他资本要求较低的品种。如果敏感度的风险权重不止一个，则必须用最大的风险权重。

（a）区别于其他投资组合，假设投资组合中所有头寸必须按照独立的标准计提市场风险资本。

（b）假设投资组合的衍生品的交易对手信用风险和 CVA 风险，按第 80 段（ⅶ）（c）所列的银行账簿下基金的简化法来计算。

（3）银行可以将基金投资视作未评级的股权风险暴露，映射至其他组（风险组 11）。使用这种方法时，银行必须根据基金授权书信息，判断违约风险资本要求的风险权重是否足够审慎（如［MAR22.8］所述），以及是否需要计提剩余风险附加资本要求（如［MAR23.6］所述）。

21.37 如［RBC25.8］（5）的要求，对于无法穿透或不能满足［RBC25.8］（5）所列条件的净多头基金必须计入银行账簿。对于无法穿透或不能满足［RBC25.8］（5）所列条件的净空头基金必须从交易账簿的市场风险资本要求中扣除，其净头寸计提 100% 的资本要求。

多标的工具的维伽风险处理方法

21.38 在维伽风险场景中：

（1）多标的期权（包括指数期权）通常按期权的隐含波动率来定价，而不是用标的资产的隐含波动率，无须采用穿透方法，也不必采用［MAR21.31］至［MAR20.35］提出的得尔塔和凸度风险计算法。[11]

（2）对于指数而言，多标的期权隐含波动率的维伽风险可以按［MAR21.53］和［MAR21.72］定义的特定组或指数组来计算，计算方法如下：

（a）当指数中超过 75% 的成份（考虑指数的权重）可以映射至某个特定风险分组（如股权风险风险组 1 至风险组 11，信用利差风险风险组 1 至风险组 16），指数的敏感度应映射至同一个分组，处理方式与风险组内其他单名工具相同。

---

[11] 如［MAR21.8］至［MAR21.14］定义的维伽风险因子，期权隐含波动率必须映射到一个或多个到期期限。

（b）在其他情景下，敏感度应映射至指数组（如股权风险风险组 12 或风险组 13，信用利差风险风险组 17 或风险组 18）。

基于敏感度方法：得尔塔风险组、风险权重及相关性的定义

21.39 ［MAR21.41］至［MAR21.89］提出每个风险类别的风险组、风险权重及相关系数，用于计算［MAR21.4］提出的得尔塔风险资本要求。

21.40 ［MAR21.41］至［MAR21.89］中规定的风险权重和相关系数已根据每个风险类别的流动性期限调整进行校准。

一般利率风险得尔塔的风险组、风险权重和相关性

21.41 每个币种都是独立的一般利率风险得尔塔风险组，同一货币无风险收益率曲线上面的所有风险因子均计入同一个风险组。

21.42 为了计算加权敏感度，无风险收益率曲线上每个期限点的风险权重如表 1 所示：

表 1　一般利率风险得尔塔风险组和风险权重

期限维度	0.25 年	0.5 年	1 年	2 年	3 年
风险权重	1.7%	1.7%	1.6%	1.3%	1.2%
期限维度	5 年	10 年	15 年	20 年	30 年
风险权重	1.1%	1.1%	1.1%	1.1%	1.1%

21.43 通胀风险因子和交叉货币基差风险因子的风险权重为 1.6%。

21.44 对于巴塞尔委员会指定的货币[12]，银行可自主决定上述风险权重是否要除以$\sqrt{2}$。

21.45 在同一组（相同货币）、同一期限维度、不同曲线的情况下，组内的一般利率风险头寸加权敏感度 WS_k 和 WS_l 之间的相关系数 ρ_{kl} 为 99.90%。在加总交叉货币基差风险的得尔塔风险头寸时，在岸曲线和离岸曲线必须视为两条不同的曲线（参见［MAR21.8］）。银行可以采用简单加权敏感度的方法，按币种（例如“Curr/USD”或“Curr/EUR”）加总在岸曲线和离岸曲线的交叉货币基差风险。

12　巴塞尔委员会指定的货币包括欧元、美元、英镑、澳大利亚元、日元、瑞士克朗、加拿大元以及银行的报表货币。

21.46 在同一个风险组中，不同期限维度但同一曲线的加权敏感度 WS_k 和 WS_l 之间的得尔塔风险相关系数 ρ_{kl} 分布如表 2 所示[13]：

表 2 在同一组中不同期限维度但同一曲线的一般利率风险得尔塔相关系数 ρ_{kl}

	0.25 年	0.5 年	1 年	2 年	3 年	5 年	10 年	15 年	20 年	30 年
0.25 年	100.0%	97.0%	91.4%	81.1%	71.9%	56.6%	40.0%	40.0%	40.0%	40.0%
0.5 年	97.0%	100.0%	97.0%	91.4%	86.1%	76.3%	56.6%	41.9%	40.0%	40.0%
1 年	91.4%	97.0%	100.0%	97.0%	94.2%	88.7%	76.3%	65.7%	56.6%	41.9%
2 年	81.1%	91.4%	97.0%	100.0%	98.5%	95.6%	88.7%	82.3%	76.3%	65.7%
3 年	71.9%	86.1%	94.2%	98.5%	100.0%	98.0%	93.2%	88.7%	84.4%	76.3%
5 年	56.6%	76.3%	88.7%	95.6%	98.0%	100.0%	97.0%	94.2%	91.4%	86.1%
10 年	40.0%	56.6%	76.3%	88.7%	93.2%	97.0%	100.0%	98.5%	97.0%	94.2%
15 年	40.0%	41.9%	65.7%	82.3%	88.7%	94.2%	98.5%	100.0%	99.0%	97.0%
20 年	40.0%	40.0%	56.6%	76.3%	84.4%	91.4%	97.0%	99.0%	100.0%	98.5%
30 年	40.0%	40.0%	41.9%	65.7%	76.3%	86.1%	94.2%	97.0%	98.5%	100.0%

21.47 同一风险组中，不同期限维度和不同曲线的加权敏感度 WS_k 和 WS_l，两者之间的相关系数 ρ_{kl} 等于［MAR21.46］所述相关系数乘以 99.90%。[14]

21.48 通胀曲线加权敏感度 WS_k 和给定期限的相关收益率曲线加权敏感度 WS_l 之间的得尔塔相关系数 ρ_{kl} 是 40%。

21.49 交叉货币基差曲线的加权敏感度 WS_k 和以下几种曲线的加权敏感度 WS_l 之间的得尔塔相关系数 ρ_{kl} 是 0%：

（1）给定期限的相关一般利率风险曲线；

（2）通胀曲线；

（3）另一个交叉货币基差曲线（如果相关）。

21.50 在加总不同风险组（不同货币）的一般利率风险得尔塔风险头寸时，相关系数 γ_{bc} 为 50%。

非证券化信用利差风险得尔塔的风险组、风险权重和相关性

21.51 对于非证券化信用利差风险得尔塔，风险组有两个维度：信用水平和

---

13 表 2 中一般利率风险得尔塔的相关系数 ρ_{kl} 由 $\max[e^{(-\theta\frac{|T_k-T_l|}{\min\{T_k;T_l\}})};40\%]$计算得出，此处 T_k（相对的 T_l）是 WS_k（相对的 WS_l）的期限；θ 设置为 3%。例如，同一种货币的一年期 Eonia 互换曲线的敏感度和五年期 Eonia 互换曲线的敏感度的相关系数是 $\max[e^{(-3\%\frac{|1-5|}{\min\{1;5\}})};40\%]=88.69\%$。

14 例如，同一种货币的 1 年期 Eonia 互换曲线敏感度和 5 年期 3 个月 Euribor 互换曲线敏感度间的相关系数为 88.69% ×0.999 =88.60%。

行业分类，如表3所示。在根据风险权重计算加权敏感度之前，非证券化信用利差风险的敏感度或风险暴露应先划分到相应风险组。

表3　非证券化信用利差风险得尔塔分组

风险组序号	信用水平	行业分类
1	投资级别（IG）	主权机构，包括中央银行、多边开发银行
2		地方政府、政府支持非金融机构、教育机构、公共部门
3		金融机构，包括政府支持的金融机构
4		基础材料、能源、工业、农业、制造、矿产和开采领域
5		消费品和服务、交通运输和仓储、公共管理和支持性服务
6		信息科技、通信行业
7		健康医疗、公用事业、专业技术领域
8		资产担保债券[15]
9	高收益（HY）和无评级（NR）	主权机构，包括中央银行、多边开发银行
10		地方政府、政府支持的非金融机构、教育机构、公共部门
11		金融机构，包括政府支持的金融机构
12		基础材料、能源、工业、农业、制造、矿产和开采领域
13		消费品和服务、交通运输和仓储、公共管理和支持性服务
14		信息科技、通信行业
15		健康医疗、公用事业、专业技术领域
16	其他分组[16]	
17	IG 指数	
18	HY 指数	

常见问题

问题1. 当不同的外部评级机构给定的评级不同或没有外部评级时，风险权重应如何决定？

与巴塞尔协议Ⅱ的信用风险框架中第97段和第98段对外部评级的处理方法保持一致，如果有两种评级映射至不同的风险权重，应取高风险权重。如果有三个或更多个评级，映射至不同的风险权重，应从最低两个风险权重中取较高者。

对于没有外部评级的处理方法，与巴塞尔协议Ⅲ的CVA风险框架第14段保

15　资产担保债券必须满足以下文件中第68段、第70段和第71段的定义：《巴塞尔协议——计量和管理大额风险暴露的监管框架标准》，2014年4月，www. bis. org/publ/bcbs283. pdf。

16　该组中不用区分信用水平。

持一致，如果所在区域没有外部评级或监管不认可外部评级，经监管批准，银行可以：

- 为了分配非证券化信用利差风险得尔塔的风险权重，需将内部评级映射到外部评级，并根据［MAR21.51］中的“投资级别”或“高收益”选择风险权重；
- 为了在违约风险要求下分配违约风险权重，需将内部评级映射到外部评级，并根据［MAR22.24］表格中的七个外部评级分配风险权重；或者
- 对于未评级或无评级类别，适用［MAR21.51］和［MAR22.24］中规定的风险权重。

问题 2. 为计算市场风险资本要求，如何计算房地美和房利美的抵押担保证券（MBS）的信用利差风险资本要求？房地美和房利美抵押担保证券的违约损失率（LGD）是多少？

由政府支持企业（GSEs）例如房地美和房利美发行的未分层级抵押担保证券，应划入风险组 2（地方政府、政府支持的非金融机构、教育机构、公共部门）来计算信用利差风险资本要求，其风险权重为 1.0%。

根据［MAR22.12］，由政府支持企业（GSEs）发行的未分层级抵押担保证券的 LGD 为 75%（即高级债务工具的 LGD），但若政府支持企业（GSEs）证券满足［MAR21.51］脚注 15 的条件，应作为资产担保债券进行处理。

21.52 银行应按照市场通用的行业分类方法，将发行人的风险暴露划分到对应的风险组。

（1）根据［MAR21.51］的表格，将每个发行人划分至其中一个风险组。

（2）如果发行人不能与信用水平和行业分类相匹配，其风险头寸划入“其他分组”（风险组 16）。

21.53 为了计算加权敏感度，风险组 1 至风险组 18 的风险权重详见表 4。同一风险组下不同期限（0.5 年、1 年、3 年、5 年、10 年）的风险权重是相同的。

表 4 非证券化信用利差风险得尔塔风险组的风险权重

风险组序号	风险权重
1	0.5%
2	1.0%
3	5.0%
4	3.0%
5	3.0%
6	2.0%
7	1.5%

续表

风险组序号	风险权重
8	2.5%[17]
9	2.0%
10	4.0%
11	12.0%
12	7.0%
13	8.5%
14	5.5%
15	5.0%
16	12.0%
17	1.5%
18	5.0%

21.54 对于风险组 1 至风险组 15，在计算组内合计非证券化信用利差得尔塔风险头寸时，同一个风险组下两个敏感度 WS_k 和 WS_l 的相关系数 ρ_{kl} 计算方法如下所示：

$$\rho_{kl} = \rho_{kl}^{(name)} \cdot \rho_{kl}^{(tenor)} \cdot \rho_{kl}^{(basis)}$$ [18]

其中：

（1）若发行人一致，则 $\rho_{kl}^{(name)}$ 等于 1，否则等于 35%；

（2）若期限维度一致，则 $\rho_{kl}^{(tenor)}$ 等于 1，否则等于 65%；

（3）若曲线一致，则 $\rho_{kl}^{(basis)}$ 等于 1，否则等于 99.90%。

常见问题

问题 1. ［MAR21.9］（3）明确指出，对于信用利差风险凸度，可忽略债券—CDS 的基差。根据［MAR21.9］（1），是否可以认为债券曲线和 CDS 曲线是不同的风险因子，［MAR21.54］和［MAR21.55］中的 $\rho_{kl}^{(basis)}$ 仅考虑债券—CDS 基差？

是的。在［MAR21.9］（1）中，债券和 CDS 信用利差视为不同的风险因子，［MAR21.54］和［MAR21.55］中的 $\rho_{kl}^{(basis)}$ 只反映债券—CDS 的基差。

21.55 对于风险组 17 和风险组 18，在计算组内合计非证券化信用利差得尔

---

17 对于评级为 AA - 级或更高级别的担保债券，银行可以根据自己的判断将风险权重定为 1.5%。

18 例如，5 年期苹果公司债券曲线的敏感度和 10 年期谷歌公司 CDS 曲线敏感度之间的相关系数是 35% ×65% ×99.90% =22.73%。

塔风险头寸时，同一个风险组下两个敏感度的相关系数计算方法如下所示：

$$\rho_{kl} = \rho_{kl}^{(name)} \cdot \rho_{kl}^{(tenor)} \cdot \rho_{kl}^{(basis)}。$$

其中：

（1）若发行人一致，则 $\rho_{kl}^{(name)}$ 等于1，否则等于 80%；

（2）若期限维度一致，则 $\rho_{kl}^{(tenor)}$ 等于1，否则等于 65%；

（3）若曲线一致，则 $\rho_{kl}^{(basis)}$ 等于1，否则等于 99.90%。

21.56 以上提及的相关系数不适用于“其他分组”（风险组 16）。

（1）“其他分组”（风险组 16）的合计得尔塔和维伽风险头寸等于这个风险组下净加权敏感度的绝对值之和，公式如下：

$$K_{b(其他分组)} = \sum_k |WS_k|$$

（2）“其他分组”（风险组 16）的合计凸度风险头寸的计算公式如下：

$$K_{b(其他分组)} = \max\left[\sum_k \max(CVR_k^+, 0), \sum_k \max(CVR_k^-, 0)\right]$$

21.57 对于风险组 1 至风险组 16，在加总计算不同风险组之间的非证券化信用利差得尔塔风险头寸时，相关系数 γ_{bc} 的计算公式如下：

$$\gamma_{bc} = \gamma_{bc}^{(rating)} \cdot \gamma_{bc}^{(sector)}$$

其中：

（1）如果两个风险组 b 和 c 均位于风险组 1 至风险组 15 之列，且对应的信用水平不同（一个为“投资级别”，另一个为“高收益/无评级”），那么 $\gamma_{bc}^{(rating)}$ 等于 50%，否则等于 1。

（2）如果两个风险组对应的行业相同，那么 $\gamma_{bc}^{(sector)}$ 等于 1，否则按照表 5 取数。

表 5 当两个风险组不属于同一行业，$\gamma_{bc}^{(sector)}$ 的取值

风险组	1/9	2/10	3/11	4/12	5/13	6/14	7/15	8	16	17	18
1/9		75%	10%	20%	25%	20%	15%	10%	0	45%	45%
2/10			5%	15%	20%	15%	10%	10%	0	45%	45%
3/11				5%	15%	20%	5%	20%	0	45%	45%
4/12					20%	25%	5%	5%	0	45%	45%
5/13						25%	5%	15%	0	45%	45%
6/14							5%	20%	0	45%	45%
7/15								5%	0	45%	45%
8									0	45%	45%
16										0	0

续表

风险组	1/9	2/10	3/11	4/12	5/13	6/14	7/15	8	16	17	18
17											75%
18											

证券化信用利差风险（相关性交易组合）得尔塔的风险组、风险权重及相关性

21.58 如［MAR21.1］中所述，相关性交易组合及其对冲交易的信用利差风险敏感度被视作单独的风险类别。证券化信用利差风险（相关性交易组合）得尔塔的风险组、风险权重及相关性应用如下：

（1）证券化信用利差风险（相关性交易组合）得尔塔的风险组和相关系数与非证券化框架（见［MAR21.51］至［MAR21.57］）保持一致。但指数风险组（风险组 17 和风险组 18）例外。

（2）对非证券化下的风险权重和相关系数进行适当调整，用于反映 CSR 证券化得尔塔具有更长流动性期限和更大基差风险的特点，如［MAR21.59］至［MAR21.61］所述。

21.59 在计算加权敏感度的时候，风险组 1 至风险组 16 的风险权重如表 6 所示。同一个风险组下不同期限维度（0.5 年、1 年、3 年、5 年、10 年）对应的风险权重相同。

表 6　证券化信用利差风险（相关性交易组合）得尔塔风险组的风险权重

风险组序号	风险权重
1	4.0%
2	4.0%
3	8.0%
4	5.0%
5	4.0%
6	3.0%
7	2.0%
8	6.0%
9	13.0%
10	13.0%
11	16.0%
12	10.0%
13	12.0%

续表

风险组序号	风险权重
14	12.0%
15	12.0%
16	13.0%

21.60 计算同一风险组内的合计证券化信用利差风险（相关性交易组合）得尔塔风险头寸时，得尔塔风险相关系数 ρ_{kl} 的计算方法与［MAR21.54］和［MAR21.55］所述基本相同，但若敏感度对应的曲线不同，$\rho_{kl}^{(basis)}$ 需要做一些调整：

（1）如果两个敏感度对应的曲线相同，那么 $\rho_{kl}^{(basis)}$ 等于1，否则等于99.00%。

（2）$\rho_{kl}^{(name)}$ 和 $\rho_{kl}^{(tenor)}$ 都与非证券化信用利差风险（见［MAR21.54］和［MAR21.55］）一致。

21.61 加总证券化信用利差风险（相关性交易组合）组间得尔塔风险头寸时，不同风险组之间相关系数 γ_{bc} 的计算方法与非证券化信用利差风险一致。

证券化信用利差风险（非相关性交易组合）得尔塔的风险组、风险权重及相关性

21.62 对于证券化信用利差风险（非相关性交易组合）得尔塔，风险组按照以下两个维度来划分：信用水平和资产类型，如表7所示。证券化信用利差风险（非相关性交易组合）得尔塔的敏感度或者风险暴露必须先划分到一个风险组后，才能用对应的风险权重计算加权敏感度。

表7　证券化信用利差风险（非相关性交易组合）得尔塔分组

风险组序号	信用水平	资产类型
1	高投资级别	住房贷款抵押证券—优先级（RMBS - Prime）
2		住房贷款抵押证券—中间级（RMBS – Mid – Prime）
3		住房贷款抵押证券—次级（RMBS – Sub – Prime）
4		商业房地产抵押贷款支持证券（CMBS）
5		资产支持证券—学生贷款（ABS – Student loans）
6		资产支持证券—信用卡（ABS – Credit cards）
7		资产支持证券—汽车贷款（ABS – Auto）
8		贷款抵押债券—非相关交易组合（CLO non – CTP）

续表

风险组序号	信用水平	资产类型
9	投资级别（IG）	住房贷款抵押证券—优先级（RMBS – Prime）
10		住房贷款抵押证券—中间级（RMBS – Mid – Prime）
11		住房贷款抵押证券—次级（RMBS – Sub – Prime）
12		商业房地产抵押贷款支持证券（CMBS）
13		资产支持证券—学生贷款（ABS – Student loans）
14		资产支持证券—信用卡（ABS – Credit cards）
15		资产支持证券—汽车贷款（ABS – Auto）
16		贷款抵押证券—非相关交易组合（CLO non – CTP）
17	高收益（HY）和无评级（NR）	住房贷款抵押证券—优先级（RMBS – Prime）
18		住房贷款抵押证券—中间级（RMBS – Mid – Prime）
19		住房贷款抵押证券—次级（RMBS – Sub – Prime）
20		商业房地产抵押贷款支持证券（CMBS）
21		资产支持证券—学生贷款（ABS – Student loans）
22		资产支持证券—信用卡（ABS – Credit cards）
23		资产支持证券—汽车贷款（ABS – Auto）
24		贷款抵押债券—非相关交易组合（CLO non – CTP）
25	其他分组[19]	

21.63 银行应根据市场通用的层级分类方法，将每个风险暴露归类划入对应的资产层级。

（1）银行必须将每个资产划分到表7中的层级分组中。

（2）无法按照该分类方法划到表7所列层级分组的风险暴露，则应划到“其他分组”（风险组25）。

21.64 为计算加权敏感度，风险组1至风险组8（高投资级别）对应的风险权重如表8所示。

表8 证券化信用利差风险（非相关性交易组合）得尔塔风险组1至风险组8的风险权重

风险组序号	风险权重
1	0.9%
2	1.5%
3	2.0%
4	2.0%
5	0.8%

19 该风险组内，不考虑信用水平。

续表

风险组序号	风险权重
6	1.2%
7	1.2%
8	1.4%

21.65 风险组9至风险组16（投资级别）的风险权重等于风险组1至风险组8相应风险权重的1.25倍。例如，风险组9的风险权重等于1.25×0.9%=1.125%。

21.66 风险组17至风险组24［高收益（HY）和无评级（NR）］的风险权重等于风险组1至风险组8相应风险权重的1.75倍。例如，风险组17的风险权重等于1.75×0.9%=1.575%。

21.67 第25个风险组的风险权重为3.5%。

21.68 在计算同一个风险组内的合计证券化信用利差风险（非相关性交易组合）得尔塔风险头寸时，同一个风险组下两个敏感度 WS_k 和 WS_l 之间相关系数 ρ_{kl} 的计算方法如下所示：

$$\rho_{kl} = \rho_{kl}^{(tranche)} \cdot \rho_{kl}^{(tenor)} \cdot \rho_{kl}^{(basis)}$$

其中：

（1）若 k 与 l 在同一个风险组下，且证券化层级相同（名义本金条款重叠度超过80%），则 $\rho_{kl}^{(tranche)}$ 等于1，否则等于40%；

（2）若期限维度一致，则 $\rho_{kl}^{(tenor)}$ 等于1，否则等于80%；

（3）若曲线一致，则 $\rho_{kl}^{(basis)}$ 等于1，否则等于99.90%。

常见问题

问题1. ［MAR21.68］中的 $\rho_{kl}^{(tranche)}$ 在同一个风险组下且证券化层级相同时等于1，否则等于40%，没有提及发行人因素。是不是意味如果发行人相同，但证券化层级不同时，相关系数 $\rho_{kl}^{(tranche)}$ 等于40%？

是的，如［MAR21.10］所述，证券化信用利差风险得尔塔分组中没有发行人维度。当两个证券化风险暴露具有相同的发行人，相同的期限和相同的基础资产，但是不同的结构层级（不同的信用水平）时，相关系数是40%。

21.69 以上提及的相关系数不适用于“其他分组”（风险组25）。

（1）“其他分组”的合计得尔塔和维伽风险头寸等于这个风险组下所有加权敏感度的绝对值之和。

$$K_{b(\text{其他分组})} = \sum_k |WS_k|$$

（2）“其他分组”的合计凸度风险头寸的计算公式如下：

$$K_{b(\text{其他分组})} = \max\left[\sum_k \max(CVR_k^+,0),\sum_k \max(CVR_k^-,0)\right]$$

21.70 对于风险组 1 至风险组 24，加总不同风险组之间证券化信用利差风险（非相关性交易组合）得尔塔风险头寸时，风险组相关系数 γ_{bc} 为零。

21.71 加总证券化信用利差风险（非相关性交易组合）组间全部得尔塔风险头寸时，“其他分组”（风险组 25）与风险组 1 至风险组 24 的相关系数 γ_{bc} 为 1。“其他分组”（风险组 25）的风险头寸与风险组 1 至风险组 24 的风险头寸汇总值直接加总得出整体风险资本要求，“其他分组”（风险组 25）与风险组 1 至风险组 24 之间没有分散或对冲效应。

股权得尔塔风险组、风险权重和相关性

21.72 对于股权风险得尔塔，风险组从三个维度进行划分：总市值、经济体类别和行业类别，如表 9 所示。在根据风险权重计算加权敏感度之前，必须先将股权风险敏感度或风险暴露划分到相应的风险组。

表 9　股权风险得尔塔分组

风险组序号	市值	经济体类别	行业类别
1	大市值	新兴市场经济体	消费品和消费服务、交通运输和仓储、公共管理和支持性服务、健康医疗、公用事业
2			通信行业、工业
3			基础材料、能源、农业、制造业、矿产和开采领域
4			金融机构（包括政府支持金融机构）、房地产行业、科技行业
5		发达经济体	消费品和消费服务、交通运输和仓储、公共管理和支持性服务、健康医疗、公用事业
6			通信行业、工业
7			基础材料、能源、农业、制造业、矿产和开采领域
8			金融机构（包括政府支持金融机构）、房地产行业、科技行业
9	小市值	新兴市场经济体	第 1～4 个风险组对应的行业领域
10		发达经济体	第 5～8 个风险组对应的行业领域
11	其他分组[20]		
12	大市值，发达经济体的股票指数（无特定行业）		
13	其他股票指数（无特定行业）		

20　该风险组不区分总市值或者经济体类别（发达经济体或新兴市场经济体）。

21.73 总市值是指同一上市法人或一组法人实体的同一公司在全球股票交易所发行的所有可流通股票市值的总和。任何情况下都不能用多个关联公司的市值总和来决定上市公司是“大市值类”还是“小市值类”。

21.74 “大市值类”指市值大于或等于20亿美元，“小市值类”指市值小于20亿美元。

21.75 发达经济体包括加拿大、美国、墨西哥、欧元区、非欧元区的西欧国家（英国、挪威、瑞典、丹麦和瑞士）、日本、澳大利亚、新西兰、新加坡和中国香港特别行政区。

常见问题

问题1. 是否可以认为，［MAR21.75］中提到的国家是指公司注册地所在国？

必须根据股权发行人最主要的经营区域来决定其归属的风险组。如［MAR21.76］所述，对于跨国、跨行业的股权发行人，风险组的划分必须由其最主要的经营区域和行业来确定。

21.76 银行应根据市场通用的行业分类方法，将每个风险暴露划入对应的风险组。

（1）每个发行人都必须划分到［MAR21.72］表9中的风险组内，同一个行业的发行人须划入相同的行业分组。

（2）如果无法按这种方式将发行人划分至某一行业，就将该发行人的风险暴露划入“其他分组”（风险组11）。

（3）对于跨国、跨行业的发行人，必须按照发行人最主要的经营区域和行业划分至相应的风险组。

21.77 计算加权敏感度时，针对风险组1至风险组13，股权即期价格和股权回购利率的敏感度对应的风险权重如表10所示：

表10　风险组1至风险组13的股权风险得尔塔风险权重

风险组序号	股权即期价格风险权重	股权回购利率风险权重
1	55%	0.55%
2	60%	0.60%
3	45%	0.45%
4	55%	0.55%
5	30%	0.30%
6	35%	0.35%
7	40%	0.40%

续表

风险组序号	股权即期价格风险权重	股权回购利率风险权重
8	50%	0.50%
9	70%	0.70%
10	50%	0.50%
11	70%	0.70%
12	15%	0.15%
13	25%	0.25%

21.78 在加总计算风险组内的股权风险得尔塔风险头寸时，同一风险组内两个敏感度 WS_k 和 WS_l 之间相关系数 ρ_{kl} 的计算方法如下：

（1）同时满足以下条件时，两个敏感度 WS_k 和 WS_l 之间相关系数 ρ_{kl} 为 99.90%：

（a）一个是股权即期价格的敏感度，另一个是股权回购利率的敏感度；

（b）基于同一股权发行人。

（2）两个股权即期价格的敏感度 WS_k 和 WS_l 之间相关系数 ρ_{kl} 按以下（a）~（d）来确定：

（a）对于大市值、新兴市场经济体（第 1 ~ 4 个风险组），相同风险组的两个敏感度之间相关系数为 15%；

（b）对于大市值、发达经济体（第 5 ~ 8 个风险组），相同风险组的两个敏感度之间相关系数为 25%；

（c）对于小市值、新兴市场经济体（第 9 个风险组），相同风险组的两个敏感度之间相关系数为 7.5%；

（d）对于小市值、发达经济体（第 10 个风险组），相同风险组的两个敏感度之间相关系数为 12.5%；

（e）对于股票指数风险组（第 12 或 13 个风险组），相同风险组的两个敏感度之间的相关系数为 80%。

（3）两个股权回购利率的敏感度 WS_k 和 WS_l 之间的相关系数 ρ_{kl} 的计算规则与上述（2）中的（a）~（d）所述一致。

（4）同时满足以下情形中，相关系数 ρ_{kl} 在（2）中的（a）~（d）计算结果基础上乘以 99.90%。

（a）一个是股权即期价格的敏感度，另一个是股权回购利率的敏感度；

（b）每个敏感度基于不同的股权发行人。

21.79 以上提及的相关系数不适用于“其他分组”（风险组 11）。

（1）“其他分组”的得尔塔风险资本要求等于风险组下全部加权敏感度的绝对值之和。该方法同样适用于维伽风险。

$$K_{b(\text{其他分组})} = \sum_k |WS_k|$$

（2）“其他分组”（风险组 11）的合计凸度股权风险头寸的计算公式如下：

$$K_{b(\text{其他分组})} = \max\left[\sum_k \max(CVR_k^+, 0), \sum_k \max(CVR_k^-, 0)\right]$$

21.80 对于风险组 1 至风险组 13，在加总计算股权风险组间得尔塔风险头寸时，相关系数 γ_{bc} 的确定方法如下：

（1）如果风险组 b 和 c 在风险组 1 至风险组 10，γ_{bc} 等于 15%；

（2）如果风险组 b 和 c 中任意一个在风险组 11，γ_{bc} 等于 0%；

（3）如果风险组 b 和 c 分别在风险组 12 和风险组 13（一个为风险组 12，一个为风险组 13），γ_{bc} 等于 75%；

（4）其他情况下，γ_{bc} 等于 45%。

商品得尔塔风险组、风险权重和相关性

21.81 对于商品风险得尔塔而言，商品按特征分为 11 个风险组，具体见表 11。

21.82 为计算加权敏感度，各个风险组对应的风险权重如表 11 所示：

表 11　商品风险得尔塔分组和风险权重

风险组序号	商品风险组	每个风险组下商品示例（非穷尽）	风险权重
1	能源—固体燃料	煤、木炭、木屑颗粒、核燃料（例如铀）	30%
2	能源—液体燃料	原油（例如轻质原油、重质原油、得克萨斯州中质原油 WTI 和布伦特原油）、生物燃料（例如生物乙醇、生物柴油）、石化产品（例如丙烷、乙烷、汽油、甲醛和丁烷）、成品燃料（例如航空煤油、煤油、柴油、燃料油、石脑油、取暖油、柴油）	35%
3	能源—电力和碳交易	电力（例如即期、日前、高峰、非高峰）、碳排放交易［例如核证减排量、即期交割月份的“欧盟排碳配额”（EUA）、区域温室气体应对行动计划二氧化碳排放配额、可再生能源证书］	60%
4	货运	干散货航线（例如好望角型散货船、巴拿马型散货船、灵便型散货船、超灵便型散货船）、液体/气体散货船（例如苏伊士型油轮、阿芙拉型油轮、大型原油运输船）	80%

续表

风险组序号	商品风险组	每个风险组下商品示例（非穷尽）	风险权重
5	金属—非贵金属	基本金属（例如铝、铜、铅、镍、锡和锌）、钢材原材料（例如钢坯、钢丝、钢圈、钢屑、钢筋、铁矿石、钨、钒、钛、钽）、稀有金属（例如钴、锰、钼）	40%
6	气体燃料	天然气、液化天然气	45%
7	贵金属（含黄金）	黄金、白银、铂金、钯金	20%
8	谷物和油料	玉米、小麦、豆类（例如大豆籽、大豆油、大豆粕）、燕麦、棕榈油、芥花籽、大麦、菜籽（例如油菜籽、油菜籽油、油菜籽粕）、红豆、高粱、椰子油、橄榄油、花生油、葵花籽油、水稻	35%
9	家畜和乳制品	牛（例如活牛和育肥牛）、猪、家禽、羊、鱼、虾、乳制品（例如牛奶、乳清、鸡蛋、黄油和奶酪）	25%
10	软饮料和其他农产品	可可、咖啡（例如 Arabica 和 Robusta 咖啡豆）、茶、柑橘和橙汁、土豆、糖、棉、羊毛、木材和纸浆、橡胶	35%
11	其他商品	工业原料（例如钾碱、化肥、磷酸岩）、稀土、对苯二酸、平板玻璃	50%

21.83 在加总计算同一风险组内的商品风险得尔塔风险头寸时，同一风险组内两个敏感度 WS_k 和 WS_l 之间的相关系数 ρ_{kl} 计算方法如下所示：

$$\rho_{kl} = \rho_{kl}^{(cty)} \cdot \rho_{kl}^{(tenor)} \cdot \rho_{kl}^{(basis)}$$ [21]

（1）若两个敏感度对应相同的商品，则 $\rho_{kl}^{(cty)}$ 等于1，否则 $\rho_{kl}^{(cty)}$ 按表12 中的组内相关系数取值。若市场上存在两个合约，其差别仅在于交割的基础商品不同，那么合约视为不同的合约，商品也视为两种不同商品。例如，美国西得克萨斯中质原油和布伦特原油都被划入第2个风险组（能源—流体可燃物），但它们被视作两种不同商品。

（2）若两个敏感度的时间期限一致，则 $\rho_{kl}^{(tenor)}$ 等于1，否则等于99%。

（3）若两个敏感度对应的商品交割地点一致，则 $\rho_{kl}^{(basis)}$ 等于1，否则等于99.90%。

21 例如，在法国勒阿弗尔交割的1年期布伦特原油和在美国俄克拉荷马州交割的5年期西得克萨斯中质原油的敏感性指标之间相关系数为95% ×99% ×99.90% =93.96%。

表 12　组内相关系数 $\rho_{kl}^{(cty)}$ 取值

风险组序号	商品风险组分类	相关系数
1	能源—固体燃料	55%
2	能源—液体燃料	95%
3	能源—电力和碳交易	40%
4	货运	80%
5	金属—非贵金属	60%
6	气体燃料	65%
7	贵金属（含黄金）	55%
8	谷物和油料	45%
9	家畜和奶制品	15%
10	软饮料和其他农产品	40%
11	其他商品	15%

常见问题

问题 1.　对于以商品差价为基础的衍生工具，是直接将差价作为一个风险因子，还是必须拆分该衍生工具？例如，对于一个以 WTI 和布伦特原油的差价作为基础的互换合约，是计算两者差价的得尔塔，还是要分别计算美国西得克萨斯中质原油和布伦特原油的得尔塔？

以差价为基础的衍生工具对与差价相关的风险因子具有敏感性。在上面问题提到的例子中，互换合约对 WTI 和布伦特原油的价格均具有敏感性，那么就需要根据每个风险因子（例如美国西得克萨斯中质原油的得尔塔和布伦特原油的得尔塔）计提风险资本。用于加总风险资本的相关系数详见［MAR21.83］。

21.84　为了说明［MAR21.83］（1）中表 12 所列相关系数 $\rho_{kl}^{(cty)}$ 的适用情况，本段提供一些例子（未穷举）以进一步理解“不同商品”的定义：

（1）对于风险组 3（能源—电力和碳交易）：

（a）合约写明的在不同时间段配送的电力是不同的商品（如高峰送电和非高峰送电）。

（b）在不同地区生产的电力（如东北电力、东南电力和北方电力）是不同的电力商品。

（2）对于风险组 4（货运）

（a）不同货运类型和路线的组合是不同的商品。

（b）在不同星期交割的商品是不同的商品。

常见问题

问题 1. 对于以商品差价为基础的衍生工具，是直接将差价作为一个风险因子，还是必须拆分该衍生工具？例如，对于一个以 WTI 和布伦特原油的差价作为基础的互换合约，是计算两者差价的得尔塔，还是分别计算美国西得克萨斯中质原油和布伦特原油的得尔塔？

以差价为基础的衍生工具对与差价相关的风险因子具有敏感性。在上面问题提到的例子中，互换合约对 WTI 和布伦特原油的价格均具有敏感性，那么就需要根据风险因子（例如美国西得克萨斯中质原油的得尔塔和布伦特原油的得尔塔）计提风险资本。用于加总风险资本的相关系数详见［MAR21.83］。

21.85 在加总计算商品风险组间得尔塔风险头寸时，不同风险组之间敏感度或风险暴露的相关系数 γ_{bc} 计算方法如下：

（1）第 1～10 个风险组之间的相关系数为 20%；

（2）第 11 个风险组与其他风险组之间的相关系数为 0%。

汇率得尔塔风险组、风险权重和相关性

21.86 衍生工具的计价货币和报表货币之间的每一个汇率都应划到相应汇率风险组。

21.87 所有汇率风险得尔塔敏感度的风险权重等于 15%。

21.88 对于巴塞尔委员会指定的货币对[22]及其一阶交叉货币对[23]，银行可以自主选择是否用上述权重除以$\sqrt{2}$作为其风险权重。

21.89 加总计算汇率风险组间得尔塔风险头寸时，不同风险组的相关系数 γ_{bc} 统一为 60%。

基于敏感度方法：维伽风险组、风险权重和相关性的定义

21.90 ［MAR21.91］至［MAR21.95］列出了用于计算［MAR21.4］所述

22 巴塞尔委员会指定的货币对包括美元/欧元、美元/日元、美元/英镑、美元/澳大利亚元、美元/加拿大元、美元/瑞士法郎、美元/墨西哥元、美元/人民币、美元/新西兰元、美元/卢布、美元/港元、美元/新加坡元、美元/新土耳其里拉、美元/韩元、美元/瑞士克朗、美元/南非兰特、美元/印度卢比、美元/挪威克朗、美元/巴西雷亚尔。

23 例如，欧元/澳大利亚元不是巴塞尔委员会指定的货币对，但它是美元/欧元和美元/澳大利亚元的一阶交叉货币对。

维伽风险资本要求的风险组、风险权重和相关系数。

21.91 得尔塔风险组分类同样适用于维伽风险。

21.92 在计算维伽风险的加权敏感度时，所有维伽风险因子均需考虑市场流动性风险，具体方法是，为每个风险类别设置不同的流动性期限，如表13所示。表13还列出了每个风险类别的风险权重[24]。

表13 监管规定的流动性期限（$LH_{risk\ class}$）和每个风险类别的风险权重

风险类别	$LH_{risk\ class}$	风险权重
一般利率风险	60	100%
信用利差风险（非证券化产品）	120	100%
信用利差风险（证券化相关性交易组合）	120	100%
信用利差风险（证券化非相关性交易组合）	120	100%
股权风险（大市值和指数）	20	77.78%
股权风险（小市值和其他分组）	60	100%
商品风险	120	100%
汇率风险	40	100%

21.93 在加总计算同一风险组内一般利率风险维伽风险头寸时，组内相关系数 ρ_{kl} 的计算方法如下所示：

$$\rho_{kl} = \min[\rho_{kl}^{(option\ maturity)} \cdot \rho_{kl}^{(underlying\ maturity)};1]$$

（1）$\rho_{kl}^{(option\ maturity)}$ 等于 $e^{-\alpha \cdot \frac{|T_k - T_l|}{\min(T_k, T_l)}}$，其中：

（a）α 为1%；

（b）T_k（或 T_l）分别是维伽敏感度 VR_k（或 VR_l）对应的期权剩余期限，以年为单位。

（2）$\rho_{kl}^{(underlying\ maturity)}$ 等于 $e^{-\alpha \cdot \frac{|T_k^u - T_l^u|}{\min(T_k^u, T_l^u)}}$，其中：

（a）α 为1%；

（b）T_k^u（或 T_l^u）分别是维伽敏感度 VR_k（或 VR_l）对应的期权到期后期权标的资产的剩余期限，以年为单位。

21.94 对于其他风险类型（非一般利率风险）而言，在加总计算同一风险组内维伽风险头寸时，相关系数 ρ_{kl} 的计算方法如下所示：

$$\rho_{kl} = \min[\rho_{kl}^{(DELTA)} \cdot \rho_{kl}^{(option\ maturuty)};1]$$

---

24 维伽风险因子 k 的风险权重 RW_k 的计算公式为 $RW_k = \min\left[RW_\sigma \cdot \frac{\sqrt{LH_{risk\ class}}}{\sqrt{10}};100\%\right]$，其中 RW_σ 等于55%，各个风险类型对应的 $LH_{risk\ class}$ 如表13所示。

（1）$\rho_{kl}^{(DELTA)}$ 为维伽风险因子 k 和 l 对应的得尔塔风险因子的相关系数。例如，k 是股权 X 对应的维伽风险因子，l 是股权 Y 对应的维伽风险因子，那么 $\rho_{kl}^{(DELTA)}$ 就是 X 和 Y 之间的得尔塔相关系数；

（2）$\rho_{kl}^{(option\ maturuty)}$ 的计算与［MAR21.93］中所述一致。

21.95 在同一种风险类型下（含一般利率风险和其他风险），不同风险组之间维伽风险敏感度的相关系数 γ_{bc} 与［MAR21.39］至［MAR21.89］中所述的得尔塔部分相同（例如，一般利率风险下不同风险组之间的维伽风险敏感度相关系数 γ_{bc} 为50%）。

基于敏感度方法：凸度风险组、风险权重和相关性的定义

21.96 ［MAR21.97］至［MAR21.101］列出了计算［MAR21.5］所述凸度风险资本要求的风险组、风险权重和相关系数。

21.97 除非［MAR21.8］至［MAR21.89］有特别说明，得尔塔风险组分类同样适用于凸度风险。

21.98 在计算汇率和股权风险类别下的风险因子 k 的净凸度风险资本要求 CVR_k 时，凸度风险权重，也就是给定风险因子的冲击幅度，与相应得尔塔风险权重一致。对于汇率凸度风险而言，如果期权的标的资产不包含银行的报表货币，或者［MAR21.14］（b）中所列的基准货币，净凸度风险资本要求（CVR_k^+ 和 CVR_k^-）可以用原值除以1.5来计提；在监管允许的情况下，银行对所有货币都计算凸度风险敏感度，包括敏感度是由报表货币（或基准货币）相对其他货币的汇率受冲击的结果计算而得，可以对所有汇率工具采用除1.5的方法。

21.99 在计算一般利率风险、信用利差风险和商品风险类型下的风险因子 k 的净凸度风险资本要求 CVR_k 时，凸度风险权重是各条曲线的所有期限点平移的结果，与每个风险组下最高的得尔塔风险权重对应。例如，一般利率风险中，0.25年期限点的风险权重最高，那么每条无风险利率曲线下所有期限点的凸度风险权重都取该期限点的风险权重。

21.100 在加总计算同一风险组内的凸度风险头寸时，凸度风险的相关系数等于对应的得尔塔相关系数 ρ_{kl} 的平方，但非证券化信用利差风险和证券化信用利差风险（相关性交易组合）除外。在应用［MAR21.6］提出的“高度相关”和“低度相关”情景时，需要用到本段提出的凸度相关系数 ρ_{kl} 计算凸度风险资本要求。

对于非证券化信用利差风险和证券化信用利差风险（相关性交易组合），与

[MAR21.9] 从一个维度（对应的信用利差曲线）定义风险组的表述一致，[MAR21.54] 和 [MAR21.55] 所定相关系数 ρ_{kl} 不适用于计算凸度风险资本要求。相关系数取决于两个加权敏感度值对应的发行人是否一致。在 [MAR21.54] 和 [MAR21.55] 的公式中，同一风险组内两个加权敏感度的相关系数 $\rho_{kl}^{(basis)}$ 和 $\rho_{kl}^{(tenor)}$ 在这里不适用，只有相关系数 $\rho_{kl}^{(name)}$ 适用，凸度风险的相关系数取相关系数 $\rho_{kl}^{(name)}$ 的平方。

常见问题

问题 1. 对于非证券化信用利差风险资产类别而言，[MAR21.100] 中提到相关系数不适用于凸度风险的计算，并且没有提供其他备选的相关系数。那么，计算非证券化信用利差风险资产类别的凸度风险，到底如何确定相关系数？

[MAR21.100] 中提到，对于非证券化信用利差风险的凸度风险，同一风险组内两个加权敏感度值 WS_k 和 WS_l 之间的相关系数不适用 $\rho_{kl}^{(basis)}$ 和 $\rho_{kl}^{(tenor)}$，只适用 $\rho_{kl}^{(name)}$。

21.101 在加总计算不同风险组之间的凸度风险头寸时，凸度风险相关系数 γ_{bc} 应等于对应的得尔塔相关系数 γ_{bc} 的平方。例如，在加总一般利率风险类型下 CVR_{EUR} 和 CVR_{USD} 的和时，两者之间的相关系数应该为 $50\%^2 = 25\%$。在应用 [MAR21.6] 所列的“高度相关”和“低度相关”情景时，计算凸度风险资本要求需要用到凸度相关系数 r_{bc}（对应的得尔塔相关系数的平方）。

标准法：违约风险资本要求

本章（MAR22）说明市场风险标准法下违约风险资本要求的计算方法。

违约风险资本要求的主要概念

22.1 违约风险资本（DRC）要求旨在反映基于敏感度方法的信用利差没有捕捉到的突发违约（JTD）风险。违约风险资本要求提供了一些限制性的对冲效应。在本章中，抵销指的是同一债务人头寸的轧差（空头头寸可以从多头头寸中全部减除），对冲指的是应用部分对冲从空头头寸中获益（由于基差或者相关性风险，不同债务人的多头和空头的头寸风险不能被完全抵销）。

工具违约风险资本要求

22.2 存在违约风险的工具必须计算违约风险资本要求：

（1）非证券化的资产组合；

（2）证券化的资产组合（非相关性交易组合，non – CTP）；

（3）证券化资产组合（相关性交易组合，CTP）。

违约风险资本要求计算概述

22.3 对每个风险类别的违约风险采取下述步骤进行计算。[MAR22.9] 至 [MAR22.26] 分别介绍突发违约总头寸风险（gross JTD）、突发违约净头寸风险（net JTD）、风险组、风险权重和违约风险资本要求在风险组间的加总方法。

（1）分别计算每个风险暴露的总突发违约风险。

（2）对于同一债务人，空头和多头头寸的突发违约风险值在允许的情况下可以抵销，从而得到每位债务人的净多头头寸和/或净空头头寸。

（3）将净突发违约风险头寸分配到不同的风险组中。

（4）在一个风险组中，由净多头和净空头的突发违约风险头寸计算对冲效益比率。这作为折扣因子，可以减少风险组内被净多头头寸抵销的净空头头寸。将净头寸乘以规定的风险权重后加总。

（5）简单加总各风险组的违约风险资本要求，得到整体违约风险资本要求。

22.4 以下情况下，不认可违约风险之间存在分散效应：

（1）非证券化；

（2）证券化（非相关性交易组合，non－CTP）；

（3）证券化（相关性交易组合，CTP）。

22.5 对于非证券化信用和股权衍生品交易，应该采用穿透法计算每个法人实体的突发违约风险头寸。

常见问题

问题1. 为了应用标准法，将单个证券或产品（如指数期权）的多个基础资产头寸进行分解时，突发违约风险等价头寸是多少？

突发违约风险等价头寸的定义是，假设证券或产品的每个参考实体相互独立且都违约（零收回）时的价格，与假设所有参考实体都不违约时的价格之差。

22.6 对于相关性交易组合，资本要求计算包括非证券化对冲交易的违约风险。在计算非证券化违约风险时必须扣除这些对冲交易。

22.7 政府主权、公共部门和多边开发银行的债权，基于国家主权信用，适用零违约风险权重，与巴塞尔协议Ⅲ的信用风险框架中的第7～15段的内容一致。监管机构可能对某些外国政府发行的证券应用非零风险权重，包括以非发行国货币计价的证券。

22.8 对于遵从［MAR21.36］（3）规定的基金投资（被视为未评级的“其他分组”股权），基金投资应被视为未评级股权工具。如果该基金的授权书允许主要投资于高收益或不良资产，银行应根据［MAR22.24］的表2，采用基金投资范围内能达到的最大风险权重（假设该基金在其授权的投资范围内首先最大可能地投资违约工具，然后最大可能地投资CCC评级的工具，之后是B级，再后是BB级，以此计算该基金的平均风险权重）。这些已产生的风险暴露和其他风险暴露之间不允许进行抵销或分散化。

非证券化产品的违约风险资本要求

突发违约风险总头寸

22.9 突发违约风险总头寸按风险暴露逐笔计算。例如，如果银行同时持有苹果公司一只债券的多头头寸和另一只债券的空头头寸，则必须计算两个单独的突发违约风险暴露。

22.10 计算违约风险资本要求时确定多头/空头头寸方向必须以违约时持有该风险暴露是否会产生交易损失为基础。

（1）具体来说，多头风险暴露是指在违约情况下会导致损失的信用风险暴露。

（2）对于衍生合约，多头/空头方向还取决于合约在违约情况下是否会导致损失（多头或空头头寸不取决于期权或信用违约互换是买入还是卖出）。因此，就违约风险资本要求而言，债券的卖出看跌期权是多头信用暴露，因为违约会造成期权卖方的损失。

22.11 突发违约风险总头寸是违约损失率（LGD）、名义本金（或面值）和头寸已实现的累计损益（P&L）的函数：

$$\text{JTD（多头）} = \max（\text{LGD} \times \text{名义本金} + \text{损益}，0）$$

$$\text{JTD（空头）} = \min（\text{LGD} \times \text{名义本金} + \text{损益}，0）$$

其中：

（1）名义本金是头寸的债券等值名义本金（或面值）；

（2）损益是风险暴露已经发生的累计盯市损失（或收益）。损益等于市场价值减去名义金额，其中市场价值是头寸的当前市场价值。

常见问题

问题 1. 为了应用标准法，将单个证券或产品（如指数期权）的多个基础资产头寸进行分解时，突发违约风险等价头寸是什么？

突发违约风险等价头寸的定义是，假设证券或产品的每个参考实体相互独立且都违约（零收回）时的价格，与假设所有参考实体都不违约时的价格之差。

22.12 计算突发违约风险总头寸时，违约损失率设置如下：

（1）股权投资和非高级债务工具对应的 LGD 为 100%。

（2）高级债务工具对应的 LGD 为 75%。

（3）资产担保债券，如定义在［MAR21.51］中，对应的 LGD 为 25%。

（4）当工具的价格与违约方的回收率不相关时（例如，现金流为欧元多头票息与美元空头票息互换的汇率信贷混合期权，带有在特定债务人违约事件发生时会终止现金流的条款），不必将名义本金与 LGD 相乘。

常见问题

问题 1. 就市场风险资本要求而言，房利美和房地美抵押担保债券（MBS）的信贷利差风险资本要求是什么？房利美和房地美抵押担保债券的违约损失率是多少？

由政府支持企业（如房利美和房地美）发行的未分级抵押担保债券属于信用利差风险的风险组 2（地方政府、政府支持的非金融机构、教育机构、公共部门），风险权重为 1.0%。

根据［MAR22.12］，由政府支持企业发行的未分级抵押担保债券的违约损失率是 75%（高级债务工具的违约损失率），除非此类证券满足［MAR22.51］第 15 条脚注的要求而被视为资产担保债券处理。

22.13 根据［MAR22.11］，工具的名义本金为多头（空头）头寸记为正值（负值），而损失（收益）记为负（正）值。如果衍生工具的合同或法律条款允许平仓而不承担违约风险，则突发违约风险等于零。

22.14 名义本金用于衡量违约时本金的损失，盯市损失用于衡量净损失，以避免重复计算已记录在头寸市值中的盯市损失。

（1）对于所有工具，名义本金是该工具与本金损失有关的名义金额。示例如下：

（a）对于债券，名义本金即为票面价值。

（b）就信用衍生品而言，CDS 合约或债券看跌期权的名义本金是衍生品合约的名义本金。

（c）对于债券看涨期权，突发违约风险计算中使用的名义本金为零（因为在违约的情况下，看涨期权不会行权）。在这种情况下，突发违约风险会抹去看涨期权的价值，而这种缺失在计算中体现为盯市损益。

（2）表 1 举例说明了在突发违约风险计算中盯市亏损的多头信用头寸的名义本金和市场价值，其中：

（a）债券等值市值是确定衍生工具损益的中间步骤；

（b）CDS 或期权的市值取绝对值；

（c）债券期权的执行价格以债券价格（而非收益率）表示。

表1　在突发违约风险计算中多头信用头寸示例

工具	本金	债券等值市值	损益
债券	债券面值	债券市场价值	市场价值 - 面值
信用违约互换	信用违约互换本金	信用违约互换本金 - 信用违约互换的盯市价值的绝对值	信用违约互换盯市价值的负绝对值
卖出债券看跌期权	期权本金	执行价格 - 期权盯市价值的绝对值	（执行价格 - 期权盯市价值的绝对值）- 名义本金
买入债券看涨期权	0	期权盯市价值	期权盯市价值
损益 = 债券等值市值 - 本金			
通过上述卖出看跌期权的损益计算方法，较低的执行价格会产生较低的突发违约风险损失			

常见问题

问题1. 为实施标准法而将某单个证券或金融产品（如指数期权）的多个基础资产头寸进行分解时，突发违约风险等价头寸是什么？

突发违约风险等价头寸的定义是，假设证券或产品的每个参考实体相互独立且都违约（零收回）时的价格，与假设所有参考实体都不违约时的价格之差。

问题2. 在计算违约风险资本要求时可转债与普通债券的处理方式一样吗？

不一样。在计算违约风险资本要求时，必须考虑可转债中内嵌的股权期权的损益。一只可转债可以分解为一个普通债券加上一个股权期权的多头。由此，如果按普通债券来处理可转债，可能低估它的突发违约风险。

22.15　为覆盖期限1年以内资产的违约情况，剩余期限在1年以内的风险暴露及其对冲工具的突发违约风险，应按照1年内的时间等比例进行调整，而对于期限为1年或1年以上[1]的头寸，无须进行这样的调整。比如，某剩余期限为6个月内的头寸，其权重为0.5，剩余期限为1年的头寸无须调整。

常见问题

问题1. 如［MAR22.16］所述，对于标准法违约风险资本要求，银行依据自身情况，可以将现货股权头寸的剩余期限归于3个月或者超过1年。而在［MAR33］市场风险内部模型法中并不存在这样的限制。另外［MAR33］允许各家银行自行决定是否将股权项下的资产子组合适用于60天的流动性期限窗口，且根据［MAR22.15］的描述，“剩余期限在1年以内的风险暴露及相关对冲工具的

1　请注意本段仅指突发违约总头寸风险（不是突发违约净头寸风险）。

突发违约风险，应按照1年内的时间等比例进行调整”。于是，如前文所言，计算标准法下违约风险资本要求时，为避免对冲失效，是否可以允许将现货股权产品和股权衍生品（如指数期货）子组合的剩余期限映射到3个月到1年之间？

不可以。标准法不认可这种自由裁量。正如［MAR22.16］的要求，现货股权头寸的存续期间可以选择是3个月或者1年以上，但不可以在3个月到1年之间。就抵销标准而言，根据［MAR22.17］的规定，应该考虑的是衍生品本身的剩余期限而非该衍生品标的物的剩余期限。［MAR22.18］又进一步指明，任何剩余期限在3个月之内的产品，对突发违约风险进行期限权重调整时，下限为3个月。

可以用一个简单的虚拟组合来说明标准法下如何计算违约资本要求，某股权指数期货剩余期限为1个月，市场价值为－1000万欧元，该期货的对冲工具为一个基础资产价值＋1000万欧元的股权头寸。在这个简单例子中，两个头寸均可以认为剩余期限为3个月。根据［MAR22.15］关于到期期限调整的要求，该头寸及其对冲工具的存续期间均应该按照1年内的时间等比例进行分配，于是上述交易组合的JTD风险是这样计算的：$1/4 \times 10 - 1/4 \times 10 = 0$。

22.16 现货股权头寸（股票）的剩余期限可以由银行自行决定为3个月或1年以上。

常见问题

问题1. 如［MAR22.16］所述，对于标准法违约风险资本要求，银行依据自身情况，可以将现货股权头寸的剩余期限归于3个月或者超过1年。而在［MAR33］市场风险内部模型法中并不存在这样的限制。另外，［MAR33］允许各家银行自行决定是否将股权项下的资产子组合适用于60天的流动性期限窗口且根据［MAR22.15］的描述，“剩余期限在1年以内的风险暴露及相关对冲工具的突发违约风险，应按照1年内的时间等比例进行调整”。于是，如前文所述，计算标准法下违约风险资本要求时，为避免对冲失效，是否可以允许将现货股权产品和股权衍生品（如指数期货）子组合的剩余期限分配在3个月到1年之间？

不可以。标准法不认可这种自由裁量。正如［MAR22.16］的要求，现货股权头寸的存续期间可以选择是3个月或者1年以上，但不可以在3个月到1年之间。就抵销标准而言，根据［MAR22.17］的规定，应该予以考虑的是衍生品本身的剩余期限而非该衍生品标的物的剩余期限。［MAR22.18］又进一步指明，任何剩余期限在3个月之内的产品，对突发违约风险进行期限权重调整时，下限为3个月。

可以用一个简单的虚拟组合来说明标准法下如何计算违约资本要求，某股权指数期货剩余期限为1个月，市场价值为-1000万欧元，该期货的对冲工具为一个基础资产价值+1000万欧元的股权头寸。在这个简单例子中，两个头寸均可以认为剩余期限为3个月。基于［MAR22.15］对于到期期限调整的要求，该头寸及其对冲工具的存续期间均应该按照1年内的时间等比例进行分配，于是上述交易组合的JTD风险是这样计算的：$1/4 \times 10 - 1/4 \times 10 = 0$。

22.17 对于衍生品敞口，抵销标准应当考虑的是衍生品合约本身的期限而非标的工具的期限。

22.18 对于任何剩余期限小于3个月的产品（比如短期借贷等），突发违约风险的期限调整权重下限是1/4，即对应时间为3个月（意味着任何剩余期限小于3个月的头寸在计算违约风险资本的时候，剩余期限将被确认为3个月）。

常见问题

问题1. 假设某个剩余期限为1个月，由底层股权产品对冲的总收益互换（TRS），有法律条款确保其在到期时没有结算风险，互换的终止基于股票/债券的对冲价格，且只要对冲不成立，就可以延期平仓（超过该互换的剩余期限），直到股票/债券重获流动性。如果是这种情况，银行还需要计算违约资本吗？

对于这样的头寸，突发违约风险净头寸可以是零。在期限错配的头寸组合下，首个到期日时，如果某衍生品的合约或法律条款能允许头寸双方在该时间节点后均无信用违约风险暴露的情况下展期，那么期限错配组合的突发违约风险可以等于零。

突发违约风险净头寸

22.19 同一债务人的风险暴露在如下情况下可以抵销：

（1）对于同一债务人而言，突发违约风险头寸中的多头和空头风险暴露可以抵销。但是，抵销仅限于空头风险暴露的优先级不高于多头风险暴露。比如，股权产品的空头头寸可以抵销债券产品的多头头寸，但债券产品的空头头寸就不能抵销股权产品的多头头寸。

（2）对担保债券是相关债务人的风险头寸还是担保人的风险头寸的确定，适用巴塞尔协议Ⅱ框架中第189段和第190段有关信用风险缓释的规定。

（3）满足抵销标准的不同期限的风险暴露可做如下抵销：

（a）风险暴露剩余期限大于资本期限（1年）的可以全额抵销。

（b）若债务人的多空头混合头寸的剩余期限少于资本期限（1年），必须要根据头寸剩余期限与资本期限的比例进行调整。例如，资本期限为 1 年，剩余期限为 3 个月的空头头寸只能抵销 1 年期以上的多头头寸的 1/4。[2]

22.20 在多空抵销头寸的剩余期限均小于 1 年的情况下，多头和空头均适用期限调整。

22.21 抵销的最终结果为突发违约风险净多头风险暴露和突发违约风险净空头风险暴露。净多头风险暴露和净空头风险暴露应该按照如下情况分别加总。

非证券化产品违约风险资本要求的计算

22.22 非证券化的违约风险分为三个风险组：

（1）公司；

（2）主权国家；

（3）地方政府和市政机构。

22.23 为识别每个风险组下多头和空头头寸的对冲关系，对冲效益比例（hedge benefit ratio，HBR）计算方法如下：

（1）将不同信用等级（评级区间）的所有突发违约风险净多头风险头寸（不加权）简单加总，加总金额应用于下列对冲效益比例计算公式的分子和分母。

（2）将不同信用等级（评级区间）的所有突发违约风险净空头风险头寸（不加权）简单加总，加总金额应用于下列对冲效益比例计算公式中的分母。

（3）HBR 公式为净多头风险头寸加总除以净多头风险头寸和净空头风险头寸绝对值的总和。

$$HBR = \frac{\sum net\ JTD_{long}}{\sum net\ JTD_{long} + \sum |net\ JTD_{short}|}$$

22.24 为计算突发违约加权净风险，三个风险组（与交易对手的种类无关）的违约风险权重取决于信用等级（评级区间），如表 2 所示。

表 2　按照信用等级区分的非证券化产品违约风险权重

信用等级	违约风险权重
AAA	0.5%
AA	2%
A	3%

2　巴塞尔委员会，《证券化框架修订案》，2014 年 12 月，2016 年及 2018 年，www.bis.org/bcbs/publ/d303.htm；www.bis.org/bcbs/publ/d374.pdf；www.bis.org/bcbs/publ/d442.pdf。

续表

信用等级	违约风险权重
BBB	6%
BB	15%
B	30%
CCC	50%
未评级	15%
违约	100%

常见问题

问题1. 在外部信用评级机构给出的评级不同以及没有外部信用评级的情况下，风险权重如何决定？

与巴塞尔协议Ⅱ中第97段及第98段对外部信用评级的处理方法保持一致。如果有两个映射到不同风险权重的评级，取权重高者。如果有三个及以上映射到不同风险权重的风险评级，应用最低两个中取权重高者。

有关无外部信用评级的处理方法与巴塞尔协议Ⅲ——CVA风险框架中第14段的处理方法一致。如果没有外部评级，或者外部评级不为监管机构认可，在得到监管批准的情况下，银行可以：

- 为分配非证券化信用利差风险得尔塔的权重值，可以将内部评级映射至外部评级，并按照［MAR21.51］中的“投资级别”或“高收益”分配风险权重。
- 为在违约资本要求下分配违约风险权重，可以将内部评级映射至外部评级，根据［MAR22.24］所列表格中的7个外部评级分配风险权重。
- 按照［MAR21.53］及［MAR22.24］中规定的风险权重，适用不评级或无评级的情况。

22.25 计算每个风险组的资本要求有以下几项内容：所有信用等级的突发违约风险加权净多头头寸加总值，对冲效益比例（hedge benefit ratio），以及所有信用等级的突发违约风险加权净空头头寸加总值。计算公式如下。在如下公式中，*DRC* 代表违约风险资本要求，i 指风险组 b 的工具。

$$DRC_b = \max[(\sum_{i \in long} RW_i \cdot net\ JTD_j) - HBR \cdot (\sum_{i \in short} RW_i \cdot |net\ JTD_i|;0)]$$

22.26 在不同风险组之间的对冲均不被认可，即非证券化的总违约资本要求必须是不同风险组资本要求的简单加总。

证券化产品（非相关性交易组合，non－CTP）的违约风险资本要求

突发违约风险总头寸

22.27 不同风险组之间证券化资产突发违约风险总头寸的计算方法与非证券化相同，但违约损失率（LGD）不适用于风险暴露。由于LGD已包含在证券化风险暴露的违约风险权重中（见下文），为了避免重复计算LGD，证券化突发违约风险总头寸就是证券化风险暴露的市场价值（层级头寸的突发违约风险总头寸是其市场价值）。

22.28 为了确认证券化（非相关性交易组合）的抵销和对冲，基础资产中的头寸或未分级指数头寸可按比例分解至相应层级。当以这种方式处理基础资产时，必须将其从非证券化违约风险处理中删除。

突发违约风险净头寸

22.29 对于证券化资产（非相关性交易组合）的违约风险，抵销仅限于特定的证券化风险暴露（例如同一基础资产池的层级）。这意味着：

（1）不同基础资产（基础资产池）的证券化投资组合的证券化风险暴露之间不允许有抵销，即使起始点和分离点相同；

（2）同一证券化投资组合的不同层级产生的证券化风险暴露之间不允许有抵销。

22.30 除剩余期限外，其他属性都相同的证券化风险暴露可以抵销。非证券化的抵销规则，包括［MAR22.15］至［MAR22.18］中规定的剩余期限少于1年的头寸等比例调整方法，同样适用于证券化（非相关性交易组合）突发违约风险头寸。特定的证券化风险暴露可以抵销，如下所示。

（1）通过分解能被完全复制的证券化资产风险暴露可以抵销。具体来说，如果一系列多头证券化风险暴露可以通过一系列空头证券化风险暴露进行复制，那么这些证券化资产的风险暴露可以抵销。

（2）此外，如果一个多头证券化风险暴露可以被不同证券化投资组合构成的一系列空头证券化风险暴露所复制，那么这个混合证券化投资组合的证券化风险可以被复制的证券化风险暴露组合所抵销。

（3）分解后，抵销规则将适用于其他情况。与违约风险（非证券化）一样，多头和空头证券化风险暴露应从基础信贷的多头或空头来确定，例如，如果证券化投资组合违约，银行在多头证券化风险暴露上会产生损失。

证券化产品（非相关性交易组合）违约风险资本要求的计算

22.31 对于证券化（非相关性交易组合）违约风险，风险组的划分如下：

（1）公司（不包括中小型企业），该风险组包括所有地区。

（2）其他类别——从两个维度定义：

（a）资产类别：11 个资产类别包括资产支持商业票据、汽车贷款/租赁、住房贷款抵押证券、信用卡、商业房地产抵押贷款支持证券、贷款抵押债券、担保债务凭证平方、中小企业贷款、学生贷款、其他零售贷款和其他贷款。

（b）地区类别：四大区域是亚洲、欧洲、北美洲及其他地区。

22.32 银行必须根据市场通用的资产和地区分类方法，将证券化风险暴露划分到对应的风险组。

（1）一个证券化风险暴露只能划分到上述一个风险组，基础资产种类和地区相同的证券化产品归于同一个组；

（2）如果无法按照该分类方法将基础资产和地区划分到合适的风险组，应划入“其他分组”项下。

22.33 证券化产品（非相关性交易组合）的违约风险资本要求计算方法与非证券化产品方法类似。风险组内的违约风险资本要求计算如下：

（1）对冲效益比例公式参阅［MAR22.23］，此公式适用于组内的净空头证券化风险暴露。

（2）资本要求计算方法参阅［MAR22.25］。

22.34 计算突发违约风险加权净头寸时，证券化风险暴露的风险权重由所处层级而非信用等级来确定。证券化（非相关性交易组合）风险权重应适用如下方法：

（1）证券化风险暴露违约风险权重的计算基于对应的银行账簿工具的信用风险权重。风险权重在巴塞尔委员会有关证券化产品框架文件的 2014 年、2016 年及 2018 年修正版中有明确定义（被评估为简单、透明且可比的证券化产品，适用于文件所列处理方式），该定义做如下修订：银行账簿证券化框架下的期限因子设为零（假设剩余期限为 1 年），以避免在期限调整中重复计量风险，因为在交易账簿中的评级迁移风险已经在信用利差资本要求中反映。

（2）与银行账簿的处理一样，风险权重按基础资产池的层级来确定。

（3）标准法下，单个现金证券化头寸的资本要求上限是该笔交易的公允价值。

22.35 在不同组之间的对冲均不被认可，因此证券化的总违约风险资本要求必须是不同风险组资本要求的简单加总。

证券化产品（相关性交易组合，CTP）的违约风险资本要求

突发违约风险总头寸

22.36 相关性交易组合证券化产品的突发违约风险总头寸计算方法与［MAR22.27］所示非相关性交易组合证券化违约风险一致。

22.37 非证券化产品（相关性交易组合）的突发违约风险总头寸（例如单名和指数对冲）为其市场价值。

22.38 "第 N 次信用违约互换"（Nth - to - default）产品应视为具有起始点和分离点的分层级产品。起始点及分离点定义如下（所有发行体数量即所有基础资产组合或基础资产池中的发行体总量）：

（1）起始点 =（$N-1$）/所有发行体数量；

（2）分离点 = N/所有发行体数量。

突发违约风险净头寸

22.39 除剩余期限外，其他属性都相同的风险暴露可以相互抵销。［MAR22.10］提出的从违约时获利还是损失来判断多空头，以及［MAR22.15］到［MAR22.18］提出的非证券化抵销规则，包括剩余期限不到1年的风险暴露等比例调整的方法，同样适用于证券化（相关性交易组合）突发违约风险头寸抵销。

（1）对于指数类产品，完全相同的指数类型（例如 CDX. NA. IG）、序列（例如系列18）和层级（例如0～3%），证券化风险暴露可以在不同期限间抵销（根据前述抵销规则）。

（2）分解后可完全复制的多头和空头风险暴露可以按以下步骤抵销。如果抵销涉及分解单一发行人风险暴露，在以下情况下可以采用估值模型分解。分解后是证券价值对单一发行人违约的敏感度。采用估值模型分解，即证券化资产无条件价值减去在单一发行人违约且损失率为100%的假设前提下的证券化资产价值（采用估值模型结果），得证券化资产中单一发行人等价价值。这种情况下，分解出来的单一发行人风险暴露必须考虑该发行人在证券化资产中的边际违约，特别是当分解的单一发行人风险暴露之和等于未分解的证券化资产价值时。此外，这种分解方法仅限于普通的证券化资产（例如普通CDO、定制化产品或指数产品），不适用复杂的证券化产品（例如CDO平方）。

（3）对于分层指数中或未分层指数中的多空敞口，相同层级和序列的风险暴露可以通过复制、分解的方法抵销。例如，相同指数序列下，10%～15%层级的

多头证券化敞口，与 10% ~12% 层级空头敞口和 12% ~15% 层级空头敞口的组合，可以相互抵销。类似地，如果来自不同层级的多头证券化风险暴露组合在一起可以复制成一个指数产品（不分层级），那么它们可以与相同指数、序列的空头敞口相互抵销。通过分解，指数产品的多/空头头寸也可以和指数产品中的单个信用体相互抵销。例如，如果单个信用体多头证券化敞口可以完全复制一个指数产品，那么它就可以抵销该指数产品的空头证券化风险暴露。如果无法完全替代指数产品，则无法抵销，除以下情况外。如果除了剩余成分之外，多/空头证券化产品相同，那么抵销后净风险暴露为剩余成分。例如，多头证券化风险暴露覆盖了指数产品中 125 个信用体，空头证券化风险暴露覆盖了指数产品中的 124 个信用体，那么相互抵销后的证券化净风险暴露就是指数产品中第 125 个信用体风险暴露。

（4）相同指数或系列的证券化产品的不同层级不能抵销，相同指数的不同系列不能抵销，不同指数族不能抵销。

证券化产品（相关性交易组合）违约风险资本要求的计算

22.40 对于相关性交易组合证券化产品的违约风险，每一指数类型划分为一个风险组。目前可列举的指数包括 CDX 北美洲 IG、iTraxx 欧洲 IG、CDX HY、iTraxx XO、LCDX、iTraxx LevX、亚洲指数、拉美指数、其他地区指数、主要主权体指数（G7 和西欧）、其他主权实体指数。

22.41 定制化的证券化风险暴露划入定制层级所在的指数风险组。例如，一个定制指数产品的 5% ~8% 层级风险暴露划入该指数风险组。

22.42 不同层级证券化资产的违约风险权重应基于对应的银行账簿工具的信用风险权重，巴塞尔委员会公布的证券化资产框架提出这一要求，包括其 2014 年、2016 年和 2018 年三次修订稿。有关修订如下：银行账簿证券化框架下的期限因子设为零（假设剩余期限为 1 年），以避免在期限调整中重复计量风险，因为在交易账簿中的评级迁移风险已经在信用利差资本要求中反映。

22.43 对于无层级的证券化产品，风险权重与［MAR22.24］所述非证券化产品的计算方法一致；对于分层级的证券化产品，银行必须使用［MAR22.42］所述银行账簿处理方法中的风险权重。

22.44 在同一个风险组（相同指数）下，证券化产品相关性交易组合的违约风险资本要求计算方法与非证券化产品类似。

（1）对冲效益比例已在［MAR22.23］定义，如下公式所示，用于调整风险组下净空头头寸。公式中 *HBR* 的下标 *CTP* 说明，对冲效益比例要用所有风险组的多头、空头头寸来计算（不只是同一个风险组下的多/空头头寸）。公式中风险加权头寸的计算覆盖所有指数相关的风险暴露（包括分层级指数产品、定制化产品、未分层级指数产品、单一发行主体)。

(2) 与非证券化资产违约风险资本计算方法不同的是，证券化资产违约风险资本无零资本下限，因此，指数层面的违约风险资本要求可能为负值。

$$DRC_b = (\sum_{i \in long} RW_i \cdot net\ JTD_i) - HBR_{ctp} \cdot (\sum_{i \in short} RW_i \cdot | net\ JTD_i |)$$

22.45 证券化（相关性交易组合）违约风险资本要求等于各个风险组的资本要求的总和，公式如下：

$$DRC_{CTP} = \max[\sum_b (\max[DRC_b, 0] + 0.5 \times \min[DRC_b, 0]), 0]$$

例如，如果 CDX 北美洲 IG 指数的违约风险资本要求是 +100，发达国家指数（G7 和西欧）的违约风险资本要求是 -100，那么相关性交易组合的整体违约风险资本要求是 100 - 0.5 ×100 = 50。[3]

3 DRC_b 和 DRC_{CTP} 的计算步骤考虑了不同指数对冲的基差风险，指数空头头寸的对冲效益打了两次折扣，第一次通过 DRC_b 中的对冲效益比例（HBR），第二次通过公式 DRC_{CTP} 中的 0.5。

标准法：剩余风险附加资本要求

本章（MAR23）说明在市场风险标准法下如何计算剩余风险附加资本要求。

介绍

23.1 标准法下，除了计提市场风险各种风险类别的资本要求外，所有承担剩余风险的工具应单独计算剩余风险附加（RRAO）资本要求。

承担剩余风险附加资本要求的工具

23.2 标的为奇异性资产的工具和承担其他剩余风险的工具均要计算剩余风险附加资本要求。

23.3 标的为奇异性资产的工具是指交易账簿工具，其基础资产的风险暴露不在标准法下敏感度指标得尔塔、维伽、凸度风险的计量范围内，也不在标准法下计提违约风险资本要求范围内。[1]

常见问题

问题 1. 就剩余风险而言，未来的实际波动率是否被视为奇异基础资产？

是的，未来的实际波动率被认为是剩余风险的一个奇异基础资产。

23.4 承担其他剩余风险的工具符合以下（1）和（2）标准：

（1）交易账簿中，受维伽或凸度风险资本要求约束，其回报无法以基础资产为单一股权价格、商品价格、汇率、债券价格、信用违约互换价格或利率互换的普通欧式期权有限线性组合形式进行复制的工具；或

（2）符合［MAR20.5］相关性交易组合（CTP）定义的工具，但市场风险框架中认定为相关性交易组合合格风险对冲的工具除外。

1　奇异基础资产的例子包括长寿风险、天气、自然灾害、未来的实际波动率（作为互换的基础资产）。

常见问题

问题 1. 有多个行权日的债券是剩余风险定义的具有其他剩余风险的工具吗？

是的。因为它们是路径依赖期权（其收益取决于标的资产的波动路径，而不仅仅是到期日的资产价格）。

23.5 符合［MAR23.4］标准的其他剩余风险的类型和工具的不完全清单包括：

（1）缺口风险：由于标的资产价格的小幅变动，期权中维伽参数发生显著变化，从而导致对冲效果降低的风险。与缺口风险相关的工具包含路径依赖期权，如障碍期权、亚式期权以及数字期权。

（2）相关性风险：对有多个基础资产的工具估值所需的相关系数变化的风险。受相关性风险影响的工具包括一篮子期权、最优期权、利差期权、基差期权、百慕大期权和双币种（Quanto）期权。

（3）行为风险：发生行权/提前还款的风险。如固定利率抵押贷款产品中出现的风险，零售客户可能会出于除纯粹财务收益以外的因素［如人口学特征和（或）其他社会因素］作出提前还款的决定。可赎回债券只有当零售客户有赎回权的情况下，才能被视为有行为风险。

23.6 当一个工具受到以下一种或多种风险类型的影响时，这种影响本身不会导致该工具具有剩余风险：

（1）最便宜可交割期权的风险；

（2）微笑风险：当通过其他标的和期限相同的含权工具的隐含波动率来推断一项含权工具的隐含波动率时，因期权不同的价值状态而导致的隐含波动率参数变化的风险；

（3）多个标的欧式或美式期权产生的相关性风险，以及可作为这类期权线性组合的任何期权产生的相关性风险，该豁免尤其适用于指数期权；

（4）衍生工具产生的股息风险，该衍生工具的标的资产不仅仅包括股息支付；

（5）指数工具和多标的资产期权（在［MAR21.31］和［MAR21.32］中列出了它们的得尔塔、维伽或凸度风险处理方式），如果符合本章定义，则适用剩余风险。对于需要按照［MAR21.36］（3）具体规定要求处理的基金（被视为未评级的“其他分组”股权），银行应在基金授权范围内，最大限度地预计基金奇异标的资产风险暴露和其他剩余风险暴露。

23.7 如果交易与第三方交易（背对背交易）完全匹配，在计量剩余风险附加资本时，必须扣除此两项交易中使用的工具。任何需要或适合在中央（集中）清算的工具必须从剩余风险资本计量中扣除。

常见问题

问题 1. 对冲（例如，股息互换对冲股息风险）是否可以从剩余风险附加中排除？

只有完全符合［MAR23.7］定义完全匹配的对冲交易（背对背交易），才可以排除在剩余风险附加之外。对于所举的例子，股息互换应该纳入剩余风险附加。

问题 2. 从剩余风险附加资本计量来看，总收益互换（TRS）产品是否可以与引导其价值走向的标的产品进行轧差？

根据［MAR23.7］的规定，如果同一总收益互换产品中存在金额相同但方向相反的风险暴露时，总收益互换将不受剩余风险附加约束。如果不存在完全匹配的交易，则将总收益互换的所有名义本金纳入剩余风险附加资本计算。

剩余风险附加资本要求的计算

23.8 标准法下，必须计算剩余风险附加资本要求以及其他资本要求。剩余风险附加值的计算如下：

（1）标准法下，剩余风险附加工具计量范围，不得影响（增加或减少）得尔塔、维伽、凸度或违约风险资本的风险因子范围。

（2）剩余风险附加资本要求是具有剩余风险工具的名义本金乘以风险权重后的简单加总。

（a）具有［MAR23.3］规定的奇异基础资产的工具，风险权重为1.0%。

（b）具有［MAR23.4］规定的其他剩余风险的工具，风险权重为0.1%。[2]

2 如果银行不能满足监管机构对于充分审慎资本计提的要求，即剩余风险附加值未提供足够审慎的资本，监管机构可以要求银行在第二支柱下计提额外的资本，来解决任何资本计提不足的潜在风险。

内部模型法

内部模型法：一般条款

本章（MAR30）阐述了银行使用内部模型法的一般标准。

一般标准

30.1 银行使用内部模型计量市场风险资本前，必须得到监管机构的明确批准。

30.2 只有当银行满足以下最低要求时，监管机构才会批准银行使用内部模型法来计量市场风险资本：

（1）监管机构确信银行的风险管理体系健全，并能执行完整；

（2）监管机构认可银行拥有足够数量的、能够熟练使用复杂模型的员工，这些员工不仅应在交易团队，而且应在风险控制、审计团队，必要时也应在后台团队；

（3）监管机构认可银行交易台的风险管理模型具有合理的准确性；

（4）银行应按照［MAR30.19］至［MAR30.23］所述的要求定期开展压力测试；

（5）使用风险管理模型计量市场风险资本的头寸，应由已通过模型审批，并通过［MAR30.17］的测试的交易台持有。

30.3 在将模型应用于市场风险资本计量之前，监管机构可以要求对银行内部交易台的风险管理模型进行一段时间的初始监测和现场测试。

30.4 能够使用内部模型法计量市场风险资本的交易组合范围应基于以下三种方法确定：

（1）银行必须满足监管机构的相关要求，即银行的组织架构（包括交易台的定义和结构）及其全行范围的内部风险管理模型均符合［MAR30.5］至［MAR30.16］规定的定性评估标准。

（2）银行使用内部模型法需获得批准，并按照［MAR12.1］至［MAR12.6］的定义，指定单独的交易台。

（a）银行必须指定哪些交易台打算纳入内部模型法的审批范围，哪些交易台在审批范围外，并书面记录指定依据。

（b）银行不得因为标准法下的资本要求低于内部模型法下的资本要求，而将交易台纳入模型审批范围外。

（c）银行必须使用标准法来计量模型审批范围外的交易台市场风险资本。这些审批范围外的交易台头寸，将与其他标准法下的所有头寸合并，以确定银行标准法下的资本要求。

（d）银行模型审批范围外的交易台将从最近一次的内部模型核准之日起至少一年内不可使用内部模型法。

（3）必须经监管机构批准，银行才能在指定交易台使用内部模型法。在确定合格交易台之后，下一步要决定哪些交易台纳入内部模型法的审批范围内，以及审批范围内的交易台的哪些风险因子有资格被纳入银行的内部预期尾部损失模型，从而确定［MAR33］提出的市场风险资本。

（a）每个交易台必须持续满足损益归因测试，才有资格使用内部模型法来计量市场风险资本。为了进行损益归因测试，银行必须确定一组用于计量其市场风险资本的风险因子。

（b）如［MAR32.4］至［MAR32.19］所述，每个交易台还必须持续满足返回检验要求，才有资格使用内部模型法来计量市场风险资本。

（c）银行必须每季度进行损益归因测试和返回检验，以更新纳入内部模型法审批范围内的交易台在损益归因测试中的合格性以及交易台分类。

（d）对于满足［MAR31.12］至［MAR31.24］合格性测试的风险因子，其市场风险资本必须使用［MAR33.1］至［MAR33.15］规定的预期尾部损失模型确定。

（e）对不满足合格性测试的风险因子，其市场风险资本必须使用［MAR33.16］至［MAR33.17］规定的压力预期尾部损失模型确定。

常见问题

问题1. 模型核准过程需要对银行范围内部风险资本模型进行全面评估。“银行范围”是否包括被指定为模型核准范围内的一组交易台？

“银行范围”一词的定义是指银行在申请内部模型法时指定的一组交易台。

问题 2. 由于证券化不在内部模型法适用范围内，银行是否必须将交易台隔离，以确保证券化和非证券化产品位于不同的交易台？如果不是必须的话，银行应该如何测试模型的合格性？

证券化头寸不在使用内部模型法计量监管资本的范围内，因此它们没有被纳入模型合格性测试。这意味着不允许银行将证券化头寸纳入使用内部模型法来计量市场风险资本的交易台。证券化头寸必须包含在标准法计量市场风险资本的交易台。允许银行将包含证券化在内的对冲工具纳入交易台，使用标准法进行资本计量。

定性标准

30.5 要使用内部模型法来计量市场风险资本，银行必须拥有健全且执行完整的市场风险管理体系。因此，银行必须持续满足下列定性标准。获准使用内部模型法的银行必须事先经监管机构评估是否符合这些标准。

30.6 银行必须有独立的风险控制团队，负责设计和实施银行的市场风险管理体系。风险控制团队应每天撰写交易台风险管理模型输出结果的分析报告，包括评估风险暴露情况与交易限额之间的关系。风险控制团队必须独立于交易团队，并直接向银行高级管理层报告。

30.7 银行的风险控制团队必须在交易台层面定期进行返回检验和损益归因评估。银行还必须在全行范围内定期开展市场风险内部模型资本计量的返回检验。

30.8 银行应有一个独立的团队，对计量市场风险资本的内部模型开展初始和后续验证，该团队必须独立于设计和实施内部模型的团队。模型验证团队必须至少每年一次对内部模型法的所有内部模型进行验证。

30.9 银行董事会和高级管理层必须积极参与风险控制过程，并将风险控制作为一个重要业务投入合理的资源。因此，独立的风险控制团队编制的日报必须由具有足够资历和权限的高管审核，该高管有权采取强制措施来降低个别交易员的头寸和银行的总风险暴露。

30.10 用于计量市场风险资本的内部模型，可能与银行在日常内部风险管理职能中使用的模型不同，但是两者的核心设计要素应当一致。

（1）这两类模型使用的估值模型应该是相似的。估值模型是银行交易台对价格风险进行内部识别、计量、管理和内部报告的必需组成部分。

（2）内部风险管理模型至少应当评估计量市场风险资本相关头寸的风险。当然模型也可用于评估更大范围的头寸。

（3）交易台层面风险管理模型的构建必须基于银行内部风险管理模型中使用

的方法，包括风险因子识别、参数估计和近似替代，且只允许存在监管要求认为合适的偏差。银行的市场风险资本模型和内部风险管理模型应该处理同一组风险因子。

30.11 银行必须例行开展严格的压力测试程序。压力测试的结果必须：

（1）至少每月由高级管理层审核一次；

（2）应用于银行的内部资本充足评估；

（3）反映在银行管理层和董事会制定的政策和限额上。

30.12 当压力测试揭示出银行在某些假定情况下存在特殊脆弱性时，银行必须立即采取行动，合理降低这些风险（例如，通过对冲风险、减少银行风险暴露或增加资本）。

30.13 银行必须制定一套合规制度，包括关于市场风险内部管理模型运行的内部手册、政策、控制和流程文档，且银行的风险管理模型必须有良好的文档记录。上述文档可包括全面风险管理手册，用于描述风险管理模型的基本原则，并详细说明用于衡量市场风险的经验技术。

30.14 在计量市场风险资本的内部模型进行任何重大修改之前，银行必须获得监管机构的批准。

30.15 银行必须将适用范围内的全部头寸纳入计量市场风险资本的内部模型。所有模型对风险的计量必须基于健全的理论基础、正确的计算和准确的报告。

30.16 银行的内部审计和验证部门或外部审计师必须至少每年对市场风险计量体系进行独立审查，独立审查的范围必须包括业务交易部门和独立风险控制部门。独立审查必须足够详细，以判断哪些交易台可能受到管理缺陷的影响。独立审查的范围必须至少包括以下内容：

（1）风险控制团队的组织架构；

（2）风险管理模式及流程的文件记录的充分性；

（3）市场风险管理模型的准确性和适当性（包括任何重大变化）；

（4）验证内部模型数据源的一致性、时效性和可靠性，包括数据源的独立性；

（5）银行前台和后台人员使用的风险定价模型和估值系统的核准流程；

（6）交易台风险管理模型所反映的市场风险范围；

（7）管理信息系统的完整性；

（8）头寸数据的准确性和完整性；

（9）波动率和相关性假设的准确性和适当性；

（10）估值和风险转化计算的准确性；

（11）通过频繁的返回检验和损益归因测试，验证交易台风险管理模型的准确性；

（12）计量市场风险资本要求的模型与银行日常内部管理使用的模型之间的整体一致性。

模型验证标准

30.17 银行内部流程必须确保其内部模型已由独立于模型开发的合适资质方充分验证，每个模型体系健全，并充分反映所有重大风险。在模型最初开发时以及进行任何重大变更时，均须开展模型验证。特别是当市场发生重大结构性变化或银行投资组合结构发生变化并可能导致模型不再适用的时候，银行必须定期重新验证模型。模型验证必须包括损益归因和返回检验，并且还必须至少包括以下内容：

（1）通过测试来证明内部模型的任何假设都是适当的，并且未低估风险，可包括审查正态分布假设和任何定价模型的适当性。

（2）除返回检验外，还必须评估假设损益的计算方法。

（3）银行必须使用假定的投资组合，以确保内部模型能够考虑到可能出现的特殊结构性特征。例如，如果某一特定工具的历史数据不符合［MAR33.1］至［MAR33.12］的定量标准，银行将这些头寸映射到近似替代产品，则银行必须确保近似替代产品在相关市场情景下产生审慎的结果，并充分考虑到以下情况：

（a）重大基差风险得到充分反映（包括多头和空头头寸的期限错配或发行方之间的错配）；

（b）模型反映了在单一未分散化的投资组合中可能出现的集中度风险。

外部验证

30.18 外部审计师和（或）监管机构对市场风险资本内部模型开展验证时，至少应做到以下步骤：

（1）核实［MAR30.17］所述的内部验证程序的运作是否满足要求。

（2）确认计算过程中使用的公式，以及期权和其他复杂工具的定价公式，均由一个有资质的团队验证，该团队在任何情况下均应独立于银行的交易团队。

（3）确认内部模型体系足以覆盖银行的经营活动和经营地域范围。

（4）审查银行内部模型的返回检验结果（将在险值与实际损益和假设损益进行比较）及其损益归因流程，以确保这些模型能够持续可靠地衡量潜在损失。如有需要，银行应向其监管机构及（或）外部审计师提供预期尾部损失计算的底层数据和计算结果，以及损益归因实施的细节。

（5）确认与风险计量系统相关的数据流和流程是透明和可访问的。银行应按规定流程，向监管机构和外部审计师提供模型的规格和参数。

压力测试

30.19 使用内部模型法来计量市场风险资本的银行，必须在交易台和整个银行层面制定严格而全面的压力测试方案。

30.20 银行的压力情景必须涵盖一系列因子，这些因子或者（ⅰ）会在交易组合中产生巨大损益，或者（ⅱ）使组合中的风险变得难以控制。这些因子包括所有主要风险类别中的低概率事件，其中主要风险类别包括了市场风险、信用风险和操作风险的多种组合。银行必须设计压力情景，以评估这些因子对同时具有线性和非线性价格特征的头寸（例如期权和一些具有期权特征的工具）的影响。

30.21 银行的压力测试应该结合定量和定性特点，包括市场波动带来的市场风险和流动性风险。

（1）定量方面，应识别银行可能面临的压力情景。

（2）定性方面，银行的压力测试程序应评估银行资本吸收潜在重大损失的能力，并确定银行可以采取哪些措施来降低风险并节约资本。

30.22 银行应例行向高级管理层汇报压力测试结果，并定期向银行董事会报告测试结果。

30.23 银行应将监管压力情景与自身开发的压力测试结合起来，以反映其特殊的风险特征。压力情景可包括以下内容：

（1）不需要银行模拟的监管情景。银行应掌握报告期间内所遭受的最大损失数据，以备监管审查。监管机构可以将这些损失数据与银行内部计量系统产生的资本要求水平进行比较。例如，银行应该向监管机构提供一份给定的预期尾部损失能够覆盖多少天的日损失峰值的评估结果。

（2）需要银行进行模拟的情景。银行应将其投资组合置于一系列模拟的压力情景中，并向监管机构提供测试结果。这些情景可能包括测试当前的投资组合在过去重大波动时期的表现（如 1987 年的股市崩溃、1992 年和 1993 年的欧洲汇率机制危机、1994 年第一季度的债券市场下跌、1998 年俄罗斯金融危机、2000 年的技术股泡沫破裂、2007—2008 年次贷危机或者是 2011—2012 年的欧元区危机），与这些事件相伴产生的是价格大幅波动和流动性大幅收缩。第二种情况是评估银行市场风险暴露对假设波动率和相关性发生变化的敏感度。银行应用这一测试需要对波动率和相关性的历史变化范围进行评估，并根据历史范围的极值对银行当前头寸进行压力测试和评估。银行应适当考虑在市场显著动荡时期几天内发生的急剧变化。例如，在上述情况下，在波动最严重的几天内，风险因子之间的相关性接近 1 或 –1 的极值。

（3）银行自行设计的压力情景。除了［MAR30. 23］（1）所述的监管机构规定的情景外，银行也应该设计最不利于其自身投资组合特征的压力测试场景（如世界上某个关键地区的问题与油价大幅度波动结合在一起）。银行应向监管机构提供用于识别和实施这些情景的方法以及产生的结果。

内部模型法：模型要求

本章（MAR31）主要描述了内部模型法中涉及的风险因子的确定和模型的合格性要求。

市场风险因子的确定

31.1 确定一组合适的市场风险因子是内部风险管理模型中的一项重要内容。风险因子是指影响银行交易头寸价值的市场利率和市场价格。内部风险管理模型中所包含的风险因子，必须足以反映银行表内外交易头寸投资组合的内在风险。虽然银行在确定其内部模型的风险因子上具有一定的自由裁量权，但仍需满足以下要求。

31.2 银行的市场风险资本模型必须包括所有用于定价的风险因子。如果定价模型中含有的风险因子没有被包含在内部风险管理模型中，银行必须证明将其扣除是满足监管要求的。

31.3 银行的市场风险资本模型必须包括所有［MAR20］至［MAR22］中标准法下的每一个风险类型中的风险因子。如果标准法中含有的风险因子没有被包含在内部模型中，银行必须证明将其扣除是满足监管要求的。

（1）对于证券化产品，银行不得使用内部模型法来计算市场风险资本。对于［MAR11.9］中所列的证券化产品，银行必须使用标准法来计量其市场风险资本。同样，市场风险资本模型也不应包括那些［MAR21.10］至［MAR21.11］中所列的证券化产品的风险因子。

31.4 银行的市场风险资本模型和不可建模风险因子的压力情景，必须反映期权和其他相关产品（如抵押贷款支持证券）的非线性特征，以及它们之间的相关性风险和基差风险（如信用违约互换和债券间的基差风险）。

31.5 银行可以使用近似替代方法来处理一些头寸，但替代数据必须有一段较好拟合实际头寸的记录（如用股票指数来替代单一股票头寸）。这种情况下，银行必须证明这种处理方法满足监管要求。

31.6 对于一般利率风险，银行必须为每一种利率敏感的表内外交易头寸币种，单独使用一套对应的风险因子。

（1）风险管理模型必须使用一种普遍认可的方法来构建收益率曲线（例如通过零息债券的远期收益率构建收益率曲线）。

（2）收益率曲线必须根据不同到期日进行分段，用来反映收益率曲线上各利率波动的变化。

（3）对于主要货币和市场中面临重大的利率波动风险暴露，银行必须使用至少6个风险因子来构建其收益率曲线。

（4）风险因子的最终个数受银行交易策略的影响。对于某个投资组合中包含横跨收益率曲线上多个期限的各种类型的证券的银行，并从事复杂的套利策略，相比于业务相对不复杂的银行，往往需要更多的风险因子以准确地反映利率风险。

31.7 风险管理模型必须单独纳入能反映信用利差风险的风险因子（例如债券和互换之间）。有很多方法可以用来反映由于政府债券利率和其他固定收益工具利率不完全相关变动所引起的信用利差风险，例如将非政府性固定收益工具的收益率曲线单独分离出来（例如互换和市政债券），或者沿收益率曲线上不同点估计相对于政府债券利率的利差。

31.8 对于汇率风险，交易台风险管理模型必须包含与银行交易头寸每种计价外币相关的风险因子。由于银行风险计量结果将以银行财务报表指定的本币表示，任何以外币计价的净头寸都将会产生汇率风险。因此，银行对存在重大汇率风险暴露的每种外币与银行报表货币的汇率，都必须有相应的风险因子。

31.9 对于股权风险，对银行持有较大交易头寸的每个股票市场，必须有对应的风险因子。

（1）银行必须至少包含一个能反映整个股票市场价格变动的风险因子（如市场指数）。个别证券或个别行业指数的头寸可以表示为整个股票市场指数的“贝塔等值”。

（2）银行可使用整个股票市场里不同行业（如工业、周期性和非周期性行业）所对应的风险因子。每个行业中个别证券的持仓可以表示为该行业指数的“贝塔价值”。

（3）银行同样可使用与每只股票价格波动率有关的风险因子。

（4）单个既定市场建模技术的复杂程度和特征，应与该银行在整个市场的风险暴露以及市场中单个证券的集中度吻合。

31.10 对于商品风险，对银行持有较大交易头寸的每个商品市场，必须有对应的风险因子。

（1）对于在商品市场上头寸相对有限的银行，可以直接确定风险因子。这种方式允许银行对每个商品价格确定一个风险因子（包括对不同的地理位置确定不同的风险因子）。

（2）对于在商品市场上交易活跃的银行，模型必须考虑到衍生品头寸（如商品市场上的远期、互换）与现货头寸之间便利收益率（convenience yield）[1] 的变化。

31.11 对于基金投资有关的风险：

（1）对于符合［RBC25.8］（5）（a）标准的基金（可穿透至底层资产的基金），银行必须将基金以及任何有关的对冲情况的风险，视同银行直接持有该基金底层头寸（考虑银行在基金中投资的比例以及基金的杠杆结构）。银行必须将这些头寸分配给负责该基金的交易台。

（2）对于不符合［RBC25.8］（5）（a）标准，但同时符合［RBC25.8］（5）（b）所列的两条规则的基金（获取每日价格和基金授权书的信息），银行必须使用标准法计量这些基金的资本要求。

风险因子的模型合格性要求

31.12 银行必须确定，在其已获准使用［MAR32］内部模型法的交易台内，哪些风险因子可以纳入［MAR33］用于计量资本要求的内部预期尾部损失模型。一个风险因子被划分为可建模风险因子，必要条件是该风险因子通过了风险因子合格性检验（RFET）。这个检验需要识别足够数量且能代表风险因子的真实价格。抵押品的调整或估值不能被视为满足风险因子合格性检验的真实价格。符合下列条件之一的价格，即为真实价格：

（1）机构之间已完成交易的价格；

（2）其他机构双方之间真实完成的可核实交易价格；

（3）由银行本身或另一家银行提交的有效报价，该有效报价必须通过第三方经纪商、交易平台或交易所提交和验证；

（4）从第三方经纪商获得的价格，且：

（a）交易或有效报价已由该经纪商完成；

（b）经纪商同意应监管要求提供交易或有效报价的证据；或

（c）该价格直接符合［MAR31.12］（1）至［MAR31.12］（3）列出的三项准则中的任何一条。

常见问题

问题1. 在［MAR31.12］中提到的“有效报价”的定义是什么？

---

1 便利收益率反映了直接拥有实物商品所获取的收益（如在短期市场短缺时获利的能力）。便利收益率同时受到市场条件和物理储存成本等因素的影响。

有效报价是指来自公允报价提供方的价格，报价提供方必须以该价格水平买卖金融工具。

问题 2. 是否所有的交易和合格的有效报价都是有效的真实价格观测值，无论（交易规模）大小？

与银行常规的交易规模相比，如该交易量不可能被忽略，且能够反映正常市场状况的有序交易和合格有效报价，则一般可以被接受为有效的真实价格。

31.13 要通过风险因子合格性检验，每季度银行内部模型中使用的风险因子必须至少满足以下一个标准。任何一笔交易中发生的真实价格，都应被视为其代表的所有风险因子的一个观测值。

（1）银行必须每年识别出至少 24 个该风险因子的真实价格观测值（在校准当前预期尾部损失模型的期间内，每天计数的真实价格观测值最多不超过 1 个）[2][3]。此外，在过去 12 个月里，任何 90 天内都不能出现该风险因子真实价格观测值少于 4 个的情况（每天的真实价格观测值不得超过 1 个）。上述要求必须每月都达到。

（2）银行在过去 12 个月里必须至少识别出有 100 个真实价格观测值（每天的真实价格观测值不得超过 1 个）。

31.14 为了使风险因子通过合格性检验，银行还可以使用根据从第三方经纪商收集的信息得出的真实价格观测值，前提是满足以下所有条件：

（1）经纪商将观察到的真实价格相应的数量和观察日期告知银行。

（2）经纪商单独提供一组必要的信息识别符，使银行能够将观察到的真实价格映射到风险因子。

（3）经纪商应接受对其定价信息有效性的审计。审计的结果和报告必须按要求提供给有关监管机构和银行，作为允许银行从第三方经纪商获取真实价格观测值的先决条件。如果监管机构对第三方经纪商的审计不满意，可以禁止银行使用来自该经纪商的数据。[4]

31.15 如果银行能够从某真实价格中获得风险因子的值，则该真实价格对于风

---

2 当银行使用从外部获取的真实价格观测数据时，如这些观测数据存在时滞（如某一天可用的数据只能在几周后才可获取），则用于风险因子合格性检验的时段可能不同于用于校准当前预期尾部损失模型的时段。两者差异不应超过 1 个月，即银行对于每一个风险因子，可以使用结束时间在风险因子合格性检验前不超过 1 个月的 1 年时间段，开展风险因子合格性检验数据验证，而不是使用校准当前预期尾部损失模型的时间段。

3 需要特别指出的是，银行可以添加可建模风险因子，并用这些额外的可建模风险因子与不可建模风险因子间的基差，替代那些不可建模风险因子。该基差往往被认为是不可建模的风险因子。可建模和不可建模风险因子的组合是不可建模风险因子。

4 这种情况下，仍可能允许银行在其他风险因子上使用来自该经纪商的真实价格观测值。

险因子具有代表性。银行必须制定政策和程序，描述真实价格观测值与风险因子的映射关系。银行必须向监管机构提供充足的资料，以确定其采用的方法是否适当。

风险因子合格性检验的分组方法

31.16 如果风险因子是曲线或曲面（以及其他高维对象，如立方体）上的一个点，为了计算风险因子合格性检验的真实价格观测值，银行可以从以下几种分组方法中选择一个方法：

（1）自行分组方法。在这种方法下，银行必须定义拟使用的分组，并满足以下要求：

（a）每个分组只能包含一个风险因子，且全部风险因子必须对应银行损益归因测试中使用的风险理论损益中的风险因子。[5]

（b）分组不能重叠。

（2）监管分组方法。按照这种方法，银行必须使用表1中列出的标准分组：

（a）具有同一个到期日维度的利率、汇率和商品风险因子（不包括隐含波动率）（以t表示，t以年为单位），必须使用表格中（A）行的分组。

（b）具有几个不同的到期日维度的利率、汇率和商品风险因子（不包括隐含波动率）（以t表示，t以年为单位），必须使用表格中（B）行的分组。

（c）具有一个或多个到期日维度的信用利差和股权风险因子（不包括隐含波动率）（以t表示，t以年为单位），必须使用表格中（C）行的分组。

（d）对于具有一个或多个执行价格维度的任何风险因子（得尔塔，δ；即一个期权在到期时为“价内期权”的概率），必须使用表格中（D）行的分组。[6]

（e）对于隐含波动率风险因子的行权日和执行价格维度（不包括利率互换期权的风险因子），必须使用表格（C）行和（D）行的分组。

（f）对于利率互换期权的隐含波动率风险因子的到期日、行权日和执行价格维度，必须使用表格（B）行、（C）行和（D）行的分组。

---

5 在损益归因测试和风险因子合格性检验中，要求使用相同的风险因子分组方法，这就意味着在确定预期尾部损失模型的分组时需要进行权衡。

使用更细的颗粒度（更多分组）可能有助于交易台成功地满足损益归因测试的要求，但是额外的颗粒度要求，可能会考验银行是否具备获取满足风险因子合格性检验所需的足够数量的真实价格观测值的能力。银行在设计预期尾部损失模型时应该考虑这种取舍。

6 对于价外/平价/价内期权定义是标准化的期权市场，银行可以使用自己已被审批的定价模型将规定的监管得尔塔分组规则转换为期权市场标准惯例。

表 1　监管分组法的标准分组

行	分组								
	1	2	3	4	5	6	7	8	9
(A)	0≤ t<0.75	0.75≤ t<1.5	1.5≤ t<4	4≤ t<7	7≤ t<12	12≤ t<18	18≤ t<25	25≤ t<35	35≤ t<∞
(B)	0≤ t<0.75	0.75≤ t<4	4≤ t<10	10≤ t<18	18≤ t<30	30≤ t<∞			
(C)	0≤ t<1.5	1.5≤ t<3.5	3.5≤ t<7.5	7.5≤ t<15	15≤ t<∞				
(D)	0≤ δ<0.05	0.05≤ δ<0.3	0.3≤ δ<0.7	0.7≤ δ<0.95	0.95≤ δ<1.00				

31.17　银行可以统计分配在一个分组内的全部真实价格观测值，并评估属于该组的所有风险因子是否通过了合格性检验。真实价格观测值必须被分配到它代表的风险因子所在的分组。

31.18　随着债务工具的到期，那些在过去 12 个月内已确定的真实价格观测值通常根据［MAR31.17］规则仍被计入首次分配的到期日分组中。当银行不再需要为一个属于某个给定到期日分组的信用利差风险因子建模时，银行可以将该真实价格观测值重新分配到相邻的（较短的）到期日分组中。[7] 一个真实价格观测值只能被统计在一个风险因子合格性检验的到期日分组中。

31.19　使用参数函数表示一个曲线/曲面，并将函数的参数作为风险计量系统的风险因子时，银行必须在用于校准函数参数的市场数据层面进行风险因子合格性检验，而不是风险因子参数本身（因为代表这些风险因子的真实价格观测值可能不存在）。

31.20　银行可以在模型中使用系统性信用风险因子或系统性股权风险因子，旨在反映一个特定的经济体、地区或行业的市场变动情况，而不是一个特定发行人主体的个体风险情况（特定发行人主体的个体风险是不可建模风险因子（NMRF），除非该发行人有足够的真实价格观测值）。如果市场指数或单个发行人的工具与系统性风险因子有相同属性，那么这些指数或工具的真实价格观测值可被认为对系统性风险因子具有代表性。

31.21　除了［MAR31.20］所列的存在到期日维度的系统性信用风险因子或股权风险因子分组方法外（如信用利差曲线），必须对该到期日维度采用上述一种

7　例如，如果一个债券原始期限为 4 年，8 个月前发行时有真实价格观测值，银行可以选择将此真实价格观测值分配到 1.5 ~ 3.5 年的到期日分组中，而不是分配到通常使用的 3.5 ~ 7.5 年的到期日分组中。

分组的方法，用来统计风险因子合格性检验的真实价格观测值的数量。

31.22 一旦风险因子通过了合格性检验，银行应该选择最合适的数据来校准模型。用于校准模型的数据不需要与用于风险因子合格性检验的数据相同。

31.23 一旦风险因子通过了合格性检验，银行必须证明，其用于校准预期尾部损失模型的数据符合［MAR31.25］至［MAR31.26］的原则。若银行某一特定风险因子不符合监管机构原则，监管机构可以认定这些数据不适用于校准模型。在这种情况下，必须将这些风险因子排除在预期尾部损失模型之外，并按照不可建模风险因子计算资本要求。

31.24 在极端情况下，随着交易活动的大范围减少，可能造成银行间大量可建模风险因子成为不可建模风险因子。（例如，在重大跨境金融市场压力时期，多家银行受到影响，或金融市场出现重大的制度变更）。在这种情况下，监管机构可将一些未通过风险因子合格性检验的风险因子视为可建模的，但这种措施不能被用来降低银行的资本要求。监管机构只能在出现最极端的系统性环境下采取这种应对措施。

通过风险因子合格性检验的风险因子建模原则

31.25 银行使用许多不同类型的模型来确定交易头寸的风险，每种模型对数据的需求可能不同。对于任何给定的模型，银行可以为模型的风险因子使用不同的数据源或数据类型。银行不能仅依靠真实价格的观测数量来决定一个风险因子是否可以建模。风险因子的真实价格观测值来源的准确性也必须加以考虑。

31.26 除［MAR31.12］至［MAR31.23］的规定外，银行还必须应用以下原则来确定通过合格性检验的风险因子是否可以纳入预期尾部损失模型进行建模，或者是否作为不可建模风险因子来计算资本要求。银行必须向监管机构证明其遵守了这些原则。如果不遵守这些原则，监管机构可以认定风险因子为不可建模的。

（1）原则一。银行经常在定价中将工具作为一系列风险因子的组合，因此模型所使用的数据可以包括可建模风险因子的组合。一般来说，仅由可建模风险因子组合而成的风险因子是可建模的。例如，多因素贝塔模型中的风险因子，其数据输入和校准完全基于可建模的风险因子，则被认为是可建模的，并可以包含在预期尾部损失模型中。由映射到给定曲线/曲面的不同分组的、可建模风险因子组合而成的风险因子，只有当风险因子也通过合格性检验时，才是可建模的。

（a）基于可建模风险因子组合的插值法应与用于损益归因测试（确定风险理论损益）的映射关系相一致，且不应基于其他更广泛的分组方法。同样，银行可以将风险因子压缩成较小维度的正交风险因子（如主成分），并（或）从可建模风险因子观测值中推导出参数。例如在随机隐含波动率模型中，没有能直接在市场中观察到的参数。

(b) 经监管机构批准，银行可以在合理范围内从最接近的可建模风险因子进行外推。外推不应只依赖于最接近的可建模风险因子，也应依赖于一个以上的可建模风险因子。如果银行使用外推法，在确定风险理论损益时必须考虑外推法。

（2）原则二。使用的数据必须能让模型同时反映特定市场风险和一般市场风险。一般市场风险是指工具的价值随市场价值变化而变化的趋势，用一个或多个合适的指数来表示。特定市场风险是与特定发行主体有关的风险，包括违约准备金、到期期限和优先级。在任何计算资本要求的市场风险模型中，数据必须能确保反映这两类市场风险。如果模型中使用的数据没有反映特定市场风险，或者没有反映一般市场风险，那么银行必须对模型中没有充分反映的内容计量不可建模风险因子的资本要求。

（3）原则三。使用的数据必须使模型反映风险头寸的波动性和相关性。银行必须确保他们没有低估资产的波动性（如使用不恰当的平均数据或替代指标）。此外，银行必须确保它们准确地反映了资产价格、收益率曲线上的利率和（或）波动率曲面上波动率的相关性。不同的数据源可能为资产价格提供截然不同的波动性和相关性估计。银行选择的数据来源，应确保（ⅰ）数据能代表真实价格观测结果；（ⅱ）数据不会低估价格波动率；（ⅲ）相关性是真实价格观测值之间相关性的合理近似估计。此外，任何转换都不能低估由风险因子引起的波动性，也必须准确反映出银行预期尾部损失模型中使用的风险因子引起的相关性。

（4）原则四。使用的数据必须反映所观测到的价格和（或）市场报价。如果使用的数据不是来自真实价格观测值，银行必须证明使用的数据合理地代表了真实价格观测值。为此，银行必须定期将风险模型中使用的价格与前台和后台部门的价格进行核对。正如后台部门要检查前台部门价格的有效性，风险模型中的价格也应该拿来做比较。将前台或后台部门价格和风险模型中使用的价格进行比较，应该包括将风险模型中的价格与真实价格观测值比较，但在真实价格观测值不太容易获取的情况下，也可以使用前台和后台价格。银行必须记录它们从市场价格中推导风险因子的方法。

（5）原则五。使用的数据必须按照足够的频率更新。市场风险模型可能需要大量的数据，频繁地更新这样大的数据集是很有挑战性的。银行应尽量多地更新模型数据，以符合频繁变动交易组合中的头寸和市场状况不断变化的情形。银行应至少每月更新一次数据，最好每日更新。同时，银行应该建立数据源更新的工作流程。另外，如银行使用回归方式估计风险因子参数，这些参数必须定期重新估计，一般不少于每两周一次。根据当前市场价格校准定价模型的频率也必须充足，理想情况下应不低于前台定价模型的校准频率。在适当的情况下，银行应该有明确的政策来补足缺失的数据。

（6）原则六。用于确定压力预期尾部损失的数据，必须反映在压力情景中的市场观察价格和（或）市场报价。压力预期尾部损失模型的数据应尽可能直接来自历史数据。在某些情况下，市场上现有工具的特征与压力情景下的特征不同。但银行必须证明，在任何情况下，用于压力情景的市场价格与该期间内实际观察到的市场价格不同是合理的。此外，如果当前在严重的金融压力期间交易的工具不存在，银行必须证明所使用的价格与压力情景类似工具的价格变化或价差变化相匹配。

（a）在产品的特点相较压力时期已经发生改变的情况下，若银行不能完全证明仍使用当前市场数据的合理性，银行必须扣除该压力期的风险因子，并满足［MAR33.5］（2）（b）的要求，即简化的风险因子集能解释全部预期尾部损失模型的75%。此外，如果使用特定发行主体的风险因子来计算实际期间的预期尾部损失，而这些风险因子在压力期不可用，则可以假设这些部分特殊的风险因子不包含在简化的风险因子集之内。在计算压力情景的预期尾部损失时，需要将包括在当前风险因子集中但不包括在简化的风险因子集中的风险暴露，映射到简化的风险因子集中最合适的风险因子上。

（7）原则七。替代指标的使用必须受到限制，并且替代指标必须与它们所代表的交易具有足够相似的特征。替代指标必须适合其拟代表的地区、特征和工具类型。监管机构将评估风险因子组合方法在理论上和实证上是否合理。

（a）例如，对于多因素模型中的指数，必须反映该指数所代表的资产的相关性风险，而其余个体的特定风险必须在不同的发行人间呈现明显的非相关性。多因素模型必须对资产价格变动具有显著的解释力，并且必须为由于使用替代指标而导致的最终结果的不确定性作出评估。多因素模型的贝塔系数必须基于实证而不能基于判断来确定。由判断确定的系数，一般应视为不可建模风险因子（NMRFs）。

（b）如果在当期预期尾部损失模型中风险因子使用了替代指标数据，替代指标数据表示的风险因子——而不是风险因子本身——必须在风险理论损益中使用，除非银行已经识别出了替代指标数据和实际风险因子之间的基差，并且在预期尾部损失模型中对该基差合理地计提了资本（如果风险因子是可建模的）或将该基差作为一个不可建模风险因子计提资本。如果该基差已合理确定资本要求，则银行可以选择在风险理论损益中包括：

（ⅰ）风险因子的替代指标和基差；或

（ⅱ）实际风险因子本身。

内部模型法：返回检验和损益归因测试的要求

本章（MAR32）着重介绍对使用内部模型法的银行进行损益归因测试和返回检验的要求。

32.1 ［MAR30.4］指出，计划使用内部模型法来计量市场风险资本的银行，必须在全行层面实施返回检验，以及如［MAR30.4］（2）所述，在交易台层面同时实施返回检验和损益归因测试，并且必须成功通过所有检验和测试。

32.2 对于要持续使用内部模型法来计量市场风险资本的银行而言，这些符合使用内部模型法计量市场风险资本且满足本章中返回检验和损益归因测试的交易台，所计量的市场风险资本至少应占银行市场风险总资本要求的10%。根据［MAR33.43］，银行在计算市场风险总资本的过程中必须按季度评估该10%的标准是否达到。

32.3 从使用内部模型法计量资本要求当日开始，必须实施返回检验程序以及损益归因测试。

（1）向监管机构申请批准某模型时，银行必须提供为期1年的返回检验和损益归因测试的报告来证实该模型质量。

（2）监管机构可要求银行提供在此日期之前的返回检验和损益归因测试结果。

（3）监管机构将根据模型12个月内（250个交易日）产生的返回检验突破值的数量，决定必要的监管回应。

（a）基于对突破值显著性的评估，监管机构可以与银行进行约谈以确定模型是否存在问题。

（b）在最严重的情况下，监管机构可以要求银行额外提高资本要求或禁止银行使用该模型。

返回检验要求

32.4 返回检验要求将一天持有期的在险值，与过去12个月内每天的实际损益及假设损益做比较。银行层面和交易台层面应适用以下具体要求。

32.5 银行层面模型的假设检验必须基于99%置信区间下的在险值。

（1）在返回检验期间内，当某一天银行层面交易账簿的实际损失或假设损失超出了模型计算的每日在险值指标，就记录为一次例外或突破。依据［MAR99.8］，实际损失的突破情况和假设损失的突破情况分别计量，总体的突破数量是这两个数值中较大值。

（2）如果出现损益或每日在险值无法获取或无法计算的情况，则将其视作一次例外处理。

32.6 如果银行可以证明某例外情况和不可建模风险因子相关，且该不可建模风险因子的资本要求超过了当日的实际损失或假设损失，若银行告知了监管机构且监管机构对该处理方式没有异议，则此类例外可以在整体返回检验流程中忽略。在此类情况下，银行必须记录下相关不可建模风险因子价值的历史变动情况，并提供充足证据证明是该不可建模风险因子导致的相关损失。

常见问题

问题1. 请确认该处理方式是否也适用于交易台层面返回检验的突破处理。另外，请确认压力情景下的资本要求（SES）是应该与全部损失金额进行比较，还是仅仅与超额部分相比，即实际损益或假设损益与在险值之间的差额。

如果交易台层面返回检验的突破是由不可建模风险因子所驱动的，且当天收到的资本要求（SES）超过了实际损失或假设损失的最大值，在以交易台层面的返回检验中该突破允许被忽略。银行必须有能力计量不可建模风险因子在特定交易台的资本要求，而不仅仅是计量各个风险因子在所有交易台中的资本要求。

举例说明，如果一个交易台的损益为 -150 万欧元，而在险值为 100 万欧元，不可建模风险因子的资本要求（交易台层面）为 80 万欧元，则在交易台层面的返回检验中，不能忽略这个突破。单一交易台层面的不可建模风险因子的资本要求（不包括 VaR）必须超过 150 万欧元的损失，才可以在交易台层面的返回检验中忽略这个突破。

32.7 应根据最新的交易台层面返回检验、风险因子合格性检验以及损益归因测试的结果，每季度更新全行层面返回检验的投资组合范围。

32.8 监管机构根据全行层面返回检验结果的信号强度，设定一系列对应措施。这些措施被分为了三个返回检验区域，用不同的颜色区分不同层级。

（1）绿色区域：返回检验结果显示银行内部模型的质量和准确性不存在问题。

（2）黄色区域：返回检验的结果认为银行内部模型可能存在问题，但有关结论尚不确定。

（3）红色区域：返回检验的结果认定银行的风险模型存在问题的可能性极大。

32.9 上述区域根据返回检验过程中产生的突破数量进行划分，并考虑了［MAR99.9］和［MAR99.21］所述的统计误差。表1列示了在250个观测样本的基础上，区域的划分边界，以及对每个返回检验结果对应的监管要求。

表1　返回检验区域

返回检验区域	突破数量	返回检验可靠性乘数（［MAR33.44］规定的定性附加要求）
绿色	0	1.50
	1	1.50
	2	1.50
	3	1.50
	4	1.50
黄色	5	1.70
	6	1.76
	7	1.83
	8	1.88
	9	1.92
红色	10或更多	2.00

32.10　绿色区域通常不会导致监管机构因为返回检验而提高资本要求（无返回检验附加资本）。

32.11　黄色区域可能得出模型准确或不准确两种结论，但不准确的可能性更大。因此，对落入黄色区域内的返回检验结果，监管机构会以返回检验附加的方式提出更高的资本要求。根据［MAR32.9］的表1，通过突破的数量通常可以确定返回检验附加资本要求的规模。

32.12　银行必须持续记录返回检验中出现的所有突破事件，以及对每一个突破事件的解释。

32.13　银行也可以执行99%置信区间以外的其他返回检验，或者开展此标准以外的其他统计检验。

32.14　如果返回检验结果落入黄色区域，监管机构会提高对银行的资本要求。此外当模型的基础完整性出现严重问题，监管机构会考虑是否不再允许银行使用该模型计量市场风险资本。

32.15　如果银行模型返回检验结果落入红色区域，监管机构会自动提高适用于该银行模型的乘数因子，或者直接不允许使用该模型。

交易台层面的返回检验

32.16　通过每日的返回检验，测试交易台的风险管理模型表现。

32.17　在判定交易台是否适用于内部模型法时，返回检验是损益归因测试的一个补充。

32.18 在交易台层面，返回检验要求银行必须将每个交易台在99%以及97.5%置信区间下一天的在险值（校准到最近12个月的数据，平均分配权重）与交易台每日的损益（至少使用一年的当前观测值）进行比较。

（1）在返回检验期间内，当某天交易台的实际损失或假设损失超出了当日模型计算的每日险值指标时，记录为一次例外或突破。实际损失的突破情况和假设损失的突破情况分别计量，总体的突破数量是这两个数值中较大值。

（2）如果出现损益或风险计量无法获取或无法计算的情况，则将其视作一次例外处理。

常见问题

问题1. 银行在计算在险值时是否允许对收益数据按波动率进行缩放调整？

不允许由银行自行决定对用于计算在险值的收益数据按波动率进行缩放调整以缩短观测周期。银行可以针对选定的一个（或一组）风险因子，放大所有的观测值波动性来反映最近时期的压力情景。银行必须事先告知监管机构将进行这样的调整，之后方可使用放大后的数据来计算未来的在险值和预期尾部损失。

32.19 如果在最近12个月内，某个交易台在99%置信水平下产生了12个突破值或者97.5%置信水平下产生了30个突破值，那么必须按标准法来计量该交易台中所有头寸的资本要求。[1]

损益归因测试要求

32.20 损益归因测试要求将每个交易台每日的风险理论损益和假设损益进行比较。这样做的目的在于：

（1）衡量银行由于计量市场风险资本的内部模型的简化是否产生重大影响缺失的风险因子以及与前台系统中头寸的估值方法差异决定；以及

（2）当对模型简化的影响被认为是重大时，禁止银行使用该内部模型来计量资本要求。

32.21 对纳入内部模型法的审批范围内的每个交易台必须实施单独的损益归因测试。

1 存在发行人违约风险暴露的交易台必须通过两个阶段的审批程序。首先，市场风险模型必须通过返回检验和损益归因测试。市场风险模型通过审批后，交易台才可申请审批违约风险模型测试。只要任意一个测试通不过，交易台就必须使用标准法计量资本。

损益归因测试和返回检验中对损益的定义

32.22 风险理论损益是交易台层面产生的每日损益，由风险管理模型中的估值引擎生成。

（1）交易台的风险管理模型必须包括含监管参数的预期尾部损失模型中的所有风险因子，以及监管机构认为不可建模的风险因子（未被包含在用于计算监管资本要求的预期尾部损失模型中，属于不可建模风险因子）。

（2）风险理论损益不可以包含任何风险管理模型中没有包括的风险因子。

32.23 风险管理模型应该包含所有风险因子的变动，即使内部模型的预测部分含有剩余风险附加的数据。例如，银行如果使用基于贝塔的多因子指数模型来反映事件风险，为反映在特定发行主体的历史时间序列中未观察到的潜在事件，可能在剩余风险的校准中纳入近似替代数据。事实上，在多因素模型中，发行主体是模型中的一个风险因子，在开展损益归因测试时，银行将在风险理论损益（以及假设损益）中包含发行主体的实际收益，以评估风险因子在模型中的覆盖程度。

32.24 损益归因测试为将交易台的风险理论损益和假设损益进行比较。用于损益归因测试和用于返回检验的假设损益应相同。将两者进行比较，是为了通过界定在一个合适的观测期内用两种方式计算的损益是否显著关联，来确定所包含的风险因子以及风险管理模型中使用的定价模型是否能有效地反映主要的损益驱动因素。出于各种原因，风险理论损益与假设损益间可能存在差异，但风险管理模型还是应该对交易台的风险进行准确评估，以证明该模型适用于内部模型法。

32.25 假设损益的计算必须使用当日的市场数据对上一日收盘时持有的头寸进行重新估值（使用静态头寸）。与实际损益不同的是，假设损益衡量的是当日收盘时头寸保持不变的投资组合价值的变化，因此不考虑日间交易、新交易或交易修正等情况。实际损益和假设损益都应包含银行账簿中以外币计价的头寸以及商品。

32.26 实际损益和假设损益都必须扣除费用和佣金，以及其他监管资本方法规则中另行规定的估值调整（例如，信用估值调整和与其相关的合格对冲），以及需从一级资本中扣除的估值调整（例如，由金融工具公允价值构成中的债务估值调整必须从这些损益中扣除）。

32.27 不论指标更新的频率如何，除非监管机构同意将估值调整排除在外，任何与市场风险有关的其他估值调整，都必须包括在实际损益中，而假设损益中只包括每日更新的估值调整。不允许对非每日计算的估值调整进行平滑处理。因时间的推移而产生的损益应包含在实际损益中，并且假设损益和风险理论损益中对时间效应的处理方式保持一致。[2]

32.28 银行在交易台层面无法计算的估值调整（比如，由于它们是基于银行的整体头寸/风险进行评估的，或由于在其评估过程中存在其他约束），在交易台层面的返回检验中无须纳入实际损益和假设损益，但在全行层面的返回检验中则需要被纳入。为了满足监管机构的要求，银行必须对交易台层面没有计算的估值调整提供相关论证。

32.29 实际损益和假设损益的计算都必须基于此模型常用于生成每日损益报告。相同的定价模型（如相同的定价函数、定价配置、模型参数、市场数据和系统）。

损益归因测试的输入数据一致性校准

32.30 仅在损益归因测试中，允许银行将风险因子的风险理论损益输入数据校准至与假设损益中使用的数据一致，前提是这些校准有记录存档并向监管机构证明了其合理性，且完全符合下列要求：

（1）银行必须证明假设损益输入的数据可以适用于风险理论损益，并且在将假设损益输入数据转换为可应用于风险理论损益计算的风险因子的格式时，不能忽略任何风险因子或估值模型的差异。

（2）对风险理论损益输入数据的任何调整必须恰当地记录存档、验证，并向监管机构证明其合理性。

（3）银行必须有恰当的程序来识别与风险理论损益输入数据调整相关变动。银行必须将任何此类变化告知监管机构。

（4）银行必须评估输入数据一致性校准对风险理论损益和损益归因测试产生的影响。为此，银行必须将基于与假设损益校准一致的市场数据计算的风险理论损益，与没有校准一致的市场数据计算的风险理论损益进行比较。该工作必须在设计或更改输入数据校准流程以及监管机构提出要求时开展。

32.31 当市场数据供应商、取数时间，或数据转换方式不同，造成风险理论损益和假设损益中某共同的风险因子的输入数据出现差异，允许银行对风险理论损益输入数据进行调整。调整方式包括：

（1）直接用假设损益输入数据（例如期限 x 的平价利率，供应商 b）替换风险理论损益输入数据（例如期限 x 的平价利率，供应商 a）；或者

（2）以假设损益输入数据（例如期限 x 的平价利率，供应商 b）为基础计算

---

2 时间效应可以包括多种因素，如对时间的敏感度、Theta 效应（用数学术语表示，即价格对时间求一阶导数）和融资及持有资金的成本。

风险理论损益/预期尾部损失模型中所需的风险因子数据（例如期限 x 的零息利率）。

常见问题

问题 1. 如果相较于银行风险控制团队所在的区域，一家银行的交易台在不同时区运营，那么风险模型获取数据的采集时间与前台团队的损益数据不尽相同。是否允许银行依据这些交易台的数据采集时间来校准风险理论损益和假设损益？

允许银行将计算交易台的风险理论损益所用的数据采集时间校准至与其假设损益所使用的数据采集时间一致。

32.32 如果假设损益使用不同于风险理论损益的市场数据，来计算估值模型中重要的风险参数，那么这些差异必须在损益归因测试中被反映出来，并能在假设损益和风险理论损益的计算结果中体现。在此情况下，假设损益和风险理论损益只能基于相同的市场数据，但必须使用各自的方法（可能会有区别）来计算各自的估值模型参数。例如，计算风险理论损益的估值过程需要转换市场数据，在这种情况下，银行可以在转换前（而不是转换后）将风险理论损益校准至与假设损益的市场数据一致。

32.33 银行不得将假设损益的风险因子输入数据校准至与风险理论损益中使用的输入数据一致。不允许通过调整风险理论损益或假设损益来处理剩余的运行噪声。剩余运行噪声是由于在两个不同的时间点，使用两个不同系统分别计算风险理论损益和假设损益而产生的。它可能源于跨系统传输大量数据，而且潜在的数据加总可能会产生影响容忍度范围内的微小的对账误差；或者来源于静态/参考数据和配置间的微小差异。

损益归因测试指标

32.34 损益归因需要基于以下两个测试指标：

（1）使用 Spearman 相关性指标来评估风险理论损益和假设损益间的相关程度；

（2）使用 Kolmogorov – Smirnov 检验指标来评估风险理论损益和假设损益分布的相似度。

32.35 银行必须使用基于最近 250 个交易日风险理论损益和假设损益（HPL）的观测值构成的时间序列，来计算交易台的各个测试指标。

Spearman 相关性指标的计算过程

32.36 银行必须基于假设损益的大小生成相应的时间序列（记为 R_{HPL}），即假设损益时间序列中的最小值为等级 1，次小值为等级 2，以此类推。

32.37 类似地，银行必须基于风险理论损益的大小生成相应的时间序列（记为 R_{RTPL}）。

32.38 银行必须根据以下公式计算 R_{HPL} 和 R_{RTPL} 这两个时间序列的 Spearman 相关性指标，其中 $\sigma_{R_{HPL}}$ 和 $\sigma_{R_{RTPL}}$ 是 R_{HPL} 和 R_{RTPL} 的标准差。

$$r_s = \frac{cov(R_{HPL}, R_{RTPL})}{\sigma_{R_{HPL}} \times \sigma_{R_{RTPL}}}$$

Kolmogorov-Smirnov 测试指标的计算过程

32.39 银行必须计算风险理论损益的经验累积分布函数。风险理论损益的经验累积分布函数值为 0.004 和小于等于给定风险理论损益的观测值数量的乘积。

32.40 银行必须计算假设损益的经验累积分布函数。假设损益的经验累积分布函数值为 0.004 和小于等于给定假设损益的观测值数量的乘积。

32.41 这两个经验累积分布函数在损益值下所观测到的两者之差的绝对值，其中的最大值即为 KS 检验指标。

评估损益归因测试结果

32.42 根据指标度量的结果，交易台会被分配到损益归因测试的红色区域、黄色区域或绿色区域，如表 2 所示。

（1）如果一个交易台同时满足以下两个条件，则被归入损益归因测试的绿色区域：

（a）相关性指标大于 0.8；

（b）KS 检验指标值低于 0.09（p – value = 0.264）。

（2）如果相关性指标值小于 0.7 或 KS 检验指标值大于 0.12（p-value = 0.055），该交易台会归入损益归因测试的红色区域。

（3）如果交易台既没有归入绿色区域也没有落入红色区域，则交易台归入损益归因测试的黄色区域。

表 2　损益归因测试阈值

分区	Spearman 相关性	KS 检验
黄色区域阈值	0.8	0.09（p - value = 0.264）
红色区域阈值	0.7	0.12（p - value = 0.055）

32.43　如果交易台落入损益归因测试的红色区域，则不能使用内部模型法来计量市场风险资本，必须使用标准法。

（1）这些不合格的交易台所持有的风险暴露必须与内部模型法审批范围外的交易台一起，以标准法计量资本要求。

（2）被认为不能使用内部模型法的交易台必须始终排除在内部模型法审批范围之外，直到：

（a）交易台的损益归因测试结果归入绿色区域；且

（b）交易台在过去 12 个月里满足了返回检验对于突破值的要求。

32.44　如果一个交易台归入损益归因测试的黄色区域，则不会被认为是内部模型法审批范围外的交易台。

（1）如果交易台归入损益归因测试的黄色区域，则在以下情况满足之前不能归入损益归因测试的绿色区域，直到：

（a）交易台损益归因测试的结果归于绿色区域；且

（b）交易台在过去 12 个月里满足了返回检验对于突破值的要求。

（2）损益归因测试结果归入黄色区域的交易台需满足［MAR33.43］规定的资本附加要求。

特殊情况处理

32.45　在极端的情况下，可能能够合理解释为什么不同银行间一系列准确的交易台模型会产生许多返回检验突破值，或前台的定价模型生成不充分的损益追踪结果（例如，重大的跨境金融市场压力情况会影响到多家银行，或金融市场正遭受重大的制度变化）。在这种情况下，监管机构可允许相关的交易台继续使用内部模型法。但每个交易台的模型需要尽可能快地将重大转变或重大市场压力事件考虑在内，并保持其模型更新流程的完整性。监管机构只会在最极端的系统性情况下采取这样的应对措施。

内部模型法：资本要求的计算

本章（MAR33）阐述了内部模型法计算资本要求的过程。

计算预期尾部损失

33.1 银行可灵活地设计其预期尾部损失模型的细节，但是在计算市场风险资本时，必须遵循以下最低标准。个别银行或其监管机构可酌情使用更严格的标准。

常见问题

问题 1. 内部模型法是否要求对全部产品都进行全面重估？对于简单的产品例如远期利率协议可以使用参数化方法吗？

IMA 不要求对所有产品进行全面重估。只要监管机构同意使用的方法适用于其涉及的工具，就可以使用简化法（例如基于敏感度的估值）。

33.2 全行层面的内部模型法必须每天计算预期尾部损失以确定市场风险资本。每个使用内部模型法的交易台也必须每天计算预期尾部损失。

33.3 在计算预期尾部损失时，银行必须使用 97.5% 的单边置信区间。

33.4 在计算预期尾部损失时，必须对基于基准期限的预期尾部损失进行放大，从而反映［MAR33.12］描述的流动性期限。流动性期限的预期尾部损失必须以 10 天基准流动性期限的预期尾部损失为基础，进行放大计算，如下所示：

$$ES = \sqrt{[ES(P)]^2 + \sum_{j \geq 2}\left[ES_T(P,j)\sqrt{\frac{(LH_j - LH_{j-1})}{T}}\right]^2}$$

其中：

（1）ES 是监管流动性调整后的预期尾部损失。

（2）T 是基准期限的长度，即 10 天。

（3）ES_T（P）是投资组合持有的头寸 P =（p_i）在期限 T 内、承受所有风险因子的冲击时的预期尾部损失。

（4）ES_T（P，j）是投资组合持有的头寸 P =（p_i）在期限 T 内、承受风险

因子子集 Q（p_i，j）冲击时（所有其他风险因子保持不变）的预期尾部损失。

（5）ES_T（P）必须针对风险因子在期限 T 的变化计算，ES_T（P，j）必须针对风险因子的相关子集 Q（p_i，j）在期限 T 的变化计算，不能用较短期限进行放大处理。

（6）Q（p_i，j）是风险因子的子集，如［MAR33.12］所述，持有 p_i 的交易台的风险因子的流动性期限至少应与 LH_j 一样长，具体如下表所示。例如，Q（p_i，4）是一个风险因子的集合，其拥有 60 天和 120 天的流动性期限。注意：Q（p_i，j）是 Q（p_i，$j-1$）的子集。

（7）风险因子在基准期限 T 内变化产生的时间序列，可以通过重叠观察来确定。

（8）LH_j 是第 j 组的流动性期限，它的天数如下表所示：

表 1　流动性期限，j

j	LH_j
1	10
2	20
3	40
4	60
5	120

33.5　预期尾部损失计量结果必须使用一段压力情景来校准。

（1）具体而言，假定相关风险因子经历了一段压力情景，预期尾部损失计量结果必须反映银行当前投资组合在压力情景中将会产生的预期尾部损失结果。这是对所有相关风险因子的联合评估，以反映压力情景下的相关性指标。

（2）该校准基于间接法使用简化风险因子。银行必须指定一组与其投资组合相关的简化风险因子，并且该组风险因子需有足够长的历史观察值。

（a）该组风险因子需要得到监管机构的批准，并且满足对可建模风险因子合格性要求，如［MAR31.12］至［MAR31.24］所述。

（b）该组风险因子必须最少能够解释全部预期尾部损失模型变动的 75%（该组简化风险因子的预期尾部损失应该至少等于前 12 周完整预期尾部损失模型计量结果平均值的 75%）。

常见问题

问题 1. 必须最大化哪个指标才能确定压力情景？

根据［MAR33.15］，针对可建模风险因子的总资本要求（IMCC）必须最大化，这意味着 $ES_{R,S}$要最大化，如［MAR33.7］所述。

问题 2. 简化风险因子组仅需在集团层面（最高层级）解释至少 75% 的全部预期尾部损失变化，而不是在交易台层面，这是为了与集团层面的压力情景选择保持一致，这种说法是否正确？

是的，简化风险因子组需在集团层面（最高层级）解释至少 75% 的全部预期尾部损失变化。

33.6 用于计量市场风险资本的预期尾部损失如下所述：

（1）使用简化风险因子计算投资组合预期尾部损失（$ES_{R,S}$）时，要基于观察期内最严重的 12 个月压力情景。

（2）然后 $ES_{R,S}$应按以下比例放大：（ⅰ）通过全部风险因子得到的当前预期尾部损失，除以（ⅱ）使用简化风险因子组得到的当前预期尾部损失。该比例最低为 1。

（a）$ES_{F,C}$是基于当前（最近的）12 个月的观察期，使用全部风险因子计算的预期尾部损失；

（b）$ES_{R,C}$是基于当前 12 个月的观察期使用简化风险因子组计算的预期尾部损失。

$$ES = ES_{R,S} \times \frac{ES_{F,C}}{ES_{R,C}}$$

33.7 计算压力下的测量结果（$ES_{R,S}$）时，银行必须在观察期内确定 12 个月的压力情景（在该时间段中投资组合遭受最大损失）。用于确定最严重的 12 个月压力情景的观察期必须至少回溯至 2007 年，在此期间内的观测值必须具有相同的权重。银行必须至少每季度或每当投资组合中的风险因子发生重大变化时，更新该 12 个月的压力情景，还必须同步更新简化风险因子组（作为计算 $ES_{R,C}$和 $ES_{R,S}$的基础）。

33.8 计算当前观察值的测量结果（$ES_{F,C}$）时，银行必须至少每 3 个月更新一次数据集，在市场价格发生重大变化时必须重新评估该数据集。

（1）此更新过程必须足够灵活，以支持更频繁的更新。

（2）若监管机构认为价格波动率显著变大时，可以要求银行使用更短的观察期来计算其预期尾部损失，但观察期不应短于 6 个月。

33.9 不限制使用特定类型的模型来计算预期尾部损失，如果使用的模型可以反映银行面临的所有重大风险、通过了损益归因测试和返回检验，并符合本文的其他要求，监管机构可允许银行使用此模型。监管机构可以允许银行使用历史模拟法、蒙特卡罗模型或其他适当的分析方法。

33.10 银行可以自主识别监管风险类别（一般利率风险、股权风险、汇率风险、商品风险和信用利差风险，包括每个风险类别中的相关期权波动率）之间的相关系数。如［MAR33.14］至［MAR33.15］所述，跨类别的风险因子相关系数在汇总资本时是受限的，其计算和使用的方法必须与适用的流动性期限一致，相关系数必须被清晰地记录并能够根据要求向监管机构报告。

33.11 银行模型必须准确地反映每个风险类别中与期权相关的风险。以下标准适用于期权风险的计量：

（1）银行的模型必须反映期权头寸的非线性价格特征。

（2）银行的风险计量模型必须包含一系列风险因子，该风险因子可反映利率和期权标的头寸价格的波动率，例如维伽风险。持有较大和（或）复杂期权组合的银行，必须具有相关波动率的详细说明。银行必须基于执行价格和期限对波动率曲面进行建模。

33.12 如［MAR33.4］所述，放大的预期尾部损失必须根据以下流动性期限 n 计算。n 需按以下条件计算：

（1）银行必须将每个风险因子映射到下表所列的风险因子类别之一，流程必须一致且明确记录。

（2）风险因子的映射必须：

（a）以书面形式记录；

（b）经银行风险管理团队验证；

（c）提供给监管机构；

（d）接受内部审计。

（3）针对表 2 中列出的每个类别的风险因子确定 n。在交易台层面，n 可以相对于下表中的值有所增加（下表指定的流动性期限可以视为底线）。当 n 增加时，必须是 20 天、40 天、60 天或 120 天期限，并且必须书面记录理由并由监管机构批准。此外，流动性期限最长不超过相关工具的剩余期限。

表 2　风险因子的流动性期限

风险因子类别	n	风险因子类别	n
利率：指定货币——欧元、美元、英镑、澳大利亚元、日元、瑞典克朗、加拿大元和银行本币	10	股权价格（小盘股）：波动率	60

续表

风险因子类别	n	风险因子类别	n
利率：未指定的货币	20	股权：其他类型	60
利率：波动率	60	汇率：指定货币对[1]	10
利率：其他类型	60	汇率：货币对	20
信用利差：主权（投资级）	20	汇率：波动率	40
信用利差：主权（高收益率）	40	汇率：其他类型	40
信用利差：公司（报资级）	40	能源和碳排放交易价格	20
信用利差：公司（高收益率）	60	贵金属和有色金属价格	20
信用利差：波动率	120	其他商品价格	60
信用利差：其他类型	120	能源和碳排放交易价格：波动率	60
股权价格（大盘股）	10	贵金属和有色金属价格：波动率	60
股权价格（小盘股）	20	其他商品价格：波动率	120
股权价格（大盘股）：波动率	20	商品：其他类型	120

常见问题

问题 1. 请阐述股息风险因子和股权回购风险因子的流动性期限。

对于大盘股股权回购和股息风险因子，流动性期限为 20 天。所有其他股权回购和股息风险因子，流动性期限均为 60 天。

问题 2. 对于单一货币和交叉货币的基差风险，指定利率货币和未指定货币是否应分别适用 10 天和 20 天的流动性期限标准？

是。

问题 3. 通胀风险因子应分配到哪个流动性期限？通胀风险因子的期限应与利率保持一致吗？

通胀风险因子的流动性期限应与给定货币的利率风险因子的流动性期限一致。

问题 4. 银行如何处理在流动性期限之前到期的［MAR33. 12］规定的各风险因子？

如果工具的剩余期限短于［MAR33. 12］规定的风险因子的相应流动性期限，

1　USD／EUR、USD／JPY、USD／GBP、USD／AUD、USD／CAD、USD／CHF、USD／MXN、USD／CNY、USD／NZD、USD／RUB、USD／HKD、USD／SGD、USD／TRY、USD／KRW、USD／SEK、USD／ZAR、USD／INR、USD／NOK、USD／BRL、EUR／JPY、EUR／GBP、EUR／CHF、JPY／AUD。形成这些指定货币对的一阶交叉货币对也受制于同样的流动性期限。

则必须把下一个更长的流动性期限长度（如本段所述的10天、20天、40天、60天或120天的长度），与工具本身的到期期限相比较。例如，虽然利率波动率的流动性期限标准规定为60天，但如果工具在30天内到期，则该工具的利率波动率应适用40天的流动性期限。

问题5. 多行业信用和股权指数（涉及不同的风险因子类别）应对应到哪个流动性期限标准？

确定多行业信用和股权指数的流动性期限，必须使用相关底层工具的流动性期限。该指数的加权平均流动性期限必须由每个工具的流动性期限乘以其在该指数中的权重（构建指数的权重），并全部加总计算得到。该指数的流动性期限是在等于或大于加权平均流动性期限的范围内，选择最短的流动性期限（天数为10天、20天、40天、60天或120天）。例如，如果加权平均流动性期限为12天，则指数的流动性期限为20天。

可建模风险因子的资本要求计算

33.13 银行内部的全行层面预期尾部损失模型必须包含所有使用内部模型法的交易台的可建模风险因子。银行必须在全行层面上使用内部模型计算资本要求［*IMCC*（*C*）］，不考虑对跨风险类别相关性的监管约束。

常见问题

问题1. 如果某些风险或风险因子未通过模型合格性测试，银行是否可被允许不使用预期尾部损失或压力预期尾部损失（SES）（视情况而定）计算这些风险或风险因子的资本？

银行根据内部模型法设计自己的模型。因此，只要银行管理层不认为这些风险因子必须纳入预期尾部损失或压力预期尾部损失资本计量范围，就可以在内部模型法中排除这些风险因子。然而，至少［MAR31.1］至［MAR31.11］定义的风险因子需要涵盖在内部模型法中。如果该风险因子不纳入预期尾部损失或压力预期尾部损失计量资本，则它也应被排除在风险理论损益的计算之外。

33.14 银行必须为各监管风险类别（一般利率风险、股权风险、汇率风险、商品风险和信用利差风险）计算一系列成分预期尾部损失资本要求（所有其他风险因子必须保持一致）。这些不可分散（受限制）的成分预期尾部损失值［*IMCC*（C_i）］应相加，得到汇总的风险预期尾部损失资本要求。

33.15 可建模风险因子的总资本要求（*IMCC*），根据受限制和不受限制的预期尾部损失资本要求的加权平均值计算，公式如下：

$$IMCC = \rho[IMCC(C)] + (1-\rho)\left[\sum_{i=1}^{B} IMCC(C_i)\right]$$

$$其中, IMCC(C) = ES_{R,S}\frac{ES_{F,C}}{ES_{R,C}}, IMCC(C_i) = ES_{R,S,i}\frac{ES_{F,C,i}}{ES_{R,C,i}}$$

其中：

（1）计算风险类别层面的 $ES_{R,S,i}$ 中使用的压力情景应与用于计算整个投资组合的 $ES_{R,S}$ 的压力情景相同。

（2）*Rho*（ρ）是分配给银行内部模型的相对权重。ρ 的值是 0.5。

（3）*B* 代表［MAR33.14］中规定的监管风险类别。

常见问题

问题 1. 计算可建模风险因子的总资本要求（内部模型法资本要求）时，如果每个预期尾部损失指标都需要每天计算，每日需要计算预期尾部损失多达 63 次。是否允许每周计算预期尾部损失指标，还是必须每天计算？

根据［MAR33.15］规定的公式，$\rho[IMCC(C)] + (1-\rho)\left[\sum_{i=1}^{B} IMCC(C_i)\right]$，可被改写为 $\rho[IMCC(C)] + (1-\rho)\frac{\left[\sum_{i=1}^{B} IMCC(C_i)\right]}{[IMCC(C)]}[IMCC(C)]$，$[IMCC(C)] = ES_{R,S}\frac{ES_{F,C}}{ES_{R,C}}$。虽然 $ES_{R,S}$、$ES_{F,C}$ 和 $ES_{R,C}$ 必须每天计算，但不可分散化 *IMCC*（*C*）与可分散化 *IMCC*（*C*）的比率，$\frac{\left[\sum_{i=1}^{B} IMCC(C_i)\right]}{[IMCC(C)]}$，通常是可以每周计算的。

通过将 ω 定义为 $\omega = \rho + (1-\rho)\frac{\left[\sum_{i=1}^{B} IMCC(C_i)\right]}{[IMCC(C)]}$，*IMCC* 计算公式可以重新改写为：$IMCC = \omega \times [IMCC(C)]$，其中 *IMCC*（*C*）每天计算，乘数 ω 每周更新一次。

银行必须有制度和控制措施，确保与每日计算相比，每周计算“不可分散化 *IMCC*（*C*）与可分散化的 *IMCC*（*C*）比率”不会导致系统低估风险。银行必须能够根据监管要求随时转为每日计算。

不可建模风险因子的资本要求计算

33.16 每个不可建模风险因子的资本要求应使用压力情景确定，该压力情景应校准为至少与用于可建模风险因子预期尾部损失的压力情景一样审慎（校准到压力情景内 97.5% 置信区间的损失）。在确定压力情景方面，对于相同风险类别中的全部不可建模风险因子，银行必须为它们确定同一个 12 个月压力情景。经监管机构批准，银行可以为归属于曲线、曲面或立方体的风险因子（属于同一组的所有不可建模风险因子的单一压力情景资本要求）在分组层面（bucket level）计算压力情景下的资本要求。（与银行用于检验可建模性的分组相同，参见［MAR31.16］）

（1）每个不可建模风险因子在压力情景中的流动性期限必须是［MAR33.12］分配给该风险因子的流动性期限和 20 天中的较大者。监管机构可要求更高的流动性期限。

（2）银行可以为特定信用利差风险中的不可建模风险因子使用共同的 12 个月压力情景。同样，对于由现货、期货和远期价格、股权回购利率、股息和波动性引起的特定股权风险中的不可建模风险因子，银行可以分配共同的 12 个月压力情景。此外，如果银行能向监管机构证明合理性，则在汇总收益和损失时可以使用零相关假设。[2] 其他非特定不可建模风险因子之间的相关性或分散化效应可通过［MAR33.17］中的公式得到确认。

（3）如果银行无法提供监管机构认可的压力情景，银行将必须使用最大可能的损失作为压力情景。

33.17 总监管资本分为三个部分：I（已证明适合于零相关性加总的不可建模特定信用利差风险因子）、J（已证明适合于零相关性加总的不可建模特定股权风险因子）和 K（可建模交易台中的不可建模风险因子），其计算方法如下：

$$SES = \sqrt{\sum_{i=1}^{I} ISES_{NM,i}^{2}} + \sqrt{\sum_{J=1}^{J} ISES_{NM,j}^{2}} + \sqrt{\left(\rho \times \sum_{k=1}^{K} SES_{NM,k}\right)^{2} + (1-\rho^{2}) \times \sum_{k=1}^{K} SES_{NM,k}^{2}}$$

（1）$ISES_{NM,i}$ 是风险因子 I 中不可建模特定信用利差风险因子 i 在压力情景下

2　测试通常基于面板回归的残差开展，其中因变量是发行者信用利差的变化，而自变量可以是某市场因素或某行业或地区的虚拟变量的变化。前提假设是，用于估计模型的发行主体可恰当地代表组合中的发行主体，并且特定残差部分能够捕捉多因子发行主体基差。如果模型缺少系统性解释因子或数据遭受测量误差，那么残差将表现出异方差性（可以通过怀特检验、布罗施・培甘检验等方式）或序列相关性（可以用杜宾・瓦特森检验、拉格朗日乘数（LM）检验等方式）和（或）跨类别相关性（聚类）。

以零相关性加总的资本要求；

（2）$ISES_{NM,j}$ 是风险因子 J 中不可建模特定股权风险因子 j 在压力情景下以零相关性加总的资本要求；

（3）$SES_{NM,k}$ 是风险因子 K 中的不可建模风险因子 k 在压力情景下的资本要求；

（4）pho（p）等于0.6。

违约风险的资本要求计算

33.18 银行必须有一个单独的内部模型来衡量交易账簿头寸的违约风险。[MAR30.1] 至 [MAR30.4] 的一般标准和 [MAR30.5] 至 [MAR30.16] 的定性标准也适用于违约风险模型。

33.19 违约风险是指由于债务人违约而导致直接损失的风险，以及违约事件可能导致的潜在非直接损失的风险。

33.20 必须使用在险值模型来衡量违约风险。

（1）银行必须使用具有两类系统性风险因子的违约模拟模型。

（2）违约相关性必须基于信用利差或上市股权价格。相关性必须基于包含 [MAR33.5] 中定义的压力情景在内的10年数据，并基于1年的流动性期限。

（3）银行必须有明确的政策和制度来描述相关性校准过程，重点记录使用信用利差或股权价格的情况。

（4）银行有权自行决定将60天的最低流动性期限应用于计量股权子组合的违约风险资本要求。

（5）在险值必须每周计算一次，并基于1年的持有期、99.99%的单边置信区间。

常见问题

问题1. [MAR33.20] 和 [MAR33.28] 指出必须通过1年的流动性期限来衡量相关性，根据 [MAR33.23]，银行必须假设在1年资本期内的头寸不变。然而，根据 [MAR33.20]，对于股权子组合可适用于60天的最低流动性期限。为了确保一致性，股权子组合的相关性是否应该校准至60天的流动性期限？

在对股权子组合进行单独计算，并且这些交易台主要从事股权风险暴露交易的情况下，允许银行将相关性校准至60天的流动性期限。如果是同时拥有股权和债券的风险暴露，需要联合计算股权和债券的违约风险，相关性需要校准至1年的流动性期限。

在这种情况下，允许银行对股权持续使用60天的违约概率，对债券使用1年期的违约概率。

问题 2. ［MAR33.20］（2）指出：“违约相关性必须基于信用利差或上市股权价格。”银行是否也允许使用除了股权价格外的数据（如评级时间序列），以纠正在股权数据中观察到的相关性偏差？

只允许使用信用利差或上市股权价格，不允许使用其他数据（如评级时间序列）。

问题 3. ［MAR33.20］（1）规定银行使用的违约模拟模型必须包含两种类型的系统性风险因子。为了满足这个条件，模型是否应该含有两个与系统性风险因子相对应的随机变量？

是的。违约风险资本模型中的系统风险必须通过两种不同类型的多系统性因子来计算。决定债务人是否违约的随机变量，必须是与债务人相关的两种类型系统性因子和一个特定因子的函数。例如，在 Merton 模型中，当资产收益率 X_i 低于决定债务人违约概率的特定阈值时，则债务人 i 违约。系统性风险可以通过 M 个系统性区域因子 $Y_j^{region}(j = 1,\cdots,M)$ 和 N 个系统性行业因子 $Y_j^{industry}(j = 1,\cdots,N)$ 来描述。对于每个债务人 i 来说，用区域因子载荷量 $\beta_{i,j}^{region}$ 和行业因子载荷量 $\beta_{i,j}^{industry}$ 来描述债务人资产收益相对于每个可选择的系统性因子的敏感度。区域类型必须至少有一个非零因子载荷量，行业类型也必须至少有一个非零因子载荷量。债务人 i 的资产收益率可以表示为

$$X_i = \sum_{j=1}^{M} \beta_{i,j}^{region} \cdot Y_j^{region} + \sum_{j=1}^{N} \beta_{i,j}^{industry} \cdot Y_j^{industry} + \gamma_i \cdot \varepsilon_i$$

其中，ε_i 是特定风险因子，γ_i 是特定因子载荷量。

问题 4. 是否允许将 60 天的流动性期限用于所有股权头寸？是否允许银行在适当的情况下使用更长的流动性期限，例如为对冲混合风险时持有股权（如可转债）？

是的，允许银行对所有股权头寸使用 60 天的流动性期限，但是允许在适当情况下使用更长的流动性期限。

33.21 如［MAR33.19］所定义的，除了那些使用标准法计量的头寸外，所有含违约风险的头寸，都应使用违约风险资本模型计量市场风险资本。

（1）模型中必须包含主权风险暴露（包括以主权国货币计价的）、股权头寸和已违约债务头寸。

（2）对于股权头寸，发行人违约意味着股权价格下降至零。

33.22 违约风险资本模型的资本要求是以下两者的较大者：

（1）过去 12 周内违约风险资本模型结果的平均值；

（2）最新一次的违约风险资本模型结果。

33.23 银行必须假设在1年内持有的头寸不变，或者60天内持有的特定股权子组合头寸不变。

常见问题

问题1. ［MAR33.20］和［MAR33.28］指出必须通过1年的流动性期限来衡量相关性，［MAR33.23］指出银行必须假设在1年资本期内头寸不变。然而，根据［MAR33.20］，对于股权子组合可以适用60天的最低流动性期限。那么，为确保一致性，股权子组合的相关性是否应校准至60天的流动性期限？

在对股权子组合进行单独计算，并且这些交易台主要是开展股权头寸交易的情况下，允许银行使用60天的流动性期限来校准相关性。如果是同时拥有股权和债券的风险暴露，需要联合计算股权和债券的违约风险，相关性需要校准至1年的流动性期限。

在这种情况下，允许银行对股权持续使用60天的违约概率，对债券使用1年期的违约概率。

问题2. ［MAR33.23］指出，银行必须在所选择的流动性期限内保持头寸恒定。但是，［MAR33.28］规定银行必须反映头寸和其对冲工具间的重大错配。那么对于到期日不到1年的证券，这两段话意思是否一致？

恒定头寸的概念在市场风险框架中发生了变化，因为现在资本期限的意思始终与流动性期限的定义相同。在资本期限内，当头寸到期时，不会增加新的头寸。在流动性期限内，对于到期时间少于1年的证券，可以保持头寸不变，但就像巴塞尔协议2.5增量风险那样，当流动性期限内的恒定头寸无法在合同中得到保证时，必须考虑任何多头或空头头寸的到期日。

33.24 必须为每个债务人计量违约风险。

（1）在市场价格中隐含的违约概率是不可接受的，除非该违约概率经过修正以获得客观的违约概率。[3]

（2）违约概率的底线为0.03%。

33.25 银行模型可能反映了同一债务人的多头和空头风险暴露净额。如果同一债务人的此类风险暴露跨越不同的工具，则净额结算时必须考虑到不同工具的不同损失（例如优先级的差异）。

33.26 必须准确地对不同债务人的多头和空头头寸之间的基差风险进行建模。对违约风险进行建模时，必须包含对不同债务人多头和空头头寸的违约风险

[3] 市场隐含的违约概率是不可接受的。

进行抵销的潜在影响。除［MAR33.25］中所述之外，不允许在数据输入模型之前就对头寸进行预轧差。

33.27 违约风险资本模型必须识别债务人之间违约的相关性影响，包括压力情景的相关性影响，如下所述：

（1）相关性必须基于客观数据，而不能以投机的方式选择将较高的相关性用于具有多头和空头混合头寸的投资组合，将较低的相关性用于仅有多头风险暴露的投资组合。

（2）银行必须验证相关性的建模方法符合其投资组合，包括系统性风险因子的选择和权重。银行必须记录建模方法和用于校准模型的时间段。

（3）相关性必须通过一年的流动性期限进行计量。

（4）相关性必须至少用10年的时间段来校准。

（5）在识别相关性时，银行必须反映所有重大基差风险，包括到期日不匹配、内部或外部评级、年份等。

常见问题

问题1.［MAR33.20］和［MAR33.28］指出必须通过1年的流动性期限来衡量相关性，［MAR33.23］指出银行必须假设在1年资本期内头寸不变。然而，根据［MAR33.20］，对于股权子组合可以适用60天的最低流动性期限。那么为确保一致性，股权子组合的相关性是否应校准至60天的流动性期限？

在对股权子组合进行单独计算，并且这些交易台主要是开展股权风险暴露交易的情况下，允许银行使用60天的流动性期限来校准相关性。如果是同时拥有股权和债券的风险暴露，需要联合计算股权和债券的违约风险，相关性需要校准至1年的流动性期限。

在这种情况下，允许银行对股权持续使用60天的违约概率，对债券使用1年期的违约概率。

问题2.［MAR33.23］指出，银行必须在所选择的流动性期限内保持头寸恒定。但是，［MAR33.28］规定银行必须反映头寸和其对冲工具间的重大错配。那么对于到期日不到1年的证券，这两段话意思是否一致？

恒定头寸的概念在市场风险框架中发生了变化，因为现在资本期限的意思始终与流动性期限的定义相同。在资本期限内，当头寸到期时，不会增加新的头寸。在流动性期限内，对于到期时间少于1年的证券，可以保持头寸恒定，但就像巴塞尔协议2.5增量风险那样，当流动性期限内的恒定头寸无法在合同中得到保证时，必须考虑任何多头或空头头寸的到期日。

33.28 银行模型必须反映头寸与其对冲工具之间的任何重大错配。对于一年资本期限内的违约风险，模型必须考虑违约发生的时间，以反映不到一年到期的多头和空头头寸期限错配产生的风险。

33.29 银行模型必须反映发行人和市场集中度的影响，以及在压力条件下某类产品内或跨产品类别间可能出现的集中度问题。

33.30 银行必须为受模型影响的每个头寸，计算相对于当前估值的增量损失金额，纳入违约风险资本模型。在该头寸所属的债务人违约时，银行将会承担这部分损失。

33.31 损失估计值必须反映经济周期。例如，该模型必须考虑回收对系统性风险因子的依赖性。

33.32 银行模型必须反映期权的非线性影响和其他含有重大非线性性质的头寸对违约的重大影响。对于具有多个基础资产的股权衍生品头寸，可以应用简化（由监管机构批准）的建模方法（例如，仅依赖个别突发违约风险敏感度，来估算多个基础资产违约时的损失的建模方法）。

常见问题

问题 1. ［MAR33.32］表明银行可以对具有多个基础资产的股权衍生品头寸使用简化的建模方法。是否可以将类似的简化方法用于具有多个基础资产的非相关交易组合的信用衍生品头寸？

不能，只有股权衍生品可以使用简化方法。

33.33 违约风险必须从违约产生的增量损失的角度进行评估，即仅涉及超过当前估值中已经考虑的盯市损失以外的部分。

33.34 由于违约风险资本要求的高置信度区间标准和长资本期限，不可能直接通过99.9%/一年的标准返回检验方法对违约风险资本模型进行可靠的验证。

（1）因此，对违约风险资本模型的验证必须更多地依赖间接方法，包括但不限于压力测试、敏感性分析和情景分析，以评估其定性和定量方面的合理性，特别是模型对于集中度的处理。

（2）鉴于违约风险资本体质健全标准的性质，此类测试不得限于历史真实事件范围。

（3）违约风险资本模型验证是一个持续的过程，由监管机构和银行共同确定应采用的具体验证流程。

33.35 银行应努力制定相关的内部建模基准，以整体评估其违约风险资本模型的准确性。

33.36 由于信用利差和违约风险之间的独特关系，每个包含信用利差风险和违约风险的交易台都必须得到监管批准才能使用内部模型法计量。未获得批准的交易台不符合内部模型法标准，需采用标准法计量资本。

33.37 如果银行内部评级法中的违约概率估值已获得批准，则必须使用此数据。如果此类估值不存在，或者监管机构认为其不够可靠，则必须使用与内部评级法一致的方法来计算违约概率，并满足以下条件。

（1）风险中性违约概率不应用作观测到的（历史）违约概率的估值。

（2）违约概率必须根据历史违约数据进行计量，包括正式违约事件和相当于违约损失的价格下降。可能的话，这些数据应基于一个完整经济周期内的公开交易证券。用于校准的最小历史观察期为 5 年。

（3）违约概率必须根据一年内违约频率的历史数据进行估算。违约概率也可以在一定理论基础上计算（如几何缩放），前提是银行能够证明这种理论推导符合历史违约经验。

（4）银行可以使用外部来源提供的违约概率，前提是这些数据可以被证明与银行的投资组合相关。

33.38 如果银行内部评级法中的违约损失率[4]估值已获得批准，则必须使用此数据。如果此类估值不存在，或者银行的监管机构认为其不够可靠，则必须使用与内部评级法一致的方法来计算违约损失率，并满足以下条件。

（1）违约损失率必须从市场角度确定，以头寸的当前市场价值减去违约后该头寸的预期市场价值进行计算。违约损失率应反映该头寸的类型和优先级，且不得低于零。

（2）违约损失率必须基于历史数据量，以得出审慎且准确的估值。

（3）银行可以使用外部数据提供的违约损失率，前提是这些数据可以被证明与银行的投资组合相关。

33.39 银行必须建立一个违约概率和违约损失率数据来源优先级的排名表，以避免对参数的挑选。

不符合建模条件的交易台的资本要求计算

33.40 内部模型法审批范围外的交易台，或者被认定为不符合使用内部模型要求的交易台，其相关的监管资本要求（Cu），应通过标准法来计算所有此类风险。

---

4 此处违约损失率应解释为：1 – 回收率。

资本要求的汇总计算

33.41 已通过内部模型法审批的交易台（通过返回检验，并且如［MAR32.43］至［MAR32.45］所描述的，被分配到损益归因测试绿色或黄色区域的交易台）的总资本要求（不含违约风险资本），等于“最近观测值”和“前60天的加权平均值乘以倍数因子”两者间的较大值，计算公式如下：

$$C_A = \max\{IMCC_{t-1} + SES_{t-1}; m_c \cdot IMCC_{avg} + SES_{avg}\}$$

其中，压力预期尾部损失计量的是可建模交易台中不可建模风险因子的总监管资本。

33.42 倍数因子（m_c）为固定值1.5，除非监管机构基于以下因素考虑而增设定性附加因子和（或）返回检验附加因子。

（1）银行必须在倍数因子之上，增加直接关系到模型事前事后表现的附加因子，即引入内生的正向激励来维持模型的预测质量。

（2）返回检验附加因子的取值，基于当前对全套风险因子在99%置信区间下的每日在险值返回检验结果（VaR_{FC}）确定，该附加因子的范围为0~0.5。

（3）如果返回检验结果令人满意，且银行符合［MAR30.5］至［MAR30.16］规定的所有定性标准，则该附加因子可以为零。［MAR32］详细介绍了返回检验和附加因子计算的方法。

（4）返回检验附加因子基于最大突破值确定，而最大突破值是根据返回检验中实际损益和假设损益的结果产生，参见［MAR32］。

33.43 市场风险的总资本要求（ACR_{total}）等于已审批的符合内部模型法条件的交易台的总资本要求（$IMA_{G,A} = C_A + DRC$），加上在审批范围外或被认为没有资格使用内部模型法的交易台按标准法计算的资本要求 Cu。如果至少有一个符合条件的交易台落入损益归因测试黄色区域，则会施加一个资本附加。资本附加的影响受以下公式限制：

$$ACR_{total} = \min\{IMA_{G,A} + Capital\ surcharge + C_U; SA_{all\ desk}\} + \max\{0; IMA_{G,A} - SA_{G,A}\}$$

33.44 为了计算资本要求，风险因子合格性测试、损益归因测试和交易台层面的返回检验应每季度开展一次，以更新风险因子的可建模性以及交易台损益归因测试分类（绿色区域、黄色区域或红色区域）。此外，压力情景和简化的风险因子组（$E_{R,C}$ 和 $E_{R,S}$）也必须每季度更新一次。执行测试、更新压力情景以及选择简化的风险因子组的参考日期应该保持一致。银行在计算资本要求时，必须及时反映对压力情景、简化的风险因子组以及测试结果的更新。过去60天（*IMCC*，*SES*）或者每12周（*DRC*）的平均值，只需在季度末计算资本要求时计算。

33.45 资本附加的计算方法是标准法总资本要求（$SA_{G,A}$）与内部模型法总资本要求（$IMA_{G,A} = C_A + DRC$）之间的差，乘以系数 k。为计算汇总资本要求，损益归因测试绿色或黄色区域内所有交易头寸均需考虑在内。资本附加最低为零。如下面的公式所示：

$$资本附加值 = k \cdot \max\{0, SA_{G,A} - IMA_{G,A}\}$$

（1）$k = 0.5 \times \frac{\sum_{i \in A} SA_i}{\sum_{i \in G,A} SA_i}$；

（2）SA_i 表示交易台 i 的所有头寸按标准法计算的资本要求；

（3）$i \in A$ 表示所有落入黄色区域的已批准的交易台集合；

（4）$i \in G$，A 表示所有落入绿色区域和黄色区域的已批准的交易台集合。

33.46 内部模型法下市场风险加权资产是通过将本章规定的资本要求乘以12.5来确定的。

简化标准法

本章（MAR40）阐述计算市场风险加权资产的简化标准法。

风险加权资产和资本要求

40.1 在简化标准法下，市场风险加权资产为按照本章有关方法计算得出的资本要求乘以12.5。

（1）[MAR40.3] 至 [MAR40.73] 分别说明了与利率风险、股权风险、汇率风险和商品风险有关的内容。

（2）[MAR40.74] 至 [MAR40.86] 说明了用于计算各类期权价格风险的多种可行方法。

（3）简化标准法下的资本要求为根据 [MAR40.2] 至 [MAR40.86] 计算得出的风险资本要求的算术和。

40.2 根据四种不同的风险类别（利率风险、股权风险、汇率风险和商品风险）对资本要求进行相应的调整，将其简单加总后即为简化标准法下的资本要求。具体的调整公式如下：

资本要求 $= CR_{IRR} \times SF_{IRR} + CR_{EQ} \times SF_{EQ} + CR_{FX} \times SF_{FX} + CR_{COMM} \times SF_{COMM}$

（1）CR_{IRR} = 根据 [MAR40.3] 至 [MAR40.40]（利率风险部分）计算的资本要求，加上根据 [MAR40.74] 至 [MAR40.86]（期权部分）计算的与债权工具相关的期权风险（得尔塔风险除外）的额外资本要求；

（2）CR_{EQ} = 根据 [MAR40.41] 至 [MAR40.52]（股权风险部分）计算的资本要求，加上根据 [MAR40.74] 至 [MAR40.86]（期权部分）计算的与股权工具相关的期权风险（得尔塔风险除外）的额外资本要求；

（3）CR_{FX} = 根据 [MAR40.53] 至 [MAR40.62]（汇率风险部分）计算的资本要求，加上根据 [MAR40.74] 至 [MAR40.86]（期权部分）计算的与汇率交易工具相关的期权风险（得尔塔风险除外）的额外资本要求；

（4）CR_{COMM} = 根据 [MAR40.63] 至 [MAR40.73]（商品风险部分）计算的资本要求，加上根据 [MAR40.74] 至 [MAR40.86]（期权部分）计算的与商品工具相关的期权风险（得尔塔风险除外）的额外资本要求；

（5）SF_{IRR} = 调整系数 1.3；
（6）SF_{EQ} = 调整系数 3.5；
（7）SF_{COMM} = 调整系数 1.9；
（8）SF_{FX} = 调整系数 1.2。

利率风险

40.3 本部分阐述计量交易账簿中持有或投资债券以及其他与利率相关的工具所产生的风险的简化标准法。本部分涵盖的工具包括所有固定利率债券、浮动利率债券以及其他与固定利率和浮动利率债券相似的工具，包括不可转换的优先股[1]。可转债（可按照一个确定的价格转换为发行人普通股的债务或优先股）将根据其在交易时的特性来决定其具体计量方式。如果其是按照债券来交易的，则按照债券计量；如果按照股权类工具来交易的，则按照股权计量。对于衍生产品的处理方式，请参照［MAR40.31］至［MAR40.40］。

40.4 最低资本要求由两个独立计量的部分组成：一是每种证券的特定风险部分，无论是空头还是多头；二是整个投资组合的利率风险（一般市场风险），在计量时不同证券或工具的空头和多头可以抵销。

特定风险

40.5 特定风险的资本要求是用于防范某个特定发行人相关的因素导致的单个证券价格的不利变动造成的风险。在计量特定风险时，抵销仅适用于同一证券相匹配的风险暴露（包括衍生产品的风险暴露）。对同一发行人发行的不同证券，不允许进行抵销，因为不同证券之间票面利率、流动性、可赎回特征以及其他要素的不同，可能导致其价格在短期内存在明显差异。

常见问题

问题 1. 对于需要计量利率特定风险的交易账簿头寸，如果要抵销以得出净多头或者净空头，需要满足什么条件？上述规则只考虑完全对冲的情形吗？对相关性交易应用简化标准法时，是否允许在结构化产品的资本计算中对现金和合成的

1　抵押贷款证券及其相关衍生产品，因其具备提前还款风险，故有其特殊性。因此，目前对上述证券没有通用的处理方法，各国可以根据实际情况具体分析。如果某个证券是回购或证券租赁合同为标的，那么该证券仍将被视为被出借方所持有，即对上述证券的处理方式与其他证券无异，不做特殊处理。

证券化进行抵销？

在计量利率特定风险时，抵销仅适用于少数在［MAR40.5］中描述的特定情形，即“抵销仅能用于对同一只证券相匹配的风险暴露（包括衍生产品风险暴露）。对同一发行人发行的不同证券，不允许进行抵销，因为不同债券之间票面利率、流动性、可赎回特征以及其他要素的不同，可能导致其价格在短期内存在明显的差异。”

此外，对于以下两类情形，也允许部分抵销：一类是在［MAR40.21］中说明的情况，包括有关第 N 个信用违约互换篮子产品的情形；另一类是在［MAR40.16］至［MAR40.18］中所描述的与信用衍生品（总收益互换或信用违约互换）和其对应标的风险暴露（现货头寸）有关的情形。虽然上述处理方式通常适用于一对一情形，但多个工具可以组合起来形成一个满足部分抵销适用情形的对冲组合，此种情形可以适用部分抵销。监管机构应认识到，在上述多个工具组合的情形下，在实践中是很难达到可以进行部分抵销所要求的必要条件的（如组合两端的价值朝着相反方向变动、信用衍生品的关键合同特征、相同参考债务和货币/期限错配）。

40.6 对政府类和其他类发行人的特定风险资本要求，详见表1。

表1 发行人特定风险的资本计提比率对应表（政府和其他类）

类别	发行主体外部信用评级	特定风险资本计提比率
政府类	AAA 级至 AA－级	0
	A＋级至 BBB－级	0.25%（距最终到期日的剩余期限小于或等于6个月）
		1.00%（距最终到期日的剩余期限大于6个月，且小于或等于24个月）
		1.60%（距最终到期日的剩余期限大于24个月）
	BB＋级至 B－级	8.00%
	B－级以下	12.00%
	无评级	8.00%
合格类		0.25%（距最终到期日的剩余期限小于或等于6个月）
		1.00%（距最终到期日的剩余期限大于6个月，小于等于24个月）
		1.60%（距最终到期日的剩余期限大于24个月）
其他类	BB＋级至 BB－级	8.00%
	BB－级以下	12.00%
	无评级	8.00%

40.7 政府类包括所有形式的政府债务凭证[2]，如国债、国库券和其他短期融资工具，但是监管机构有权为某些特定外国政府发行的债券指定特定风险资本要求，特别是当这些债券的计价货币不是发行国本国货币时。

40.8 如果政府债务凭证以本国货币发行，并且银行用同样币种的货币提供融资时，各国可根据实际情况自行决定是否适当降低特定风险资本要求。

40.9 合格类包括由公共部门实体和多边开发银行发行的证券，以及以下三类证券：

（1）被至少两家由监管机构认定的评级机构评级为投资级（IG）[3]。

（2）被一家评级机构评为投资级，同时在另一家监管机构认定的评级机构（由监管机构监督）的评级结果不低于投资级。

（3）由监管机构批准，尽管无评级，但该债券被报告银行认为可对标投资级证券，并且发行人有证券在公认的股票交易所上市。

40.10 监管机构需要负责对是否适用上述分类标准监督，特别是当报告银行使用最后一条标准对证券进行归类时，因为在这种情况下，最初的分类实质由报告银行进行。监管机构也有权将已应用本资本框架的国内银行发行的债券纳入合格类，但须明确若该银行没有达到本框架要求的资本标准，银行所在国的监管机构会采取必要的补救措施。类似地，监管机构也有权决定是否将适用于上述同样规则的证券公司发行的债券归类为合格类。

40.11 另外，合格类应包括与投资级相同性质的机构发行的证券，在本框架下该证券应该受到与获得投资评级的证券相同的监管。

40.12 未评级证券可被归为合格类，但须监管机构批准，报告银行认定该证券具备与投资级证券相当的性质，且发行人有证券在公认的股票交易所上市。上述要求适用于使用简化标准法的银行。对于银行使用内部评级法计量的投资组合，未评级证券如果同时满足以下两个条件，也可以被归到合格类：

（1）证券在该银行的内部评级体系中被评为等同[4]于投资级，且监管机构认可该行的内部评级体系满足内部评级法要求；

（2）发行人在公认的股票交易所发行证券。

40.13 但是，由于在某些特定情况下，上述处理可能会导致低估那些相对于

---

2 根据各国实际情况，此处政府包括所有信用风险框架中信用风险权重为零的地方和区域性政府。

3 例如，投资级包括穆迪评级在 Baa 级及以上的级别，以及标准普尔评级在 BBB 级及以上的级别。

4 等同意味着债券的一年期违约概率等于或者小于由被合格评级机构评为投资级以上的债券的长期平均一年期违约概率推导得出的一年期违约概率。

政府债券而言具有高收益率的债券的风险，各个国家的监管机构可以酌情考虑：

（1）对上述工具应用更高的特定风险资本要求；

（2）在确定一般市场风险水平时，不允许该金融工具和其他债券工具之间的抵销。

40.14 巴塞尔委员会另一份出版物《资产证券化修订框架》定义了证券化头寸。对于在交易账簿中的上述证券化头寸的特定风险资本要求，应采用银行账簿中相同证券化头寸的计算方法来计算，具体方法请参照上述资产证券化修订框架。银行应当将每一个净证券化头寸，按照假设其在银行账簿计算得出的风险权重除以12.5来计算特定风险资本要求。

40.15 对某一信用衍生品或者证券化工具的单一头寸，银行可以将其资本要求限定在最大可能损失。对于一个空头头寸，上述限定可以通过当基础资产突然变成无违约风险的资产时，实际头寸的价值变动计算得出。对于一个多头头寸，最大可能损失可以通过当基础资产发生全额违约损失时对应头寸的价值变动来计算。最大可能损失必须对每一个头寸分别计算。

常见问题

问题1. 如果一家银行就其持有的资产支持证券分层级购买了信用担保，由于抵销规则，该银行可被认为有一个净空头头寸，对此净空头头寸通常使用最大可能损失来确定简化标准法下的资本要求。当该资产支持证券分层级的基础资产被大幅降级且进行了账面减值时尤其如此。特别地，当银行发现资产支持证券基础资产持续恶化时，整体的资本要求将持续增加，具体资本要求主要由该对冲头寸的空头方成本决定。

下面通过几个示例（包括有抵销和无抵销情形）来说明最大损失原则是如何应用的。

不做抵销处理的最大损失：

假设某家银行对于类似但不相同的基础资产具有净多头和净空头头寸。例如，这家银行持有评级为A的住房贷款抵押证券（RMBS）夹层档（名义本金为100美元），同时购买了一份信用违约互换，其基础资产是一个类似但不同的、评级为A的住房贷款抵押证券夹层档（名义本金也是100美元）。

假设该银行持有的上述住房贷款抵押证券夹层档现在评级为C，价格变为15美元。另外假设标的物是另一个住房贷款抵押证券的信用违约互换现在的价格是80美元。进一步假设信用违约互换基础资产住房贷款抵押证券现在的价格是20美元，且评级也为C。最后假设信用违约互换基础资产住房贷款抵押证券夹层档未预期地可以全额回收且无违约风险，那么信用违约互换的价格将变为-2美元。

正确的计算方法如下：min（15 美元，15 美元）（多头端）+min（20 美元，82 美元）（空头端）=35 美元。

在这个例子中，抵销是不被允许的，因为基础资产的风险并没有被对冲。因此，在计算资本要求时，应分别加总多头和空头。最大损失原则应对每个头寸单独应用。

做抵销处理的最大损失：

假设某家银行将评级为 A 的住房贷款抵押证券夹层档用对应该资产的信用违约互换来对冲，名义本金均为 100 美元。假设该银行持有的上述住房贷款抵押证券夹层档现在评级为 C，价格变为 15 美元，信用违约互换价格为 85 美元。假设该住房贷款抵押证券份额未预期地可以全额回收并且无违约风险，那么信用违约互换的价格将变为 -2 美元。

此例中，如果信用违约互换跟住房贷款抵押证券的期限能完全匹配，那么就可能可以抵销。在这个例子中，资本要求等于 20% ×max［min（15 美元，15 美元），min（15 美元，87 美元）］=3 美元。

如果期限不能完全匹配，那么资本要求应为 max［min（15 美元，15 美元），min（15 美元，87 美元）］=15 美元。

请注意：最大损失原则不能用于投资组合层面。

40.16 对于通过信用衍生品对冲的头寸，如果空头和多头的价值总是朝着相反方向变动且变动幅度大体相同，那么对于这样的头寸，可以允许完全抵销。以下情形，对头寸的两端（空头和多头）都无须计算特定风险资本要求：

（1）两端由相同的工具组成；或者

（2）一个多头现货头寸（或信用衍生品）由一个总收益互换来对冲（反之亦然），并且参考债务和基础风险暴露（现货头寸）均完全匹配。[5]

常见问题

问题 1. 根据［MAR40.16］至［MAR40.18］，对一个由信用衍生品对冲的现货头寸，或者由另外一个信用衍生品对冲的信用衍生品，如果参考债务能够完全匹配，那么就可以抵销处理。请举例说明。

［MAR40.16］至［MAR40.18］不仅适用于需要对冲的底层风险暴露是现货头寸的情况，也适用于需要对冲的基础头寸是信用违约互换或者其他信用衍生品的情形，且不论现货头寸或者信用衍生品的参考债务是单一发行人还是证券化风险暴露均适用。

---

5 互换的期限可能与基础风险敞口的期限不同。

例如，当一个多头现货头寸用信用违约互换来对冲时，如果信用违约互换的参考债务就是对冲的现货工具，且二者的币种和剩余期限也都相同（不同），那么［MAR40.17］的80%抵销处理（［MAR40.18］的部分豁免）通常是适用的。类似地，当购买的信用违约互换用卖出信用违约互换来对冲，如果信用违约互换多头和空头有相同的参考债务，币种和剩余期限也相同（不同），那么也可以适用于80%抵销处理（部分豁免处理）。当且仅当工具和用于对冲它的对冲工具之间没有基差风险时，才可以适用全额豁免（100%抵销）。比如，现货头寸用基于该现货的总收益互换来对冲，且二者之间没有币种错配；又比如，用卖出一个信用违约互换来对冲所持有的信用违约互换，两个信用违约互换具有相同的参考债务、币种、期限、合同条款（比如信用支付事件，信用事件发生时交付金额的计算方法等）、固定和可变付款安排等要素。

在［MAR40.5］的常见问题1中已经说明了，在这里再次强调一下：承担利率特定风险的风险头寸适用全额或部分抵销的情形是十分有限的。在实践中，证券化头寸和信用衍生品对冲的情形，在大多数情况下，难以满足［MAR40.16］至［MAR40.18］所规定的有关参考债务的特定要求，因此通常无法适用抵销处理。

40.17 对于通过信用衍生品对冲的头寸，如果两端（空头和多头）的价值总是朝着相反的方向变动，但二者变动幅度不完全相同时可以适用80%抵销。例如，多头现货头寸（或信用衍生品）用信用违约互换或者信用联结票据来对冲（反之亦然），且二者的参考债务、参考债务及信用衍生品的期限、基础资产风险暴露的币种等要素均完全匹配。而且，信用衍生品合同中的关键要素（例如信用事件定义、清算机制）不会导致信用衍生品的价格变动明显偏离现货头寸的价格变动。考虑对冲交易转移了风险（考虑限制性支付条款，例如固定金额支付、实质性阈值等），80%的特定风险抵销可以适用于有更高的资本要求的交易一端；同时，交易另一端的特定风险资本要求为零。

常见问题

问题1. 根据［MAR40.16］至［MAR40.18］，对一个由信用衍生品对冲的现货头寸，或者由另外一个信用衍生品对冲的信用衍生品，如果参考债务能够完全匹配，那么就可以抵销处理。请举例说明。

［MAR40.16］至［MAR40.18］不仅适用于需要对冲的基础风险敞口是现货头寸的情况，也适用于需要对冲的基础头寸是信用违约互换或者其他信用衍生品的情形。且不论现货头寸或者信用衍生品的参考债务是单一发行人还是证券化风险暴露均适用。

例如，当一个多头现货头寸用信用违约互换来对冲时，如果信用违约互换的参考债务就是对冲的现货工具，且二者的币种和剩余期限也都相同（不同），那么［MAR40.17］的80%抵销处理（［MAR40.18］的部分豁免）通常是适用的。类似地，当购买的信用违约互换用卖出信用违约互换来对冲，如果信用违约互换多头和空头有相同的参考债务，币种和剩余期限也相同（不同），那么也可以适用于80%抵销处理（部分豁免处理）。当且仅当工具和用于对冲它的对冲工具之间没有基差风险时，才可以适用全额豁免（100%抵销）。比如，现货头寸用基于该现货的总收益互换来对冲，且二者之间没有币种错配；又比如，用卖出一个信用违约互换来对冲所持有的信用违约互换，两个信用违约互换具有相同的参考债务、币种、期限、合同条款（比如信用支付事件，信用事件发生时交付金额的计算方法等）、固定和可变付款安排等要素。

在［MAR40.5］的常见问题1中已经说明了，在这里再次强调一下：承担利率特定风险的风险头寸适用全额或部分抵销的情形是十分有限的。在实践中，证券化风险暴露和信用衍生品对冲的情形，在大多数情况下，难以满足［MAR40.16］至［MAR40.18］所规定的有关参考债务的特定要求，因此通常无法适用抵销处理。

40.18 部分豁免适用于交易两端（多头和空头）的价值朝着相反方向变动的情形。具体来说，应满足如下条件：

（1）该头寸满足［MAR40.16］（2），但参考债务和基础风险暴露之间存在资产不匹配。但该头寸仍满足［CRE 22.86］的要求。

（2）该头寸满足［MAR40.16］（1）或［MAR40.17］，但信用担保和基础资产之间存在币种错配[6]或期限错配。

（3）该头寸满足［MAR40.17］，但现货头寸（或信用衍生品）和用于对冲的信用衍生品之间存在资产错配。但是，在信用衍生品的合同文件中记载的（可交割）债务中包括上述基础资产。

常见问题

问题1. 根据［MAR40.16］至［MAR40.18］，对一个由信用衍生品对冲的现货头寸，或者由另外一个信用衍生品对冲的信用衍生品，如果参考债务能够完全匹配，那么就可以抵销处理。请举例说明。

［MAR40.16］至［MAR40.18］，不仅适用于需要对冲的基础资产头寸是现货头寸的情况，也适用于需要对冲的基础资产头寸是信用违约互换或者其他信用衍

---

6 币种错配应纳入常规的汇率风险报告。

生品的情形。且不论现货头寸或者信用衍生品的参考债务是单一发行人还是证券化风险暴露均适用。

例如，当一个多头现货头寸用信用违约互换来对冲时，如果信用违约互换的参考债务就是对冲的现货工具，且二者的币种和剩余期限也都相同（不同），那么［MAR40.17］的80%抵销处理（［MAR40.18］的部分豁免）通常是适用的。类似地，当购买的信用违约互换用卖出信用违约互换来对冲，如果信用违约互换多头和空头有相同的参考债务，币种和剩余期限也相同（不同），那么也可以适用于80%抵销处理（部分豁免处理）。当且仅当工具和用于对冲它的对冲工具之间没有基差风险时，才可以适用全额豁免（100%抵销）。比如，现货头寸用基于该现货的总收益互换来对冲，且二者之间没有币种错配；又比如，用卖出一个信用违约互换来对冲所持有的信用违约互换，两个信用违约互换具有相同的参考债务、币种、期限、合同条款（比如信用支付事件，信用事件发生时交付金额的计算方法等）、固定和可变付款安排等要素。

在［MAR40.5］的常见问题1中已经说明了，在这里再次强调一下：承担利率特定风险的风险头寸适用全额或部分抵销的情形是十分有限的。在实践中，证券化风险暴露和信用衍生品对冲的情形，在大多数情况下，难以满足［MAR40.16］至［MAR40.18］所规定的有关参考债务的特定要求，因此通常无法适用抵销处理。

40.19 在［MAR40.16］至［MAR40.18］的各个情景中，应遵守以下规则。无须将交易每一端（信用保护和基础资产）的特定风险资本要求分别进行加总，只需选择二者中更高的资本要求作为最终的资本要求。

40.20 如果某一情景不满足［MAR40.16］至［MAR40.18］的条件，那么头寸两端的特定风险资本要求都需要计算。

40.21 第 n 次信用违约衍生品是这样一种合约，即当一篮子基础资产参考工具中的第 n 次资产违约时，将会产生相应的支付。一旦第 n 次信用违约发生，该交易即终止并进行清算。

（1）对首次违约信用衍生品的资本要求，取以下二者金额较小的结果：

（a）汇总计算篮子里的每个参考信用工具的特定风险资本要求之和。

（b）在该合同下发生信用事件时的最大可能赔付。

（2）当一家银行持有首次违约信用衍生品中的某个基础资产参考工具的风险头寸，且该信用衍生品用于对冲银行的风险头寸，那么允许该银行在计算参考信用工具以及与这个参考信用工具对应的信用衍生品的特定风险资本要求时，扣减已对冲的部分金额。如果一家银行持有首次违约信用衍生品中的多个参考信用工具的风险头寸，上述抵销仅可适用于特定风险资本要求最低的基础资产参考工具。

（3）对于 n 大于 1 的第 n 次违约信用衍生品的特定风险资本要求，取以下二者金额较小的结果：

（a）汇总计算篮子里的每个参考信用工具的特定风险资本要求（扣除 $n-1$ 个具有最低特定风险资本要求的债务）。

（b）在该合同下发生信用事件时的最大可能赔付。对于 n 大于 1 的第 n 次违约信用衍生品，计算特定风险资本要求时不能对任何基础资产参考工具适用抵销。

（4）如果首次或第 n 次违约信用衍生品具有外部评级，那么信用保护卖出方必须使用该衍生品的评级来计算特定风险资本要求，并且根据适用情况使用［MAR40.14］所列明的对应的证券化风险权重。

（5）不论银行持有的头寸是多头还是空头，即不论银行是购买还是提供担保，每一个净第 n 次违约信用衍生品均适用上述资本要求。

常见问题

问题 1. 本框架中只明确提到了分层级和第 n 次违约产品，但是没提到有关第 n 次到第 $n+m$ 次产品（比如其价值取决于资产池中第 5 次、第 6 次、第 7 次和第 8 次违约的产品，只有在特殊情况下，如该产品的所有基础资产的名义本金都相同，该产品才可以被表示为 5%、8% 分层级的形式）。本框架也包括第 n 次到第 $n+m$ 次违约产品吗？

是的，上述产品可以分解为单独的第 n 次违约产品，［MAR40.21］对第 n 次违约产品的规则适用。

上述例子中，在一篮子违约互换中覆盖第 5 次到第 8 次违约的资本要求，即单独的第 5 次违约互换、第 6 次违约互换、第 7 次违约互换、第 8 次违约互换的资本要求的加总。

40.22 银行计算相关性交易组合的特定风险资本要求的规则如下：

（1）银行计算：

（a）净多头相关性交易风险暴露组合形成的净多头头寸的总特定风险资本要求。

（b）净空头相关性交易风险暴露组合形成的净空头头寸的总特定风险资本要求。

（2）相关性交易组合的特定风险资本要求取上述二者的较大值。

常见问题

问题 1. 上述选取净多头头寸的特定风险资本要求和净空头头寸的特定风险资

本要求较大值的方法，是否可以用于杠杆证券化头寸或者基于证券化头寸的期权产品?

不可以，杠杆证券化头寸和基于证券化头寸的期权产品是证券化头寸。它们不能被认定为相关性交易组合。对特定风险的资本要求应通过加总净多头和净空头头寸分别的特定风险资本要求来计算。

一般市场风险

40.23 一般市场风险资本要求反映由市场利率变动而导致损失的风险。在计量一般市场风险时，有两种主要的方法可供选择，到期日法和久期法。对任意一种方法，资本要求由以下四个部分加总:

（1）整体交易账簿的净空头或净多头头寸;

（2）在每个时间段内一小部分已匹配头寸（纵向不可抵销部分）;

（3）在不同时间段之间大部分已匹配头寸（横向不可抵销部分）;

（4）必要时，期权头寸的净资本要求（详见［MAR40.84］和［MAR40.85］）

40.24 对每一种币种应使用单独的到期日时间段，并应分别计算每一种货币的资本要求，然后将其汇总，不考虑相反方向头寸之间的抵销。对非重要业务对应的币种，不要求使用单独的到期日时间段。不过，银行可以对每一个合适的时间段中的每一种货币的净多头或净空头头寸设定一个单独的到期日时间段。但是这些单独的净头寸应将每一个时间段加总来形成汇总头寸，不论这些头寸是多头还是空头。

40.25 在使用到期日法时（久期法在［MAR40.29］中介绍），由债务凭证或者其他可产生利率风险头寸的工具（含衍生品工具）所形成的多头或者空头头寸，应被放入一个由13个时间段组成的到期日时间段中（低票面利率工具可使用15个时间段）。固定利率工具应根据其剩余期限进行分配，浮动利率工具应根据距离下一个定价日的剩余期限来分配。对同一只债券（同一个发行人发行的不同债券除外）金额相同、方向相反的头寸，不论是实际还是名义本金，均可以不纳入利率到期日法框架。同样地，满足［MAR40.35］和［MAR40.36］中条件的，高度匹配的互换、远期、期货和远期利率协议也可以做类似处理。

40.26 计算的第一步是将每一个时间段中的头寸根据其在给定的利率变动下的价格敏感度赋予不同的权重。表2给出了对每个时间段赋予的权重。零息债券和深度折价债券（票面利率小于3%的债券）应该使用表2第二列和相应时间段所对应的权重。

表 2　期限法：时间段和权重

票面利率大于等于 3%	票面利率小于 3%	风险权重	给定收益率变化
0～1 个月	0～1 个月	0	1.00
1～3 个月	1～3 个月	0.20%	1.00
3～6 个月	3～6 个月	0.40%	1.00
6～12 个月	6～12 个月	0.70%	1.00
1～2 年	1～1.9 年	1.25%	0.90
2～3 年	1.9～2.8 年	1.75%	0.80
3～4 年	2.8～3.6 年	2.25%	0.75
4～5 年	3.6～4.3 年	2.75%	0.75
5～7 年	4.3～5.7 年	3.25%	0.70
7～10 年	5.7～7.3 年	3.75%	0.65
10～15 年	7.3～9.3 年	4.50%	0.60
15～20 年	9.3～10.6 年	5.25%	0.60
20 年以上	10.6～12 年	6.00%	0.60
	12～20 年	8.00%	0.60
	20 年以上	12.50%	0.60

40.27　计算的下一步就是在各个时间段内，将加权后的多头和空头进行抵销，以得到每一个时间段的单一空头或多头头寸。由于每个时间段包含的工具和期限都可能不同，为反映基差风险和缺口风险，需要将抵销时资本要求较小的头寸金额（不论是多头还是空头）乘以 10% 计算资本要求。因此，如果一个时间段内的加权多头头寸的总和是 1 亿美元，加权空头头寸的总和是 9000 万美元，那么这个时间段的纵向不可抵销部分就是 9000 万美元的 10%（900 万美元）。

40.28　上述计算的结果将产生两组加权后的头寸，在每个时间段内一个净多头或净空头头寸（在上面的例子里是 1000 万美元的净多头头寸）以及没有多空方向的纵向不可抵销部分。

（1）此外，允许银行进行两轮横向抵销：

（a）第一轮是在以下的三个时间区内部的净头寸之间进行抵销。时间区 1 被设定为 0～1 年，时间区 2 被设定为 1～4 年，时间区 3 被设定为 4 年及以上（但对票面利率小于 3% 的债券，时间区 2 被设定为 1～3.6 年，时间段 3 被设定为 3.6 年及以上）。

（b）接下来在这三个不同的时间区的净头寸之间进行抵销。

（2）抵销受到如表 3 所示的用匹配头寸的一个比例来表示的不可抵销程度的限制。在上述三个时间区的加权多头和空头头寸，可按照已匹配的头寸与对应的不可抵销因子相乘，得到资本要求的一部分。每个时间区的剩余净头寸可被传递到其他时间区内与方向相反的头寸进行抵销再乘以第二套不可抵销因子。

表 3　横向不可抵销部分

<table>
<tr><th>时间区</th><th>时间段[7]</th><th>时间区内</th><th>相邻时间区之间</th><th>时间区 1 和时间区 3 之间</th></tr>
<tr><td rowspan="4">时间区 1</td><td>0～1 个月</td><td rowspan="4">40%</td><td rowspan="8">40%</td><td rowspan="13">100%</td></tr>
<tr><td>1～3 个月</td></tr>
<tr><td>3～6 个月</td></tr>
<tr><td>6～12 个月</td></tr>
<tr><td rowspan="4">时间区 2</td><td>1～2 年</td><td rowspan="4">30%</td></tr>
<tr><td>2～3 年</td></tr>
<tr><td>3～4 年</td></tr>
<tr><td>4～5 年</td></tr>
<tr><td rowspan="5">时间区 3</td><td>5～7 年</td><td rowspan="5">30%</td><td rowspan="5">40%</td></tr>
<tr><td>7～10 年</td></tr>
<tr><td>10～15 年</td></tr>
<tr><td>15～20 年</td></tr>
<tr><td>20 年以上</td></tr>
</table>

40.29　在久期法下，具备足够能力的银行可以在取得监管机构的审批后，分别计算每个头寸的价格敏感度，从而更加准确地计量全部一般市场风险。银行一旦选择使用久期法，就必须持续使用该方法，除非监管机构同意其对方法进行更改，同时其使用的系统也会受到监管监督。久期法的步骤如下：

（1）首先根据每个工具的期限，计算其在利率变动 0.6～1.0 个百分点时的价格敏感度。不同期限对应的利率变动幅度详见表 4。

（2）根据表 4 中的 15 个时间段，将上一步得出的价格敏感度分别归入对应的久期时间段。

（3）对每一个时间段内的多头和空头乘以 5% 以计算纵向不可抵销部分，用来计量基差风险。

（4）将每个时间区的净头寸向相邻时间区向前传递，根据表 3 进行横向不可抵销计算。

7　对票面利率小于 3% 的债券，时间段分别为 0～1 年、1～3.6 年、3.6 年以上。

表 4　久期法：时间段和假定收益率变动

	假定收益率变动		假定收益率变动
时间区 1：		时间区 3：	
0～1 个月	1.00	3.6～4.3 年	0.75
1～3 个月	1.00	4.3～5.7 年	0.70
3～6 个月	1.00	5.7～7.3 年	0.65
6～12 个月	1.00	7.3～9.3 年	0.60
时间区 2：		9.3～10.6 年	0.60
1.0～1.9 年	0.90	10.6～12 年	0.60
1.9～2.8 年	0.80	12～20 年	0.60
2.8～3.6 年	0.75	20 年以上	0.60

40.30　对于存在剩余货币的情形（详见［MAR40.24］），如果头寸是使用到期日法记录的，则每个时间段的汇总头寸须按照［MAR40.26］中的风险权重来计算；如果头寸使用久期法记录，则每个时间段的汇总头寸应使用［MAR40.29］的假定收益率变化来计算，不再考虑抵销。

利率衍生品

40.31　计量体系应包括所有利率衍生品和进入交易账簿的与利率变动相关的表外工具（例如远期利率协议、其他远期合约、债券期货、利率和货币互换、汇率远期头寸等）。期权可以根据［MAR40.74］至［MAR40.86］所说明的方法进行不同的处理。［MAR40.40］对各种利率衍生品的处理方式进行了总结。

40.32　衍生品应该被转化为相关基础资产的头寸，并且根据上文的描述计量其特定风险和一般市场风险。在使用上文中的标准公式时，报告金额应该是基础资产本金的市场价值，或者是按照巴塞尔协议Ⅱ第 690～701 段[8]中的审慎估值指引得出的基础资产名义本金的市场价值。

40.33　期货和远期合约（包括远期利率协议）可以被视为政府名义证券的多头和空头的组合。期货或远期利率协议的期限是到交付日或者合约执行日的时间，加上基础资产的期限（如需）。例如，在 6 月到期的 3 个月利率期货（在 4 月交易）的多头头寸，在 4 月可以按照剩余期限 5 个月的政府证券的多头头寸和剩余期限 2 个月的政府证券的空头头寸的组合来记录。如果合约到期时存在多个可交割工具，银行可以自由选择其中一个工具来使用到期日时间段或者久期时间段，

8　对表面名义本金不同于有效名义本金的工具，银行必须使用有效名义本金。

但应考虑交易要求的转换因子。对于公司债券指数期货，其头寸为名义基础投资组合内的证券的市场价值。

40.34 互换按照对应期限的政府证券的两个名义头寸来处理。例如，如果银行持有一个收取浮动利率，支付固定利率的利率互换，那么该利率互换将被认为是持有一个期限为当前日至下一个定价日的浮动利率工具的多头头寸，以及一个期限为利率互换剩余期限的固定利率工具的空头头寸。对于根据其他参考价格（如股票指数）来收取或支付固定或浮动利率的互换，利率部分应该按照对应的重新定价期限来归类，股票部分应该根据股权风险框架处理。交叉货币互换的每一端应该在相关货币对应的到期日时间段中记录。

40.35 在特定风险和一般市场风险的利率期限框架中，银行可以不考虑发行人、票面利率、货币和期限完全相同的工具的多头和空头头寸（包括实际和名义头寸）。期货或远期合约与其对应的基础资产完全匹配的头寸也可以完全抵销[9]，从而免于计算。当期货或者远期合约存在多个可交割工具时，仅当存在一个易获得、可确认的基础债券，且其对持有空头头寸的交易员最为有利时，期货或远期与其基础资产的头寸之间方可抵销。上述债券通常也被称为最便宜可交割债券，其价格和期货或远期合约的价格走势应大致相同。币种不同的头寸之间不允许抵销，相关工具中的交叉货币互换或者汇率远期合约的每个交易端应按照名义头寸处理，并应包含在各个币种的恰当计量中。

40.36 此外，同一类别的工具[10]中方向相反的头寸，在特定情况下，可以被认为是匹配的，从而允许进行完全抵销。为适用上述处理，头寸必须有相同的基础工具，具有相同的名义价值，且用相同的币种计价[11]。此外还须满足：

（1）对期货：期货合约相关的名义工具或基础工具的抵销头寸必须为相同的产品，而且二者到期日相差不超过7天；

（2）对互换和远期利率协议：（浮动利率头寸的）参考利率必须相同，且票面利率相似（如相差不超过15个基点）；

（3）对互换、远期利率协议和远期合约：距下一个利率定价日的期限，或者剩余期限（适用于固定利率头寸和远期合约），必须满足如下对应关系。

（a）小于1个月：为同一天；

（b）1个月至1年：相差不超过7天；

---

9 应记录代表期货合约到期日的一端。

10 这包括期权的得尔塔等价价值。根据［MAR40.78］中有关利率上限期权和利率下限期权中的交易各端的得尔塔等价价值，可按照本段说明的规则进行相互抵销。

11 不同互换的各端如果满足同样的条件也可以匹配。

（c）超过一年：相差不超过30天。

40.37 对拥有较大（规模）的互换账户的银行，对互换可以采用其他的公式来计算其到期日时间段或久期时间段中的头寸。一种方法是首先将互换要求的支付现金流折现。具体来说就是将每一个现金流根据零息曲线收益率进行折现，然后将现金流轧差净额按照零息（或低息）债券的方式归类到对应的时间段中。这些净额应该纳入上述的一般市场风险框架。另一种方法是根据到期日法或久期法中的收益率变动计算净现值的敏感度，再将敏感度分配到［MAR40.26］至［MAR40.29］中的时间段。也可使用其他可得到类似结果的方法，但须满足如下条件：

（1）监管机构对系统的准确度完全认可；

（2）计算得出的头寸，可以完全反映现金流对利率变动的敏感度，并且被归入了适当的时间段；

（3）头寸均使用同一币种计价。

40.38 利率和货币互换、远期利率协议、汇率远期合约和利率期货无须计算特定风险资本要求。该豁免也同样适用于利率指数（如Libor）期货。但如果期货的基础资产是债券，或者是一个代表一篮子债券的指数，那么特定风险成本要求适用于［MAR40.5］至［MAR40.21］中有关发行人信用风险的规则。

40.39 所有衍生产品头寸与现货头寸适用同样的一般市场风险，仅对相同工具完全或接近完全匹配的头寸才可以豁免（具体定义请详见第718段（xiii）和第718段（xiv）／［MAR40.35］和［MAR40.36］）。各类工具应该归类到期限时间段并按照前述规则进行处理。

40.40 表5总结了市场风险计量时对利率衍生产品的监管处理方式。

表5　利率衍生品的处理概述

工具	特定风险[12]	一般风险
交易所交易（场内）期货：		
政府债券	承担[13]	承担，按两个头寸处理
公司债券	承担	承担，按两个头寸处理

[12] 此处是指与该工具的发行人有关的特定风险成本。根据信用风险相关规则，须对交易对手信用风险单独计算资本要求。

[13] 此处的特定风险资本要求适用于评级低于AA－的政府债券（详见［MAR40.6］和［MAR40.7］）。

续表

工具	特定风险	一般风险
利率指数（如 LIBOR）	不承担	承担，按两个头寸处理
场外（OTC）远期合约：		
政府债券	承担[13]	承担，按两个头寸处理
公司债券	承担	承担，按两个头寸处理
利率指数	不承担	承担，按两个头寸处理
远期利率协议，互换	不承担	承担，按两个头寸处理
汇率远期	不承担	承担，按每个货币一个头寸处理
期权：		任选以下两种处理方式的一种：（a）将相关的对冲头寸一起扣除：简化法、情景分析法、内部模型法。（b）根据得尔塔加方法计算市场风险资本要求（伽玛和维伽应分别计算）
政府债券	承担[13]	
公司债券	承担	
利率指数	不承担	
远期利率协议，互换	不承担	

股权风险

40.41 本章节列明了交易账簿中足以涵盖股权风险的最低资本要求。该规则适用于买入或卖出所有表现与股权类似的工具，但不适用于不可转换优先股（适用［MAR40.3］至［MAR40.40］中描述的利率风险要求）。同一股权的多头头寸和空头头寸可以按净头寸报告，其中包括普通股（无论是否有投票权）、与股权表现类似的可转换债券，以及买卖股权证券的承诺。下文［MAR40.44］至［MAR40.52］具体描述了对衍生品、股票指数和指数套利的处理方式。

特定和整体的市场风险

40.42 与债券一样，股权的最低资本要求以两种独立形式计量，分别是持有单个股权多头头寸和空头头寸的特定市场风险，以及多头或空头在整个市场中所承担的一般市场风险。特定市场风险定义为银行的股权头寸总额（股权多头头寸和空头头寸的总和），一般市场风险定义为股权所有多头和空头头寸的差额（股权市场上的头寸净额）。多头或空头头寸必须以每个市场为基础单独计算，即必须对

13 此处的特定风险资本要求适用于评级低于 AA－的政府债券（详见［MAR40.6］和［MAR40.7］）。

银行持有的每个国家的市场进行单独计算。

40.43 特定市场风险和一般市场风险的资本要求分别都为8%。

股权衍生品

40.44 除了期权按照［MAR40.74］至［MAR40.86］的规定执行以外，股权衍生品与受股权价格波动影响的表外头寸都应被纳入计量体系[14]。包括基于单个股权和股票指数的期货和互换。这些衍生品工具将被转换成相关基础资产的头寸。下面［MAR40.52］总结了对股权衍生品的处理。

40.45 为了计算特定市场风险和一般市场风险，股权衍生品头寸应转换成其名义股权头寸：

（1）与单个股权有关的期货和远期合约原则上应按现值估值。

（2）与股票指数有关的期货应按该股指名义股权投资组合的盯市价值估值。

（3）股权互换应该视同两个名义头寸分别计算。[15]

（4）股权期权与股指期权应当与其相关的标的资产划分在一起单独计算，或者根据得尔塔加方法纳入本节所述的一般市场风险计量。

40.46 每个相同股权或股指的多头和空头的匹配头寸可以完全相互抵销，从而产生单一净空头或单一净多头，对此计量特定市场风险和一般市场风险资本要求。例如，股票期货可能被同样一只股票的反向现货头寸所抵销。[16]

40.47 对于由分散化的股权投资组合构建的股指合约的净多头或净空头头寸，除适用一般市场风险资本要求，还将适用2%的额外资本要求。该项资本要求的目的是覆盖执行风险等因素。监管机构应当谨慎地确保这额外的2%风险权重仅适用于包含分散化程度高的股指合约，不适用于例如行业指数等其他股指。

40.48 对于下文所述的与期货相关的套利策略，上述额外的2%资本要求（［MAR40.47］中列明的）只可适用于单个指数，其相反头寸不用计量资本要求。具体策略包括：

---

14 如果股权是远期合约、期货或期权（将要收到或交付的股权数量）的一端，则合约另一端关于利率或汇率风险暴露应按照［MAR40.3］至［MAR40.40］和［MAR40.53］至［MAR40.62］的规定执行。

15 举个例子：股权互换是一种基于股权或股指的合约，银行基于某只股权价格或股指的表现收到一定金额，同时基于另一个不同的指数表现付出一定金额，前者视为多头头寸，后者视为空头头寸。当其中一端涉及收取或支付固定利率或浮动利率时，应按照［MAR40.3］至［MAR40.40］中有关利率类金融工具的规定，将其风险暴露计入适当的重定价时间段内。股指按照股权的方式来处理。

16 期货产生的利率风险，应按［MAR40.3］至［MAR40.40］处理。

（1）当银行在不同日期或不同市场中对同一指数持有完全相反的头寸时；

（2）当银行在同一日期拥有不同但类似的股指的相反头寸时，若监管机构认可这两个类似的股指包含有足够多的共同成分，才能证明其相互抵销是合理的。

40.49 如果一家银行采取审慎套利策略，用广泛股票指数期货合约匹配一篮子股票，则满足以下两个条件时，允许银行采用简化的标准法扣除出这两个头寸来计算：

（1）该交易是审慎的套利策略，且由银行分开单独管理；

（2）以名义组成来看，一篮子股票的构成至少占到指数构成的90%。

40.50 在［MAR40.49］中规定的情况下，最低资本要求为4%（两方2%加总），以反映分散和执行风险。这项规定也适用于持有股票占比与股票指数组成相同的情况。持有一篮子股票价值超过持有期货合约价值，或持有期货合约价值超过持有一篮子股票价值，则该价值差异部分应视为持有多头头寸或持有空头头寸。

40.51 如果银行持有存托凭证的头寸，同时在不同市场中持有一个反向的股权或与基础资产股权相同的一些股权，那么该银行可以在对应的头寸上相互抵销，但必须充分考虑相互转换所产生的任何成本。[17]

40.52 表6总结了股权衍生品市场风险的监管处理方式。

表6 股权衍生品处理概述

工具	特定风险[18]	一般市场风险
交易所交易或场外交易期货		
单一股权	是	是，作为基础资产
股指	2%	是，作为基础资产
期权		选其一
单一股权	是	（a）连同有关的对冲头寸一起扣除：简化法、情景分析法、内部模型法 （b）按得尔塔加方法计算市场风险资本要求（伽玛和维伽应分别计算）
股指	2%	

17 任何因这些头寸而产生的汇率风险应按照［MAR40.53］至［MAR40.67］的规定进行报告。

18 此处是指与该工具的发行人有关的特定风险损失。根据信用风险相关规则，须对交易对手信用风险单独计算资本要求。

汇率风险

40.53 本节阐述了简化标准法计量持有外币或持有外币头寸（包括黄金[19]）风险的资本要求。

40.54 计算汇率风险的资本要求有两个步骤。

（1）第一步是按［MAR40.55］至［MAR40.58］中规定的方法测算单一币种头寸的风险暴露。

（2）第二步是按［MAR40.59］至［MAR40.62］中规定的方法测算银行持有不同货币的多头和空头头寸组合的内在风险。

计量单一货币头寸的风险暴露

40.55 银行单一货币的未平仓净头寸应包括以下所有项的加总：

（1）即期净头寸（所有资产项目减去所有负债项目，包括应计利息，以该货币计价）；

（2）远期净头寸（汇率远期交易项下所有应收到的金额减去所有应支付的金额，包括汇率期货，不包括交叉货币互换中的即期头寸）；

（3）担保（及类似工具），该担保（及类似工具）确定会被执行，且很大可能性不可撤销；

（4）尚未计提但已完全套保（由报告行自行决定）的未来利息收支净额；

（5）其他以外币表示损益的项目（根据不同国家的具体会计准则）；

（6）外汇期权总账簿中基于得尔塔的净等价物。[20]

40.56 以混合货币计算的头寸需要分别报告，但为了计量银行的未平仓头寸，可以将其自身视为一种货币，也可以在一致的基础上分割为其组成部分。黄金头寸的计量方法应与［MAR40.68］中所述的方法相同。[21]

40.57 利息、其他收入和费用应按以下方式处理：应计利息（已录得但尚未实收的利息）应包括在头寸中。应计费用也应包括在内。除非金额确定且银行已

19　黄金将作为汇率头寸而不是商品头寸进行处理，因为其波动性更符合外汇特性，并且银行以类似于汇率的方式进行管理。

20　适用［MAR40.77］至［MAR40.80］中对伽玛和维伽单独计算的资本要求，或期权及其标的资产适用［MAR40.74］至［MAR40.86］中所述的其他方法之一。

21　如果黄金是远期合约的一部分（收到或交付的黄金数量），则合同其他部分的任何利率或汇率风险应按照上述［MAR40.3］至［MAR40.40］和［MAR40.55］的规定报告。

择机对其进行对冲，否则不包括未录得但可预期的未来利息和费用。如果银行将未来的收入/支出纳入头寸，则应考虑一致性，而不允许只选择那些可以减少其头寸的预期未来现金流。

40.58 远期外汇头寸和黄金远期头寸应按以下方式计量：远期外汇头寸和黄金远期头寸通常按当前现货市场汇率进行估价。使用远期汇率是不合适的，因为它会导致被计量的头寸在一定程度上反映当前利差。但以净现值为基础开展管理会计的银行，可使用以当前利率贴现得到的每个头寸的净现值，并按即期汇率转换以计量其远期外汇头寸和黄金头寸。

计量汇率头寸和黄金组合中的汇率风险

40.59 为了计量［MAR40.54］（2）中规定的汇率头寸和黄金组合中的汇率风险，未经监管机构批准使用内部模型法的银行必须对所有货币使用短边法（shorthand method）。

40.60 在短边法下，每种外币和黄金的净头寸的名义金额（或净现值）按即期汇率转换为报告币种[22]。总的净风险暴露头寸通过以下方法进行加总：

（1）净空头头寸之和或净多头头寸之和，取其中数额较大者[23]；加上

（2）黄金净头寸（空头头寸或多头头寸），不考虑方向。

40.61 资本要求为总的净风险暴露头寸的8%（见表7的示例）。在本例中，资本要求是净多头外汇头寸或净空头外汇头寸（300）中的较高者，加上黄金净头寸（35）并乘以8%，即资本要求等于335×8%=26.8。

表7　汇率风险短边法测算方法示例

	JPY	EUR	GBP	CAD	USD	Gold
单一货币头寸风险暴露	+50	+100	+150	-20	-180	-35
净风险暴露头寸	+300			-200		35

40.62 如果银行的外汇业务不突出，且该银行自身账户不持有外汇头寸，则该银行可免除对这些头寸计提资本，具体须依照监管机构的决定，免除前提如下：

（1）其外汇业务，定义为所有外币的总多头头寸之和与总空头头寸之和的较

22　如果银行在并表基础上评估其汇率风险，在某些业务中，包括银行的外国分支机构或子公司的汇率头寸在技术上可能不可行。在这种情况下，每种货币的内部限额可作为头寸的替代。如果对这些限额的实际头寸有充分的事后监控，则应在每种货币的净未平仓头寸中添加限额，不考虑方向。

23　产生相同结果的另一种计算方法是将报告货币作为剩余货币，并取所有空头（或多头）头寸的总和。

大者，不超过巴塞尔协议Ⅲ资本定义第49段中定义的合格资本的100%；以及

（2）上述［MAR40.60］中定义的总净风险暴露头寸不超过巴塞尔协议Ⅲ资本定义第49段中定义的合格资本的2%。

商品风险

40.63 本节阐述了对包括贵金属在内的商品头寸使用简化标准法计量资本要求，但不包括黄金（根据上文［MAR40.53］至［MAR40.62］，黄金被视为一种外币）。商品被定义为可在二级市场上交易的实物产品，如农产品、矿物（包括石油）和贵金属。

40.64 商品的价格风险比货币和利率的风险更复杂、不确定因素更大。商品市场的流动性也可能不如利率市场和汇率市场，因此，供需变化可能对商品的价格和波动性产生更大的影响。[24] 这些市场特征使商品价格透明度更低，有效对冲商品价格风险变得更困难。

40.65 与商品有关的风险如下：

（1）对于现货或实物交易，因现货价格变动而产生的方向性风险是最重要的风险。

（2）持有远期合约和衍生品合约投资组合的银行，将面临更多的额外风险，这些风险可能远超过现货价格波动带来的风险。这些风险包括：

（a）基差风险（商品价格与保值工具之间价格波动不同步的风险）；

（b）利率风险（远期头寸和期权持有成本变化的风险）；

（c）远期缺口风险（远期价格可能受其他非利率因素影响所产生的风险）。

（3）此外，银行开展场外衍生品交易可能面临交易对手信用风险，但该风险已由巴塞尔协议Ⅱ的附件4所列明。

（4）商品头寸的融资可能会导致银行持有利率或汇率风险暴露，相关风险暴露应分别纳入［MAR40.3］至［MAR40.40］和［MAR40.53］至［MAR40.62］

[24] 银行还必须防范持有的空头头寸在多头头寸之前到期的风险。因为有些市场缺乏流动性，银行可能受到市场流动性挤压而难以结清空头头寸。

所描述的利率和汇率风险计量。[25]

40.66 在简化标准法下，计量商品头寸风险有两种方法，见下文［MAR40.68］至［MAR40.73］。商品风险可以通过（ⅰ）到期时间段法，该方法是一种系统性测量法，通过基于［MAR40.68］至［MAR40.71］中规定的七个不同时间段，分别计算出远期缺口和利率风险，或通过（ⅱ）简化计算法，该方法是下文［MAR40.72］至［MAR40.73］中规定的一个非常简单的计量框架，到期时间段法与简化计算法都只适用于持有商品数量相对有限的银行。

40.67 对于到期时间段法与简化计算法，可以在净额基础上报告每种商品的多头头寸和空头头寸，以此来计算未平仓的净头寸。然而，不同种类的商品的头寸通常不会以这种方式进行抵消。尽管如此，当同一大宗商品的不同子类商品[26]可以相互交割时，监管机构可根据情况决定同一商品的不同子类[26]之间是否可适用净额结算。如果它们为彼此的替代品，且在最短一年的期限内，可明确得出它们之间价格变动的线性相关系数不低于0.9，则它们的头寸被认为是可以互相抵消的。但是，希望根据相关性系数来计算商品资本要求的银行，所选方法的准确性须得到监管机构认可并事先获得批准。

到期时间段法

40.68 用到期时间段法计算资本要求时，银行首先要用标准计量单位（桶、千克、克等）表示每种大宗商品的头寸（现货＋远期）。然后，每种商品的净头寸将按目前的即期汇率转换成本国货币。

40.69 其次，为了获取一定时间段内的远期缺口和利率风险（两者在一起有时被称为凸度/价差风险），每个时间段内的多头头寸和空头头寸须对应相应的资本要求，该方法类似于［MAR40.3］至［MAR40.40］中用于计算利率相关工具的方法。单个商品的头寸（以标准计量单位表示）首先计入对应的时间段，实物仓储应计入第一个时间区间，对于上述［MAR40.67］中定义的每一种商品[27]，都将使用单独的时间段。如表8所示，对于每一个时间段，该时间段内对应的空头

25 当一种大宗商品是远期合约的一部分（未来将收入或交割出去一定数量的商品），合约其他部分的任何利率或汇率风险暴露应按［MAR40.3］至［MAR40.40］和［MAR40.53］至［MAR40.62］的规定计提资本要求。纯股票融资的头寸（例如，持有现货股票并已卖出远期，融资成本已经锁定直到远期卖出）可从大宗商品风险计算中扣除，但须按照利率和交易对手信用风险相关要求计提资本要求。

26 商品可分为大类、族类、子类和个体商品。例如，大类可能是能源商品，其中烃类是一个族类，原油是子类，西得克萨斯中间基原油、阿拉伯轻质原油和布伦特原油是个体商品。

27 对于每日都可交割的市场，任何在10天内到期的合约之间都可适用抵销。

头寸和多头头寸的总和首先乘以该商品的现货价格，然后再乘以1.5%的价差率。

表8　时间段与价差率

时间段	价差率
0~1个月	1.5%
1~3个月	1.5%
3~6个月	1.5%
6~12个月	1.5%
1~2年	1.5%
2~3年	1.5%
3年及以上	1.5%

40.70　某一时间段的剩余净头寸结转后会抵销下一个时间段的头寸。然而，由于不同时间段之间的头寸对冲是不精确的，因此对于净头寸结转的每个时间段，将增加结转净头寸0.6%的附加值后再计入下一个时间段，持有净头寸的每笔对应的资本要求将按上文［MAR40.69］计算。这一过程结束后，银行将仅有多头头寸或空头头寸，资本要求为15%。

40.71　所有受商品价格变化影响的商品衍生品和表外头寸应包括在此计量框架中。这包括商品期货、商品互换以及适用得尔塔加方法[28]的期权（参见下述［MAR40.77］至［MAR40.80］）。为了计算风险，商品衍生品应转换为名义商品头寸，并按下列期限分配：

（1）与单个商品有关的期货与远期合约应以标准计量单位（桶、公斤、克等）计的名义本金纳入，并应根据到期日分配到期期限。

（2）对于商品互换，如果互换一方是固定价格，另一方是当前市场价格，应合并为一系列与名义金额相等的头寸，每笔互换付款对应一个头寸，并相应地计入时间段。如果银行付固定、收浮动，则为多头头寸；如果银行收固定、付浮动，则为空头头寸。[29]

（3）商品互换中不同商品将被纳入其对应的时间段内，不允许头寸之间相互抵销，除非两者属于上文［MAR40.67］所界定的同一商品的不同子类商品。

[28] 对于使用其他方法来衡量期权风险的银行，所有期权及其标的资产都应该从到期时间段法和简化计算法中扣除。

[29] 如果其中一方涉及支付/收取固定或浮动利率，则该头寸应当按照其到期日纳入对应的利率相关工具的时间段。

简化计算方法

40.72 通过简化计算方法计算具有方向性的风险的资本要求时，实施的流程与上述到期时间段法一致（见［MAR40.68］和［MAR40.71］）。所有受商品价格变化影响的商品衍生品和资产负债表表外头寸都应该包含在内。资本要求等于每种商品净头寸的15%，无论该头寸是多头头寸还是空头头寸。

40.73 为了保护银行不受简化计算方法下的基差风险、利率风险和远期缺口风险影响，上文［MAR40.68］和［MAR40.71］中所述的每种商品将增加银行所持有该商品的总头寸（多头头寸加空头头寸）的3%的额外资本要求。银行应该使用商品现货价格来评估商品衍生品的头寸。

期权的处理方法

40.74 鉴于银行期权交易的多样性以及衡量期权价格风险的困难，监管机构可以根据简化标准法决定采用以下两种替代方法：

（1）那些仅买入期权[30]的银行可以使用下文［MAR40.76］中描述的简化方法。

（2）那些同时卖出期权的银行需要使用得尔塔加方法或情景法，即［MAR40.77］至［MAR40.86］中规定的中间法。银行交易活动越活跃，应越需要采用精确的方法，具有高交易活跃度的银行应使用［MAR20］至［MAR23］或［MAR30］至［MAR33］中规定的标准法或内部模型法。

40.75 在期权的简化方法中，期权的头寸以及相关的资产（现货或远期），不受标准法约束，而是被划分出来单独计算资本要求，这些资本要求包含一般市场风险和特定风险。然后将由此产生的风险要求加入相关类别的资本要求，如［MAR40.3］至［MAR40.73］中描述的与利率相关的工具、股权、汇率和商品。得尔塔加方法使用敏感度参数或与期权相关的希腊字母来衡量其市场风险和资本要求。在此方法下，每个期权的得尔塔等价头寸成为［MAR40.3］至［MAR40.73］中规定的简化标准化方法的一部分，其中得尔塔等价头寸需计量一般市场风险资本。然后，再对期权头寸的伽玛和维伽风险独立计算相应的资本要求。情景方法使用模拟技术来计算标的资产价格水平和波动率变化对期权组合价

---

30 除非所有的卖出期权头寸都由相同期权的多头头寸完全对冲，这种情况下才不计提市场风险资本。

值的影响。在这种方法下，一般市场风险资本要求由产生最大损失的情景矩阵分析（标的资产和波动率变化的特定组合）来确定。对于得尔塔加方法和情景方法，特定风险资本要求将分别由每个期权的得尔塔等价头寸乘以［MAR40.3］至［MAR40.52］中规定的特定风险权重来单独确定。

简化方法

40.76 持有有限买入期权的银行对于特定交易可使用表9中列出的简化方法。下面给出一个如何计算的例子，如果一股东拥有100股股票，现价每股10美元，同时拥有100份看跌期权，执行价格为11美元，则资本要求为：1000美元×16%（8%特定风险加8%一般市场风险）=160美元，减去实值期权在价内的金额（11美元－10美元）×100=100美元，即资本要求为60美元。类似的方法也适用于标的是汇率、利率相关工具或商品的期权。

表9 简化方法：资本要求

头寸	处理方法
现货多头并买入看跌期权 或 现货空头并买入看涨期权	资本要求是标的资产的市场价值[31]乘以特定市场风险和一般市场风险资本要求比率[32]的总和，减去期权溢价（如果有）[33]，以零为下限
买入看涨期权 或 买入看跌期权	资本要求是以下的较小者：（ⅰ）相关资产的市场价值乘以特定市场风险和一般市场风险资本要求比率之和[32]；（ⅱ）期权的市场价值[34]

得尔塔加方法

40.77 卖出期权的银行将允许按照［MAR40.3］至［MAR40.73］中规定的

---

31 在某些情况下，例如汇率，可能无法确定哪一方货币是标的资产，此时应采用如果行权将收到的资产。此外，标的工具的市场价值可能为零的项目应采用名义价值，例如上限和下限期权、互换期权等。

32 一些期权（例如标的是利率、汇率或商品）不具有特定风险，但某些利率相关期权（例如公司债期权或公司债券指数期权，相关资本要求见［MAR40.3］至［MAR40.40］），以及股权和股票指数期权（见［MAR40.41］至［MAR40.52］）存在特定风险。在这种情况下，外汇期权的资本要求为8%，商品期权的资本要求为15%。

33 对于剩余期限超过6个月的期权，行权价格应与远期而不是当前价格进行比较。无法执行此操作的银行必须将价内金额设为零。

34 如果头寸不属于交易账簿（例如某些特定的汇率或商品期权头寸不属于交易账簿），则可接受使用账面价值。

简化标准方法采用得尔塔加期权头寸。此类期权应被记录为等价于标的资产的市场价值乘以得尔塔的头寸。然而由于得尔塔没有充分覆盖与期权头寸相关的风险，银行也将被要求计量伽玛（计量得尔塔的变化率）和维伽（计量期权价值相对于波动率变化的敏感度）的敏感度以计算全部的资本要求。这些敏感度将根据经批准的交换模型或受到监管机构监督的银行自身的期权定价模型计算。[35]

40.78 以债券或利率为标的资产的得尔塔加头寸将按照［MAR40.3］至［MAR40.40］中所述的以下步骤纳入利率时间区间。与其他衍生品一样，应该采用两端的方法，即合约生效时为一端，合约到期时为另一端。例如，6 月买入标的为 3 个月期利率期货的看涨期权，会在 4 月时，依据其得尔塔等价价值，被视为 5 个月的多头和 2 个月的空头。[36] 卖出期权将类似地分为 2 个月的多头和 5 个月的空头。带有上限或下限的浮动利率工具将被视为浮动利率证券和一系列欧式期权的组合。例如，持有以 6 个月 Libor 为基准、上限为 15% 的 3 年期浮动利率债券的投资者，会将其视为：

（1）6 个月后重新定价的债券；以及

（2）一系列包含五份卖出看涨期权，其标的为参考利率为 15% 的远期利率合约，每份期权在远期利率合约生效时为负号，在远期利率合约到期时为正号[37]。

40.79 以股权为标的的期权的资本要求也将基于得尔塔加头寸，这些头寸将纳入［MAR40.41］至［MAR40.52］中描述的股权风险衡量标准。在计算过程中，每个国家的市场都应作为单独的标的资产。外汇和黄金期权头寸的资本要求将基于［MAR40.53］至［MAR40.62］中规定的汇率风险方法。对于得尔塔风险，基于得尔塔的外汇和黄金期权的得尔塔净等价物将被包含在相关货币（或黄金）头寸风险暴露的衡量中。商品期权的资本要求将基于［MAR40.63］至［MAR40.73］中所述的商品风险简化法或到期时间段法。得尔塔加权头寸将被包含于该部分所述的方法之中。

40.80 除了上述得尔塔风险的资本要求外，伽玛和维伽风险还有进一步的资本要求。使用得尔塔加方法的银行将要分别计算每个期权头寸（包括对冲头寸）的伽玛和维伽。资本要求应按以下方式计算：

（1）对于每个单独的期权，应根据泰勒级数展开计算伽玛的影响，公式如下，其中 VU 是期权标的的变化量。

---

35 监管机构可能会要求那些开展特定类别的奇异期权（如障碍期权、数字期权）或接近到期日的平价期权业务的银行，采用情景法或内部模型法来代替，这两种方法都能使用更详细的再估值。

36 一个标的为 9 月交割的债券期货的 2 个月期看涨期权会在 4 月被视为做多债券并做空一个 5 个月的存款，多头头寸与空头头寸均是得尔塔加权的。

37 ［MAR40.36］中适用于完全匹配头寸的规则也适用于此方面。

$$Gamma\text{ 效应值} = \frac{1}{2} \times Gamma \times VU^2$$

（2）*VU* 计算方法如下：

（a）对于利率期权，如果标的是债券，则标的资产的市场价值应乘以［MAR40. 26］中规定的风险权重。当标的资产为利率的情况下，应同样基于［MAR40. 26］中相应收益率的假设变化进行等价计算。

（b）股权及股票类指数期权：标的资产市值应乘以 8%。[38]

（c）外汇和黄金期权：标的资产市值应乘以 8%。

（d）商品期权：标的资产市值应乘以 15%。

（3）下述头寸的计算应按相同的标的处理：

（a）对于利率[39]，段落 718（Ⅳ）／［MAR40. 26］[40] 中的每个时间段；

（b）对于股权和股票指数，每个国家市场；

（c）对于外币和黄金，每个货币对和黄金；

（d）对于商品，［MAR40. 67］中定义的每种商品。

（4）同一标的资产的每个期权都会产生正面或负面的伽玛影响。这些单独的伽玛影响相加，得到每个标的的伽玛净影响，为正或为负。只有那些负的净伽玛影响才会被包含在资本要求计算中。

（5）总伽玛风险资本要求将是上面计算的净负伽玛影响的绝对值之和。

（6）对于波动率风险，银行需要将上述定义的相同标的的所有期权的 vega 风险之和乘以 ±25% 的波动率变化来计算资本要求。

（7）维伽风险的总资本要求，是计算维伽风险的每个资本要求的绝对值之和。

情景法

40. 81 业务复杂的银行可能会选择情景矩阵分析来计算期权投资组合和相关对冲头寸的市场风险资本要求。这将通过在期权投资组合的风险因子中指定一个固定变化范围，并计算沿着这个情景网格的不同点上期权投资组合价值的变化来实现。为了计算资本要求，银行将使用矩阵对期权组合重新估值，运用矩阵可同时改变期权标的资产的利率或价格以及该利率或价格的波动性。对上述［MAR40. 80］中定义的每个不同的标的会设置不同的矩阵。另一种选择是，由监

38 在计算伽玛资本要求时，此处列出的利率和股票期权的基本规则并不是试图捕捉特定风险。然而，监管机构可能会要求特定银行这样做。

39 头寸必须按币种划分入单独的到期日时间段。

40 使用久期法的银行应使用［MAR40. 29］中规定的时间段。

管机构根据情况决定，利率期权交易的重要参与银行可允许根据至少六组时间段来计算。使用这种方法时，每组时间段不应将超过［MAR40.26］和［MAR40.29］中定义的三个以上的时间段。

40.82 期权及相关对冲头寸会在标的资产当前价值的上下特定波动范围内进行评估。利率的范围与［MAR40.26］中假定的收益率变化一致。使用上文［MAR40.81］所述利率期权方法的银行，对于每一组时间段，应使用适用于该时间段所属组的假定收益率变化中的最高值[41]。其他区间包括：股权为±8%[42]，汇率和黄金为±8%，大宗商品为±15%。对于所有风险类别，至少应使用7个观察值（包括当前的观察值）将范围划分为等间隔的区间。

40.83 矩阵的第二个维度是标的利率或价格的波动率变化。标的利率或价格的波动率的单一变化相当于波动率变化了+25%和-25%，在大多数情况下这一变化率是足够的。然而，视情况需要，监管机构可能会要求银行使用不同的波动率变化和（或）计算网格上的中间点。

40.84 计算矩阵之后，每个单元格包含期权和标的对冲工具的净利润或亏损。随后，每个标的的资本要求计算为矩阵中包含的最大损失。

40.85 任何特定银行对情景分析的应用都需要监管审批，特别是构建分析的具体方式。银行使用情景分析作为简化标准化方法的一部分，也将受到监管机构和［MAR30］中规定的内部模型的定性标准验证要求。

40.86 除了上述期权风险外，巴塞尔委员会还关注与期权相关的其他风险，例如rho（期权价值关于利率的变化率）和theta（期权价值关于时间的变化率）。虽然目前没有对这些风险给出计量体系，但巴塞尔委员会希望开展大量期权业务的银行至少应密切监测这类风险。此外，如果银行希望把rho纳入利率风险的资本计提是允许的。

---

41 例如，如果把时间段3~4年、4~5年、5~7年组合在一起，那么这三个时间段的最高假定收益率变化会是0.75。

42 这里为利率和股权期权设置的基本规则在计算伽玛资本要求时并不会捕捉特定风险。然而，监管机构可能会要求特定的银行这么做。

过渡安排

本章（MAR90）阐述了使用内部模型法计算监管资本要求的过程。

90.1　银行应当自 2022 年 1 月 1 日起按［MAR32.3］的要求执行损益归因测试。损益归因测试的结果将自 2022 年 1 月 1 日起应用于第二支柱资本要求。如［MAR32.43］、［MAR32.44］和［MAR33.43］所述，第一支柱资本要求下损益归因测试黄色区域或红色区域分配的结果将自 2023 年 1 月 1 日起适用。

内部模型法应用指引

本章（MAR99）提供了在内部模型法下的返回检验要求和风险因子建模原理的应用指引。

交易台层面返回检验

99.1 因为内部模型法的风险计量通常是基于对静态投资组合受瞬时价格冲击的敏感度计算，故需要额外认真考虑如何为损益归因测试和返回检验确定合适的风险计量和交易结果，日终的交易头寸是风险计量模型的输入项，用于评估期内价格和利率变动对静态投资组合价值的可能影响。

99.2 返回检验在理论上比较真观，但实际操作过程比较复杂。比如，不论是预期尾部损失计量方法还是在险值计量方法，因实际交易结果将反映持有期内投资组合构成的变动，故能否与实际交易结果进行比较都饱受争议。根据上述观点，手续费收入和由于投资组合构成变动导致的损益不应该被包含在交易损益结果的定义范围内，因为其与被用于构建在险值指标的静态投资组合的固有风险没有关系。

99.3 在风险计量时，使用更长持有期的价格冲击这一说法是有说服力的。也就是说，将内部模型计算的经流动性调整的99%置信区间的风险计量结果，与经流动性调整的实际交易损益进行比较，可能缺乏实质意义。尤其是在给定的几天期间内，主要交易机构所持的投资组合的构成一般都会发生重大变化。因此，此处描述的返回检验框架，用到的风险指标都是校准到一天持有期的。除在本文中提及的限制情况外，其他返回检验参数由银行内部自主确定。

99.4 鉴于我们使用了基于单日的风险测度指标，故在返回检验中可使用单日损益结果作为比较基准。但是，即使单日交易结果亦受上文所述情况的扭曲影响。单日损益结果也不是一个合适的比较基准，因为其反映了包含日间交易和新产品销售佣金收入的影响。

99.5 一方面，日间交易会加剧交易结果的波动性，可能会导致其整体交易结果超过风险计量的情况。这种情况的发生并不意味着风险计量的方法存在问题，因为此类风险计量不会对日间交易导致的损益进行反映。另一方面，由于佣金收入有年金的特征，纳入佣金收入只能往另一方向扭曲返回检验的结论。如交易损益包括了佣金收入，可能会导致风险计量模型的问题被掩盖，故在风险计量中一般不包含佣金收入。

99.6 在某种意义上来说，返回检验被视为检验风险计量准确性的统计方法，我们可以通过合理定义每日交易损益来排除扭曲影响。为了满足此标准，银行必须具备在日终头寸不变而组合价值发生假定变动下，进行返回检验的能力。

99.7 根据每日真实交易损益来开展返回检验，能够发现风险计量无法准确反映的交易波动，尽管这些交易波动是整体计算的，该方法仍旧是一种有用的尝试。

99.8 基于上述理由，巴塞尔委员会要求银行具备同时使用假设交易损益和实际交易损益开展返回检验的能力。同时采用这两种方法，可以更好地帮助我们理解风险指标和交易损益之间的关系。在计算［MAR32.9］中返回检验突破值次数时，我们必须计算假设或实际损益定义下的最大突破次数。

银行层面返回检验

定义返回检验区域的统计学考量

99.9 要正确看待银行层面返回检验的三个区域，就需要研究在不同的假设下获得不同突破次数的可能性，这对于银行检验风险计量模型的准确性是非常有用的。

99.10 划分三个区域并选择它们的边界是为了平衡两种类型的统计错误：

（1）根据其返回检验结果，准确的风险模型被归类为不准确的概率；

（2）根据其返回检验结果，不准确的风险模型被归类为准确的概率。

99.11 表1记录了在多个假设下，从250个独立观察样本中模型捕获特定突破次数的概率（基于二项式概率）。例如，表1的左边部分记录正确模型（真实覆盖率99%）的概率。在此假设下，“准确概率”列记录样本中出现5次突破的概率为6.7%。

表 1　250 个独立观测样本的突破概率

模型准确			模型不准确：可能的覆盖率							
	覆盖率 = 99%		覆盖率 = 98%		覆盖率 = 97%		覆盖率 = 96%		覆盖率 = 95%	
	准确概率	第一类错误	准确概率	第二类错误	准确概率	第二类错误	准确概率	第二类错误	准确概率	第二类错误
0	8.1%	100.0%	0.6%	0	0	0	0	0	0	0
1	20.5%	91.9%	3.3%	0.6%	0.4%	0	0	0	0	0
2	25.7%	71.4%	8.3%	3.9%	1.5%	0.4%	0.2%	0	0	0
3	21.5%	45.7%	14.0%	12.2%	3.8%	1.9%	0.7%	0.2%	0.1%	0
4	13.4%	24.2%	17.7%	26.2%	7.2%	5.7%	1.8%	0.9%	0.3%	0.1%
5	6.7%	10.8%	17.7%	43.9%	10.9%	12.8%	3.6%	2.7%	0.9%	0.5%
6	2.7%	4.1%	14.8%	61.6%	13.8%	23.7%	6.2%	6.3%	1.8%	1.3%
7	1.0%	1.4%	10.5%	76.4%	14.9%	37.5%	9.0%	12.5%	3.4%	3.1%
8	0.3%	0.4%	6.5%	86.9%	14.0%	52.4%	11.3%	21.5%	5.4%	6.5%
9	0.1%	0.1%	3.6%	93.4%	11.6%	66.3%	12.7%	32.8%	7.6%	11.9%
10	0	0	1.8%	97.0%	8.6%	77.9%	12.8%	45.5%	9.6%	19.5%
11	0	0	0.8%	98.7%	5.8%	86.6%	11.6%	58.3%	11.1%	29.1%
12	0	0	0.3%	99.5%	3.6%	92.4%	9.6%	69.9%	11.6%	40.2%
13	0	0	0.1%	99.8%	2.0%	96.0%	7.3%	79.5%	11.2%	51.8%
14	0	0	0	99.9%	1.1%	98.0%	5.2%	86.9%	10.0%	62.9%
15	0	0	0	100	0.5%	99.1%	3.4%	92.1%	8.2%	72.9%

注：本表记录了在多个覆盖率假设下，模型从 250 个独立观察样本获得的突破概率值以及从“准确概率”概率中衍生的第一类、第二类错误概率。

本表的左半部分，在模型准确以及真实覆盖率在 99% 的情况下，突破的概率为 1%（100% - 99% = 1%）。“准确概率”列记录了在既定假设条件下，250 个独立样本观察值中特定突破次数的概率。“第一类错误”列记录了在给定突破次数作为拒绝模型的分界点，所隐含的错误拒绝准确模型的概率。例如，如果分界点是 5 次及以上的突破次数，“第一类错误”中记录的错误拒绝模型的概率为 10.8%。

本表右半部分描述的是不准确的模型。本表主要围绕四个不准确的模型，各自的真实覆盖率为 98%、97%、96% 和 95%。每个不准确模型，“准确概率”列记录 250 个独立样本观测值中特定突破次数的概率。“第二类错误”列记录了在给定突破次数作为拒绝模型的分界点，所隐含的错误接受不准确模型的概率。例如，如果分界点是 5 次及以上的突破次数，在 97% 覆盖率下错误接受模型的概率是 12.8%。

99.12　表 1 的右边部分记录了 98%、97%、96% 和 95% 真实覆盖率下不准确模型的相关概率。因此，“准确概率”列在 97% 假定覆盖率的情况下，预期发生 5 次突破的概率为 10.9%。

99.13　表 1 还记录了几项重要的错误概率。如果假设模型覆盖 99% 的损益结果（理想的覆盖率），本表记录了在给定一个突破次数作为拒绝模型准确性的阈值时，发生错误拒绝准确模型的第一类错误的概率。例如，如果突破次数的阈值设为1次，准确的模型会有91.9%的可能被拒绝，因为它们不被拒绝的情景等同零次突破只有8.1%的概率。当突破阈值增加，此类错误的发生概率下降。

99.14 在模型的真实覆盖率不是99%的假设下，本表记录了在给定突破次数阈值下，错误接受不准确模型的第二类错误的概率。例如，如果这个模型的真实覆盖率为97%，如果突破阈值设为7或以上，模型会有37.5%概率被错误接受。

99.15 表1的结果也显示出返回检验的一些统计局限性。关键点在于并没有一个单一的阈值可以同时具备较低的犯一类和二类统计错误的概率。因此，委员会否定了基于单一阈值的方法来设计返回检验。

99.16 基于上述限制，巴塞尔委员会把银行层面内部模型返回检验结果分为三类。第一类，测试结果与准确模型一致，出现第二类错误的概率较低（返回检测绿色区域）。第二类为区间的另一端，测试结果与准确模型非常不一致，测试结果导致错误拒绝准确模型的概率非常低（返回检测红色区域）。在这两者之间，返回检验结果可能与准确模型和不准确模型的测试结果都相符合，监管机构应在采取监管行动前，鼓励银行提供更多模型相关的信息（返回检测黄色区域）。

99.17 表2列示了基于250个样本观测值，巴塞尔委员会认定的三个区域的边界和对返回检验结果可能的监管应对措施。如果采用其他样本数量，返回检验的边界需要通过基于99%真实覆盖率的二项式概率方法再进行推导，如表1所示。黄色区间取得不高于该突破次数的概率都在95%及以上。针对250个观察值，在99%的真实覆盖率情况下，获得5次及以下的突破次数的概率为95.88%。因此，黄色区间从5次突破次数开始。相似地，红色区间取得不高于该突破次数的概率在99.99%及以上，表2展示了250个观察值的样本在99%的真实覆盖率下红色区间从10个突破次数开始。

表2 返回检验区域边界

返回检验区域	突破次数	返回检验乘数因子 （可增加至［MAR33.44］内任何定性的附加值上）	累计概率
绿色	0	1.50	8.11%
	1	1.50	28.58%
	2	1.50	54.32%
	3	1.50	75.81%
	4	1.50	89.22%

续表

返回检验区域	突破次数	返回检验乘数因子（可增加至［MAR33.44］内任何定性的附加值上）	累计概率
黄色	5	1.70	95.88%
	6	1.76	98.63%
	7	1.83	99.60%
	8	1.88	99.89%
	9	1.92	99.97%
红色	≥10	2.00	99.99%

注：本表定义了监管机构用于评估市场风险资本内部模型法有效性的返回检验结果的绿色、黄色和红色三色区域。区域边界值的设置是基于 250 个观察样本。对于其他的样本数量，黄色区域从 95% 及以上的累计概率开始，红色区域的累计概率从 99.99% 开始。

累计概率是基于 250 个观察样本，真实覆盖率在 99% 的情况下，突破次数小于等于特定数值的概率。例如，4 次突破的累计概率是突破次数在 0～4 的概率之和。

累计概率和表 1 中的一类错误概率之和不为 1，其原因在于给定突破次数的累计概率包括给定该突破次数的概率，就如一类错误概率。所以，此两类概率相加等于 1 加上给定突破次数的概率。

99.18 返回检验的绿色区域无须过多解释。基于模型 99% 的真实覆盖率，250 个样本结果中产生 4 次突破，返回检验结果落入该区间表明无须质疑模型的准确性。表 1 中的结果进一步说明，突破次数落入该区间，错误接受一个不准确模型的概率非常小。

99.19 返回检验黄色区域的突破次数在 5～9 的范围内。返回检验的结果落入该区间表明模型可能准确也可能不准确，表 1 更倾向于该模型不准确，且随着突破次数从 5 增加到 9，模型不准确的可能性增加。

99.20 表 2 列示了返回检验结果落入黄色区域后，巴塞尔委员会对提高适用于资本要求内部模型的乘数因子的指导意见。

99.21 这些数值反映出，提升乘数因子应该能够使得模型转化至 99% 的置信区间。例如，250 天观察样本中出现 5 次突破事件，意味着模型的覆盖率只有 98%。乘数因子的提升可以把模型覆盖率从 98% 转化为 99%。但是，此类调整的精确计算需要额外的统计假设，而这些统计假设并不是在任何情况下都能够成立。例如，如果交易结果服从正态分布的假设，99% 置信区间和 98% 置信区间的比率约为 1.14，乘数因子应从 1 上升至约 1.13。如果实际交易结果不符合正态分布而是有肥尾，那么需要提升乘数因子来实现 99% 的置信区间模型。肥尾因素也是选择表 2 中乘数因子的重要影响因素。

风险因子建模原理的应用案例

99.22 商业银行应当提供风险因子可建模的证明，监管机构拥有自由裁量权，一般会要求商业银行提供以下几类证明。

（1）多因子贝塔模型的回归诊断。商业银行必须能够证明指数或其他回归因子适用于一项工具的地区、资产类型和信用质量（若有），以及多因子模型中的系数可以有效地捕捉一般市场风险及特定风险。如果商业银行假设多因子模型的残差项彼此间不相关，那么该银行也应当证明可建模的残差项是不相关的。此外，必须通过拟合优度统计（如调整后 R^2 系数）及其他系数诊断方法证明多因子模型的因子适用于工具的所有地区和其资产类型，并且能够解释工具的一般市场风险。最重要的是，在未使用估计系数（如参数是基于判断形成的）时，商业银行必须说明系数是如何选取的以及为何其无法被估计，并且证明这种选择不会低估风险。通常，当参数是基于判断而形成时，不认为风险因子是可建模的。

（2）风险因子带来的价格还原。商业银行必须阶段性地证明并记录，在风险模型中使用的风险因子可以输入到前台定价模型，并能还原资产的真实价格。如果还原价格严重偏离真实价格，这可能表明用于推导风险因子的价格，以及风险模型数据输入项的有效性均存在疑问。这种情况下，监管机构可以认为该风险因子是不可建模的。

（3）风险模型中的定价应当定期与前台、后台部门价格进行核对。当商业银行自主从外部获取价格数据时，应当定期将这些外部价格与内部价格（来源包括前台部门和后台部门）进行核对，以确保其不存在严重偏离，并且它们不会以任何方式产生持续偏离。银行必须向监管机构提供关于风险模型中的定价与前后台价格差异统计的核对结果。如果差异较大，监管机构将认为该风险因子是不可建模的。

（4）风险因子返回检验。银行必须通过将风险管理模型产生的风险因子预测收益，与前台交易价格产生的实际收益进行比较，定期证明其建模方法的适当性。或者银行可以对实质上依赖于关键风险因子（或其组合）假设的投资组合进行返回检验。该风险因子的返回检验旨在确认风险因子准确反映了风险模型中工具的波动性和相关性。当选择工具组合来突出特定产品时，假设检验可以有效识别相关风险因子是否充分反映波动性和相关性。

（5）参数化模型生成的风险因子。对于期权，隐含波动率曲面通常使用基于单名基础资产和（或）期权指数 RPOs 和（或）市场报价的参数化模型构建。流动性期权的价值、期限和期权到期点可用于校准单名或基准波动率曲面的水平参数、波动性参数、漂移参数和相关性参数。一旦设置了这些参数，它们本身就是衍生风险因子，必须在新数据产生及交易发生时定期更新和重新校准。如果使用这些风险因子来代表其他单名期权曲面点，则必须有一个不可建模的附加基准风险因子以覆盖任何潜在偏差。

本书译校工作组名单

组　长：王兆星

副组长：肖远企　刘福寿

成　员：綦　相　王胜邦　韩　沂　丛　林　裴　光

杜　墨　王振中　叶　婷　王　瑾　刘　鹏

王　珺　杨　光　于　毅　初善冰　王雅洁

李亚苹　于婧晗　陈晓军　朱　丽　王若苏

李　灏　李　玫　陈　馨　李元元　王鑫泽

吴　敏　顾　青　张楚天　陈一凡　刘　昳

陈　栋　余乙卉　王多毅　王　珺（女）

马　巍

后 记

以资本监管为核心的巴塞尔协议，是最具广泛影响力的国际金融监管制度。继2010年12月发布《巴塞尔协议Ⅲ：更具稳健性的银行和银行体系的全球监管框架》后，巴塞尔银行监管委员会于2017年12月发布了《巴塞尔协议Ⅲ：后危机改革最终方案》（以下简称《最终方案》），2019年1月又发布了《市场风险最低资本要求》，标志着后危机时代国际监管改革基本完成。

在前巴塞尔协议Ⅲ改革的基础上，《最终方案》针对现有风险加权资产计量方法在国际金融危机中暴露出的问题提出了具体的改革方案，修订了信用风险、操作风险和信用估值调整的计量规则，增设了整体资本底线，同时调整了杠杆率的计量规则和达标要求。由于当时市场风险的修订工作尚未完成，《最终方案》没有涵盖相关内容。《市场风险最低资本要求》完成了对市场风险计量规则的修订，其发布标志着资本监管框架三大风险修订工作均已完成。鉴于这两份标准联系紧密，共同构成一套完整的风险加权资产计量方法，我们将其合并翻译出版，并统一命名为《第三版巴塞尔协议改革最终方案》。

本次资本监管改革通过重构风险加权资产计量方法、增设整体资本底线，有效解决了原有计量方法过于复杂、计量结果可比性差以及风险低估等问题，有效地修复了银行资本监管体系的“断层线”。《最终方案》的发布对于进一步完善全球银行业审慎监管制度、推动银行业提升风险管理水平、促进全球银行体系稳健运行具有重大意义。

作为巴塞尔银行监管委员会的成员国，我国将借鉴本次国际监管改革成果，结合银行业实际情况，进一步完善我国银行业资本监管规制。本书出版的目的在于帮助我国银行业从业人员和监管人员充分了解国际监管改革的最新内容，为银行业不断提升风险计量水平和优化风险管理手段提供参考与借鉴。

本书的翻译出版获得了国际清算银行（巴塞尔银行监管委员会的领导机构）的授权，读者可登录国际清算银行官方网站（www. bis. org）下载这两份标准的英文原文。本书专业性强，翻译难度较高，加上时间紧、工作量大、译者水平有限，内容难免存在不足之处，恳请读者批评指正。

中国银行保险监督管理委员会法规部
2020 年 5 月